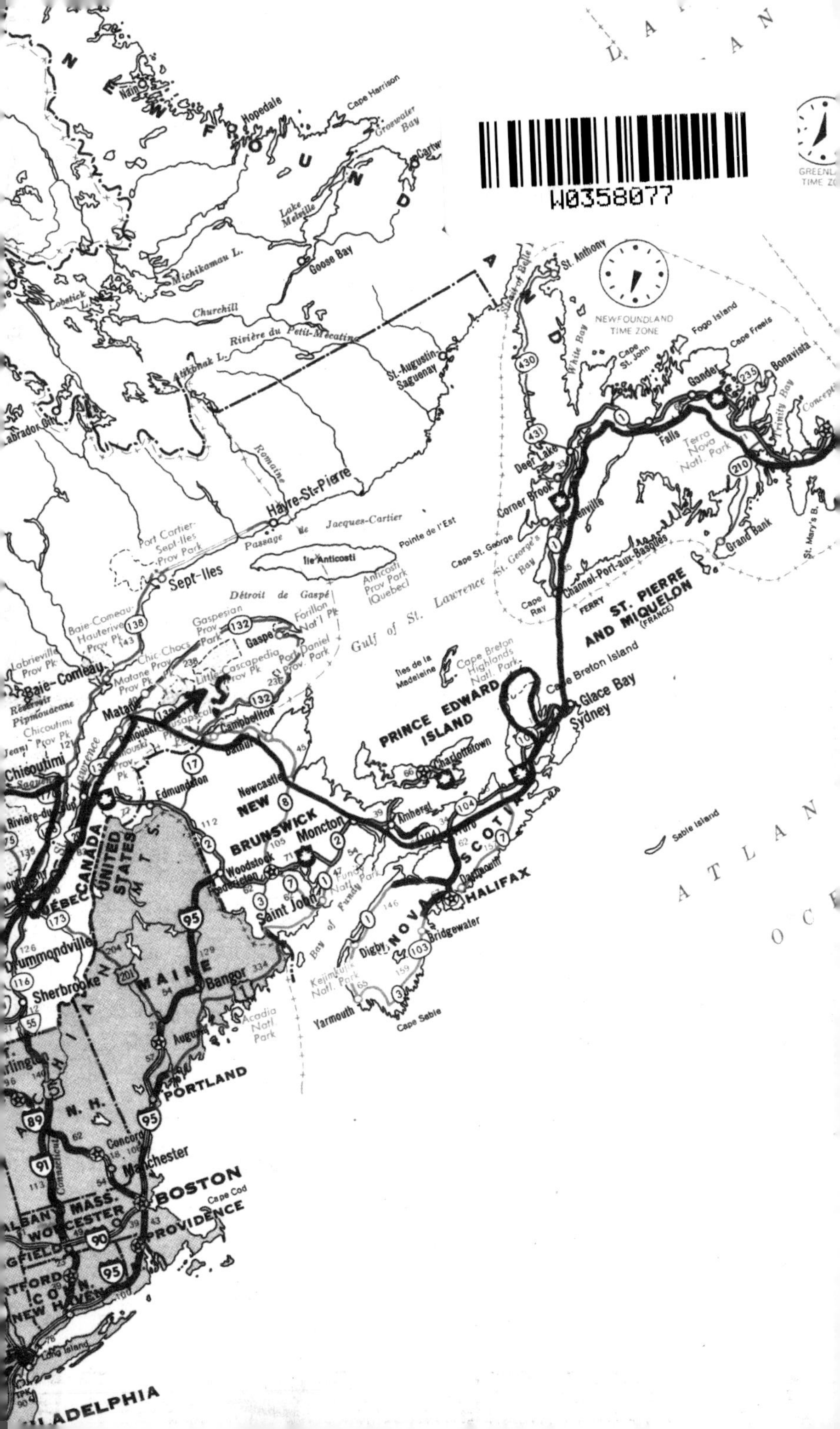
NEWFOUNDLAND
Nain
Hopedale
Cape Harrison
Groswater Bay
Lake Melville
Goose Bay
Michikamau L.
Lobstick L.
Churchill
Rivière du Petit-Mecatina
Atikonak L.
Labrador City
St.-Augustin-Saguenay
Romaine
Havre-St-Pierre
Passage de Jacques-Cartier
Pointe de l'Est
Port Cartier-Sept-Iles Prov Park
Sept-Iles
Ile Anticosti
Anticosti Prov Park (Quebec)
Détroit de Gaspé
Gulf of St. Lawrence
Baie-Comeau-Hauterive Prov Pk
Gaspesian Prov Park
Gaspé
Forillon Nat'l Pk
Port Daniel Prov. Park
Chic-Chocs
Matane Prov Pk
Little Cascapedia Prov Pk
Baie-Comeau
Matane
Campbellton
Bathurst
Chicoutimi
Rimouski
Edmundston
Rivière-du-Loup
Newcastle
NEW BRUNSWICK
Moncton
Woodstock
Fredericton
Saint John
Fundy Natl Park
Amherst
Truro
PRINCE EDWARD ISLAND
Charlottetown
Iles de la Madeleine
Cape Breton Highlands Natl. Park
Cape Breton Island
Glace Bay
Sydney
NOVA SCOTIA
HALIFAX
Dartmouth
Bridgewater
Digby
Kejimkujik Natl. Park
Yarmouth
Cape Sable
Sable Island
Bay of Fundy
ST. PIERRE AND MIQUELON (FRANCE)
Channel-Port-aux-Basques
FERRY
Cape Ray
St. George's Bay
Cape St. George
Stephenville
Corner Brook
Deer Lake
St. Anthony
Strait of Belle Isle
White Bay
Cape St. John
Fogo Island
Cape Freels
Gander
Bonavista
Trinity Bay
Grand Falls
Terra Nova Natl. Park
Grand Bank
St. Mary's B.
NEWFOUNDLAND TIME ZONE
GREENLAND TIME ZONE
ATLANTIC OCEAN
CANADA
UNITED STATES
QUÉBEC
Drummondville
Sherbrooke
MAINE
Bangor
Augusta
Acadia Natl Park
PORTLAND
N. H.
Concord
Manchester
BOSTON
Cape Cod
MASS.
WORCESTER
PROVIDENCE
CONN.
NEW HAVEN
Long Island
PHILADELPHIA

A. E. Johann

Canadas Nordroute

Ein Reisebuch
mit 20 Karten

Langen Müller

Umschlaggestaltung: Werner Rebhuhn, Cuxhaven
Umschlagfoto: Bildagentur Mauritius
Satz: FotoSatz Pfeifer, Gräfelfing
Gesetzt aus der 10/12 Punkt Sabon
Druck: Wiener Verlag, Himberg
Printed in Austria
ISBN 3-7844-2306-X

INHALT

Kapitel 1

Wie und Warum

»A mari usque ad mare«, dieser stolze lateinische Spruch ziert das Wappen des unvergleichlichen Landes Canada, des zweitgrößten dieser Erde nächst der Sowjetunion. »Vom Meer bis zum Meer« – das bedeutet der Wappenspruch, ins Deutsche übertragen; vom Atlantischen nämlich bis hinüber zum Pazifischen Ozean reichen die kanadischen, so ungeheuer vielgestaltigen Gefilde, die jedoch, was die Menschen anbetrifft, die dort wohnen, ein überwiegend einheitliches Gepräge tragen (was für die Sowjetunion keinesfalls behauptet werden kann).
Das »Land zwischen den Weltmeeren«, dieser Spruch aus dem kanadischen Staatswappen hat mich von jeher in seinen Bann geschlagen. Ich habe schließlich im Laufe eines langen Lebens dem Lande Canada ausgedehnte Reisen in allen seinen Regionen gewidmet und bin dort insgesamt viele Jahre unterwegs gewesen, habe sogar zweimal versucht, auf kanadischem Boden seßhaft zu werden – ohne dauerhaften Erfolg, weil es, erstens, immer noch allzuviele kanadische Besonderheiten und Schönheiten gab, die ich noch nicht erkundet hatte, und, zweitens, weil ich keinen wirklich zwingenden Grund zu benennen wußte, die angestammte Heimat im alten Europa aufzugeben; im Gegenteil, es gab sehr triftige Gründe, sie mir zu erhalten!
Was diese meine jahrzehntelange und beinahe innig zu nennende Beziehung zum großen Lande Canada anbetrifft, so ist es mir damit nicht viel anders ergangen, als es den meisten Leuten ergeht, die sich den Zauber der gewaltigen Gebiete im Norden Nordamerikas erschließen; sie beginnen mit der westlichsten kanadischen Provinz, dem Bergland British Columbia – und verfallen ihm auf der Stelle so sehr mit Haut und Haar, daß sie ande-

re Gegenden Canadas gar nicht mehr kennenlernen wollen. British Columbia ist ja in der Tat ein »Traumland« , wie ich es einmal genannt habe, und sucht an Schönheit und Großartigkeit seiner Gebirge, seiner wilden Ströme, seiner juwelengleichen Bergseen seinesgleichen auf dem weiten Erdenrund – und kaum eine zweite Meeresküste irgendwo ist so grandios zerklüftet und gegliedert wie die Br. Columbias mit dem vorgelagerten Vancouver Island.

Erst allmählich ging mir auf, daß Br. Columbia zwar ein ganz besonderes Canada bedeutet, aber längst nicht das ganze Canada darstellt. Ich erlebte andere Facetten des herrlich weiträumigen Landes, die sich an Eindrucksmächtigkeit durchaus mit B.C. messen können (British Columbia ist zu umständlich; man spricht im allgemeinen nur von B.C.). Ich erkannte, daß die übrigen Großlandschaften Canadas auf ihre Weise einen ähnlich berückenden Reiz auszustrahlen fähig sind wie das Felsengebirge, wie die unerhört wilden »Küstenketten« bis hinauf zum Elias-Gebirge in der äußersten Nordwestecke von B.C. und Canadas höchstem Berg, dem Mount Logan, der mit seinen über sechstausend Metern schon ins Yukon-Territorium gehört.

Von Westen nach Osten reihen sich an das Bergland die meeresgleichen Ebenen der Prärien, nördlich davon Wälder hinter Wäldern, die noch weiter nordwärts immer magerer und kümmerlicher werden.

Östlich der Prärien, das heißt der reichen Provinzen Alberta, Saskatchewan und Manitoba, schließen sich in einem riesigen Halbkreis nördlich um die Großen Amerikanischen Binnenseen die unwegsamen, landwirtschaftlich nicht zu nutzenden, aber mineralreichen Gefilde an, die erdkundlich unter dem Namen »Großer Kanadischer (oder auch Laurentischer) Schild« zusammengefaßt werden. Politisch gesehen gehört der weitaus größte Teil des Kanadischen Schildes – einer der erdgeschichtlich ältesten und beruhigtesten Landschaften unseres Planeten – zu den beiden riesigen Provinzen Ontario, der wirtschaftlich bedeutendsten, und Québec, der größten, der Heimat der Franko-Kanadier, die ihre französische Mundart bis zum heutigen Tag

hoch in Ehren halten. Der Osten und Süden von Ontario und Québec, denen der mächtige St.-Lorenz-Strom das Gepräge gibt, sind im Gegensatz zum wilden Laurentischen Schild sehr fruchtbar und verhältnismäßig dicht besiedelt. Die zwei größten kanadischen Städte, Toronto und Montréal, betten sich in diese Landschaft.
Weiter ostwärts schließen sich die »Atlantischen Provinzen« an, ihrem Landschaftscharakter nach die Fortsetzung der nordamerikanischen Landschaft der Appalachen – Mittelgebirge, viel Wald und freundliche Ackerfluren vor allem in den Flußtälern: Neu-Schottland (in Canada nur Nova Scotia geheißen), Neu Braunschweig (New Brunswick) und Prince Edward Island.
Vor der Mündung des riesigen St. Lawrence-Stroms in den Atlantischen Ozean liegt als östlichste kanadische Provinz wie ein mächtiger Pfropf die Insel Neufundland, ein altes, sehr europäisch anmutendes Land, das erst 1949 dem kanadischen Staatsverband als zehnte Provinz zugeordnet wurde.
Hoch im Norden schlingen sich um den Kranz dieser einigermaßen besiedelt und erschlossen zu nennenden Landschaften die schier unabsehbaren, von wenigen Gebirgen unterbrochenen Einsamkeiten der kanadischen Subarktis und Arktis, sibirienhafter, winterkalter Flachländer, in welchen die im Sommer nur für wenige Stunden oder gar nicht verschwindende Sonne den in der Tiefe ewig gefrorenen Boden an der Oberfläche auftaut, so daß sich kaum passierbare Gebiete von flachen Schmelzwasser-Seen und grundlosen Morästen bilden, das Yukon-Territorium und die Northwest-Territorien.
Noch weiter in den hohen Norden hinauf reichen die hier dem kanadischen Festland vorgelagerten großen gebirgigen Inseln wie Ellesmere, Baffin, Banks und Melville bereits in die Eiswüsten des Meeres um den Nordpol hinauf, eine höchst unwirtliche und menschenfeindliche Landschaft.

Im Laufe der Jahre und Jahrzehnte unermüdlicher Reiserei hatte ich mir eine klare und ziemlich vollständige Vorstellung von dem zweitgrößten Staatsgebiet verschafft, das auf der Erde zu finden ist – eine viel genauere Kenntnis als etwa von Brasilien, China oder Australien, um die ich mich ebenfalls bemüht habe, die aber nicht annähernd die gleiche merkwürdig berückende Wirkung auf mich ausübten wie das wahrhaft unvergleichliche Canada.

Trotzdem verspürte ich mit der Zeit eine sonderbare Unzufriedenheit, mit der ich nicht recht fertig wurde. Und ich begriff schließlich auch, was mir die Stimmung verdarb: Ich war zwar von Nord nach Süd, von Ost nach West und umgekehrt dutzendfach im großen Land umhergefahren, hatte auch alle Abschnitte der großen kanadischen Hauptstraße, des »Transcanada«, kennengelernt, hatte mich vielfach auch weit von der kanadisch-US-amerikanischen Grenze entfernt, aber einen unmittelbaren und geschlossenen Eindruck von der ungeheuren Breite Canadas und damit des nordamerikanischen Kontinents hatte ich nicht gewonnen.

Mit anderen Worten: Der stolze Spruch aus dem Wappen Canadas »Vom Meer bis zum Meer« hatte mich noch keineswegs aus seinem Zauberbann entlassen. Ich mußte Canada noch einmal ohne viel Aufenthalt und Abschweifung in seiner ganzen Breite vom Atlantischen zum Pazifischen Ozean durchmessen, um es wirklich zu »besitzen« – und das durfte nicht etwa längs seiner an die USA sich lehnenden und dicht besiedelten Südgrenze geschehen, sondern hatte durch seine Mitte zu geschehen, das heißt längs des Nordrands seiner wenigstens einigermaßen erschlossenen Gebiete, wo diese in die menschenleeren, unabsehbaren und mehr oder weniger wegelosen Weiten der subarktischen und arktischen Ödnisse übergehen.

»Von Meer zu Meer« – das klang mir immerfort in den Ohren; anders ausgedrückt: Von einem Punkt, wo sich das nordamerikanisch/kanadische Festland am weitesten in den Atlantischen Ozean – bis zu einem Punkt, wo es sich am weitesten nach Westen in den Pazifischen Ozean hinausreckt. Ich hatte mich dabei – das verstand sich von selbst – auf einer allgemein von Ost nach West weisenden Route zu bewegen, die gerade noch mit einem über seine vier Räder angetriebenen Auto zu bewältigen war. In

der Luftlinie hatte ich mir nach dem Atlas die Entfernung zwischen dem äußersten Ostpunkt Neufundlands und dem äußersten Westpunkt British Columbias – soweit eben noch mit dem Auto ansteuerbar – längst errechnet; sie betrug gut sechstausend Kilometer. Auf der Straße aber mit den vielen Umwegen und Bögen, die auszufahren sein würden, sollte sich mindestens eine Distanz von acht- bis zehntausend Kilometern ergeben, denn selbstverständlich würde ich mich gern zu manchem Abstecher – vor allem nordwärts in die große Leere! – verleiten lassen.
Also rund achttausend Kilometer entlang des buchstäblich äußersten Randes der Zivilisation – keine Kleinigkeit! Wenn man nicht unterwegs liegenbleiben wollte, brauchte man vor allen Dingen ein absolut zuverlässiges Automobil. Darüber hatte ich nicht lange nachzudenken: Auf den vierradangetriebenen Jeep-Wagoneer war ich längst eingeschworen. Dies geräumige, bärenstarke Produkt von American Motors (heute Chrysler) hatte mich noch nie im Stich gelassen und würde es auch auf der nördlichsten kanadischen Ostwest-Route nicht tun. Im Wagoneer bringt man – wenn man wie in meinem Fall stets allein unterwegs ist – reichlich Gepäck leicht unter und behält trotzdem ausreichend Platz, sich auch noch selbst im Auto, wenn sich keine bessere Gelegenheit bietet, zur Ruhe zu betten. (Vom Campen und Zelten habe ich nie viel gehalten; ein richtiges Bett, möglichst mit einer Dusche nahebei, ist mir allemal lieber, spart vor allen Dingen Zeit und Mühe, wenn auch nicht Geld!)
Wieviel Zeit würde die weite Fahrt in Anspruch nehmen, wenn sie erst einmal richtig in Gang gekommen war? Frühling und Sommer kamen als Reisezeiten kaum in Frage, da man dann, je weiter nach Norden man sich bewegt, um so zuverlässiger von den einzigen wahren Untieren des Nordlands, den Mücken, den Moskitos, aufgefressen wird – was ich hasse! Ich würde also von etwa Anfang August bis Ende September, höchstens bis Mitte Oktober unterwegs sein dürfen, wenn ich auf der Rückfahrt im herbstlichen Gebirge auf den Pässen nicht in den Schnee kommen wollte. Ich mußte ja Toronto wieder erreichen, wo ich mein Standquartier hatte, um das Auto einzumotten oder loszuwer-

den und ins heimatliche Deutschland fliegen zu können! Die Rückfahrt würde schnurstracks über den Transcanada zu bewältigen sein, was nach meiner Erfahrung fünf oder sechs Tage kostete, wenn man nur immer fuhr, fuhr, fuhr – und das Auto mitmachte. Als Auftakt des ganzen Unternehmens würde ich für die Anreise zum Startpunkt auf Newfoundland ebenfalls mindestens vier, fünf Tage ansetzen müssen. Alles in allem würde ich also – wenn ich mich streng auf das Ausmessen der ganzen Breite Canadas, wo sie am breitesten ist, beschränkte – etwa von Mitte Juli bis Ende Oktober meinen Schreibtisch in der Lüneburger Heide verwaist lassen müssen. Ich würde ausreichend Geld in meinen Beutel tun, was ja das Wichtigste auf einer solchen Reise ist – und noch einiges darüber hinaus, denn auch in dieser Hinsicht hatte mich die Erfahrung belehrt, daß unterwegs regelmäßig irgend etwas passiert, was nur mit Geld zu heilen ist, was man aber vorweg nicht einkalkulieren kann. All dies und noch manches andere war im voraus zu bedenken, denn hinterher ist es meist zu spät. Es empfiehlt sich obendrein, nicht mit einem gesundheitlichen Schaden oder bedrückt von privaten Sorgen loszufahren. Denn Zeit für Ärzte, Krankenhäuser oder Anweisungen an den heimatlichen Anwalt – die hat man, wenn die Reise erst einmal läuft, wahrlich nicht!

Wo auf kanadischem Boden würde ich also beginnen müssen, um »a mari usque ad mare« im vollsten Sinne des Satzes gerecht zu werden? Das war verhältnismäßig leicht zu beantworten: Etwa zwölf Kilometer südöstlich von der Mitte der Stadt St. John's, der Hauptstadt Neufundlands, ragt das Kap Spear in den Atlantik hinaus. Kein Ort auf dem nordamerikanischen Erdteil liegt dem alten Europa so nahe wie Cape Spear.

Im Westen, am Stillen Ozean, würde es schwieriger sein, den allerwestlichsten Punkt zu bestimmen. Die riesige Halbinsel Alaska zwar reckt sich hoch im Norden weit nach Sibirien hinüber. Der Länge nach durch die Beringstraße, die Meerenge zwischen Kamtschatka, das sowjetisch ist, und Alaska, das als fünfzigster Staat zu den USA gehört, verläuft die Datumsgrenze, so wie wir unseren Planeten nun einmal aufgeteilt haben; sie ist hier zugleich die Grenze zwischen den Kontinenten Asien und Nordamerika, dazu die Grenze zwischen der UdSSR und den USA. Aber Alaska, wie gesagt, ist US-amerikanisch und nicht kanadisch. Ich aber hatte mir vorgenommen, im Bereich Canadas zu bleiben. Auch ist die Westspitze Alaskas nur zu Schiff oder mit dem Flugzeug zu erreichen – vielleicht noch im Winter mit dem Hundeschlitten. Ich aber wollte – und mußte – einigermaßen im Rahmen des Normalen bleiben, durfte mein Auto nicht im Stich lassen, brauchte also einen äußersten Westpunkt, der noch über eine zur Not befahrbare Straße anzusteuern war. Damit war die Frage beantwortet: Es kam nur ein Ort auf Vancouver Island in Frage, der langgestreckten großen Insel vor dem Festland von British Columbia, die über viele vorzügliche Autofähren zu erreichen ist.

Auf Vancouver Island klettern einige wenige Straßen über das gebirgige Rückgrat der Insel zur Westküste am offenen, zuweilen sehr stürmischen Pazifik hinüber und enden dort, ohne entlang der Küste miteinander verbunden zu sein. Am dichtesten und unbekümmertsten rückt hier das Städtchen Tofino dem größten der Weltmeere, dem Stillen Ozean, dem Pazifischen, auf den Leib. Tofino würde also mein Ziel darstellen ... oder doch nicht?

Wenn ich mich nämlich streng nach der Geographie, das heißt den Längengraden, richten wollte, dann konnte ich mir die Reise an ihrem Schluß sehr vereinfachen und ihr unweit der Südspitze von Alaska im schönen und durchaus komfortablen Städtchen Prince Rupert ein Ende setzen. Denn Tofino liegt auf etwa 125 Grad westlicher Länge, Pr. Rupert aber auf 130°.

Nun, ob ich nach der langen Reise noch genügend Schneid aufbringen würde, mich in weitem Umweg über Vancouver nach Tofino hinüberzuquälen, oder ob ich's bei Prince Rupert würde bewenden lassen, das wagte ich so weit im voraus noch nicht zu entscheiden, das mußte ich dem Schicksal überlassen, genauer: dem Grad meiner während der endlosen Fahrt angestauten Ermüdung oder Erschöpfung. –

Ein Jahr nach all diesen Überlegungen war es dann so weit: Ich schleuste mich im Flughafen von Toronto duch Zoll- und Paßkontrolle – und da war auch schon mein alter Freund Pat, der Autohändler, der mir meinen neuen, aber von ihm sorgfältig »eingefahrenen« Jeep-Wagoneer an den Flughafen gebracht hatte, damit ich ohne Verzug mit meinem einzigen Reisegefährten, eben diesem Vehikel, meinem »Wagen«, Bekanntschaft schließen konnte.

Kapitel 2

Das neugefundene Land

Der Plan, Canada an seiner breitesten Stelle von Ost nach West, soweit nördlich wie nur irgend möglich, zu durchmessen, war im Laufe der langen, gründlichen Vorbereitungen zu einer Art fixer Idee geworden. Ich konnte es schließlich kaum noch erwarten, die große Fahrt, die mich sicherlich bis zum letzten fordern würde, im Ernst zu beginnen – an jenem Punkt also, den ich mir vorgenommen hatte: dort, wo der Erdteil Nordamerika dem alten Europa, genauer der Westküste Irlands, am nächsten käme, dem Spear-Kap, unweit St. John's an der Ostküste Neufundlands.

Ohne viel rechts und links zu sehen, hatte ich die lange Anreise von Toronto durch den äußersten Südosten der großen Provinzen Ontario und Québec, dann durch Neu-Braunschweig und Neu-Schottland hinter mich gebracht, stets mit gespitzten Ohren auf das Rauschen des Motors in meinem neuen Auto lauschend. Verriet sein dunkler Gesang auch jenen starken Gleichmut, den ich brauchte, um die sicherlich anspruchsvolle Reise zum Salzwasser des Stillen Ozeans zu bestehen?

Als ich erst mit der Autofähre die Cabot-Meerenge zwischen Neu-Schottland und Neufundland überquert hatte (was gut fünf Stunden dauert; bei schlechtem Wetter auch sieben oder acht, je nach Gezeiten, Windstärke und Richtung und entsprechendem Seegang), hatte ich den wenig über neunhundert Kilometer messenden Bogen der einzigen Hauptstraße durchs Innere Neufundlands auf einen Sitz hinter mich gebracht und war todmüde in St. John's ins Bett gesunken. Endlich, endlich war es so weit: Ich hatte den Ort, von dem aus ich starten wollte, so gut wie erreicht, alles war bis dahin glatt gegangen. Ich brauchte mich nur noch einmal gründlich auszuschlafen; dann konnte

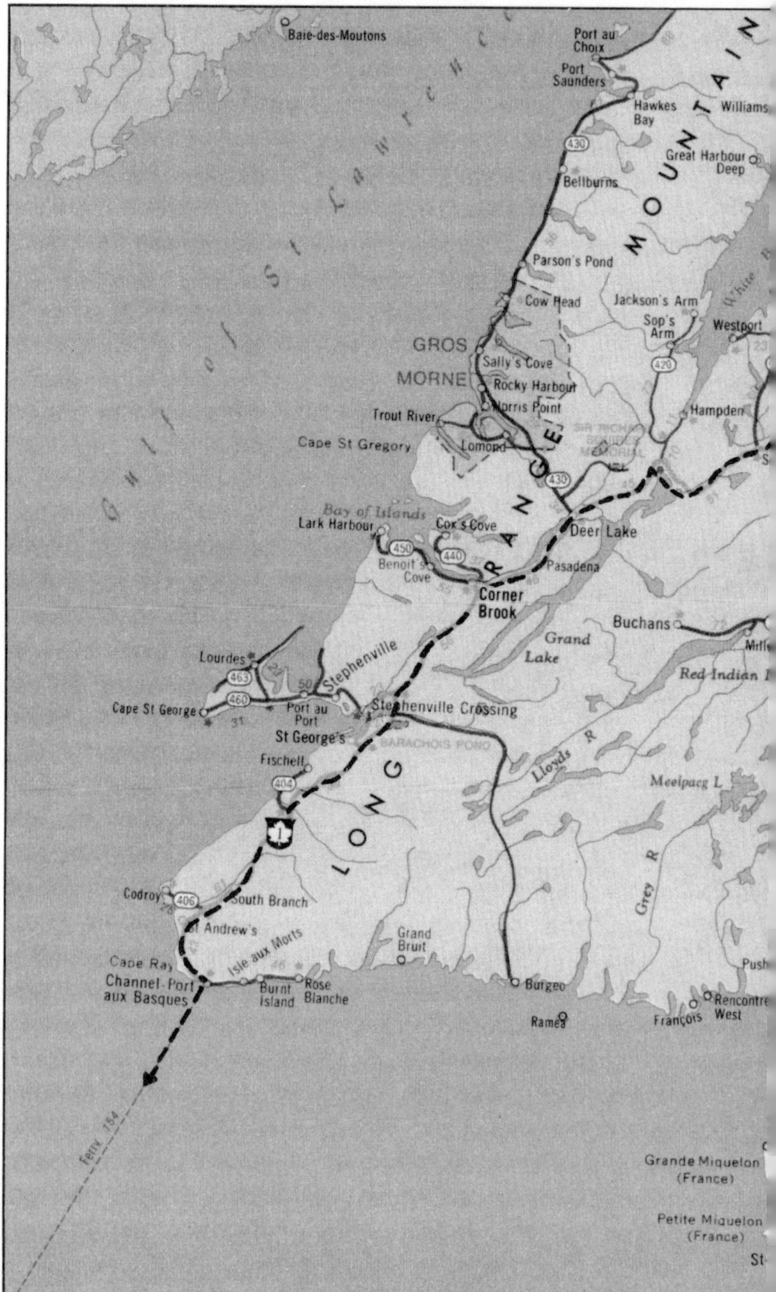

Baie-des-Moutons
Port au Choix
Port Saunders
Hawkes Bay
Williams
430
Great Harbour Deep
Bellburns
Gulf of St Lawrence
MOUNTAIN
Parson's Pond
Cow Head
Jackson's Arm
Sop's Arm
Westport
GROS MORNE
Sally's Cove
420
Rocky Harbour
Norris Point
Trout River
Hampden
Cape St Gregory
Lomond
RANGE
Bay of Islands
Lark Harbour
Cox's Cove
Deer Lake
450
440
Benoit's Cove
Pasadena
Corner Brook
Buchans
Grand Lake
Lourdes
463
Stephenville
Red Indian
Cape St George
460
Port au Port
Stephenville Crossing
St George's
BARACHOIS POND
Fischell
Lloyds R
Meelpaeg L
404
LONG
1
Grey R
Codroy
406
South Branch
St Andrew's
Isle aux Morts
Grand Bruit
Cape Ray
Channel-Port aux Basques
Burnt Island
Rose Blanche
Burgeo
Ramea
François
Rencontre West
Ferry 154
Grande Miquelon (France)
Petite Miquelon (France)

Bell I
Grey Islands Harbour
La Scie
Cape St John
Ferry to Cartwright and Goose Bay
Atlantic Ocean
Notre Dame Bay
Joe Batt's Arm
Fogo
Little Seldom
Twillingate
Summerford
Carmanville
Musgrave Harbour
Robert's Arm
Leading Tickles
Point Leamington
Campbellton
Birchy Bay
Gander Bay
Lumsden
Newtown
Lewisporte
Wesleyville
Botwood
Notre Dame Junction
Norris Arm
Glenwood
Wareham
Bishop's Falls
Gander L
Gander
Hare Bay
Bonavista Bay
St Brendan's
Grand Falls
Middle Brook
Gambo
Salvage
Bonavista
Glovertown
Kings Cove
Elliston
Northwest Gander R
Terra Nova
Catalina
Musgravetown
Port Union
Summerville
Port Blandford
Port Rexton
Trinity Bay
Lethbridge
Grates Cove
Burgoynes Cove
Bay de Verde
Clarenville
Britannia
Old Perlican
Jubilee L
Southport
Swift Current
Heart's Content
Sunnyside
Heart's Delight
Carbonear
Harbour Grace
Pouch Cove
Morrisville
Chance Cove
Wabana
Torbay
Rencontre East
Bay Roberts
New Harbour
Gaultois
Terrenceville
Jacques Fontaine
Norman's Cove
ST JOHN'S
Topsail
Petty Harbour
Belleoram
Harbour Buffett
Brigus
Harbour Breton
Long Harbour
Whitbourne
Holyrood
Bay Bulls
Fortune Bay
Argentia
Colinet
Witless Bay
Garnish
Marystown
Placentia
Grand Bank
Little Bay
Placentia Bay
Cape Broyle
Creston
Ferryland
Fortune
Burin
Lord's Cove
Lawn
St Mary's
Renews
St Bride's
Branch
St Vincent's
Trepassey
Lamaline
St Lawrence
St Mary's B
Cape Race
Ferry 426
St Shotts

ich auf meine ganz spezielle und ein bißchen verrückte Weise »trans Canada« in Richtung Sonnenuntergang abrollen.

Wind aus Westen, also vom Land her; ein grauer Himmel voller Wolken, die über das Meer davonwanderten, ohne je innezuhalten; aber klare Sicht bis an den fern im Osten sehr scharf gezeichneten Horizont: Nirgendwo also in ganz Nordamerika war ich Europa so nahe wie an diesem einsamen, und, wie mir schien, gottverlassenen Ort, Cape Spear! Die See tief unter mir schien nicht sehr bewegt zu sein. Die Schaumstreifen, die den Ufersaum hinaufliefen, kamen mir müde vor und matt. Es konnte kaum anders sein, als ich mir sagte: Der Strand lag im Windschatten; stärkerer Seegang konnte sich erst viel »weiter draußen« entwickeln.
Ein paar Sturmmöwen umsegelten und umflatterten mich mit grellem Geschrei; sie waren offenbar Besucher an diesem östlichsten Vorsprung Nordamerikas nicht gewöhnt und nicht mit mir einverstanden. Den alten Leuchtturm, der auf diesem Vorgebirge weithin sichtbar gewesen sein muß, hat man sorgsam restauriert und mit einigen Geschützstellungen aus dem Zweiten Weltkrieg zu einem »Historic Park« vereint (dergleichen geschieht in Canada wie auch in den USA mit viel größerer Sorgfalt und Liebe als bei uns im alten Europa. Allerdings sind im alten Europa die »historischen« Orte viel dichter gesät als im wesentlich » jüngeren« Amerika).
Nun gut, ich hatte nur noch einmal zurückblicken und Abschied nehmen wollen. Es hatte sich nicht gelohnt. Anscheinend entließ mich Europa ohne Bedauern aus seinem Bannkreis. Also brauchte auch ich keinen Trennungsschmerz zu empfinden. Ich warf noch einen letzten Blick auf das graue, leere Meer, wandte mich und stolperte über den groben Weg zu meinem Auto zurück. Als die Nase meines Wagens nach Westen wies – zum ersten Mal! – hob unwillkürlich ein befreiter Seufzer meine Brust: Es ging wirklich los! Vor mir lagen also nach meiner Schätzung mindestens achttausend Kilometer, die es streckenweise »in sich haben« würden! Ich schwor mir: Du bringst das wackere Fahr-

zeug ohne einen Kratzer, ohne die geringste Beule an die andere Seite des Kontinents. Das bist du deiner Selbstachtung schuldig! Die große Prüfung würde sachte anlaufen, denn Newfoundland würde ich auf der gleichen Straße durchqueren müssen, über die ich herangekommen war, über den Transcanada Highway. Es gibt gar keine andere Möglichkeit, von der Hauptstadt der Provinz, von St. John's (nicht zu verwechseln mit St. John – ohne s am Ende –, der bedeutenden Hafenstadt an der Bay of Fundy des Atlantik, an der Südküste von New Brunswick), nach Port Aux Basques zu gelangen, von wo die starken, hochseefähigen Schiffe der Eisenbahn- und Autofähre die Verbindung nach Nova Scotia (Neu-Schottland) und zum Straßennetz des festländischen Canada herstellen. Aber jetzt brauchte ich nicht mehr zu hetzen, nun kam es vielmehr darauf an, »Canadas ganze Breite« so intensiv wie möglich auszukosten und mir nichts entgehen zu lassen, was mir vielleicht das Herz bewegte.

Meine erste Station würde St. John's selber sein, die alte, graue Stadt am Meer, die so gut wie nie um ihrer selbst willen von Reisenden aus Europa aufgesucht wird, obgleich sie es sehr verdient. Für meine erste Etappe vom Speer-Kap aus hatte ich also nicht viel mehr als ein Dutzend Kilometer zurückzulegen. Bald hatte ich die Blackhead Road wieder unter den Rädern; ich überquerte den Waterford-Fluß, der wenig weiter nordostwärts in den großartigen Naturhafen von St. John's ausläuft, gewann die belebte Water-Street und dann die Duckworth Street am Hafen und hatte mich bald wieder in meinem angenehm altmodischen Hotel eingefunden. Ich fühlte mich auf sonderbare Weise befreit: Es war mir tatsächlich geglückt, in der vorgeplanten Frist mit allen Vorbereitungen fertig zu werden. Jetzt brauchte ich nur noch dafür zu sorgen, nicht in Verzug zu geraten, wenn ich vor Anbruch des kanadischen Winters wieder zu meinem Ausgangspunkt Toronto zurückgekehrt sein wollte. Cape Spear war bereits als der allererste Anfang hinter mir zurückgeblieben – als letzter Nachhall Europas sozusagen. Mit St. John's, wo ich doch immerhin einige

Tage blieb, begann die gewaltige Neue Welt von mir Besitz zu ergreifen.

Und dies entspricht ja auch der Geschichte der Entdeckung und Eroberung des neuen Erdteils durch den »Weißen Mann« – und der allmählichen Überwindung und Verdrängung des Roten, des Indianers, dem das Erstgeburtsrecht in Amerika zusteht.

Zwar hatte Kolumbus, der Genuese in spanischen Diensten, viel weiter im Süden auf der Suche nach einem westlichen Seeweg nach Indien schon die Bahama-Insel Guanahani sowie Kuba und Haïti entdeckt und auf seiner dritten Reise (1498–1500) sogar schon Trinidad und die Mündung des Orinoco, damit Südamerika. Kolumbus war überzeugt, den westlichen Seeweg nach Indien gefunden zu haben; auf seiner vierten Reise erreichte er mit dem heutigen Honduras die Küsten Mittelamerikas. Die Gebiete, die er entdeckte, werden bis zum heutigen Tage unter der Bezeichnung »Westindien« zusammengefaßt, und ihre ursprünglichen Bewohner heißen immer noch »Indianer«. – Was den Spaniern hier als wertvolle Beute zufiel, nachdem die Konquistadoren wie Cortez und Pizarro Kulturreiche mittelamerikanischer und südamerikanischer Indianer, der Azteken und Inkas, unterworfen hatten, war Gold, märchenhafte Mengen von Gold und Silber – und Scharen von indianischen Untertanen, von Sklaven, die man zunächst bedenkenlos »verbrauchte«.

Wovon aber andere Europäer, solche, denen der Seeweg nach Indien ziemlich gleichgültig war – wenn sie überhaupt von so phantastischen Möglichkeiten etwas gehört hatten! – wesentlich mehr beeindruckt wurden, war die Kunde, daß im Westen des Atlantik vor den Küsten eines wenig einladenden Landes mit nur wenigen, ziemlich elenden und armseligen Bewohnern ein schier unglaublicher Reichtum an herrlichen Fischen auszuschöpfen wäre. Man brauchte, so hieß es, nur einen großen Weidenkorb von Schiffes Bord ins Wasser hinunterzulassen – und konnte ihn schon nach wenigen Minuten gefüllt mit fetten Fischen wieder an Deck hieven. Das mußte genutzt werden, denn Nahrung für die Menschen gab es im Europa des vierzehnten und fünfzehnten Jahrhunderts nicht im Überfluß. Das war wich-

tiger als Gold und Silber für den König der frühen Weltmacht Spanien.
Wann wirklich die ersten, unerhört wagemutigen Fischer aus der Bretagne, aus dem Baskenland, aus Schottland oder von der portugiesischen Küste her die reichlich zerlappte Ostküste des »Neu gefundenen Landes«, der »Terres Neuves« der Franzosen, erreichten, wird nicht mehr mit Sicherheit festzustellen sein. Diese kühnen Seefahrer in ihren nach heutigen Begriffen lächerlich kleinen Segelbooten hatten weder Zeit noch Lust, ausführliche Berichte zu verfassen – wenn sie überhaupt schreiben konnten. Außerdem wird es ihnen darauf angekommen sein, die reichen Fischgründe auf den Neufundland-Bänken so lange und sorgsam wie möglich geheim zu halten, um Konkurrenten auszuschließen.
Doch geht man sicher nicht fehl, die Wende vom fünfzehnten zum sechzehnten Jahrhundert als die Zeit anzusetzen, in welcher der vor allen Stürmen des offenen Meeres gut geschützte Hafen von St. John's regelmäßig, zunächst nur in der Sommerzeit, bald aber auch als ständig besiedelter Stützpunkt, von den Fischern in Besitz genommen wurde. Hier konnten sich die Männer aus St. Malo oder O Porto nach der langen, gefährlichen Seereise von Frankreich oder Portugal herüber erholen. Hier konnten sie vor allem ihre Frischwasser-Fässer wieder füllen. Frischwasser-Bucht, Freshwater Bay, das ist der Name des westlichen Zipfels der St. John's Bay noch heute.
Natürlich blieb es den Regierungen der Staaten, aus denen die Fischer nach Neufundland und seinen fast unglaublich reichen Fischgründen strebten, auf die Dauer nicht verborgen, welch ein Reichtum hier zu nutzen, das heißt zu besteuern war. Frankreich und England gerieten sich sofort in die Haare, als es deutlich wurde, daß die Terra Nova unter politische Kontrolle gebracht werden mußte. Die Franzosen machten den Anfang. Katharina von Medici, des französischen Königs Heinrich I. Gemahlin, die zu ihrer Zeit die französische Politik wesentlich mitbestimmte, ernannte ihren Pagen, Troilus du Mezgouez, 1578 zum »Vizekönig« der »Neuen Lande«. Die Engländer hatten rechtzeitig

Wind davon bekommen, fingen das Schiff, das den glücklosen Pagen in sein mit Paris wahrlich nicht zu vergleichendes primitives »Königreich« bringen sollte, auf dem Atlantik ab und setzten den Günstling der Katharina zunächst gefangen.
Statt dessen hißte Sir Humphrey Gilbert am 15. August 1583 im Hafen von St. John's vor den Augen der spanischen, portugiesischen und natürlich auch englischen, schottischen und irischen Fischer die britische Flagge und nahm die ganze große Insel im Namen von Elisabeth I., der stolzen Mehrerin des britischen Reiches, in Besitz. Ein zweiter Versuch des Beauftragten der Krone von Frankreich, sich in St. John's festzusetzen, schlug ebenso fehl wie der erste.
Von dem fernen, wilden Lande an der anderen Seite des Nordatlantik schien eine unwiderstehliche Lockung auszugehen, der sich die Menschen von damals nur schwer entziehen konnten.
Die Siedlungen liegen heute allermeist an den bergigen, zerklüfteten Küsten aufgereiht. Denn die Fischer und Seeleute, die sich auf dem mächtigen Eiland vor der St.-Lorenz-Mündung niederließen, lebten von der See und blickten auf sie hinaus. Die leeren Einsamkeiten des Inneren waren den Männern von den Schiffen eher unheimlich.
Die Insel ist größer als Bayern und Baden-Württemberg zusammen – mit 20 Millionen Einwohnern –, beherbergt aber nicht mehr Einwohner als die Stadt Bremen mit 522 000 Bewohnern; sie ist also, verglichen mit Deutschland, so gut wie leer.
Gewiß, so ist es! Aber zugleich ruft es verhalten aus der Tiefe der kargen Wälder, von den blachen Tundren her, als sei ein so noch nicht erlebtes Glück in den Weiten verborgen, ein Glück, von sanfter Melancholie gedämpft, doch deutlich spürbar. In den Klippen donnert – oder murrt auch nur – die ewige Brandung des Weltmeers; über den lichten, nie versehrten Wäldern tanzt der Wind, fließt die Luft in makelloser Reinheit und Frische; die zahllosen kleinen und großen Seen im Waldesgrün, die silbern schäumenden Bäche und Flüsse bieten sich so kristallen klar, daß man aus ihnen allen trinken kann – und das Wasser

schmeckt besser als in unseren überfüllten Bezirken ein sogenannter »Mineralbrunnen«.

Newfoundland, das immer noch »neu gefundene Land«, ist ein Land von unvergeßlicher Sauberkeit und Stille. Das ist heute noch so, wie es schon damals gewesen sein muß – vor vierhundert Jahren, als jener Troilus du Mezgouez trotz aller Fehlschläge, die ihn schließlich sein Vermögen kosteten, immer wieder über den Atlantik aufbrach.

Haben eigentlich die groben, wilden Seefahrer, die an diesen entlegenen Küsten um des sagenhaften Reichtums an Fischen auf den Bänken draußen einen Halt suchten, jemals jemand um Erlaubnis gefragt, ob sie bleiben durften? Es gab doch Ureinwohner auf Neufundland, primitive Indianer, die sich selber Beothuks nannten? Aber von ihnen wird nicht viel mehr berichtet als gelegentlich ihre Existenz. Sie scheinen gegenüber diesen Menschen, die da unerklärlich über die leere See kamen in zerbrechlichen und oft zerbrechenden Booten, viel größeren aber, als die Beothuks selber aus den Bäumen des Urwalds zu höhlen verstanden, kaum je einen ernsthaften Widerstand versucht zu haben; sie machten keinen Anspruch auf ihre Urheimat geltend. Sie gaben nach, entschwanden in die wegelosen Verlassenheiten des Inneren; sie hörten schließlich auf! Keiner weiß mehr recht, wie, wann und wo der letzte Beothuk verstarb, wahrscheinlich 1829 in St. John's. Es gibt keine Beothuks mehr auf der großen Insel, die einstmals ihre Heimat gewesen ist.

Viele, viele Ortsnamen auf der Insel erinnern noch heute an die baskischen, englischen, bretonischen, portugiesischen Seeleute, die als erste Europäer an den Gestaden Neufundlands Fuß gefaßt haben. Ortsnamen jedoch, die auf indianische Bezeichnungen zurückzuführen sind und eigentlich zahlreich zu erwarten sein sollten, gibt es nur ganz wenige. So wild und so eigenständig mir Neufundland auch immer erschienen sein mag – daß alle Erscheinungen, die mir an der Bonavista-, der Notre Dame-, der Trinity-, Placentia- oder Fortune-Bay begegneten, auf europäischen Ursprung zurückgingen, das brauchte ich nie zu bezweifeln. Ganz vorbewußt spürte ich stets, daß ich mich in den kleinen, gegen all das Grau der See und die Leere des Hinterlandes so heiter und bunt in die Uferfelsen gemalten Fischerdörfern auf ganz und gar echtem Boden des alten Europas befand, spürte es auf Neufundland mit einer Stärke wie eigentlich nirgendwo sonst im riesengroßen Amerika mit seinen zahllosen Abwandlungen europäischen Wesens.

Aber ich wollte Weiteres von jenem französischen Edelmann berichten, den zuerst Katharina von Medici, Königin von Frankreich, über den großen Teich gejagt hatte, der sich von dem großen Land nicht trennen konnte, der schließlich Jahre später, nachdem er in Frankreich zu einem Marquis de la Roche aufgestiegen und von Heinrich IV. als Generalleutnant »im Lande Canada, Hochelaga (dem späteren Montréal), den Neuen Landen und Labrador« bestätigt worden war, sich abermals, 1598 – seit der ersten Reise waren zwanzig Jahre vergangen – auf den Weg nach Westen machte. Die Franzosen waren nicht gesonnen, den englischen Erbfeinden – damals waren sie das! – das kostbare Neufundland kampflos zu überlassen.

Der Marquis de la Roche plante, sich zunächst viel weiter im Süden vor der amerikanischen Küste einen befestigten Stützpunkt einzurichten, ehe er von neuem gegen die Engländer in St. John's auf Neufundland vorging. Geeignet dafür erschien ihm eine kleine Insel, 140 Seemeilen südlich von Cape Breton, Neu-Schottland (Nova Scotia), wo die Schiffe passieren mußten, die in die Bay of Fundy einfahren wollten; in diese Bay öffnen sich breit die Mündungen großer Flüsse, des St. Croix, des St. John, des Petitcodiac, die ihrerseits wieder den Weg weisen ins dicht bewaldete (heutige) Neu-Braunschweig (New Brunswick).

De la Roche nannte die Insel, die heute Sable(Zobel)-Insel heißt, Ile Bourbon, ein Name, der wie unzählige andere an diesen Küsten längst untergegangen ist, schiffte die reichlich bemessene Mannschaft aus, die er übers Meer mitgebracht hatte, und machte fünfzig ausgesuchten Leuten klar, daß sie unter dem Hauptmann de Kerdement und dem Leutnant de Keroual dazu bestimmt wären, auf der Insel den Kern einer französischen Garnison zu bilden und die Ehre hätten, unter dem Lilienbanner

Frankreichs ein wehrhaftes Fort zu bauen. Die Insel Bourbon empfahl sich unter anderem dadurch, daß vor de la Roche schon eine portugiesische Expedition versucht hatte, auf der Insel Fuß zu fassen und eine größere Menge Vieh angelandet hatte – Weiden und Wildwiesen gab es zur Genüge. Dann aber hatten die Portugiesen aus unbekannten Gründen den Mut verloren und waren wieder abgezogen, ohne das Vieh, das sich auf der Insel schnell selbständig gemacht hatte, wieder einzufangen und mitzunehmen.

De la Roches Leute konnten also auf die Jagd gehen und sich eine Kuh schießen; das würde ihre Verpflegung vorzüglich aufbessern. Im übrigen aber waren diese Männer durchaus nicht damit einverstanden, die sterbenseinsame Insel im Atlantik, von der aus das amerikanische Festland noch nicht einmal zu ahnen war, in Besitz und Schutz zu nehmen: Sie waren um ihre Zustimmung wahrscheinlich nicht gebeten worden.

Ganz im Gegenteil! Wie es in jenen rauhen Zeiten häufig geschehen sein mochte, hatte man zu weiten, ungewissen Fahrten über See keine regulären Seeleute anheuern können. Also hatte man auf des Königs Befehl auf die vielen Übeltäter, Räuber, Diebe und Landstreicher, zurückgegriffen, die in den Gefängnissen jahre- oder lebenslange Strafen abzusitzen hatten. Der Hauptmann von Kerdement und der Leutnant von Keroual mögen sich nicht sehr wohl gefühlt haben, als ihnen ihr Anführer de la Roche das Kommando über die fünfzig Sträflinge übertrug, um sie in Soldaten des »Allerchristlichsten Königs« von Frankreich, Henri Quatre, zu verwandeln.

Sable Island sollte ein festes Bollwerk werden, die französischen Ansprüche auf amerikanisch/kanadischem Boden zu sichern. De la Roche glaubte, mit der Einrichtung der Garnison auf der Ile Bourbon zunächst alles Notwendige und Machbare veranlaßt zu haben. Er schiffte sich wieder ein, um auf dem kanadischen Festland oder auf Neufundland nach einem weiteren Siedelplatz zu suchen, wo man sich gegen die Engländer festsetzen konnte.

Aber er fand keinen Platz, der ihm geeignet schien. Der Sommer

neigte sich bereits dem Ende zu. Wenn er vor dem Einsetzen der Stürme um die Tag- und Nacht-Gleiche Frankreich wieder erreichen wollte, so wurde es Zeit, seinen tüchtigen Segler »Cathérine« wieder auf Ostkurs zu legen. Doch wollte er zuvor auf Sable Island nach dem Rechten sehen und notfalls das halbe Hundert Männer, das er dort zurückgelassen hatte, wieder an Bord und heimwärts mitnehmen.
Aber damals gehorchte die Hohe See den kleinen Segelschiffen und ihren Kapitänen noch viel weniger, als sie heute gesonnen scheint, es zu tun. De la Roche geriet mit seiner »Cathérine« in eine ganze Serie von verfrühten Stürmen und wurde weit abgetrieben – so weit, daß er schließlich den Plan aufgeben mußte, vor dem Winter die Insel Bourbon nochmals anzulaufen. Er mußte schleunigst französische Gestade ansteuern. Im übrigen war er bankrott. Denn er konnte dem König nun weder neues Land (von der wertlosen Ile Bourbon abgesehen), noch neue Fischgründe, noch irgend andere Schätze zu Füßen legen, würde also keineswegs »königlich« belohnt werden.
Zu einem nochmaligen Versuch, sich im Jahr darauf abermals nach Canada (so hieß damals nur das Gebiet am unteren St. Lorenz) einzuschiffen, fehlten ihm die Mittel; und der König Henri Quatre, der erste aus dem Hause Bourbon, zeichnete sich nicht durch besondere Freigiebigkeit aus. Immerhin scheint der Marquis de la Roche kein übler Kerl gewesen zu sein. Ihm schlug das Gewissen, und es gelang ihm, einen Kapitän Thomas Chefdhostel zu bewegen, bei einer Reise im königlichen Auftrag die Ile Bourbon anzulaufen und sich davon zu überzeugen, was aus den Männern geworden war, die de la Roche dort als Garnison des Königs hinterlassen hatte.
Kapitän Chefdhostel ging dann auch tatsächlich unter dem felsigen Ufer der Insel vor Anker. Das geschah zu Beginn des Sommers im Jahr 1603, also fünf Jahre, nachdem die Männer auf der Insel vergeblich auf die Rückkehr ihres Anführers de la Roche gewartet hatten.
Chefdhostel erlebte eine grausige Überraschung. Er stieß nach einigem Suchen auf elf völlig verwilderte Männer, die notdürftig

genug in schlecht zubereitete Seehundsfelle gehüllt waren. Ihre Bärte waren wirr und verkrustet; ihr Haupthaar zottelte bis zu den Schultern herab. Von dem halb verwilderten Rindvieh, das die Insel getragen hatte, war nichts mehr übrig. Immerhin hatte die Insel genug an Beeren, Fischen und Niederwild bereit gehalten; die Männer hatten nicht zu verhungern brauchen. Warum sie alle bis auf die ungegerbten Felle so gut wie nackt waren, was aus den beiden unglückseligen Offizieren und den übrigen vierzig ehemaligen Galgenvögeln geworden war, wo sie, wenn überhaupt, begraben lagen, ist nie eindeutig geklärt worden; die elf Überlebenden hielten dicht. Sie wußten nur von Krankheit, Kälte und Unfällen zu erzählen.
Doch waren ihre Leiden, wie immer sie auch verursacht gewesen sein mochten, nun beendet. Sie wurden notdürftig eingekleidet, kamen bei Salzfleisch, Schiffsbrot und Mehlsuppe wieder einigermaßen zu sich – und wurden nach Frankreich mitgenommen. Chefdhostel war sich nicht sicher, wie er mit den Männern verfahren sollte. Sträflinge waren sie immer noch, und es bestand der Verdacht, daß sie gegen ihre Offiziere gemeutert und sie umgebracht hatten.
Die ganze schreckliche Geschichte kam in Frankreich vor den König. Es hätte nahegelegen, den Männern und ihren Erklärungen zu mißtrauen und sie kurzerhand aufzuknüpfen. Aber Heinrich der Vierte, der König, fand ihre Berichte so unterhaltsam und auch belehrend, daß er die Elf, die »bereits genug gestraft worden seien«, in die Freiheit entließ. Was aus ihnen weiter geworden ist, wird nicht berichtet. Die ganze Sache war ja am Schluß noch gut ausgegangen – und das ist des Interesses der Nachwelt meist nicht mehr wert.

Dies ist nicht die einzige wüste Geschichte, die von der an die zwei, drei Dutzend Kilometer langgestreckten Insel vor der atlantischen Küste Canadas erzählt wird. Es besteht kein Mangel an ähnlichen Berichten aus der Frühzeit von Neufundland oder Nova Scotia; ihr Gehalt an trauriger oder brutaler Wahrheit ist indessen meist nicht mehr zuverlässig festzustellen. Keineswegs ist jedoch daran zu zweifeln, daß die Basken und Portugiesen wohl schon in der Zeit vor Kolumbus und – im Norden des Atlantik – vor John Cabot die Neufundland-Bänke gekannt und dort gefischt haben. Nach der Tradition, die sich auf Neufundland in den zum Teil sehr alten Fischerdörfchen an der Trinity- oder der Ste. Mary's Bay erhalten hat, ist der italienische Seefahrer in englischen Diensten, eben Giovanni Caboto, am Abend des Tages des Heiligen Johannes im Jahre 1497 in den unvergleichlichen Hafen eingefahren, der dann zu Ehren des Heiligen mit der später an ihm entstehenden Stadt St. John's genannt wurde. Englische, schottische, irische Fischer lernten ebenfalls, den St. John's Hafen zu schätzen. Sie setzten sich, da ihnen die britische Staatsmacht zu Hilfe kam, bald gegen die Basken und Portugiesen durch. Zu ihren eigentlichen Konkurrenten wurden wie gesagt die Franzosen, deren Könige genau so beflissen waren, sich in Nordamerika einzunisten, wie die von England. Die Franzosen ließen sich mit beträchtlichem Aufwand an Befestigungen an der neufundländischen Südostküste nieder, in Placentia vor allem, an der weit ins Land vordringenden Meeresbucht gleichen Namens.

Es ist sonderbar aufregend und zugleich ermüdend zu registrieren, wie oft sich Engländer und Franzosen auf Neufundland das Leben schwer gemacht, sich gegenseitig überfallen, die kleinen Städte und Fischer-Siedlungen verwüstet, geplündert, verbrannt und den Gegner zu vertreiben versucht haben. Nachhaltig gelungen ist das weder den einen noch den andern. Nach vollbrachter Brandstiftung und einigem Totschlag (man kam ja immer überraschend und hatte deshalb Erfolg) zog man wieder ab; man spürte weder Lust, noch verfügte man über genug Leute, den gegnerischen Platz dauernd besetzt zu halten. Die übrig gebliebenen Vertriebenen kehrten also bald zurück und bauten die zerstörten Siedlungen wieder auf, denn nach wie vor tummelten sich die riesigen Schwärme von Cod, von Kabeljau oder Dorsch, vor der Küste und wollten genutzt werden.

Das Wachstum von St. John's war nicht aufzuhalten. Die Zahl der Fischer, die englisch, schottisch, walisisch, irisch sprachen,

wurde immer größer. Die Franzosen waren überdies längst in die St.-Lorenz-Mündung eingedrungen und den Strom aufwärts gezogen, hatten auf hohen Uferfelsen die feste Stadt Québec und weiter stromauf beim indianischen Hochelaga die Stadt am »Königlichen Berg« (Montréal) gegründet und strebten über den Ottawa-Fluß ins unermeßlich sich öffnende Hinterland des unerforschten Kontinents. Die imperialen Ziele bildeten für die französischen Könige einen stärkeren Antrieb als die wirtschaftliche Nutzung der fischreichen Neufundland-Bänke und der nicht besonders einladenden Küsten der großen Insel dahinter.
Mit dem Siebenjährigen Krieg, der zwar auch ein Krieg Friedrichs des Großen gegen Österreich um den Besitz Schlesiens war, aber weltpolitisch die entscheidende Auseinandersetzung zwischen England und Frankreich um Nordamerika darstellte (1756–1763), war der langdauernde Streit entschieden: England hatte gesiegt, Canada und Louisiana östlich des Mississippi (von Spanien das Land westlich des Mississippi, dazu Florida) gewonnen und obendrein Frankreich aus Indien verdrängt – was alles in allem schließlich die Herrschaft Englands auf den Weltmeeren begründete.
Heute ist Newfoundland so englisch, wie ein Land nur sein kann. Allerdings hat sich ein eigener neufundländischer Dialekt des Englischen entwickelt, den ein Londoner kaum versteht, so viele merkwürdige Wortbildungen und so viele farbige und drastische Redewendungen weist er auf, die im englischen wie auch im amerikanischen Englisch völlig unbekannt sind. Die Neufundländer dachten auch nicht daran, sich der kanadischen Föderation anzuschließen; sie zogen es vor, eine britische Kronkolonie zu bleiben, und wurden sogar 1917 in den Rang eines britischen Dominions erhoben. Aber dann ging es auf der Insel wirtschaftlich reißend bergab. Die Wohlhabenheit, die hier an die drei Jahrhunderte lang geherrscht hatte, verflüchtigte sich. Die fremden und englischen Fischerflotten waren nicht mehr auf den Stützpunkt St. John's und andere angewiesen, und der Kabeljau brauchte nicht mehr auf endlosen Gestellen zu »Stockfisch« oder auf den Felsen zu »Klippfisch« getrocknet zu wer-

den, als welcher er im Westen Spaniens und vor allem in Portugal zur Volksnahrung geworden war. Die neufundländische Regierung und mit ihr das Land gingen bankrott und mußten von Großbritannien unter Zwangsverwaltung gestellt werden.
Der Zweite Weltkrieg brachte dem Land, das 1927 um das gewaltige Nordland Labrador vergrößert worden war, neuen Aufschwung. Es lag ja den europäischen Kriegsschauplätzen näher als alle anderen Bezirke Canadas oder der USA. Im Hintergrund der Bonavista-Bay, bei Gander, wurde ein riesiger Flugplatz gebaut, von dem die damals noch verhältnismäßig langsamen Propeller-Maschinen nach Shannon in West-Irland starteten. Und die Geleitzüge, die den Nachschub von Amerika nach England brachten, sammelten sich vielfach in neufundländischen Häfen und den vielen wunderbar geschützten Buchten an der Ostküste der Insel. Neufundland konnte wieder auf eigenen Füßen stehen, schluckte seinen alten Stolz hinunter und tat das Vernünftigste, was es unter den gegebenen Umständen tun konnte: Es trat nun doch dem Kanadischen Bund als zehnte Provinz bei (1949).
In der Gegenwart wird nur noch in einem sehr begrenzten Bezirk um die St. George's Bay an der Westküste Französisch gesprochen – aber auch dies ist zu einem neufundländischen Französisch abgewandelt, mit dem ein Pariser wenig anfangen kann. Im übrigen haben sich im Gebiet von Neufundland als ein winziger Rest alten Anspruchs – als wären sie wegen ihrer Winzigkeit nur aus Versehen vergessen worden – zwei Inselchen vor der Südküste als legitim französischer Besitz erhalten: St. Pierre und Miquelon, heute ein Überseeterritorium Frankreichs und ein wertvoller Fischereistützpunkt für die französischen Fangflotten auf den Neufundlandbänken.

St. John's ist viel zu oft abgebrannt und zerstört worden, als daß sich architektonische Schaustücke aus älterer Zeit darin hätten erhalten können. Aber immerhin spricht man von der Anglikanischen Kathedrale (einer solchen der Englischen Hochkirche) als dem besten Beispiel gotischer Architektur in Nordamerika.

Und die Römisch-Katholische Basilika von Sankt Johannes dem Täufer an der Military Road stellte vor hundertundfünfzig Jahren, als sie eingeweiht wurde, die größte Kirche ganz Nordamerikas dar und ist auch heute noch das größte Gebäude in ganz Neufundland – wenn ich richtig unterrichtet bin. Die Basilika faßt achttausend Menschen! Die anglikanische Hauptkirche ist ebenso wie die katholische Johannes dem Täufer gewidmet.
Ich berichtete schon, daß es Sir Humphrey Gilbert gewesen ist, der am 15. August 1583 in den schon von vielen Fischerbooten verschiedener Nationen belebten Hafen einsegelte und mit großer Geste Stadt, Hafen und die ganze Insel dazu im Namen der großen Elisabeth der Ersten für die englische Majestät in Besitz nahm. Sir Humphrey kam nicht dazu, einen schriftlichen Bericht über seine Expedition nach Westen zu hinterlassen. Auf der Rückreise nach England geriet sein Schiff, die »Goldene Hirschkuh«, in schlechtes Wetter. Gilbert wurde über Bord gespült und ward nicht mehr gesehen. Statt seiner hat der Kapitän der »Golden Hind«, ein Mann namens Hayes, die Reise ausführlich beschrieben, von der die Engländer dann ihren Anspruch auf Neufundland herleiteten. Hayes berichtet anschaulich von den vielen Schiffen und Fischerbooten der seefahrenden Nationen Europas, beschreibt die ansehnlichen Häuser der Kaufleute am Hafen und erzählt auch, daß Gilbert, er selbst und die Offiziere gern zum Westende des Hafens spaziert seien, am Wasser entlang auf einem Pfad, der die Männer zu einem besonders anziehenden Ort am Hafenende führte, dem sie den Namen »Der Garten« gaben. Dort seien sie aus dem Staunen über die Menge wilder Rosen und einen Überfluß an Erdbeeren und anderen Leckerbissen nicht herausgekommen.
An diese von dem wackeren Kapitän beschriebenen Ausflüge mußte ich denken, wenn ich auf der Water-Street unterwegs war, der Straße im heutigen St. John's, die am Hafenbecken entlangführt und die wichtigste und belebteste Straße der Stadt darstellt. Man hat sie mit gutem Recht die älteste Stadtstraße von ganz Nordamerika genannt. Der Pfad hinaus zum »Garten«, von dem Hayes zu erzählen weiß, ist nichts weiter als die Vorstu-

fe zur Water-Street gewesen, was mir stets bewußt blieb, wenn ich an ihr meine bescheidenen Einkäufe erledigte. Ich vergaß nie, daß ich mich in St. John's, dieser heute einigermaßen entlegenen und vom modernen Tourismus noch nicht entdeckten Stadt, in einer der allerältesten amerikanischen Städte befand, die längst von buntem und abenteuerlichem Leben erfüllt war, ehe die »Pilgerväter«, mit denen nach amerikanischer Vorstellung Amerika überhaupt erst richtig anfängt, in der »Mayflower« den Atlantik überquert hatten und bei Plymouth im jetzigen Massachusetts, USA, an Land gingen. Den »Garten« allerdings, von dem Hayes berichtet, habe ich am Westende der Water-Street nicht mehr entdecken können. Die wilden Rosen und Erdbeeren von einst sind längst unter den steinernen Fundamenten der Häuser verschwunden.

Stärker noch fühlte ich mich vom Atem der Geschichte umweht, wenn ich am Ostende der Stadt die steilen Hänge erstieg, in die der Hafen eingebettet liegt. Vom Fuß des Cabot-Turms öffnet sich ein weiter Rundblick über Stadt und Hafen und – unmittelbar unter dem steilen Vorgebirge – auf die »Narrows«, die »Engen«, den nur etwa zweihundert Meter breiten Zugang vom offenen Meer in das weite Hafenbecken. Unweit vom Cabot Tower, der viel älter aussieht, als er in Wahrheit ist, sind noch ein paar alte, schwere Kanonen zu bestaunen, Queen's Battery, die in vergangener Zeit mit nicht wenigen weiteren wehrhaften Bollwerken die Stadt verteidigten – allerdings nicht in jedem Falle mit Erfolg. Der mächtige Cabot-Tower ist erst 1897/98 erbaut worden – zur Erinnerung daran, daß John Cabot 400 Jahre zuvor die Narrows durchsegelt und damit Englands Ansprüche auf die Insel, die neugefundene, begründet hat.

Mir wohnte in der alten grauen Stadt ein guter und sehr geschätzter Freund. Ein kanadischer Onkel von seiner Mutter Seite her hatte ihm – in Kitchener, Ontario – ein kleines Vermögen vermacht, das ihm, der sonst keine leiblichen Verwandten in Deutschland mehr besaß (sie waren auf der Flucht aus Ostpreußen in der Ostsee ertrunken), die Möglichkeit bot, in Canada

Fuß zu fassen, sobald es Deutschen nach dem Kriege wieder erlaubt war, nach Canada auszuwandern.
Eine merkwürdige Verkettung von Umständen hat diesen Fritz Manus nach Neufundland geführt, wo Deutsche nur selten zu finden sind. In St. John's hatte er ein gut gehendes Handelshaus aufgebaut, führte Industriewaren aus Deutschland, Österreich und der Schweiz ein und vor allem Fischkonserven nach Mitteleuropa aus. Er hatte eine Frau irischer Herkunft geheiratet und – wie meistens – war diese Ehe zwischen Deutschen und Iren wunderbar gelungen.
Fritz war zwar ein kluger Kaufmann und konnte gut rechnen, aber zugleich unterhielt er ein enges, beinahe schwärmerisches Liebesverhältnis mit der rauhen Insel im Nordmeer, auf die ihn die, wie er meinte, sehr wohlwollenden Launen seines Schicksals verschlagen hatten.
Ich habe mit ihm und Deirdre vor dem lodernden Kamin gesessen (die Abende und Nächte sind immer kühl, ja kalt auf der Insel, an deren Ostflanke die Eisberge vom Gletschereis Grönlands mit der kalten Labrador-Strömung nach Süden treiben wie riesige verirrte Märchenschlösser) und habe ihn fabeln hören von den rauschhaft bunten und leuchtenden Sommern des Landes, wenn frische Winde über die duftenden Einsamkeiten des Inneren der Insel hinwegwehen und die fetten Fische in den unzähligen Seen und Wasserläufen springen; nie braucht man lange zu warten, daß »einer anbeißt«! Wunderschöne Wildblumen blühen den ganzen Sommer über, und der Reichtum an wohlschmeckenden Beeren, wenn der Sommer sich in den Herbst neigt, ist kaum zu beschreiben.
Obgleich Neufundland auf gleicher Breite liegt wie etwa Nordfrankreich oder Süddeutschland, ist sein Klima viel rauher und »nordischer« als das unserer heimatlichen Bezirke. Denn unsere Küsten und ihre Hinterländer werden vom Golfstrom erwärmt, Neufundland aber wird von den kalten Winden aus dem amerikanischen Norden überflutet und an seiner Ostküste von dem schon erwähnten kalten Labradorstrom bespült. Aber gerade diese im Herbst und Winter bitter spürbare Unfreundlichkeit

des Wetters schien es meinem Fritz Manus angetan zu haben. Wenn der berüchtigte Neufundland-Nebel – »dicht wie nasse Watte!« – das Land verhüllte und die Stadt nicht minder, wenn von See her die Brülltöne der Schiffssirenen den Tag und die Nacht durchheulten und an die Boote erinnerten, die sich im Schrittempo durch die feuchte Nebelsuppe tasteten, dann konnte man, warm im Bette liegend im komfortablen Landhaus in der Beech-Avenue, auf der Höhe über der Stadt nicht allzu weit vom Confederations-Gebäude, seinem Schöpfer danken, daß man in »solcher Nacht« nicht auf See herumzuschippern brauchte. Oder auch, wenn wider alle Regel einer der fürchterlichen Stürme von Osten her über die Avalon-Halbinsel (mit St. John's) hergefallen war, die Dachziegel klappern und die Schiffe selbst noch im Hafen an den Haltetauen zerren und schwanken machte – keine Angst: Im alten St. John's war man sicher aufgehoben! Eisstürme kann es geben in der Winterzeit, die nicht erkennen lassen, ob es regnet, schneit oder hagelt, auch donnert und blitzt es zwischendurch; auf alle Fälle kommt für einen halben oder ganzen Tag jeder Verkehr in den Straßen von St. John's zum Erliegen – und am nächsten Morgen ist die ganze Stadt in einen Eispanzer gehüllt.

Mein Freund Fritz Manus war mit all diesen neufundländischen Besonderheiten großartig einverstanden: »Ein mannhaftes Klima« meinte er – und hatte mich schon bei meinem ersten Besuch auf der großen Insel mit seiner Begeisterung angesteckt, so daß die gute Stadt mich regelmäßig viel länger in ihren Mauern beherbergte, als eigentlich nach meinem Reiseplan erlaubt war – und ich billige ihr auch auf diesen Seiten mehr Raum zu, als eigentlich zu vertreten ist.

Fritz Manus quoll über von alten Geschichten über St. John's und die wunderschöne Avalon-Halbinsel, auf der die Stadt gelegen ist. Wenigstens einer dieser Anekdoten konnte ich nachgehen, und, siehe da, sie stimmte haargenau; sie betrifft das eben schon erwähnte »Bundes-Gebäude« (Confederation Building): Das große Haus beherbergt außer einer Anzahl von Ämtern vor allem das neufundländische Provinz-Parlament. Bevor aber das

jetzige ausgedehnte Bauwerk fertiggestellt war (1960) und bezogen wurde, tagte die Volksvertretung im »Colonial Building« weiter unten an der Military Road. Das ist so gut wie vergessen. Aber das jetzige Parlament im zehnten Stock des Confederation-Gebäudes, das besuchte ich pflichtschuldig – und wunderte mich dabei, war mir doch bedeutet worden, daß hier entgegen britischer Sitte die Bänke der Regierungsmitglieder zur Linken des Sitzes des Speakers, des Parlamentspräsidenten, angeordnet sind, und nicht zu seiner Rechten. Mein freundlicher Führer, Fritz Manus persönlich, erklärte mir die Regelwidrigkeit:
Das Colonial Building stammt aus dem vorigen Jahrhundert und ist schon 1850 fertig geworden, zu einer Zeit also, als von Zentralheizung und ähnlichem Komfort noch keine Rede war. Im Winter kann es in St. John's übel feucht und kalt und höchst ungemütlich werden. In dem großen Saal, in dem das Parlament im Colonial Building tagte, gab es aber nur einen einzigen Kamin, in dem ein wärmendes Feuer unterhalten werden konnte. Und dieser befand sich zur Linken des Speakers. Es verstand sich beinahe von selbst, daß die Regierung das Recht für sich in Anspruch nahm, in der Nähe des wärmenden Kamins zu sitzen, also »unbritisch« zur Linken des Präsidenten. Wenn einer zu frieren hatte, dann konnte dies nur von der Opposition übernommen werden; diese hatte also zur Rechten Platz zu nehmen.
Im neuen großen Tagungsraum im Confederation Building auf der Höhe über der alten Stadt war natürlich in den sechziger Jahren dieses Jahrhunderts eine moderne Heizung eingebaut worden. Auch die Opposition brauchte nicht mehr zu frieren. Aber bei der alten Übung, die Regierung des Landes (heute einer kanadischen Provinz, damals einer britischen Kron-Kolonie), auf die linke Seite des Speakers zu setzen, ist man auch in dem modernen Sitzungssaal geblieben!
Die lokale neufundländische Tradition hat also über die altenglische gesiegt. Das schien mir sehr bezeichnend zu sein für Geist und Wesen der Neufundländer, die in bald fünfhundert eigenständigen Jahren durchaus das Recht erworben haben, sich auf ihrer großartigen Insel im Nordatlantik für ein Völkchen beson-

derer Art zu halten. Und das tun sie mit offensichtlichem Vergnügen noch heute!

Aber ich war ja nicht nach Canada gereist, mir von Fritz und Deirdre heitere Geschichten erzählen zu lassen. Und pflichtschuldigst raffte ich mich schließlich auf, meine große »Westward ho!«-Reise in allem Ernst zu beginnen. Dazu hatte ich mich dem Highway Nr. 1, dem »Transcanada« anzuvertrauen, um die gut neunhundert Kilometer in einem riesigen Halbkreisbogen nach Port aux Basques, dem »Baskenhafen« an der SW-Ecke der Insel, hinter mich zu bringen. Dort würde ich dann die Autofähre besteigen müssen, um Nova Scotia (Neu-Schottland) anzusteuern. Ich würde keine Zeit mehr erübrigen können, vom Wege abzuweichen und die vielen kleinen und die wichtigeren Fischerdörfer an der Küste, die alle ihre besondere Geschichte haben, aufzusuchen. Besiedelt ist Neufundland – soweit es der Rede wert ist, und abgesehen von einigen neueren riesigen Pulp- und Papierfabriken (in Corner Brook und Grand Falls), welche die jungfräulichen Wälder des Inneren ausbeuten – nur längs der Küsten. Alles übrige blieb bis zum heutigen Tage so gut wie leer – und still! Wer Canada erleben will, wie es einst war, ehe der Tourismus sich seiner bemächtigte, dem seien die leuchtenden Einöden am Crooked oder am Red Indian Lake oder die grandiosen Felsenwildnisse der Long Range, der »Langen Kette«, empfohlen, die als äußerste Nordfortsetzung des amerikanischen Appalachen-Gebirges im Westen der Insel wie ein mächtiges Rückgrat von Südwest nach Nordost streichen.
Die große transkanadische Straße beginnt in St. John's auf der Höhe über der Stadt neben dem »Bundes-Gebäude«, dem »Confederation-Building«. Im späteren Verlauf der Reise würde ich dem Transcanada untreu werden und meine Route quer über Canada so weit wie möglich nach Norden verlagern. Aber hier am Anfang der großen Reise gab es keine Straße, die weiter im Norden nach Westen zielte und die man auch westwärts weiter und weiter befahren konnte, ohne auf der eigenen Spur um-

drehen zu müssen. Auf Neufundland brachte mich vom europanächsten Punkt, Cape Spear, nur der Transcanada nach Westen.
Ich hatte Glück: Der Tag meiner Abreise hob sich aus der herrgottshellen Frühe wie ein schimmerndes Juwel. Ich war nach meiner Gewohnheit schon Stunden vor dem Beginn des Berufsverkehrs aufgebrochen und hatte die Straßen für mich allein. Von dem imposanten, aber architektonisch nicht besonders bemerkenswerten Confederation Building nahm ich schnell Abschied. Von da ab konnte ich den Transcanada nicht mehr verfehlen. Ich rollte, wie mir die Straßenschilder verrieten, schon die Kenmount Road entlang; ich hatte mich richtig »eingefädelt« – was ja stets die erste und wichtigste Sorge ist, wenn man auf weiter Reise sich frühmorgens aus einer großen Stadt hinauszuwinden hat.
Ich hatte die Stadt hinter mir und rollte hinaus ins offene grüne Land, südwärts zunächst in die prangenden, fruchtbaren Weiten der Avalon-Halbinsel, an deren äußerster Ostkante St. John's angesiedelt ist. Die alte Geschichte »rechts vom Speaker« »links vom Speaker« verfolgte mich, während ich von St. John's Abschied nahm. Auf Neufundland hat sich nicht nur – wie gesagt – ein besonderer Dialekt des Englischen herausgebildet – er hatte gut vierhundert Jahre Zeit dazu –, sondern auch eine Fülle von Redensarten und Sprichwörtern, von großartigen, sozusagen saftigen Volksliedern und Erzähl-Geschichten, von kräftigen, deftigen Kochkünsten und allerlei handwerklichen Geschicklichkeiten, die anderswo nicht zu finden sind.
Nirgendwo in ganz Nordamerika gibt es so viele romantische, phantastische, ja offenherzige Ortsnamen wie auf Neufundland. Um nur ein paar wenige aufzuführen: Stinke-Bucht, Unnütze Bay, Jerrys Nase, Kuckucks-Bucht, Witzlose Bucht, Vergnügtes Abenteuer, Herzens Zufriedenheit, Herzenswunsch, Kleinen Herzens Erleichterung, Tabaksbeutel-Bucht, Alter Pelikan, Butter-Port, Weiße Rose und so weiter und so weiter.
All diesen lustigen und zuweilen auch ein bißchen verrückten Bezeichnungen nachzugehen, war mir verwehrt. Ich hatte mich allzu lange von der in ihre einmalige Felsenschüssel gezwängten

Stadt St. John's, von meinem guten Fritz Manus und seiner liebenswerten Frau Deirdre aufhalten lassen. Aber ich tröstete mich, während die große Straße unter meinen Rädern sich schon in die mächtige Schleife nach Norden und Westen gewendet hatte. Fritz hatte mir viel erzählt, von den leuchtend bunt angestrichenen Häuserchen der Fischer in den Dörfern an der Küste, alle mit farbiger Flatterwäsche an langen Leinen um sich her und alle ohne viel Federlesens auf die nackten grauen Felsen der Küste gesetzt, alle dicht über der ewig schäumenden See; sie kehren den Mooren und Tundren weiter landein den Rücken zu – und die Männer sitzen irgendwo unter den hölzernen Hauswänden und flicken die Netze. Denn sie wohnen hier auf der Grenze zwischen See und Land nicht wegen der Früchte der kümmerlichen Gärtchen, sondern wegen der Fische im Meer.
Ich hatte mir vorgenommen, die mehr als neunhundert Kilometer über den Transcanada nach Port aux Basque auf einen Sitz hinter mich zu bringen, um die im Schatten der Kathedrale des Heiligen Johannes vertrödelte Zeit in etwa einzuholen. Aber daraus wurde nichts, obgleich ich wie gesagt an den vielen verlockenden Seitenstraßen zu der vieldutzendfach zerlappten hohen Küste vorbeirollte, ohne der Versuchung nachzugeben, nach Cape Freels oder Fleur de Lys hinüberzugleiten, um zu erkunden, wie dort der Atlantische Ozean in den Felsen murrte, paukte und donnerte. Schweren Herzens fuhr ich bei Deer Lake auch an der Abzweigung der Provinzstraße Nr. 430 vorüber, die, immer entlang der Westküste, nach St. Anthony und zum Nordzipfel von Neufundland hinaufführt, von wo L'anse aux Meadows (die »Kleine Bucht bei den Wiesen«) nur noch einen Katzensprung weit entfernt ist, jener Ort, in dessen Nähe der Norweger Helge Ingstad nach vieljähriger und beschwerlicher Suche nicht nur die Spuren, sondern die Beweise dafür gefunden hat, daß schon ein halbes Jahrtausend vor Kolumbus Europäer, Wikinger nämlich aus Grönland, frühe Landsleute des Helge Ingstad, auf der Nordspitze von Neufundland gesiedelt haben. Aber sie bekamen keinen Nachschub vom heimatlichen Erdteil her und »hörten auf«, starben aus, wir wissen nicht nach wie

vielen Generationen. Wie weit sie in die Hintergründe des neuen Kontinents vorgedrungen sind, wissen wir auch nicht. Darüber gibt es nur unsichere Vermutungen. Ich hatte Jahre zuvor mit sonderbarer Ergriffenheit vor den bescheidenen, heute sorgsam behüteten Überresten der Wikinger-Siedlung gestanden und mir klar zu machen versucht, wieviel Mut und zähe Ausdauer dazu gehört haben mußten, sich in den offenen Drachenbooten, die sich die Nordmänner mit wunderbar fließenden Umrissen und hohen Borden selber bauten, von der Westküste Grönlands (das damals wirklich noch ein Grön-, ein »Grün«-land gewesen sein mag) über die Davis-Strait mit ihren gefährlichen plötzlichen Stürmen und Eisbergen westwärts hinüberzutasten, bis die abweisend leeren und schroffen Ufer Labradors vor ihnen aufstiegen, an denen kein brauchbares Land zum Verweilen einlud – bis dann weiter im Süden, nachdem man sich von den Küsten Labradors gelöst und die (heutige) Belle Isle-Straße gequert hatte, ein freundlicheres Gestade aus dem grauen Nordmeer auftauchte. Hier betraten die Nordmänner zum ersten Mal ein – damals schon – »neu gefundenes Land«, sicherlich nicht ahnend, daß sie einen riesigen anderen Erdteil entdeckt hatten.
Wenn ich auch fuhr und fuhr, um wenn irgend möglich noch die Abendfähre in Port aux Basques zu erreichen, so nahm ich doch den Glanz und Zauber des inneren Neufundlands mit allen Sinnen in mich auf: welch strahlende Weite, wie grenzenlose Ausblicke von den Höhenzügen, die zu überwinden waren, zu fernsten Horizonten, die in der glasklaren, kühl windigen Luft wie mit schärfstem Messer geschnitten den Himmel umrandeten! Mehr als einmal vermochte ich der Versuchung, auszusteigen, nicht zu widerstehen. Ein Felsblock bot sich an; ich ließ mich darauf nieder, um den vor lauter grüner Unendlichkeit schier trunkenen Blick schweifen zu lassen – und die Zeit zu vergessen. Wenn nicht ein kleiner Vogel mich neugierig umflattert hätte mit ganzen Kaskaden hellen Gezwitschers, hätte ich den Zwang zur Weiterreise wohl versäumt. Weiter also! Auf der etwa 160 Kilometer langen Strecke zwischen Springdale und Corner Brook, dort, wo der Transcanada am weitesten nach Norden

ausbiegt und der Sheffield- und der Sandy-Lake an der linken Straßenseite vorbeigleitet, blendend blinkende Gewässer (das strahlende Sommerwetter war mir treu geblieben!), auf dieser langen Strecke begegnete mir kein einziges Auto oder sonst ein menschliches Wesen. Da war ich himmlisch allein mit den vom Wind zerzausten niedrigen Kiefern, die sehr locker standen und nirgendwo den Blick beschränkten, mit Büschen und blühenden Kräutern, mit den vielen Vögeln, Möwen darunter, die die Nähe der hohen See verrieten – Green Bay und White Bay lagen nur ein Dutzend Kilometer weit entfernt hinter den Hügeln – und mit den weißen Sommerwolken in der Höhe, die wie lichte Träume ostwärts segelten.

Wieder ein Rastplatz: Ich konnte nicht widerstehen und hielt an, obwohl ich wußte, daß mir solche berückenden Fernblicke noch hundertfach beschert sein würden. Sie stehen in keinem Reiseführer und kein Reisebüro macht mit ihnen Reklame; sie tragen keinen mit einem oder gar drei Sternchen versehenen Namen. Und doch sind es diese namenlosen, strahlenden Weiten, diese stillen Erlebnisse an irgendeinem Rastplatz in der Einsamkeit, die sich so unauslöslich ins Gedächtnis eingraben, daß man noch Jahre später genau nachzeichnen könnte, wie sich jene verbogene schwarze Fichte zu der schlanken, hellen Birke hinüberlehnte, als wäre der Hinkefuß und bärtige Unhold Fichte in die selig junge, zierliche Prinzessin Birke verliebt. Und die sanften Linien der fernen Hügel und Berge im Hintergrund umspielten das rührende Bild von Birke und Fichte, als wären sie eine sichtbar gewordene süße Melodie.

Ich riß mich schließlich los.

An Corner Brook, Neufundlands zweitgrößter Stadt mit etwa 28 000 Einwohnern nach St. John's (85 000), fuhr ich ohne Aufenthalt vorüber. In Corner Brook ist eine der größten und leistungsfähigsten Fabriken für Papierbrei und Papier angesiedelt, die auf unserer geduldigen Erde zu finden sind. Wenn ich auch in meinem Beruf ohne Papier nicht auskomme, so ist mir doch die Papierherstellung mit ihren Säuren und unerfreulichen Abwässern höchst zuwider. Außerdem hatte ich vor Jahren einmal ziemlich spät des Nachts in Corner Brook Station machen müssen, hatte ein Hotel gewählt, das man mir als gut bezeichnet hatte, war dort aber in einen riesigen Haufen betrunkener Männer geraten, die mich sofort lauthals vereinnahmten und mich zu ihrem Busenfreund erklärten. Als ich mich, übermüdet wie ich war, mit soviel lärmender Zuneigung keineswegs einverstanden zeigte, wurden ein paar der alkoholseligen Papierfabrik-Arbeiter gewalttätig; ich hatte Not, mich unversehrt in Sicherheit zu bringen. Seither war mir Corner Brook so gründlich wie möglich verleidet.

Ich wußte aber, daß mir die Schlußstrecke der langen Route des Transcanada – in weitem Schwung durch den breiten Rumpf des inneren Neufundland – ein unvergleichliches Erlebnis bieten würde. Die Straße wandert dann nämlich das Tal des Grand Codroy-Flusses zwischen den Aguille-Bergen und den hohen Long Range-Mountains südwärts, ohne Siedlungen zu berühren, die der Erwähnung wert wären.

Das schöne Wetter war mir immer noch treu. Die Sonne schickte sich an, über den Wassern des Golfs zu versinken, der zu meiner Rechten manchmal hinter den Hügeln in der Ferne zu ahnen war. Zur Linken aber hoben sich zuweilen schier senkrecht die dunklen Flanken der Long Range auf und reckten sich in den tiefblauen Himmel, in welchem im Verlauf des Nachmittags die weißen Wolken lautlos vergangen waren, ohne eine Spur zu hinterlassen. Kaum ein Auto auf der gar nicht üblen Straße! Grünes Land zu beiden Seiten des Weges, aber kaum ein Haus oder sonst ein Zeichen menschlicher Nähe. Wurden die Fluren überhaupt nicht genutzt? Ich zerbrach mir nicht den Kopf darüber. In mir stieg die Sorge auf, ob ich die Abendfähre nach North Sydney überhaupt noch erreichen konnte. Ich hielt also den Fuß auf dem Gashebel und kümmerte mich nicht mehr um die vorgeschriebene Höchstgeschwindigkeit.

Ich fühlte mich pudelfrisch trotz der langen Fahrt, war unversehens in die »Zweite Luft« gerutscht, die sich gewöhnlich einstellt, wenn man die erste Müdigkeit und Erschöpfung mit einem energischen Stoß in die eigene Kehrseite überwunden hat.

Die Wälle des Gebirges zu meiner Linken begleiteten meine Fahrt als sachte immer feuriger erglühende Kulissen. Die scheidende Sonne überflutete die ragenden Wände mit Strömen von Licht, das sich von gleißendem Gold zu immer tiefer errötenden Tönen wandelte. Es kam mir vor, als wären die mächtigen Ketten der Long Range, an denen entlang ich nach Süden fuhr, um allmählich nach Osten einzudrehen, im Grunde tiefschwarz und ließen sich von der Abendsonne nur widerwillig in goldene und dann glühend rote Farben einkleiden. Unter all der Überfülle des Lichts blieben sie schwarz, dunkel, abweisend – ein seltsam zwiespältiges Schauspiel, großartig und sonderbar, aber auch merkwürdig beunruhigend; doch wurde ich nicht gelockt, irgendwo zu verweilen und den grandiosen Farbenzauber zu genießen. Nur vorwärts, nur weiter, du kannst es noch schaffen!

Ich schaffte es tatsächlich, rollte als letztes Auto in den weit geöffneten Rachen des Schiffes, der sich gleich hinter mir schloß. Ehe ich noch das Fahrgeld bezahlt, mir auch eine Kabine gesichert und an Deck gestiegen war, hatte das große Boot bereits Fahrt aufgenommen, wie mir das sanfte Vibrieren des stählernen Leibes verriet. Als ich endlich so weit war, auf das Promenadendeck hinaufzusteigen und an die Reling zu treten, fing das Abendrot schon an zu verblassen. Auf dem zurücksinkenden Land gingen viele Lichter an: der »Hafen der Basken« verabschiedete sich. Diesmal hatte ich von der alten, kleinen Stadt nichts wahrgenommen. Von der Tatsache, daß sich schon im 16. Jahrhundert baskische Fischer in dieser guten Bucht vor schlechtem Wetter in Sicherheit zu bringen pflegten, ist ohnehin in Port aux Basques kein Denkmal irgendeiner Art mehr übrig geblieben.

Die Lichter an Land versanken eines nach dem anderen hinter der Kimm. Statt dessen gingen eines nach dem anderen die Lichter am Himmel auf in zarter Silberpracht.

Ich lehnte immer noch über der Reling, lauschte dem Wasser der Cabot Strait, das an der Flanke des Schiffes vorüberschäumte und redete mir ins Gewissen: Junge, du mußt dich bewußter auf das konzentrieren, was du eigentlich vorhast, dich nämlich auf den jeweils nördlichsten Straßen vom zweitgrößten zum größten Weltmeer zu bewegen, quer über Canada hinweg. Du wirst streckenweise nur langsam vorankommen, vielleicht umkehren müssen, um eine leichter befahrbare Route zu suchen. Du darfst dich nicht wieder ungebührlich lange aufhalten lassen wie vom altersgrauen St. John's und von selbst so guten Freunden wie Fritz und Deirdre. Morgen früh also Neu-Schottland, Nova Scotia!

Guter Vorsätze voll ging ich schlafen.

KAPITEL 3

Nova Scotia, die Schöne des Ostens

Die Hochsee-Fähre tat ihr riesiges Maul auf und entließ all die Automobile jeder nur erdenklichen Spielart, die sie nächtens über die Cabot-Strait getragen hatte, auf die zementene Anfahrt im Hafenbezirk von North Sydney auf der großen, vielfach zergliederten Cape Breton-Insel, dem Nordteil der Provinz Nova Scotia, Neu-Schottland.

Die Gegend um Sydney ist eine der wichtigsten Industrie-Landschaften im ganzen kanadischen Osten. Eisenerz und Kohle werden abgebaut und gleich an Ort und Stelle in mächtigen Fabrikbetrieben zu Stahl und verschiedensten Produkten aus Eisen und Stahl verarbeitet. Kohle und Koks, die dazu notwendig sind, werden nebenbei aus der Erde gegraben; sie werden nicht nur in den Stahlschmieden von Sydney verbraucht, sondern gehen weit ins Land, auch über See.

Industriestädte zeichnen sich nirgendwo auf der Welt durch besondere Schönheit aus. Das gilt auch für die Gegend um Sydney, North Sydney, Glace Bay, Reserve Mines und wie die Orte alle heißen; sie sind nicht viel mehr als Versorgungs- und Schlafstädte für die Arbeiter in den Stahlwerken und Kohlengruben und legen anscheinend keinen Wert darauf, dieser wichtigen Aufgabe auch noch mit ein wenig freundlichem Anstand, mit der Bemühung um etwas Liebenswürdigkeit gerecht zu werden.

Aber darauf war ich schon gefaßt gewesen. Ich erlebte North Sydney ja nicht zum ersten Mal. Obgleich ich in meiner engen Schiffskabine auf der Fahrt von Port aux Basques her schlecht und vor allem zu wenig geschlafen hatte, bemächtigte sich meiner ganz ungewollt eine freudig gehobene Stimmung, als mein Auto wieder eine feste Straße unter den Rädern spürte, ich mich dem vertrauten Schild mit dem Ahornblatt (für den Transcanada) anvertrauen konnte und, ohne mich lange umzuschauen, die Gegend der Kohlengruben und Eisenschmelzen hinter mich brachte. Manche der Abbau-Stollen in den Kohlegruben an dieser Küste reichen bis zu sechs Kilometer unter den atlantischen Meeresboden hinaus. Großartig! sage ich dann, bin pflichtschuldigst beeindruckt und habe es zehn Minuten später vergessen.

Für mich war an diesem Morgen das durchaus unhübsche North Sydney das Empfangstor von Nova Scotia. Und Nova Scotia – dafür lege ich meine Hand ins Feuer – bildet nicht nur eine der allerschönsten Gegenden von Canada, sondern der gemäßigten Zonen dieser Erde überhaupt. Und ich war entschlossen, das schöne Land auf einer herrlichen, seiner nördlichsten Straße zu umarmen – voller Liebe und großer Wiedersehensfreude!

Der Nordteil Nova Scotias mit den Industriebezirken um Sydney ist, wenn man es genau nimmt, eine Insel, die in der alten – französischen – Zeit den Namen Ile Royale trug. Als 1763 das ganze französische Canada an England abgetreten werden mußte, war der Name »Königliche Insel« – auf französisch – nicht mehr angemessen und wurde in »Insel des Bretonischen Kaps« (ihrer am weitesten nach Osten vorgeschobenen Felsbastion) umbenannt. Dabei ist es dann geblieben, obgleich heute die Insel keine echte Insel mehr ist. Die Canso-Meeresstraße, die Cape Breton Island vom neuschottländischen Festland trennt, wird heute von einem breiten Steindamm gequert, der sowohl den Geleisen der Eisenbahn wie dem Zementband der Transcanada-Straße eine zuverlässige Unterlage bietet.

Ich hatte wieder einmal Grund – es kommt beschämenderweise ziemlich häufig vor –, mich in aller Stille weder besonders konsequent noch besonders intelligent zu finden: Es war ja gerade erst eine Nacht her, daß ich das grandiose, melancholisch ernsthafte Neufundland als ein Juwel unter den Ländern dieser Erde empfunden und gepriesen hatte – und sicherlich zu Recht!

Aber nun hatte ich einige Stunden unruhigen Schlafs danach den Boden Nova Scotias unter mir und spürte das, als wäre es ein unverhofftes Glück. Und ich ahnte bereits, daß ich jedes Mal, wenn ich von einer der kanadischen Großlandschaften in die nächste wechselte, eine ähnlich herrliche Neugier und Vorfreude empfinden würde wie an diesem Tage, an dem Newfoundland hinter mir versunken war und Nova Scotia strahlend aufstieg. Denn ich wußte: Rund um den mächtigen Nordwesten der Cape Breton-Insel führt eine wunderbare, annähernd dreihundert Kilometer messende Straße, die niemand vergessen kann, der sie einmal mit offenen Sinnen befahren hat. Ich wollte sie nun, anders herum als beim ersten Mal, abermals befahren, getreu meinem Vorsatz, in jeder Provinz Canadas die jeweils nördlichste Route nach Westen zu erproben, selbst wenn dies mit Schwierigkeiten verbunden sein würde.

Die Straße trägt einen besonderen Namen, und ich würde es nicht übertrieben finden, wenn diesem Namen Weltberühmtheit zugesprochen würde; es handelt sich um den Cabot-Trail, den Cabot-Pfad.

John Cabot ist schon erwähnt worden. Er war fünfhundert Jahre nach den Wikingern, den allerersten europäischen Siedlern im äußersten Norden Neufundlands, der erste von England herüberstoßende Europäer, der Nordamerika sichtete und betrat, fünf Jahre, nachdem Kolumbus Mittelamerika für die spanische Krone »in Besitz« genommen hatte. Der heutige Cabot-Trail um das nördlichste Gebiet von Neu-Schottland trägt seinen Namen, weil an seinem nördlichsten Punkt, beim Cape North, die Stelle zu vermuten ist, wo Giovanni Caboto als erster »Weißer« nordamerikanischen Boden betreten hat. Dort, in großer, von ewigem Wind umspülter Einsamkeit, hoch über der Weite des Nordatlantik, hat man dem kühnen Italiener – in englischen Diensten – eine Porträt-Büste aufgestellt und einen Steinhügel als Denkmal errichtet. Dorthin stand mir der Sinn. Vielleicht gelang es mir, nachzuempfinden, was in jenen wagemutigen Männern vorgegangen sein muß, als sie nach langer, bewegter Reise über eine völlig leere, öde See tatsächlich auf Land stießen – auf Land, das sie für ein Vorgebirge Asiens hielten!

Aber noch war ich nicht in der Nähe von Cape North, längst

nicht! Ich hatte vor, wie gesagt, den Cabot-Trail, eine große, weit nach Norden gezerrte Rundroute, rechts herum zu befahren, von Sydney kommend also zunächst die mächtige Nordhälfte der Cape Breton-Insel von der kleinen Stadt Baddeck aus, dem Anfang und Ende des Cabot-Trail, zu überqueren, an der Westkante der Insel nach Norden zu fahren bis zu ihrem Cape North und dann dem Trail nach Süden an der Ostkante wieder bis Baddeck zu folgen, wo ich mich dann abermals in den Transcanada einschleusen wollte, um ins eigentliche, das festländische Nova Scotia vorzustoßen. Auch dieses ist noch ganz der hohen See verschwistert; die allermeisten Orte in Nova Scotia liegen nicht viel mehr als fünfzig Kilometer vom Salzwasser entfernt. Die ganze Provinz hängt an der kanadischen Landmasse – hier an der Provinz New Brunswick – nur mit einem schmalen »Stengel«, dem 24 Kilometer breiten Isthmus von Chignecto, und wird damit zu einer weit in den Nord-Atlantik hinausragenden Halbinsel. Über diesen schmalen »Stengel«, vorbei an dem alten Fort Beauséjour würde auch ich mich westwärts bewegen müssen. Aber das lag noch weit im Felde. Jetzt schlug mir erst einmal das Herz vor Freude, als ich auf hoher Brücke den langgestreckten Meeresarm Great Bras d'Or überquert hatte und an der Abzweigung nach Englishtown vorbeikam. Ich trat auf die Bremse: Englishtown, natürlich, das gehört als kleiner, aber bemerkenswerter Abstecher schon zum Cabot-Trail; damit konnte ich genau so gut beginnen wie mit Baddeck. Ich setzte zurück und bog ein. Ich hatte es plötzlich nicht mehr eilig. In Englishtown weiß der nie ruhende Meereswind an jeder Ecke von alter Geschichte zu berichten, besser noch, weiß alte Geschichten zu erzählen – und das ist genau das, was mich mindestens ebenso schnell und leicht verführt, an einem Ort zu bleiben, wie seine landschaftliche Schönheit. Und in Nova Scotia wie kaum irgendwo sonst im großen Nordamerika ist beides wunderbar häufig vereint. Ich würde schon irgendwo für die Nacht unterkommen.

Darin hatte ich mich nicht getäuscht. »MacRitchies Cabins« nahmen mich auf, ich fühlte mich in meinem bescheidenen

Rivière-Pigou
Rivière aux Graines
Moisie
Sept-Iles
QNS&L
ANTICO
Baie-Ste Claire
Port-Menier
Clarke City
Port-Cartier
Rochers R
Toulnustouc River
Godbout River
Rivière Pentecôte
Îlets-Caribou
Godbout
Franquelin
Baie-Comeau
Hauterive
St. Lawrence River
Anse-Pleureuse
Rivière-la-Madeleine
Grande-Vallée
Cloridorme
L'Anse à Valleau
Rivière au Renard
FORILLON
Cap-des-Rosiers
Marsoui
Murdochville
St-Majorique
Gaspé
Gaspé Bay
Prével
Percé
Ste Anne des Monts
Cap Chat
PARC DE CONSERVATION DE LA GASPÉSIE
Les Méchins
Grande-Rivière
Chandler
Newport
Port-Daniel-Est
Cascapedia R
Bonaventure R
Matane
Baie-des-Sables
Sayabec
Amqui
Causapscal
Mont-Joli
St-Moïse
Ste-Angèle-de-Mérici
Matapedia
New Richmond
Maria
New Carlisle
Paspébiac
Miscou Centre
Lamèque
Shippegan
Chaleur Bay
Pointe-au-Père
Rimouski
Routhierville
Pointe-à-la-Garde
Nouvelle
Dalhousie
Bonaventure
Jacquet River
Bic
St-Marcellin
St-Fabien
New Mills
Pokeshaw
Caraquet
Petit-Rocher
Janeville
Tracadie
Trois-Pistoles
St-Jean-de-Dieu
Lac-des-Aigles
Robinsonville
Campbellton
Bathurst
Allardville
Brantville
Tabusintac
Kedgwick
Restigouche River
Nepisiguit River
Heath Steele
Neguac
Miramichi Bay
Baie Ste-Anne
Cabano
Notre-Dame-du-Lac
St-Quentin
Northwest Miramichi R
Newcastle
Chatham
Dégelis
St-Joseph-de-la-Rivière-Bleue
St Jacques
Edmundston
Rivière-Verte
Nictau
NEW BRUNSWICK
Margarets
Kouchibouguac
Madawaska
Caron Brook
Connors
Ft Kent
Van Buren
St Leonard
Grand Falls
Plaster Rock
Renous
Blackville
Rogersville
Buctouche
Harcourt
Saint John River
Square L
Eagle Lake
Caribou
Ft Fairfield
Arthurette
Perth-Andover
Doaktown
Southwest Miramichi River
Boiestown
Portage
Presque Isle
Ashland
Junipers
Bristol
Napadogan
Stanley
Chipman
Canaan Forks
Salisbury
Havelock
Petitcodiac
Mars Hill
Bridgewater
Hartland
Nashwaak Bridge
Taymouth
Newcastle Bridge
Coles Island
Allagash R
Aroostook
Millville
Youngs Cove
Eagle L
Smyrna Mills
Woodstock
Meductic
Keswick
Sheffield
Oromocto
Jemseg
Gagetown
Berwick
Sussex
Chamberlain Lake
Knowles Corner
Houlton
Saint John
Longs Creek
Fredericton
Norton
Hampton
Hammond
Island Falls
Patten
Harvey Station
Fosterville
Evandale
Chesuncook Lake
Sherman
Haynesville
Thomaston Corner
McAdam
St Croix
Welsford
Westfield
Lawrence Station
Millinocket L
Millinocket
Medway
Danforth
Macwahoc
Vanceboro
Saint John
St Martins

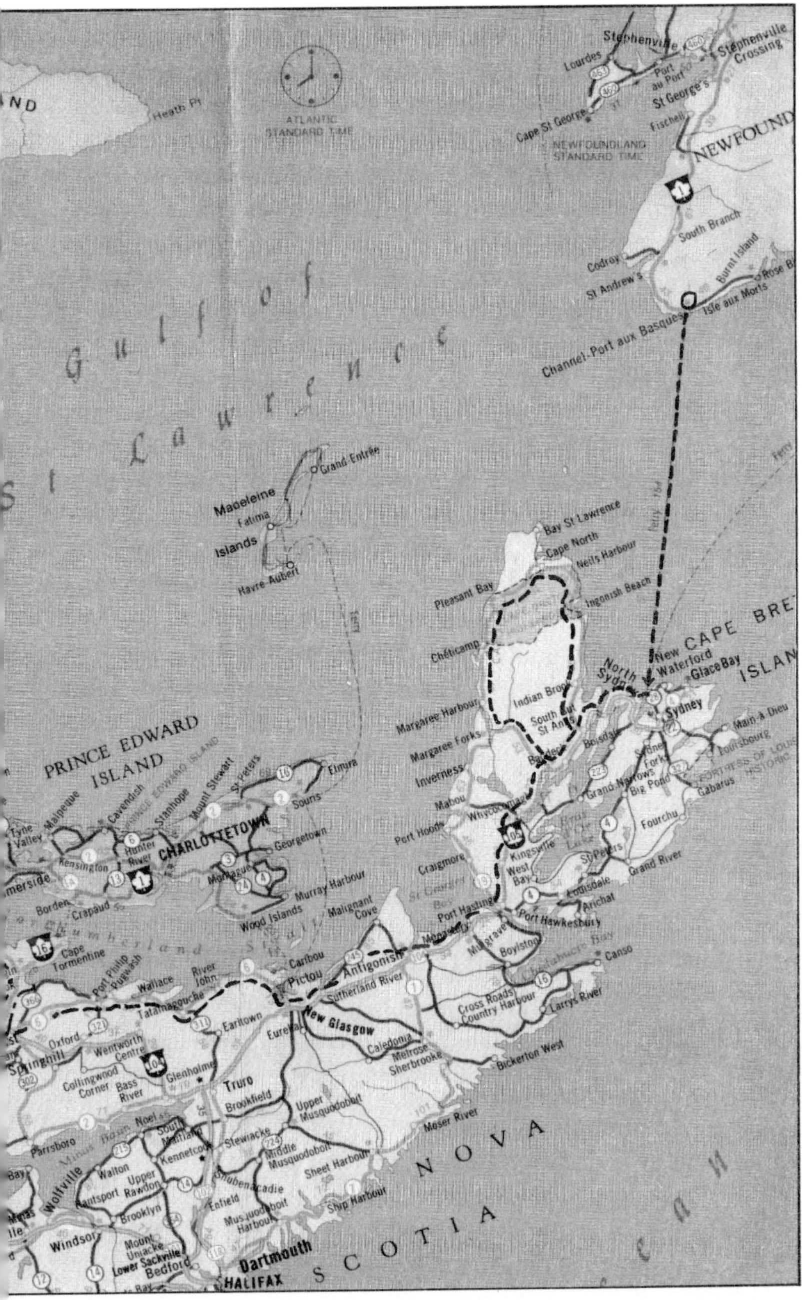
Gulf of St Lawrence
ATLANTIC STANDARD TIME
NEWFOUNDLAND STANDARD TIME
Heath Pt
Stephenville
Stephenville Crossing
Lourdes
Port au Port
St George's
Cape St George
Fischell
NEWFOUND
South Branch
Codroy
St Andrew's
Burnt Island
Rose B
Isle aux Morts
Channel-Port aux Basques
Ferry
Grand-Entrée
Madeleine Islands
Fatima
Havre-Aubert
Bay St Lawrence
Cape North
Neils Harbour
Pleasant Bay
Ingonish Beach
Chéticamp
CAPE BRET
ISLAN
New Waterford
Glace Bay
North Sydney
Sydney
Indian Brook
South Gut St Anns
Margaree Harbour
Margaree Forks
Inverness
Mabou
Baddeck
Boisdale
Grand Narrows
Sydney Forks
Big Pond
Main-à-Dieu
Louisbourg
FORTRESS OF LOUIS
HISTORIC
Gabarus
Fourchu
Whycocomagh
Port Hood
Bras d'Or Lake
Kingsville
West Bay
St Peters
Grand River
Craigmore
Louisdale
Arichat
Port Hastings
Port Hawkesbury
Mulgrave
Boylston
Chedabucto Bay
Canso
PRINCE EDWARD ISLAND
Tyne Valley
Malpeque
Cavendish
Stanhope
Mount Stewart
St Peters
Elmira
Souris
Hunter River
CHARLOTTETOWN
Georgetown
Kensington
Montague
Murray Harbour
Summerside
Borden
Crapaud
Wood Islands
Malignant Cove
Northumberland Strait
Cape Tormentine
Caribou
Pictou
Antigonish
Sutherland River
Port Philip
Pugwash
Wallace
River John
Tatamagouche
Earltown
Eureka
New Glasgow
Cross Roads Country Harbour
Larrys River
Oxford
Wentworth Centre
Springhill
Caledonia
Melrose
Sherbrooke
Bickerton West
Collingwood Corner
Bass River
Glenholme
Truro
Brookfield
Upper Musquodoboit
Moser River
Parrsboro
Minas Basin
Noel
South Maitland
Kennetcook
Stewiacke
Middle Musquodoboit
Sheet Harbour
NOVA SCOTIA
Walton
Upper Rawdon
Hantsport
Wolfville
Shubenacadie
Enfield
Ship Harbour
Brooklyn
Musquodoboit Harbour
Windsor
Mount Uniacke
Lower Sackville
Bedford
Dartmouth
HALIFAX

Quartier gut aufgehoben und war schon auf dem Weg in das winzige Städtchen, das jedoch den Ruhm für sich buchen kann, die älteste Siedlung von Leuten aus Europa auf ganz Cape Breton Island zu sein.
In Europa war der Dreißigjährige Krieg schon seit über zehn Jahren im Gange, was die nur am Rande beteiligten Könige von Frankreich und England nicht hinderte, sich im neu entdeckten, aber noch sehr nebelhaften Nordamerika versuchsweise festzusetzen – in bitterer und gewalttätiger Konkurrenz miteinander. Wo dann im einzelnen die von den Herrschern ausgesandten Kapitäne auf das Festland Amerikas stießen und wo sie die Fahne ihres Landes oder des Königs hißten, Häuser bauten und sie mit Wall und Graben schützten, das war dem Zufall von Wind und Wetter auf dem unberechenbaren Ozean überlassen.
Im Jahre 1629 hatte der französische Kapitän Charles Daniel aus Dieppe den guten Hafen in der St. Ann's Bay entdeckt und sich hier im Namen seines Königs, des »Sonnenkönigs« Ludwig des Vierzehnten, niedergelassen, um mit den Indianern, den Stämmen der Micmacs, Handel zu treiben und sie mit den Segnungen des katholischen Christentums bekannt zu machen. Die Missionare hatte er gleich mitgebracht.
Die Franzosen haben es schon damals wesentlich besser verstanden als die Engländer, mit den Eingeborenen fremder Erdteile friedlich und freundlich umzugehen und sich ihre Sympathie zu erwerben. So auch hier. Die Micmacs hatten nichts gegen die erstaunlichen hellhäutigen Männer, die übers Meer an ihre schöne Küste gekommen waren, hörten ihnen gerne zu, nachdem man gelernt hatte, sich zu verständigen, und das Interesse der Indianer durch all die aufregenden Gebrauchsgegenstände und Werkzeuge der offenbar sanftmütigen Fremden geweckt war.
(Den Micmacs ist es dann auch nicht so übel ergangen wie den Beothuks auf Newfoundland. Micmacs gibt es noch heute in geräumigen Reservaten auf Cape Breton Island und im übrigen Nova Scotia. Ihre ursprüngliche Lebensweise ist gewiß mehr oder weniger dahin; aber ums Überleben brauchen sie sich keine Sorgen zu machen.)

Die Franzosen, jener Kapitän Daniel und die Jesuiten-Missionare, waren natürlich verpflichtet, der neuen Siedlung einen Namen zu geben, der in aller Bescheidenheit den Ruhm ihres Königshauses mehrte. Sie nannten den Ort zu Ehren der Mutter ihres Königs Ludwig XIV., der Anna von Österreich, Sainte Anne – und noch heute tragen die Meeresbucht und drei an ihr gelegene Ortschaften den Namen St. Ann – mit verschiedenen Zusätzen zur Unterscheidung.

Die Siedlung blieb bestehen, dämmerte allerdings nur bescheiden vor sich hin, ohne eine besondere Bedeutung zu erlangen. Erst um 1650 brachte ein gewisser Simon Denys mehr Leben in das winzige Städtchen, das sich verloren zwischen dem ungeheuren, pfadlosen Weltmeer und dem kaum durchdringlichen, ebenso pfadlosen Hinterland des unerforschten Erdteils mit seinen unermeßlichen Wäldern mühsam am Leben hielt.

Ich glaube, daß man sich heute die unheimliche Verlassenheit, das Ausgesetztsein dieser ersten wenigen Siedler, sehr fern den heimatlichen warmen und vertrauten Gefilden Frankreichs (oder Spaniens oder Schottlands) gar nicht niederdrückend genug vorstellen kann. Die langsamen und ungefügen Schifflein vom »alten Land« konnten ausbleiben, verschwanden auch oft genug in den stürmischen Wasserwüsten des Ozeans – und ob nicht auch der neue, urfremde Kontinent, auf dessen äußerstem Außenrand man sich, ohne zu fragen, festgekrallt hatte, die ungeladenen Ankömmlinge in plötzlichem Überdruß abschütteln würde – mußte man darauf nicht jeden Augenblick gefaßt sein?

Immerhin, der kleine französische Handelsposten Sainte-Anne blieb am Leben. Die friedliche Lehre, die den Indianern von den jesuitischen Patres nahe gebracht wurde, zeigte Wirkung.

Im weiteren Umkreis allerdings um Cape Breton Island, damals noch der Ile Royale, hatte der Wettbewerb zwischen Frankreich und England um den Nordosten Nordamerikas in allem Ernst begonnen. Im Süden an der nordamerikanischen Ostküste waren aus ersten, sozusagen sachte vorfühlenden Versuchen englische Kolonien entstanden, von denen aus die Briten sich vorsichtig ins Innere der » unermeßlichen Wälder « vortasteten.

Um die Mündung und den Unterlauf des riesigen Sankt-Lorenzstroms aber hatten die Franzosen einen Stützpunkt nach dem anderen eingerichtet, hatten auch ein lockeres Netz von Siedlungen über die Gebiete südöstlich davon gebreitet, die sie zum Unterschied von den am unteren St. Lorenz, dem ursprünglichen »Canada«, gelegenen, unter dem Namen l'Acadie, Akadien, zusammenfaßten; sie entsprachen etwa den heutigen kanadischen Provinzen Nova Scotia und New Brunswick.
Im Frieden von Utrecht, der den spanischen Erbfolgekrieg beendete, war das bis dahin von Frankreich beanspruchte und auch vorwiegend von Franzosen besiedelte Akadien an England gefallen; aber die damals noch durch keinen Damm mit dem Festland verbundene Ile Royale, die Cape Breton-Insel, war bei Frankreich verblieben, lag sie doch wie ein starker rechter Eckpfeiler am Ausgang aus dem Golf von St. Lorenz, in den der Strom gleichen Namens ausmündete. Am unteren St. Lorenz aber lag das bis zum heutigen Tage französisch sprechende »Canada« , das den Franzosen immer wertvoller wurde.
Es lag nahe, die älteste Siedlung auf Cape Breton Island zu einem militärischen Stützpunkt auszubauen. Bei Sainte Anne wurde das starke Fort Dauphin errichtet und die Stadt in Port Dauphin umbenannt, was beides ihr zu prächtigem Aufschwung verhalf – mit der großen Garnison im Fort und den Kriegs- und Versorgungsschiffen im Hafen.
Dann aber war der französischen Führung klar geworden, daß das in versteckter Bucht gelegene und nordwärts blickende Fort Dauphin nicht genügte, der englischen Bedrohung ausreichend Widerpart zu leisten. Dazu mußte man sich am offenen Atlantik an der Ostküste und weiter im Süden in der Nähe der englischen Gebiete festsetzen. Dort bot sich ein Fischerhafen an, der bis dahin vorwiegend von britischen Booten benutzt worden war, was schon aus seinem Namen »Havre-à-l'Anglais« hervorging. Es waren gerade französische Flüchtlinge angekommen, die sich in Plaisance auf Neufundland grobem englischen Zugriff entzogen hatten. (Verläßliche Arbeitskräfte und Siedler waren also vorhanden.) Dieser Havre-à-l'Anglais lag ausgezeichnet gegen

die Stürme der hohen See geschützt, die reichen Fischgründe vor Neufundland waren nicht weit entfernt, und vor allem blieb er auch im Winter zuverlässig eisfrei.
Hier begannen 1717 französische Festungsbaumeister – es gab damals keinen besseren als den berühmten Vauban! – mit dem Bau einer riesigen Befestigungsanlage, wie es eine solche in ganz Nordamerika nirgendwo gab. Zu Ehren der französischen Könige erhielt sie den Namen Louisbourg. Noch waren die Anlagen, die nach den Plänen der Baumeister großzügig entworfen waren, nicht annähernd vollendet, da wurde Louisbourg zur Hauptstadt der Ile Royale, Cape Breton Island, bestimmt. Damit aber ging die Bedeutung von Fort und Port Dauphin stark zurück.
Die Todesstunde schlug für diesen fernen Vorposten Frankreichs, als die Engländer, nachdem in Europa abermals Krieg ausgebrochen war, beschlossen (1745), von ihren neuenglischen Kolonien in Nordamerika aus die französische Befestigung, die alle ihre Besitzungen bedrohte, unschädlich zu machen. Mit starker Streitmacht tauchten sie überraschend vor der Ile Royale auf, ließen sich aber nicht sofort mit dem starken Louisbourg ein, sondern räumten zunächst das viel schwächere Fort Dauphin an der Sainte Anne Bay aus dem Wege. Das Fort vermochte dem überraschend mit starken Kräften hereinbrechenden Angriff nicht standzuhalten, mußte die Waffen strecken und wurde bis auf die Grundfesten zerstört. Mit ihm die kleine Stadt; sie ging in Flammen auf. Soweit die Einwohner nicht rechtzeitig in die Wälder geflohen waren, wurden sie sang- und klanglos umgebracht. Die Europäer hatten in Amerika, ohne lange zu zögern, die rauhen Kriegssitten der Indianer übernommen! Port Dauphin hatte aufgehört zu bestehen.
Um es an dieser Stelle gleich zu erwähnen: Der starken Festung Louisbourg ist es letzten Endes nicht besser ergangen als ihrem bescheidenen Vorläufer Fort Dauphin. In Europa war der Österreichische Erbfolgekrieg (1740–48) ausgebrochen. Frankreich und England standen – beinahe unvermeidlich – auf entgegengesetzten Fronten. Im amerikanischen Neu-England (den

englischen Kolonien an der Ostküste Amerikas) wollte das immer stärker ausgebaute Louisbourg als eine dauernd gefährlicher werdende Bedrohung erscheinen, die beseitigt werden mußte, bevor sie unüberwindlich wurde. Im April 1745 erschienen Neu-Engländer und Engländer mit starken Land- und Seestreitkräften völlig überraschend vor Louisbourg, schlossen die – noch unfertige – Festung zu Wasser und zu Lande ein und eröffneten sofort ein gnadenloses Bombardement. Nach der Überlieferung blieb damals nur ein einziges Haus in Stadt und Festung Louisbourg von den Bomben und Granaten verschont. Nach 49 Tagen Belagerung mußte sich die französische Besatzung unter Louis Dupont, Sieur du Chambon, ergeben. Die Freude der Neu-Engländer über ihren großen Sieg war jedoch nicht von langer Dauer, denn im Frieden von Aachen (1748) wurden die Cape Breton-Insel und die Festung Louisbourg wieder den Franzosen zugesprochen. Stadt und Festung wurden sofort wieder aufgebaut. – Im Siebenjährigen Krieg dann, bevor die Engländer gegen die französische Hochburg Québec am unteren St. Lorenz vorgehen konnten, mußte Louisbourg aus dem Wege geräumt werden. Sie erschienen mit großer Übermacht 1758 vor Louisbourg – mit 41 Schiffen unter dem Admiral Boscawen, auf denen sie 15 000 Mann Soldaten heranbrachten, die von Generalmajor Amherst und dem Brigadier-General Wolfe befehligt wurden (demselben, der ein Jahr später in der Entscheidungsschlacht vor den Toren der Stadt Québec fiel). Die Franzosen, die Regimenter Artois und Burgund, dazu Matrosen und Milizen, leisteten erbitterten Widerstand. Die Briten hatten jede Befestigung einzeln im Kampf Mann gegen Mann zu erobern, hatten jedes französische Schiff auf der Reede einzeln zu entern und zu sprengen. Es dauerte 45 Tage, ehe die gewaltige englische Übermacht (etwa zwanzigtausend Mann gegen dreitausend) sich durchsetzte – die Reste der Verteidiger unter ihrem tapferen Kommandanten, dem Gouverneur Augustin de Drucourt, hatten auf einer der letzten noch nicht zerschossenen Bastionen der Festung die weiße Flagge zu hissen. Was die Engländer schließlich besetzten, war ein Trümmerhaufen; das Städt-

chen Louisbourg war bis auf seine Grundmauern in Flammen aufgegangen – Stadt und Festung Louisbourg wurden nicht wieder aufgebaut. Die englischen Kolonisten, die viele Jahre später in der Gegend erschienen, siedelten sich einige Kilometer weiter östlich an – wo die heutige Stadt Louisbourg immer noch gelegen ist.
1928 hat sich dann die Canadische Regierung entschlossen, die Reste der Festung und der alten Franzosenstadt zu einer National Historic Site zu erklären, einer Nationalen Gedenkstätte. Die Festung wurde bis in kleinste Einzelheiten genau so wieder aufgebaut, wie sie am 1. Juni 1758 ausgesehen hat. Die Rekonstruktion von Louisbourg bildet das größte und anspruchvollste Projekt dieser Art – die Vergangenheit wieder auferstehen zu lassen –, das je von der kanadischen Regierung unternommen wurde. Es lohnt sich sehr, von Sydney aus den Abstecher nach Osten, nach Louisbourg, zu unternehmen. Und man fragt sich verwundert und nachdenklich, warum das doch vorwiegend britisch gestimmte Canada sich gerade dieses Glanzstück der französischen Vergangenheit ausgesucht hat, es in altem Glanz und mit großem Aufwand an Geld und Forschungsarbeit wieder auferstehen zu lassen.

Ich jedoch hatte mich gleich nach der Ankunft von Neufundland her westwärts gewandt und war bald auf die St.-Ann's-Bucht gestoßen – und zunächst hängen geblieben. Fort und Port Dauphin waren schon dreizehn Jahre vor dem endgültigen Untergang von Louisbourg in Schutt und Asche gelegt worden, aber ganz in Vergessenheit war es nicht geraten.
Langsam, aber nie innehaltend, sickerte der Nachschub von siedelwilligen Leuten aus Europa, allmählich stärker werdend, über den »großen Teich« herüber. Ein so vorzüglicher Platz wie der Hafen am Ende der schönen Bucht von der Heiligen Anna (die mit der Zeit zur Schutzheiligen der Indianer erkoren worden war) konnte auf die Dauer nicht unbeachtet, unbesetzt bleiben. Siedler aus England und Schottland waren es, die langsam nachrückten. Aus den schwärzlichen Ruinen von Sainte Anne

erstand eine neue kleine Stadt; sie mußte natürlich auch einen neuen Namen haben; viel Phantasie stand den neuen Leuten nicht zur Verfügung; vor allem wollte man keinesfalls mit den Franzosen verwechselt werden; die glaubten offenbar nach wie vor, es mit den Briten aufnehmen zu können. So nannte man also den alten-neuen Platz Englishtown – und dabei ist es bis heute geblieben.

Viel verlaufen konnte ich mich in dem kleinen Städtchen mit seinen insgesamt einhundertfünfzig Einwohnern nicht. So stand ich bald an dem engen Salzwasserarm, der St.-Ann's-Bay von St.-Ann's-Hafen abtrennt und der den Wellengang in der Bay von dem Hafen fernhält. Ich wunderte mich über die heftige, quirlige Strömung, die das Wasser in dem Meeres-Kanal in starker Unruhe hielt. Die Wagenfähre von der anderen Seite legte gerade an; zwei Personenwagen mit USA-Kennzeichen holperten an Land. Ich war also nicht der einzige Besucher des Städtchens an diesem Abend. Ich kam mit dem grauköpfigen Fährmann, der mir wie aus dunklem Holz geschnitzt vorkam, ins Gespräch; er war ein paar Schritte aufs Feste hinausgetreten, um zu verschnaufen; er sah mich herumstehen und fragte freundlich, wenn auch kurz angebunden:

»Wollen Sie hinüber?«

»Nein«, erwiderte ich. »Ich fahre erst morgen weiter. Will mich nur ein bißchen umsehen in dieser alten Stadt. Mächtig starke Strömung in diesem Wasserweg! Muß gar nicht so leicht sein, die breite Fähre von Abfahrt zu Anfahrt herüberzuhalten!«

»Ist es auch nicht. Wenn die Gezeiten heftig laufen von der Bucht zum Hafen oder umgekehrt, drücken sie mir manchmal die Fähre aus dem Kurs und ich muß einen weiten Kreis beschreiben, um die zwei oder drei Vehikel, die ich tragen kann, wieder an Land zu setzen. Es kommen ja immer wieder Leute von Gott-weiß-woher in unser kleines Nest. Dabei haben wir doch nur die Tafel vorzuweisen, auf der unsere respektable Dauerhaftigkeit verbrieft ist und das Grab vom ›Riesen‹ Angus Mac Askill; das ist ja nicht gerade viel! Angus war nichts weiter als groß, an die zweieinhalb Meter und über vierhundert Pfund schwer. Daß wir hier in Englishtown die älteste Siedlung auf Cape Breton Island sind, ist auch keine große Sache. Einer mußte ja immer den Anfang machen. Trotzdem: wir sind froh, daß das genügt, um die Fremden anzulocken; jeder läßt ein paar Dollar in der Stadt zurück.«

Der Fährmann schien mir von mißmutiger, wenn auch keineswegs bösartiger Natur zu sein. Ich ließ mir von ihm den Weg zu den zwei nach seiner Meinung einzigen Sehenswürdigkeiten von Englishtown beschreiben, wozu er sich gern hergab, wenn er auch die weitere Bemerkung nicht unterdrücken konnte:

»Lohnt sich kaum, Fremder. Aber, na schön: da zur Linken ist der kleine Friedhof, wo Angus MacAskill begraben liegt und da, wo es etwas bergauf geht, werden Sie das kleine Denkmal finden mit der Tafel, auf der uns unser Alter bescheinigt wird.«

Ich dankte ihm, tröstete aber:

»Wissen Sie, Fährmann, landschaftlich kann es kaum irgendwo schöner sein als hier bei Ihnen mit dem aufgeregten Wasser und den grünen Hügeln hüben und drüben und der so wunderbar unaufgeregten kleinen, alten Stadt. Was wollen Sie mehr? Darum sind Sie zu beneiden! Also vielen Dank und auf Wiedersehen morgen, wenn ich auf die andere Seite muß!«

Ich fand die Tafel ohne Schwierigkeiten und las:

»Sainte Anne. Besiedelt 1629 durch Kapitän Charles Daniel und Ort einer frühen Jesuiten-Mission. 1713 zur Kriegsschiff-Station bestimmt und einer der wichtigsten Plätze auf der Isle Royale mit Namen Port Dauphin und stark befestigt. Seine Bedeutung nahm ab, seit ab 1719 Louisbourg erbaut und dann zur Hauptstadt der Isle Royale bestimmt wurde.«

Ich las es mit Befriedigung. All das und mehr hatte ich schon vorher gewußt, wie es sich für einen einigermaßen brauchbaren Reporter von selbst versteht. Ich kannte die herrliche Gegend bereits und spreche es ohne Bedenken nochmals aus: Niemand kann behaupten, Canada zu kennen, der den Cabot Trail nicht erlebt hat.

In diesem Sinne gestattete ich mir in meiner bescheidenen, aber gemütlichen Cabin, einem Holzhäuschen von Mr. MacRitchie, einen Ruhetag und schlief mich aus nach der schlechten Nacht auf dem Schiff von Port-aux-Basques und dem verräucherten North Sydney.

Am nächsten Morgen dann mit der Fähre über den engen Wasserarm ans Nordufer. Der Fährmann entließ mich mit einem freundlichen:

»Gute Reise, Bruder! Wir werden wieder einen herrlichen Tag haben!«

Ja, so sah es aus! Ich winkte ihm zu und nahm die Provinz-Str. 312 unter die Räder. Das Herz schlug mir höher: Wie strahlte der Tag, wie leuchtete das grüne, belebte Land!

Nur ein paar Kilometer weiter stieß ich auf den eigentlichen Cabot Trail, eine gepflegte, zweibahnige Straße, in dem Flecken Barachois-River-Bridge. Hier floß also der Barachois-Fluß ins Meer und wurde vorher von einer Brücke für die Cabot-Straße überquert. Es hätte nahe gelegen, geradeaus weiterzufahren und die mächtige Nordhalbinsel von Cape Breton Island links herum zu befahren. Aber ich wußte es diesmal – sicherlich meinem letzten Mal! – besser. Ich bog in mehr oder weniger spitzem Winkel nach links in den Cabot Trail, um ihn und seine dreihundert Kilometer rechtsherum zu durchmessen.

Denn die wunderbare Straße hängt über weite Strecken sowohl an der Ost- wie der Westküste hoch in steilen Felswänden über dem Meer, dem grauen Atlantik im Osten, dem meeresgleichen St.-Lorenz-Golf im Westen. Linksherum hat man ständig an der nicht weiter geschützten Außenkante zu fahren und darf diese nicht eine Sekunde lang aus den Augen lassen, wenn man nicht einen tiefen und tödlichen Fall riskieren will.

Aber auf dem Cabot Trail rechtsherum muß man sich stets auf der den Abstürzen ferneren Seite fortbewegen, die keine Probleme bietet; man sitzt außerdem im Auto auf seiner linken Seite, hat also ungehinderte Aussicht nach links über das Meer und die wilden, kühnen Vorgebirge und Kaps, deren Formen sich nicht ein einziges Mal wiederholen und eine schier unerschöpfliche Phantasie der urgewaltigen Kräfte verraten, von denen sie gemeißelt oder geschliffen worden sind.

Nun gut! Der Cabot Trail wandte sich gleich hinter Barachois-River-Bridge (etwas umständlich! So sind viele der Ortsnamen auf Cape Breton Island – wie dieser auch!) von der schimmernden St.-Ann's-Bay fort in die Tiefe der Wälder. Es fiel mir ein bißchen schwer, dies wunderbare Küstenwasser des Atlantischen Ozeans zu verlassen. Wenn man wie ich von Berufs wegen darauf aus ist, Geschichte und Geschichten zu erzählen, dann trennt man sich ungern von Gegenden, um die und über denen aus vielen alten Schicksalen und Vorkommnissen beinahe körperlich spürbar ein feines Gespinst gewoben scheint. So erging es mir an der St.-Ann's-Bucht. Eine davon möchte ich erzählen, bietet sie doch ein klassisches Beispiel dafür, wie schonungslos die Menschen und die Nationen damals, zu Beginn des achtzehnten Jahrhunderts, miteinander umgingen. (Oder hat sich, wenn man an Rumänien denkt oder Armenien, an den Libanon oder die unglückseligen Kurden, doch nicht allzuviel geändert?) Jener Kapitän Charles Daniel aus Dieppe in der Normandie erfuhr von französischen Fischern, denen er in der Bucht von St. Anna zufällig begegnete, daß ein paar Seemeilen weiter Nord an der gleichen Küste sich ein schottischer Edelmann mit einem guten Dutzend von Siedlern niedergelassen habe und eifrig damit beschäftigt sei, sich und seinen Leuten und gewiß auch der Krone von Großbritannien (so hieß das mit Schottland vereinigte England seit 1707) eine starke Befestigung zu errichten. (Von 1714 ab regierte in England mit Georg I. das Haus Hannover.)
Amtlich herrschte gerade Friede zwischen Frankreich und England. Darum kümmerte sich der muntere Kapitän Daniel nicht; er haßte alles und jeden, der englisch redete, setzte sofort Segel, fiel bei erstem Morgengrauen über die völlig überraschten Schotten her, nahm den schottischen Baronet und seine Leute gefangen und nahm sie mit an den Platz, wo er sich an der St.-Ann's-Bay selber niederlassen wollte. Die Gefangenen hatten ihm dort tatkräftig zu helfen, seine eigenen Befestigungsanlagen aus dem Boden zu stampfen; notfalls wurde ihrer Hilfsbereitschaft mit dem Knüppel nachgeholfen. Als das Fort Dauphin Gestalt angenommen hatte, machte sich Daniel auf die Rück-

fahrt nach Frankreich; die Schotten nahm er mit, einschließlich ihres Baronets.
Die simplen Seeleute, Siedler und Soldaten des schottischen Adligen, setzte er irgendwo an der Küste Englands aus; mochten sie zusehen, wie sie von da nach Hause kamen. Den Baronet, der sich ewig widerspenstig und durchaus nicht umgänglich zeigte, nahm er mit nach Frankreich und hielt ihn drei Jahre lang auf seinem Landsitz gefangen. Der steifleinene Schotte wurde zwar mit der Zeit langsam milder, prophezeite aber dem Franzosen, daß dieser für ihn kein Lösegeld zu erwarten hätte, denn all sein Vermögen hätte er in die Expedition nach der Cape Breton-Insel gesteckt und wohlhabende Verwandte oder Freunde, die ihn auslösen könnten, besäße er nicht. Nach drei Jahren glaubte ihm Daniel diese enttäuschende Feststellung und ließ den nutzlosen Kostgänger laufen. In England hatte der arme Teufel dann vielleicht etwas mehr Glück: hatte er sich nicht für die Krone von Großbritannien ins Zeug gelegt und sein Geld verloren? Vielleicht – aber dies waren stürmische Zeiten und auch die Könige waren ewig in finanziellen Schwierigkeiten.
Die französische Garnison, die Daniel im Fort Dauphin an der Bucht St. Anne zurückgelassen hatte, war trotz ihres forschen Anfangs keineswegs weiter so erfolgreich, wie sie es vielleicht gewesen wäre, wenn der tüchtige Daniel an Ort und Stelle geblieben wäre. Die Soldaten in der wegelosen Wildnis von damals, in der nur ein paar schwer zu fassende, ganz und gar unverständliche Indianer umherschlichen, hatten nichts Vernünftiges zu tun und langweilten sich zu Tode. Das führte zu Schlägereien. Auch die zwei Offiziere bekamen sich in die Haare – und im Überschwang des Zanks schoß der eine den anderen tot. Darüber entsetzte sich der Mörder derart, daß er vom Ort seiner Untat in die Wälder entfloh. Keine Spur ist je wieder von ihm aufgetaucht. –

Alte, häßliche Geschichten, die ich mir da im stillen ins Gedächtnis rief! Ich glaube, man macht sich viel zu selten und zu halbherzig klar, daß die frühe Geschichte der europäischen Übersee-Kolonien, aus denen später die lateinamerikanischen Staaten,

die USA und die englischsprechenden Staaten des heutigen britischen Commonwealth erwuchsen, keineswegs, wie es uns Heutigen erscheinen mag, das Bild einer geregelten Erschließung und dann einer mehr oder weniger gleichmäßigen Entwicklung bieten, sondern sich vielmehr nur mit Gewalt, viel Unrecht und Ungesetzlichkeit zu einiger zivilisierter Ordnung durchgerungen haben. Wie anders auch sollten sich die winzigen Voraustrupps der späteren Siedlerfluten an den fernen, vollkommen unbekannten Küsten mit einem wegelosen, gefahrenschwangeren Hinterland behaupten! Das unbekannte, wilde Land, das vielfach bittere, zu bösen Extremen neigende Wetter, die zuweilen unbegreiflich grausamen, wenn auch nicht sehr zahlreichen Ureinwohner machten das Dasein der nach meist schrecklicher Seefahrt auf ewig feuchten, schwankenden Schiffen an leeren Küsten ausgesetzten Siedler zu einem Kampf auf Leben und Tod, dem bei weitem nicht alle gewachsen waren.
An solchen Küsten wie diesen von Nova Scotia – und hier besonders von Cape Breton Island – haben sich viele, viele Dutzende von abenteuerlichen, heute kaum noch glaublichen Schicksalen abgespielt. Die meisten sind vergessen, weil niemand da war, sie aufzuschreiben. Von den übrig gebliebenen habe ich nur eine mitgeteilt – als Beispiel lediglich, als Muster, das für viele andere stehen muß.
Ich war inzwischen aus den Wäldern wieder aufgetaucht und rollte sachte durch die wunderbar vielgestaltige Landschaft von Felsenhügeln, üppigem Wald und dem zur Linken wieder aufblinkenden Spiegel von St.-Ann's-Harbour weiter nach Süden, nun zuverlässig auf dem Cabot Trail und an der Westflanke der strahlend schönen Wasserfläche, deren Zugang vom offenen Meer her ich mit der Fähre von Englishtown überquert hatte. Sie ist im übrigen berühmt wegen ihres Überflusses an angelbaren Fischen. Ein Commander Duncan M. Hodgson aus Montréal hat hier 1950 einen Weltrekord-Thunfisch (bluefin tuna) mit Schnur und Angel gefangen, der 977 Pfund gewogen hat. Erst 1970 ist dieser Rekord überboten worden. Angler finden solche Zahlen aufregend. Ich gehöre nicht zu dieser merkwürdigen

Zunft. Ganz besonders sind Seeforellen in den Mündungen der vielen Bäche und Flüsse vertreten, die der Cabot Trail überquert, vor allem, wo er der atlantischen Küste folgt. Dies gilt, wie mir beim Tanken in St. Ann's versichert wurde, für keine Zeit überzeugender als für die ein zwei Stunden nach einem heftigen Regen. Wer dann bereit ist und seine Leine auswirft, der wird überreich belohnt. Für die Richtigkeit dieser Angabe kann ich mich allerdings nicht verbürgen.

Langsam fuhr ich dahin, konnte mich nicht sattsehen an der wunderbar belebten Landschaft mit ihren kühnen Vorgebirgen und Kuppen, den dunkelgrünen Dickichten und den in die Täler geschmiegten Feldern. Dies mochte einmal wildes Land gewesen sein; jetzt trug es an vielen Stellen den Stempel von fleißigen Menschen und war in eine liebenswerte Menschenheimat verwandelt worden.
Eine schottische! Denn Nova Scotia entspricht seinem Namen bis auf den heutigen Tag. Wohl nirgendwo auf der Welt außer in Schottland selbst wird urtümliches schottisches Wesen, werden schottische Sitten, Gebräuche, Lieder, Kleider, Leibesübungen, Tänze und vieles mehr so hoch in Ehren gehalten und gepflegt wie in Nova, in Neu-Schottland. Und hier an der Gaelic Coast, der »Gälischen Küste« (man könnte sie auch Keltische, oder, enger gefaßt, Schottische nennen), hier war ich im Herzen des »neu«-schottischen Landes auf kanadisch/amerikanischem Boden.
Allerdings, forscht man nur ein wenig tiefer nach, so findet man viele vorschottische Wurzeln, französische nämlich. Noch heute hängt der Provinz bis weit nach New Brunswick hinein der alte Name ›Akadia‹ (l'Acadie auf französisch) an. Die ehrwürdige und verläßliche »Encyclopaedia Britannica« erklärt den Namen so: Entweder hat Verrazano, der italienische Seefahrer in französischen Diensten, diese anmutigen Küsten schon 1524 Arkadien genannt – nach der berühmt friedlich schönen Landschaft im südlichen Griechenland – und das R im Namen ist den klassisch nicht gebildeten französischen Siedlern später abhanden geraten; oder das Wort geht auf ein indianisches Wort aus der

Micmac-Sprache zurück, das acadie gelautet haben soll und soviel wie »fruchtbares Land« bedeutet. So oder so: beide Deutungen geben den allgemeinen Charakter der schönen Provinz im Osten Canadas zutreffend wieder.
König Jakob I. von England hatte 1621 das »neue« Land an den schottischen Edlen Sir William Alexander übertragen, ohne die französischen Ansprüche zu beachten. Dieser Alexander war sich seines Schottentums sehr bewußt, nannte das ihm als Domäne zugewiesene, noch im Nebel der Unerforschtheit schlummernde Land Nova Scotia – was viel großartiger klang, als New Scotland geklungen hätte – und sorgte dafür, daß der König einen neuschottländischen Adel begründete, die »Baronets of Nova Scotia«, mit welchem Titel gleich einhundertundvierzig Herren ausgezeichnet wurden. Ihnen wurde ohne viel Umstände, und obgleich das Land noch gar nicht vermessen war, je ein vier mal sechs Meilen großer Landbesitz in der neuen Kolonie (die auf die gleiche windige Weise auch von Frankreich beansprucht wurde) als Lehen überschrieben.
Aus den Baronets von Nova Scotia ist nicht viel geworden. Die meisten begnügten sich mit dem stolzen Titel. Aber eine gewisse »verwandtschaftliche« Beziehung zum europäischen Schottland war begründet. Mit dem militärischen Sieg Englands über Frankreich, der spätestens 1763 endgültig festgeschrieben war, entwickelte sich Nova Scotia dann in der Tat zu einem »neuen« Schottland, das schon 1625 ein eigenes Wappen und als erste britische Kolonie eine eigene Flagge verliehen bekommen hatte. Um die Wende vom achtzehnten zum neunzehnten Jahrhundert, als die schottischen Lords in Schottland es profitabler fanden, ihre Ländereien nicht mehr als kleine Pachtstellen an schottische Kleinbauern zu verpachten, sondern sie in Schafweiden zu verwandeln, setzte ein breiter Strom von bedürfnislosen, schwere Arbeit gewöhnten schottischen Bauern ein, die in der alten Heimat von ihren Pachthöfen vertrieben waren. Jetzt erst wurden das dem europäischen Schottland sehr ähnliche Cape Breton Island und benachbarte Gebiete auf dem Festland so deutlich ins Schottische umgeprägt, wie sie heute sich darbieten, ja, es ist kei-

neswegs übertrieben zu behaupten, daß man im heutigen Neuschottland schottischer ist, eifriger und bewußter schottisches Wesen pflegt als im alten Schottland.
Zwischen North-Gut-St. Ann's und South-Gut-St. Ann's kam ich an dem »Gaelic College« vorbei, der einzigen Stätte höherer Bildung in ganz Nordamerika, die dem Studium schottischen Wesens und all seiner Eigenart gewidmet ist. Hier kann man Gälisch lernen, vor allem natürlich den schottischen Dialekt der keltischen Sprachfamilie; alle Künste und Handwerke, welche die Hochland-Schotten in die Hochländer von Cape Breton Island und in das festländische Nova Scotia mitbrachten, werden sorgfältig gepflegt. Ebenso die alten keltischen Sagen, Lieder und Tänze, vor allem auch die Kunst, aus der Wolle der Schafe die »Tartans« zu weben, nachdem sie mit beständigen Pflanzen- und mineralischen Farben kräftig getönt worden sind. Aus diesem Gewebe wurden und werden die »Schottenröcke« gefertigt und die »Plaids«, die großen Decken, die man sich über die Schultern hängt, um sich zu wärmen und – ganz gewiß auch! – zu schmücken. Jede schottische Großfamilie (oder »Clan«), deren Glieder alle den gleichen Namen tragen, »besitzt« einen eigenen, nur ihr zukommenden Tartan, ein bestimmtes Muster, alle in rechtwinklig sich kreuzenden farbigen Streifen, an dem die Macdonalds, die Macauleys, die Macmillans, Munros, Wallaces, Gordons oder Kennedys eindeutig zu erkennen sind. Viele dieser rechteckigen Muster sind von großem Reiz, lassen sich natürlich auch nach Belieben erfinden und haben sich als »Schottenmuster« die ganze westliche Welt erobert.
Im Gaelic College bei South-Gut-St. Ann's werden die Muster der Tartans sehr ernst genommen und ihre roten, schwarzen, grünen, gelben, grauen Linien und Zusammenstellungen sorgsam registriert. Es gibt sehr eindrucksvolle Bücher über die nur wenige hundert verschiedene Muster aufweisenden tartans und die durch sie gekennzeichneten Clans.
Ich konnte der Versuchung nicht widerstehen, anzuhalten und zu fragen, ob ich mich in dem Gaelic College nicht ein wenig umsehen dürfte. Ich durfte, ja, der freundliche Lehrer oder Verwal-

ter oder was immer er darstellte – ich wurde mir nicht darüber klar – zeigte sich zwar verwundert, aber auch sehr erfreut, daß ein völlig unbezweifelbarer Nichtschotte wie ich sich so angelegentlich um schottische Besonderheiten kümmerte.
»Die Tänzer haben gerade Generalprobe für ein großes Familienfest der Macphersons. Da können wir ein paar Minuten zuschauen.«
Ich bedankte mich sehr. Glück muß man haben auf einer großen Reise, sonst soll man lieber zu Hause bleiben.
Da waren sie, auf einem hölzernen Tanzboden unter dem freien blauen Himmel, wohl ein Dutzend junger Mädchen. Nur die Hälfte von ihnen zeigten mit dem Muster ihrer Faltenröcke, daß sie den Familiennamen Macpherson trugen; einer der wenigen Tartans, die nicht rot oder schwarz als Grundfarbe zeigen, sondern dunkles und helles Grau mit zwei dünnen roten und einem schmalen gelben Querstreifen. Die Musik zu dem auf mich ein wenig bäuerlich und gewaltsam wirkenden, rockschwingenden Tanz vollführte eine kleine Kapelle von jungen Dudelsackbläsern, lauter Macphersons, wie ich an dem Muster ihrer Kilts, ihrer Röcke, erkennen konnte.
Die Tänzerinnen und die gewaltig in ihre Ledersäcke pustenden Musiker beachteten meinen Führer und mich überhaupt nicht. Sie probten ihren Auftritt für das Macpherson-Fest mit tiefem Ernst und, wie mir schien, mit höchster Anspannung. Ein Tanzmeister, den ich abseits erst verspätet wahrnahm, winkte plötzlich ab: Tanz und Musik brachen ab. Es folgte eine ziemlich langatmige Belehrung des Tanzmeisters. Ich merkte, daß mein Führer sich irgendwie fehl am Platze fühlte. Vielleicht hätte er mich gar nicht ohne vorher eingeholte Erlaubnis zum Zeugen der Generalprobe machen dürfen. Also fühlte ich mich erst recht fehl am Platze. Wir schlichen uns wieder davon.
»Sie üben eben nicht nur für das engere Familienfest der Macphersons, sondern auch gleich für die ›Gaelic Mod‹, das nächstjährige gewöhnlich in der zweiten Augustwoche stattfindende ›Festival für Keltische Kultur‹, alles ohne Entgelt, nur um der Sache willen, wie es den meisten Schotten in Nova Scotia selbst-

verständlich ist. Ich darf mich verabschieden. Werfen Sie aber noch einen Blick in unser Hochland-Pionier-Museum. Da finden Sie vieles aus den Anfängen der Hochland-Schotten auf Cape Breton Island.«
Ich bedankte mich und wanderte durch das kleine, aber sehr aufschlußreiche Museum. Die Lehre, die ich nach einer guten halben Stunde mitnahm, war: Sehr leicht können es die Männer und Frauen aus den Highlands, von den Hebriden, aus Inverness oder Argyll vor einhundertneunzig oder auch mehr Jahren im wilden, weiten Land der Micmac-Indianer, in ihrem Neuen Schottland nicht gehabt haben. Aber sie waren alle auch im alten Schottland nicht auf Rosen gebettet gewesen, krempelten die Ärmel auf und machten sich heimisch, so gut es eben ging – und nun, in der vierten, fünften Generation, ging es ihnen recht gut, so daß sie viel eher und leichter die Zeit für ihre Tartans, Tänze und quiekenden Dudelsäcke erübrigen konnten, als wenn sie als arme »crofters« , Kleinpächter, Kätner, unter der Fuchtel ihres Clan-Lords geblieben wären, der als der erste und oberste Inhaber des Clan-Namens zu gelten hatte.

Mehr als der halbe Tag war schon vergangen, als ich endlich wieder im Auto saß, und South-Gut-St. Ann's hinter mir in seiner duftenden Waldeseinsamkeit zurückblieb. Ich bog wieder in den links heranziehenden Transcanada ein, dem ich mich für die nächsten zwanzig Kilometer anzuvertrauen hatte, ehe ich ostwärts, weg vom Atlantik, in die Südschleife des Cabot Trail einschwingen würde, die mich an das ganz anders geartete, gar nicht schottische Westufer der Cape Breton-Insel führen sollte. Aber vorher würde ich in dem Städtchen Baddeck Station machen.

Baddeck also, das berühmte Baddeck! Kein Ort in ganz Nordamerika ist mir je so ähnlich einem beliebten und auch vornehmen europäischen »Kurort« vorgekommen wie das wunderhübsche, aber gar nicht auf seine Berühmtheit pochende Baddeck mit seinen kaum mehr als tausend Einwohnern. Eine Reihe

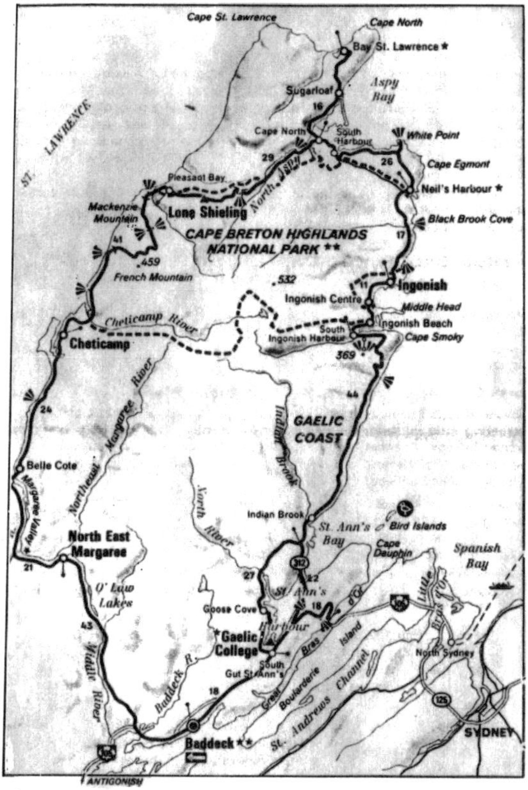

Der Cabot-Trail auf der Cape Breton-Insel (Nova Scotia)

von berühmten Leuten haben sich im friedlich prangenden Baddeck ihre Sommer- oder Alterssitze eingerichtet. Der berühmteste von ihnen, dessen Namen auch in Europa jedem Kundigen bekannt ist, Alexander Graham Bell, hat sich bei Baddeck ein stolzes, beinahe schloßartiges Haus gebaut, das ein gewöhnlicher Sterblicher über die Baddeck-Bucht hinweg vom Government-Kai oder vom Bell-Museum grün und herrlich eingebettet liegen sehen und bewundern kann. Dort, in Beinn Breagh (ein gälischer Ausdruck, der »Schöner Berg« bedeutet), liegen der

Erfinder des Telefons und einer der bedeutendsten Anreger der Luftfahrt, dazu zahlreicher anderer nützlicher Techniken, eben Alexander Bell und seine Gattin, auch begraben. Er hielt Baddeck und seine weitere Umgebung für die schönste und liebenswerteste Landschaft auf dem ganzen nordamerikanischen Kontinent und wollte dort zur letzten Ruhe gebettet werden. Diesem Wunsche ist entsprochen worden. Doch ist Dr. Bell's Heim und seine Ruhestätte dem Publikum nicht zugänglich, da seine Nachfahren noch jetzt dort wohnhaft sind.

Wer über die Lebensarbeit dieses erstaunlichen Mannes mehr erfahren, nicht nur seine Wohnung aus der Ferne bewundern will, der findet reichlich Gelegenheit dazu, wenn er das in einem architektonisch sehr bemerkenswerten Gebäude untergebrachte »Alexander Graham Bell-Museum« besucht. Hier kann man sich – und ich habe es auch mit großem Gewinn getan – durch den Augenschein davon überzeugen, zu wieviel und verschiedenartigen Leistungen ein genialer Verstand wie der dieses Schotten aus Edinburgh (wo er 1847 geboren wurde; er starb 1922 in Baddeck) fähig ist. Vom Studium an tauben Kindern – und wie man ihnen helfen könnte zu hören – kam er zu der Erkenntnis der wichtigen Rolle, die eine vibrierende Membran beim Hören spielt. Er fragte sich, wie diese Vibrationen künstlich angeregt werden könnten. 1874 fand Bell heraus, daß Geräusche oder Töne über Draht weitergeleitet werden konnten, wenn man die Unterschiede der Luftdruckwellen, die von Lautquellen verursacht werden, in entsprechende Stromstöße verwandelt, diese über Draht weiterleitet und am andern Ende wieder in Luftdruckstöße zurückverwandelt, die vom Trommelfell aufgenommen und als Sprache verstanden werden.

Damit war der Grundgedanke des Telefons geboren und schickte sich an, die Menschenwelt zu verändern oder – wie man es vielleicht heute ausdrücken würde – das »Zeitalter der Kommunikation« einzuleiten. Am 10. März 1876 konnte Bell nach langen Patentstreitigkeiten den ersten gesprochenen Satz auf elektrischem Wege über Draht senden – und war am anderen Ende des Drahts klar und deutlich abzuhören.

Bell hat sich auch noch um die Entwicklung des Phonographen und des Flugzeugbaus (besonders der Ruderanlagen und der Rumpf- und Flügeloberflächen) verdient gemacht. Viele weitere seiner Erfindungen kann man im Bell-Museum studieren. Auf dem Dorfplatz in Baddeck steht außerdem ein steinernes Denkmal, auf dem nicht nur der entscheidenden Bell'schen Forschungen und Erfindungen für die Luftfahrt gedacht wird, sondern auch des allerersten Flugs, der im Bereich des British Empire erfolgreich vonstatten ging – am 23. Februar 1909, gewagt von Mr. J.A.D. McCurdy (auch ein Schotte!) und der gelungen ist; und wo im Britischen Weltreich hat sich das abgespielt?
In Bell's geliebtem Wohnort: in Baddeck, Nova Scotia, auf der Cape Breton-Insel!

Man mag darüber streiten, ob man Alexander G. Bell mit vollem Recht den Erfinder des Telefons nennen darf, diesen, wie er abschätzig auch genannt worden ist, »Taubstummenlehrer« und späteren Professor für die Physiologie der Stimme, hatte doch der deutsche Physiker Johann Philipp Reis schon 1864 in Frankfurt einen Fernsprecher vorgestellt – auf einer Sitzung des dortigen »Physikalischen Vereins« –, der Sprache auf elektrischem Wege übertrug. Zur weltweiten Wirkung gelangte jedoch nicht das Reis'sche, sondern das Bell-Telefon. Seine weitere Entwicklung wurde wesentlich dadurch gefördert, daß bereits für das Telegraphieren sich ein ausgedehntes Netz von Drähten über die fortgeschritteneren Länder spannte.
Das beste Denkmal, so meine ich, hat Bell gesetzt bekommen nicht durch das Museum und die Steinsäule auf dem Dorfplatz von Baddeck, sondern durch die Tatsache, daß das Telefonieren in Amerika, anders als bei uns, nicht von einem Staatsmonopol beschlagnahmt, in seiner Verwaltung also bürokratisiert oder verbeamtet wurde, sondern von Anfang an als eine Aufgabe der privaten Wirtschaft angesehen und von einer äußerst unternehmerisch denkenden Gesellschaft übernommen und mit Nachdruck ausgebaut wurde. Und diese ist jedem Amerikaner und

Kanadier von Jugend auf bekannt, ist eines der Wahrzeichen Nordamerikas: die Bell Telephone Company.
All dies bedachte ich, nachdem ich mich im Silver Dart Motel untergebracht hatte und Baddeck mit seinen Sehenswürdigkeiten auf mich wirken ließ. Mir wurde dabei eines deutlich, was über die reichlich angebotenen Hinweise auf die Bedeutung Baddecks für die moderne Technik weit hinausging: Dieser Alexander Graham Bell ist nicht nur ein genialer Erfinder, Gelehrter, Forscher und auch Unternehmer, er muß darüber hinaus ein empfindsamer Mensch gewesen sein, der mit einem untrüglichen Gefühl für landschaftliche Schönheit, für Schönheit überhaupt begabt gewesen ist. Sonst hätte er sich nicht mit so viel Liebe gerade für das kleine Baddeck auf dem doch recht entlegenen Cape Breton Island als Wohn- und Alterssitz entschieden.
Denn es stimmt der Satz, mit dem das offizielle »Tour Book« der Provinzregierung von Nova Scotia seinen kurzen Kommentar zu Baddeck beginnt. Dort heißt es:
»Dies ist ein Dörfchen von ruhevoller Schönheit; viele Reisende betrachten es als ein Juwel unter den Landschaften dieser Erde. Sein Name wird von einem indianischen Wort der Micmac-Sprache abgeleitet, das Platz mit einer Insel nahebei bedeutet, der Insel Kidston's im Baddeck-Hafen. Das Dorf ist früh berühmt geworden durch Charles Dudley Warner's Buch ›Baddeck und desgleichen‹.«
Das Buch hätte ich gern gelesen; aber ich konnte es nirgendwo auftreiben, hätte wahrscheinlich in der fernen Hauptstadt der Provinz, in Halifax, mehr Erfolg gehabt. Doch habe ich keinen Anlaß gefunden, an der Richtigkeit des ersten Satzes dieser sehr knappen Bemerkungen zu Baddeck zu zweifeln.
Außerdem muß ich gestehen, daß solche sozusagen amtlich verbürgten Urteile wie dieses mich stets heimlich aufsässig machen. Ich suche mir meine Schönheiten landschaftlicher Art lieber selber aus und finde sie gewöhnlich an Stellen, die weder in amtlichen noch nichtamtlichen Touristikbüchern erwähnt sind.
Zudem ist Baddeck heute mit Sternchen in jedem Reiseführer versehen, weil hier – wie gesagt – der Vater des Telefons ge-

wohnt hat, gestorben und begraben ist. Und ich für meine Person verbinde mit der Vorstellung »Telefon« nicht unbedingt angenehme Gefühle: das Elendsding klingelt immer gerade dann, wenn man sich nach dem Mittagessen für das berühmte »Viertelstündchen« hingelegt hat und eben eingeschlafen ist – ein Quälgeist, dem man im »Bereich der deutschen Bundespost« nicht das Maul stopfen kann. Wie bei so vielen Wundern der Technik fragt man sich, ob die Vorteile, die man sich mit ihnen eingehandelt hat, wirklich die Nachteile überwiegen.

Aber mit Baddeck hatte ich endlich den Ort erreicht, an dem der Cabot Trail dem allgemeinen Sprachgebrauch nach beginnt und – als einer Rundfahrt – auch endet. Von hier aus würde ich mich südwärts auf die Weiterreise begeben müssen, wenn ich erst wieder hier eingetroffen wäre. – Ein paar Kilometer hinter Baddeck endlich der ersehnte Wegweiser nach rechts mit der Aufschrift »Margaree«; endlich also konnte ich in den nun nicht mehr bezweifelbaren Trail einbiegen. Ich hatte den Rücken der Nordhälfte der Cape Breton-Insel zu überqueren, um ihre Westküste zu erreichen, die auf den riesigen St.-Lorenz-Golf hinausblickt, ein manchmal sehr stürmisches und gefährliches Gewässer, den schon meeresgleichen Mündungstrichter des gewaltigen Stroms im Nordosten Nordamerikas.

Jetzt also fuhr ich in die ebenfalls wegen ihrer »ruhevollen Schönheit« und ihrer forellenreichen Flüsse, des Nordost- und des Südwest-Margaree, weithin bekannte Margaree-Landschaft hinüber, während ich am Loch O'Law vorbeirollte – und verhielt, denn in den blanken Wassern des Lochs (gälisch, bedeutet See) spiegelten sich die dichtbewaldeten Kämme des »Drei-Schwestern-Gebirges« wie ein seliger Traum. In der Tat, die ruhevolle Schönheit dieser Landschaft war nicht zu übertreffen!

Aber zugleich drängte sich mir ein anderer Gedanke auf: Loch O'Law, das war so irisch, schottisch, gälisch, wie es nur sein konnte. Aber Margaree – ich hatte es bereits irgendwo gelesen – war, ins Englische verballhornt, von dem französischen Mädchennamen Marguerite herzuleiten. Ich hatte also offenbar wieder eine Grenzlinie zwischen den zwei Grundelementen überquert, die das Wesen des kanadischen Staates bestimmen, dem schottisch/englischen und dem französischen. Die schottisch/englischen Grundzüge, in die dann auch die deutschen als nächstwichtige eingegangen sind, haben sich mit den französischen bis zum heutigen Tag zu keinem echten Ausgleich und Friedensschluß durchringen können, so sehr die wirtschaftliche und politische Vernunft dies auch gebieten.

Wenn man im Osten der großen Insel, die den Norden Nova Scotias bildet, von der »Gälischen Küste« spricht, müßte man ihr Gegenstück im Westen »Französische Küste« nennen. Hier heißen die alten Fischerhäfen nicht Neil Harbour oder Indian Brook, sondern unverkennbar französisch Grand Etang, Chéticamp oder Presquile.

Und ich nahm es, ohne daß ich mich erst zu erkundigen brauchte, mit den Augen wahr: An der Westküste zum Golf, die ich jenseits vom schönen Margaree Harbour bald erreichte, war ich in urfranzösisches Land eingetreten. Die kleinen Dörfer über der Küste sahen ganz anders aus als jene, die auf schottische oder irische Siedler zurückgingen. Die Häuser lagen unter ihren steilen Satteldächern ohne Zäune und Gärten ringsum auf den kahlen Wiesen und Weiden, die sich schroff den schaumüberspülten Stränden landeinwärts anschlossen. Anstelle von Blumen flatterte bunte Wäsche um die hölzernen Hauswände, die in vielen verschiedenen, kräftig leuchtenden Farben die an der Westküste vielfach kahlen Uferpartien vergnüglich belebten. Es war zu erkennen, daß die hier häufig mit großer Wucht über den Golf her anfegenden Weststürme den Wald erst weiter im Innern aufkommen lassen.

Die Aufschriften über den kleinen Dorfläden oder Gasthöfen waren in französischer Sprache abgefaßt, und die meist sehr fülligen Frauen, die hier und da an den Ecken standen und eifrig schwätzten, hätten genau so gut in irgendeinem Dorf in der Bretagne oder der Picardie dem Dorfklatsch huldigen können. Ich spürte es auf der Haut, als ich erst Belle Côte hinter mir hatte: hier bist du in einer anderen Welt als in der der vielen Macs auf der atlantischen Seite. –

Ich sprach schon davon, daß nach dem Bau der von dem berühmten Festungsbaumeister Vauban entworfenen Seefestung Louisbourg die Engländer glaubten, fürchten zu müssen – wahrscheinlich mit Recht! –, daß früher oder später die Franzosen ihr Akadien wieder zurückverlangen würden; es war ihnen ja von dem geliebten Land, worin sie in bestem Einvernehmen mit den Indianern blühende Siedlungen geschaffen hatten, als französischer Boden nur noch die Isle Royale, Cape Breton Island, verblieben. Die Engländer hielten es für notwendig, von den im ehemaligen Akadien, nun Neu-Schottland und Neu-Braunschweig, auf ihren stolzen Höfen im Annapolis-Tal und anderswo siedelnden Franzosen einen Treueid auf die britische Flagge zu fordern, der die Pflicht einschloß, für England auch Waffen zu tragen, was in dieser Gegend zwischen dem Atlantik, der großen Bay of Fundy und dem größeren Golf von St. Laurent nur bedeuten konnte: gegen Frankreich und das Lilienbanner der französischen Könige zu kämpfen. Der geistige und geistliche Führer der Akadier, der Abbé La Loutre, glühte jedoch vor Haß auf alles Englische: Die Akadier weigerten sich, dem König von England, der ihr neuer Landesherr geworden war, den verlangten Treueid zu schwören.

Die Lage spitzte sich verhängnisvoll zu. Die Engländer beschlossen, der Gefahr zuvorzukommen, in dem kaum noch zu vermeidenden großen Krieg (dies wurde dann der Siebenjährige Krieg 1756–63) mit einer feindlichen, nämlich französischen Bevölkerung im Rücken gegen die Franzosen kämpfen zu müssen. 1755 wurden in einer völlig rücksichtslosen Nacht- und Nebelaktion überall im Lande Nova Scotia und New Brunswick die Akadier zusammengetrieben, auf bereitgestellte Schiffe verladen und außer Landes verfrachtet, wobei auf den Zusammenhalt der Familien nicht die geringste Rücksicht genommen wurde. Nur was sie tragen konnten, durften die Akadier mitnehmen.

Irgendwo an der amerikanischen Küste bis in das Mündungsdelta des Mississippi, das damals noch zu der französischen Kronkolonie Louisiana gehörte, wurden die Akadier ausgesetzt, die Männer hier, Frauen und Kinder ganz woanders. Manche

kamen sogar nach England, wo sie wie Gefangene behandelt wurden, und andere gelangten zurück in das Land ihrer Väter, nach Frankreich.
Auch an diesen auf brutalste Weise vertriebenen Akadiern bewährte sich die unerhörte Hartnäckigkeit, mit der Franzosen ihrem französischen Wesen, insbesondere ihrer Sprache treu bleiben. Im Mississippi-Delta wird heute noch in abgelegenen Teilen ein zu einem besonderen Dialekt entartetes Französisch gesprochen. Noch heute weiß man in manchen Gegenden Frankreichs die Familien zu benennen, die auf Flüchtlinge aus Akadien zurückgehen, etwa in Belle-Ile-en-Mer in der Bretagne oder in Archigny und Cenan-la-Puye im Poitou.
Obgleich die große Vertreibung der Akadier aus Nova Scotia in größter Heimlichkeit und mit militärischer Genauigkeit vorbereitet worden war, gelang es doch vielen akadischen Familien, sich dem Zugriff des englischen Militärs rechtzeitig zu entziehen und sich in die wegelosen Wälder des Inneren zu flüchten, wo ihnen die befreundeten Micmacs über die größten Schwierigkeiten des Anfangs hinweghalfen. Anderen gelang die Flucht auf die damals noch französische Cape Breton-Insel, an die menschenleere Westküste Neufundlands oder ins französische »Canada« am unteren St. Lorenz.
Der Siebenjährige Krieg besiegelte Frankreichs endgültigen Abschied von seinem weitgespannten nordamerikanischen Kolonialreich. Das siegreiche England konnte sich schon wenige Jahre nach dem Frieden von Paris (1763) erlauben, den vertriebenen Akadiern, soweit noch vorhanden, die Rückkehr in ihre geliebte Heimat zu gestatten, die sie mit viel Mühe und Geschick der Wildnis abgerungen hatten. Doch waren ihre früheren Höfe, all ihre so sorgsam kultivierten Wiesen, Gärten und Felder längst an englische, schottische und walisische Siedler vergeben. Die Rückkehrer hatten anderswo wieder ganz von vorn anzufangen.
Und das haben sie mit bewundernswerter Tatkraft getan, so zum Beispiel an der Westküste vom Cape Breton Island. Die Nachfahren dieser wenigen Familien (vierzehn zählt man) haben der ganzen Küste ein französisches Gepräge gegeben. Die

gute Straße des Cabot Trail führt der Länge nach durch diese Gebiete hindurch.
Die Route verläuft streckenweise so nahe am Brandungsgürtel entlang, daß bei Sturm aus Westen (wo er meistens herkommt) der Meeresschaum wie Schnee die Fahrbahn völlig verschwinden läßt. Überhaupt ist anzumerken, daß die hohe See rings um die Cape Breton Insel zu den gefährlichsten Gewässern an der amerikanischen Atlantikküste gehört, was allerdings weder die gälisch-, noch die englisch- oder französischsprechenden Fischer je gehindert hat, sich der reichen Fischgründe unter den unruhigen Wassern zu bedienen.
Diese ganze Küste bis hinauf nach Pleasant Bay könnte man die »Normannische Küste« nennen, denn das alte, allerdings schon an die dreihundert Jahre verlorene Ursprungsland der nach meiner Erfahrung angenehm freundlichen Menschen in Terre-noir oder St.-Joseph-du-Moine ist die Normandie im Norden Frankreichs. Schon hier erlebte ich jene angenehme Überraschung, die sich im späteren Verlauf der Reise dutzendfach wiederholen sollte, als ich erst mit der kanadischen Provinz Québec das Herzland des französischen Canada erreicht hatte und in seiner riesigen Breite durchquerte:
Wenn man sich als Fremder in diesen Gebieten bemüht, mit den Einheimischen nicht, wie sonst überall in Nordamerika selbstverständlich, englisch zu reden, sondern auf französisch zu parlieren, dann gehen die Leute auf wie eine Blume nach warmem Regen. Es braucht kein makelloses, womöglich pariserisches Französisch zu sein (das zu beherrschen ich weit entfernt bin), sondern überhaupt nur eben Französisch, das für einen Franzosen Sinn ergibt.
Mindestens 99 Prozent der US-Amerikaner und 90 Prozent der Anglo-Kanadier verstehen kein Französisch und erwarten mit all der breitspurigen Selbstgewißheit, die ihnen eigen ist, daß jeder Mensch, der auch nur einigermaßen ernst genommen werden will, die englische Sprache beherrscht.
Die Franko-Kanadier im alten L'Acadie und im alten, im »unteren Canada«, in Québec am Unterlauf des St. Lorenz, sind

trotz vieler Rückschläge und mancher Benachteiligung ihrem allmählich sonderbar verfärbten Französisch mit beispielloser Beharrlichkeit seit gut vier Jahrhunderten treu geblieben und im Gegensatz zur US-amerikanischen Auffassung überzeugt, daß ein Mensch von Anstand und Kultur Französisch zu sprechen hat; sie geben sich – schon gar nicht in abgelegenen Dörfern wie an der neuschottländischen oder neufundländischen Westküste – keine Mühe, dem Englischen irgendeinen Vorzug zuzubilligen; wer als Fremder, als bloßer Besucher zu ihnen kommt, der hat Französisch zu sprechen. Tut er das nicht, so hält man ihn für einen groben und ungebildeten Klotz. Es ist den Anglo-Kanadiern in zweihundertfünfzig Jahren politischer und wirtschaftlicher Überlegenheit und Beeinflussung nicht gelungen, die Franko-Kanadier davon zu überzeugen, daß sie sich dem englischsprechenden Canada anzupassen hätten. Immer noch träumt ein – kleinerer – Anteil der Franko-Kanadier von einem eigenen unabhängigen franko-kanadischen Staat, ein größerer von deutlich akzentuierten franko-kanadischen Sonderrechten im Bund der kanadischen Provinzen. Heute besteht dieser Sonderstatus bereits im Ansatz und wird langsam, aber zäh weiter ausgebaut.
Hier an der über weite Strecken kahlen Westküste des nördlichen Nova Scotia haben sie sich als Fischer und mit bescheidenem Feld- oder Gartenbau ihre farbenfrohen, schmucken Häuser in den Schutz von Bodenwellen, von Vorgebirgen oder ragenden Klippen gesetzt, sind nach wie vor gut katholisch und pflegen an kurzen Tagen im Winter und in seinen langen Nächten die von den Groß- und Urgroßeltern übernommenen Künste des Teppichwebens (dies ist ein großartiges Land für Schafe und gute, feine Wolle), des Häkelns und Strickens und anderer Kunstfertigkeiten – die durchaus nicht nur das eigene, französisch schlagende Herz erfreuen, sondern auch von den amerikanischen und in steigendem Maße auch europäischen Touristen für gutes Geld gern erworben werden.
Davon hatte ich soviel gehört und gelesen, daß ich mich im Hauptort dieser akadisch geprägten Küste, in Chéticamp, etwas

eingehender danach umsehen wollte. Ich empfand es sofort, als ich in Chéticamp einrollte: das große Dorf oder die kleine Stadt (sie hat etwa drei- bis viertausend Einwohner) könnte genau so gut in der Normandie angesiedelt sein. Die nach der Vertreibung wieder heimgekehrten Akadier haben es ohne jede Hilfe von anderswoher 1775 gegründet und ausgebaut. Den Mittelpunkt des Ortes bildet die beinahe übergroße und reich geschmückte Kirche – man ist versucht, Kathedrale zu sagen –, die dem Heiligen Petrus gewidmet ist. Die Steine, aus denen die Mauern gefügt sind, wurden von den Einheimischen in der Gegend gebrochen und zugehauen; der reiche Innenschmuck von Saint Pierre wurde ebenfalls nicht weit hergeholt, sondern von den geschickten Händen der Männer und insbesondere der Frauen von Chéticamp gefertigt.

Ich wanderte – nicht weit von der Kirche – an einem Schild vorüber, das mir verriet, in dem Haus dahinter sei das Büro der »Société des Acadiens« für Ost-Nova Scotia und Cape Breton Island zu finden, einer sehr selbstbewußten und tatkräftigen Interessen-Gemeinschaft der Akadier.

Hier in Chéticamp wollte ich mir, wenn möglich, ein kleines Andenken an diese Akadier erstehen, das mein Gepäck nicht belastete und mir doch auch noch in Jahren Akadien wieder heraufbeschwören würde. Denn ich gestehe es an dieser Stelle: Das Schicksal Akadiens und der Akadier, ihre erstaunliche, auch in größter Not sich bewährende Freundschaft mit den Indianern, das Geschick und der Fleiß, mit dem sie Sümpfe trockenlegten, schöne Häuser bauten und blühende Bauernhöfe aus der Wildnis zauberten, die ganz unerschütterliche Liebe zu ihrer neuen, weiträumigen Heimat, die zähe Treue, mit der sie über Jahrzehnte und dann Jahrhunderte der Sprache und der Lebensart ihres Herkunftslandes, des »süßen Frankreich« jenseits des Meeres, anhingen und schließlich – wohl in der Hauptsache – die menschlich warme, die, wenn ich es einmal so deutlich sagen soll, ganz unamerikanisch liebenswürdige Art des Umgangs, die mir in franko-kanadischen Gefilden stets zuteil geworden ist – all dies und mehr noch, was sich schwer in Worte fassen läßt, hat in mir mit den Jahren eine ganz besondere Zuneigung und Vorliebe für das französische Canada entstehen lassen. Ich meine, daß sich hier auf dem Boden Nordamerikas die Geistesart eines älteren Europa erhalten hat, die in Europa selbst im Wirbelwind der Technisierung, des Gelddenkens und des Reichwerdens über weite Strecken verlorengegangen ist.

Da war ein solches Lädchen, in dessen geräumigem Fenster zierliche und auch umfängliche Stickereien in großer Mannigfaltigkeit ausgestellt waren. Hier würde ich sicherlich finden, was ich suchte. Ich trat ein – die Tür knarrte äußerst eindrucksvoll –, sah mich aber zu meiner Überraschung nicht in einem Ladengeschäft, wie ich es gewohnt war, sondern allem Anschein nach in einer Werkstatt: Um einen großen Tisch saßen ein halbes Dutzend Mädchen und Frauen, von denen jede ein über einen runden Rahmen gespanntes leinenes Tuch in verschiedenen Abmessungen vor sich liegen hatte, in die sie mit angespannter Aufmerksamkeit allerlei Muster, Blumen, Bilder, Striche und Ornamente hineinstickten, winzig klein manches und mit vorsichtigster Nadel. Hier entstanden also die recht berühmten und gelobten »Needleworks« von der neuschottländischen Westküste.

Ein halb Dutzend glatter und lockiger Köpfe richtete sich auf und blickte mich an. Eine ältere Frau tauchte auf aus dem Hintergrund und kam mir entgegen. Sie begrüßte mich in holprigem, gestelztem Englisch und fragte nach meinem Begehr. Halb automatisch gab ich, ebenfalls in Englisch, Bescheid. Die Köpfe beugten sich wieder über die Nadelarbeiten auf dem großen Tisch. Ich war anscheinend keiner besonderen Aufmerksamkeit wert. Ich durfte dann die in einem langen Kasten unter Glas ausgestellten Produkte der Werkstatt bewundern, vielleicht fand ich ein Stück, das mir besonders gefiel und wofür ich gut zu bezahlen bereit war. Ich brauchte nicht lange zu wählen; eine rund geschnittene, mäßig große Tischdecke (ich dachte an das ebenfalls runde Tischchen in meinem sehr geliebten Blockhaus am Huronensee), die in winzigen aberhundert bunten Fadenstichen ein Rankenmuster zeigte, gefiel mir auf der Stelle besser als alles andere.

Die Stickerinnen am Tisch tuschelten miteinander, kicherten auch ein wenig; ich schien sie zu erheitern. Ich unterschied einige französische Worte. Bösartigkeit oder Spott empfand ich nicht. Im Gegenteil: Anscheinend hatte ich eines der Erzeugnisse der Werkstatt gewählt, das auch nach Meinung dieser sachkundigen Weiblein besondere Beachtung verdiente.
Ich dachte nicht weiter nach, ich unternahm es, die ausgewählte Tischdecke mit dem komplizierten Rankenmuster in ihrer Eigenart ausführlich zu loben – und zwar auf französisch, so gut es eben ging und so weit meine Vokabelkenntnis reichte -- sie reicht leider nur mäßig weit.
Damit aber hatte ich, ohne es beabsichtigt zu haben, die Atmosphäre in der Werkstatt völlig verändert. Nicht nur die Geschäftsführerin oder Inhaberin, sondern auch die Stickerinnen brachen in einen Schwall von – nun nicht gerade »perlendem« – Pariserisch, aber munterstem Französisch/Akadisch aus, von dem ich zunächst nur jedes zweite Wort verstand.
»Ah, Monsieur, Sie kommen aus Europa? Sie sind gewiß schon in Frankreich gewesen! Ja, diese Kunst, die schwierigsten Handarbeiten zu fertigen, die haben unsere Vorfahren aus der Bretagne mitgebracht, und wir verdienen uns heute noch ein Zugeld damit. Aber die Amerikaner, die hier vorbeikommen, die sagen immer nur ›how nice!‹, knallen ihre Dollars auf den Tisch und stopfen die Sachen, an denen wir wochenlang gearbeitet haben, in irgendeine Tasche weg wie Butterbrotpapier. Wir sind natürlich froh, wenn irgendwas gekauft wird. Viel zu verdienen gibt's nicht in dieser Gegend außer mit der Fischerei, mit ein bißchen Landarbeit und der Arbeit im Walde – aber die ist nur für die Männer ...« Und so weiter, und so weiter! Ich hatte nur ein paar anregende Fragen zu stellen brauchen, und wenn sich die Damen nicht immer einig waren, so entschied die Inhaberin die Meinungsverschiedenheiten mit wenigen, freundlich bestimmten Worten.
Ich durfte natürlich den Ablauf der Arbeit nicht allzu lange aufhalten, spürte auch, daß die Alte ungeduldig wurde, aber wohl in meiner Gegenwart kein Machtwort sprechen wollte. Ich er-

kundigte mich also nach dem Preis. Ich kann nicht mehr angeben, was ich zu zahlen hatte, weiß allerdings noch, daß ich einigermaßen erschüttert war über die Höhe des Preises. Ich hätte vielleicht feilschen und die Sympathie, mit der man mir begegnet war, in einen finanziellen Vorteil verwandeln können. Vielleicht hatte die Alte sogar damit gerechnet. Aber Preise auszuhandeln, das gehört nicht zu meinen wenigen Talenten. Ich zahle – und bin froh, wieder draußen zu sein.
So auch in diesem Fall. Das Geschnatter der vielen jungen und älteren Damen – alle übrigens dunkelhaarig, dunkeläugig und mit Vergnügen anzuschauen – ging über meine Kraft. Die Inhaberin verpackte mir mein teuer erstandenes »Andenken« an Akadien mit Sorgfalt und geleitete mich zur Tür.
»You go North or South, Sir?«
Jetzt sprach sie überraschenderweise wieder englisch; wir standen ja nun über dem Trail des Mr. Cabot, der Englands Ansprüche auf dies Land als erster begründet hat.
»I am going North, Madam.«
»Oh, then you will be entering Cape Breton Highlands National Park, the most beautiful part of the Cabot Trail!«
(»Sie fahren Nord oder Süd, Herr?« – »Ich bin nach Norden unterwegs, Madam!«
»Oh, dann sind Sie bald im Breton Hochland-Nationalpark, dem schönsten Abschnitt des Cabot Trail.«)
»Merci beaucoup, Madame!« bedankte ich mich noch einmal zum Schluß auf französisch.
Die jüngste der Stickerinnen in der Werkstatt, die mir in ihrer jugendlichen Süße und Frische ganz besonders gefallen hatte, was ihr sicherlich nicht entgangen war, winkte mir nach durch die weit offen stehende Tür. Das ging mir angenehm und tröstlich ein, während ich mit meinem Paketchen unter dem Arm meinem Auto zustrebte, das ich am Straßenrand abgestellt hatte.
Ja, ich war zu Recht darauf aufmerksam gemacht worden: Der Cabot Trail umschlingt mit seiner Nordschleife, die ihn wieder an das Atlantische Ufer zurückführt, den im Inneren der Insel jungfräulich wilden und schwer, nur zu Fuß zu durchdringen-

den Cape Breton Highlands National Park, in dem sich noch heute wie seit je Elche und Biber, Hirsche, Wildkatzen, Füchse, Ottern und Wiesel, auch Nerze tummeln – und gar nicht schwer zu beobachten sein sollen, da sie im »Park« zu keiner Zeit gejagt oder auch nur gestört werden dürfen. Das Vogelleben im Park ist über die Maßen vielfältig; selbst die großen Adler sind nicht selten; sie ziehen hoch im Himmel ihre Kreise und Kurven, zeichnen wunderbar geschwungene Linien ins Firmament.
Ich habe nie die Zeit gehabt, mir den Park zu erwandern, im wesentlichen eine weithin marschige, moorige Hochfläche; ich habe mich stets durch den die wilde Küste in atemberaubendem Auf und Ab, verrücktem Hin und Zurück durchschwingenden, herrlichen »Trail« mit Beschlag belegen lassen – und bedauere dies keineswegs. Die braunen und roten Kaps, die Vorgebirge und Steilküsten recken sich schroff und zornig aus der See hoch, manchmal ohne jeden mäßigenden Übergang, manchmal schönen sandigen und völlig leeren Stränden Raum gebend. Die Ausblicke auf das weite Meer nehmen dem Autowanderer vielerorts den Atem. Es empfiehlt sich dann, zur Seite zu lenken und anzuhalten, denn Fahren und Schauen, das ist schwer miteinander zu vereinen.
Wenige Kilometer hinter Chéticamp fuhr ich durch das Fischerdörfchen Petit Étang (kleiner Teich), dessen Hafen nur eine enge Durchfahrt zur offenen See aufweist; ein paar Minuten später hatte mich der »Park« aufgenommen. Dieses Wort, das in unseren Bereichen eine gepflegte, künstliche, eng umgrenzte Landschaft bedeutet, bezeichnet in Amerika ganz im Gegensatz dazu eine aus jeder Nutzung oder Kultivierung herausgeschnittene, meist sehr umfangreiche Naturlandschaft, die möglichst so erhalten bleiben soll, wie sie seit Urzeiten bestanden hat. Dieser Park hier umfaßte annähernd tausend Quadratkilometer.
Der Wald drängte allmählich näher an die Küste heran und erreichte sie schließlich. Die über den Abstürzen sich mühsam gegen die Herbst- und Winterstürme behauptenden Kiefern, Balsam-Fichten, auch Birken, Ahorne und Buchen, waren zu bizarren Verrenkungen gekrümmt, erreichten nur geringe Höhen,

bildeten aber zugleich ein Beispiel für die Unüberwindlichkeit dessen, was wir Leben nennen.
Die Straße windet sich wie eine endlose Schlange über die steilen Küstenberge, taucht in tiefe Täler hinunter, wo sie schäumende Bäche zu queren hat, muß sich dann von der Küste lösen, landein abbiegen, nachdem Cape Rouge mit seinen rötlichen Klippen zurückgeblieben ist, um den »Französischen Berg« und gleich danach den Mount Mackenzie zu überwinden, auch zu umgehen, beginnt dann einen vielfach verschlungenen, nur langsam zu bewältigenden Abstieg zur See und überschreitet schließlich den Mackenzie-River. Dieser wunderbar klare, rauschende Gebirgsbach – viel mehr ist er nicht – darf natürlich nicht verwechselt werden mit dem ungeheuren Strom gleichen Namens, der den mächtigen äußersten Nordwesten des großen Canada mit seinem riesigen Stromsystem zusammenfaßt.
Die Namen der Flüsse und Berge verrieten mir bereits, daß ich mich aus den akadisch geprägten Landschaften wieder in schottisch bestimmte Gebiete hinüberbewegte: das Fischerdorf Pleasant Bay nahm mich auf und entließ mich wieder. Ehe die Brücke über den Mackenzie gebaut wurde (1927), war Pleasant Bay nur zu Schiff über die offene See oder auf einem gefährlichen, schmalen Bergpfad durch die Küstenberge zu erreichen. Der Cabot Trail brachte Hilfe, so daß die Fischer ihre hier ganz besonders reichen Fänge an Hering, Kabeljau, Hummer, Heilbutt, Lachs und Makrele nun auch über Land unter die Leute bringen können.
Bevor sich der Trail zur Meereshöhe, das heißt zur Bucht, der sturmgeschützten, deswegen Pleasant Bay (Angenehme Bucht) geheißen, gesenkt hat, haben sich dem Autofahrer ein paar herrliche Aussichten auf das Meer, die Bucht und die bewegte Küste geöffnet. Aber das kann ich nicht ständig hervorheben, denn das ist es, wodurch sich der Cabot Trail ganz einmalig auszeichnet. Gerade hier, an der Grenze zu den akadischen Landschaften haben die ihrer Herkunft aus dem schottischen Hochland so stolz bewußten Cape Breton-Schotten ein merkwürdig rührendes Denkmal dem Land und dem Leben errichtet, in das ihre

Wurzeln zurückreichen. Es ist etwa sieben Kilometer hinter Pleasant Bay zu finden (und dann noch eine kurze Strecke zu Fuß weiter), wenn die Autostraße sich bereits von der Küste abgewandt hat und mit scharfem Knick ins Innere des Landes, nach Osten also, abgebogen ist.
Da steht dann im weiten, leeren Bergland auf grob gepflastertem Untergrund ein kleines, riedgedecktes Haus aus unbehauenen Felsbrocken, die unregelmäßig, aber lückenlos dicht wie für die Ewigkeit fest und massiv übereinander gefügt sind. Es hat keine Fenster, nur eine niedrige Tür, die immerhin bis unter das sehr sorgsam aus Ried geschichtete Walmdach reicht. Ein großer Mann müßte sich sicherlich bücken, wenn er in dies wahrhaft feste Haus eintreten wollte.
Ein solches einsam vor sich hin träumendes Haus aus Fels war mir aus meiner ostmitteleuropäischen Heimat vollständig unbekannt. Aber ich wußte schon, um was es sich handelte, außerdem konnte ich mich auch noch durch eine an eine aufrecht gestellte Felsplatte geheftete Tafel aufklären lassen: Was ich vor mir sah, war ein »Sheiling«. Dieses besondere Sheiling hier wird allgemein unter dem Namen »The Lone Sheiling« erwähnt, das »einsame Sheiling« – und das ist es wirklich auf den menschenleeren Hügel- und Hochflächen am Nordrand des Highlands Park: Ein ständiges unverwechselbares Mahnmal, das sich die aus Schottland stammenden Bewohner dieser kanadischen Provinz gesetzt haben, um ihres Herkunftslands an der Ostseite des Atlantik stets eingedenk zu bleiben.
Solche Sheilings nämlich bauten sich die crofters, die Kleinpächter auf den riesigen Besitzungen der schottischen Lords, um sich auf den unwegsamen, weitgespannten Hochlanden um die Schafherden kümmern zu können, die sich oft genug in den Bergen und tiefen Tälern verliefen und verbargen. Die Männer brauchten dann eine Unterkunft für die Nacht, um sich dem Regen, dem Sturm und der Kälte zu entziehen, zugleich aber bei den Schafen bleiben zu können. Diese Schutzhütten mußten natürlich mit den Mitteln errichtet werden, die sich an Ort und Stelle boten: dem Gefels der Berge, aus dem man sich passende

Brocken heraussuchte, und dem Schilf, dem Ried, das auf den Hochmooren und Sümpfen in abflußlosen Senken reichlich anstand.

»The Lone Sheiling«: Für mich war es ein Zeichen dafür – es ergriff mich sehr –, daß die Schotten, die heute so stolz und treu auf amerikanisch/kanadischer Erde ihrer schottischen Vergangenheit anhangen, in der alten Heimat zu den Ärmsten gehört und ein sehr hartes Dasein geführt haben. Und auch dies Dasein war ihnen noch verweigert worden, als die großen Landherren ihnen aus sehr eigennützigen Gründen die armseligen Pachthöfchen aufkündigten. Hier auf der anderen Seite des atlantischen Meeres, wo sie in noch wilderen »Highlands« ausgesetzt worden waren, haben sie anfangs noch bitterer um ihre Existenz kämpfen müssen als auf den schottischen Inseln Lewis, Skye oder am Loch Glass. Obgleich sie aus der alten, sehr kargen Heimat auf zuweilen sehr unsanfte Weise vertrieben wurden, war ihr »heart in the highlands« – ihr »Herz in den Hochlanden« – verblieben, und es blieb ihnen treu, über Generationen hinweg! Und wie in Schottland sollte auch aus diesem »Einsamen Sheiling« in Neu-Schottland der Rauch von den Kochfeuern durch die offene Tür abziehen.

Die Straße hatte sich große Mühe gegeben, die Höhe des Landes zu überwinden, und schaffte es auch so wacker wie bisher in vielen Serpentinen und kühnen Windungen. Danach dann durfte sie ins Sunrise Valley, das »Sonnenaufgangs-Tal«, hinunterklettern. Wie man mir in Chéticamp geraten hatte, hielt ich an einer Stelle an, die mir unter dem Namen Big Interval bezeichnet worden war: Große Pause! Gut, ich machte also die empfohlene »Große Pause«. Und es lohnte sich: eine Welt von grünen Hügeln dehnte sich vor meinen Augen aus, sie erhoben sich über fruchtbaren Tälern. Und im Hintergrund der Berg des Cape North; durch das Haupttal floß, zu mir heraufblitzend, der Aspy-River; in der Ferne glimmte und blitzte die große Aspy-Bay, grüßte der offene Atlantik zu mir herüber.

Von dem Dorf Cape North gabelt nach links eine Seitenstraße nordwärts ab, die zunächst an der Aspy-Bay unter dem Sugar-

loaf-, dem »Zuckerhut«-Berg, nach Norden führt, jener sicherlich weit aufs Meer hinaus sichtbaren Erhebung, die dem ersten Entdecker John Cabot nach langer Segelreise über den Atlantik festes Land signalisiert haben soll, das er dann nach dem kurzatmigen Verfahren der damaligen Zeit auf der Stelle für die Krone von England mit Beschlag belegte.
Die Nebenstraße schlägt jenseits des Zuckerhuts einen weiten Bogen nach Westen und endet am äußersten Nordrand von Nova Scotia in dem Fischerdörfchen Meat Cove, Fleisch-Bucht, an der St. Lawrence Bay, wo sich, wenn man weitherzig urteilt, die Wassermassen des St. Lorenzstroms, die aus den Großen Seen im fernen Innern des nordamerikanischen Kontinents heranfluten, endgültig mit dem Ozean vereinen.
Der Cabot Trail wendet sich jedoch wieder nach Südosten, denn von hier ab, genauer von Neil's Harbour, bleibt dem Trail nichts anderes übrig, als sich an und über der grandiosen Küste nach Süden zu bewegen, wenn er das unerhört wilde und zerrissene Gelände der Hochländer im Innern vermeiden will. Neil's Harbour – überall an diesen Küsten haben die frühesten Pioniere ihre Namen hinterlassen, manchmal nur ihre Vornamen; hier war es ein Neil MacLennan, der den Kampf mit der Wildnis als erster aufnahm.
Linker Hand führt hier eine schmale Seitenstraße durch die Küstenfelsen zu einem Weiler, dessen zwanzig oder dreißig bunte Häuserchen in unwahrscheinlich steile Berghänge hineingeklemmt sind; sie umringen einen kleinen, aber völlig geschützten, für Fischer also höchst willkommenen Hafen: die Hungry Cove, die Hungerbucht! Ein bezeichnender Name! Anfangs mag es hier zwar reichlich Fische, aber sonst nichts weiter gegeben haben. Die an die steilen Hänge um die friedliche Bucht geklebten Häuser schienen mir allen Gesetzen der Schwerkraft Hohn zu bieten. Tatsächlich haben sie das schon seit einigen Generationen getan und kleben da immer noch, allen Abstürzen, Regenschwällen und Stürmen zum Trotz!
Die große Straße wandert danach – sie ist unerschöpflich an Überraschungen! – durch eine beinahe wüstenhaft zu nennende

Zone, in der nur vom ewigen Wind zerzaustes Buschwerk, große graue Felsen und verdächtig blinkende Sümpfe am Autofenster vorbeigleiten.
Erst wenn sich die Straße der Gegend nähert, in welcher die Orts- und Landschaftsnamen sich in verschiedenen Abwandlungen um den Namen Ingonish ranken, nimmt das Land wieder ein freundlicheres Aussehen an, und der Trail entfernt sich dann kaum noch von der Küste bis wieder hinunter nach St. Ann's und Baddeck. Ingonish Beach (Ingonish-Strand) hat sich in neuester Zeit zu einem international bekannten und gerühmt schönen Kurort, Jachthafen und Badeort entwickelt, in dem das vornehmste und teuerste Hotel von ganz Cape Breton Island, die Keltic Lodge, die »Keltische Jagdhütte«, zu finden ist, was, zieht man die Preise in Betracht, ein typisch englisches understatement (eine »Untertreibung«) darstellt. Das in der Tat sehr schöne Hotel ist auf dem felsigen Sporn erbaut, dem Middle Head, der in der Mitte der Bucht den Ingonish Point von dem riesig ins Meer hinaus drohenden Cape Smoky trennt.
Wenn ich sorgfältiger vorausgerechnet und meine vielen Zwischen-Aufenthalte vorweg berücksichtigt hätte, wäre ich sicherlich diesmal im Hotel Keltic Lodge über Nacht geblieben (eine außerplanmäßige große Ausgabe kann man auf einer so weiten Reise wie dieser stets durch die geringeren Kosten für eine bescheidene Unterkunft im weiteren Verlauf wieder einsparen). Aber ich hatte, um mir Beine zu machen, mein Zimmer im »Silver Dart Motel« in Baddeck nicht aufgegeben, sondern mich noch für den gleichen Abend wieder angesagt. Ich war fest entschlossen, meinen Reiseplan nicht wieder zu mißachten, wie es mir bereits in St. John's und auch in Englishtown passiert war.
Aber daß die Gegend bei den verschiedenen Ingonish ein besonders herrliches Juwel unter den vielen Juwelen darstellt, die sich am Cabot Trail aneinanderreihen, das wurde mir auch an diesem späten Nachmittag wunderbar deutlich, an dem ich die Ingonish-Buchten umrollte und auf die vielen eleganten Hochsee-Jachten im Hafen unten herniederblickte: einem vorzüglichen Hafen an dieser stets von harten Stürmen bedrohten Küste! Es

steht fest, daß portugiesische Fischer das sichere Wasserbecken zwischen den Streifen festen Landes schon 1521, also vor fast einem halben Jahrtausend von Jahren, zu schätzen wußten. Später – die Portugiesen wurden nicht seßhaft, sondern segelten mit ihrer Ausbeute an Klippfisch und Stockfisch stets vor den Winterstürmen wieder heimwärts – ließen sich Akadier hier nieder und bauten sich ein Haus nach dem andern, nannten das Dorf Migniche, was an den alten indianischen Micmac-Namen Ingonish anklang. 1740, so wird berichtet, wurden im Hafen nicht weniger als vierundfünfzig Fischerboote und andere Hochsee-Segler gezählt. Aber in dem gnadenlosen Krieg zwischen Frankreich und England mußte auch diese blühende akadische, d.h. französische Siedlung daran glauben (sie hieß damals Port d'Orléans).

Als 1745 die Engländer unter dem Admiral Warren die Feste Louisbourg an der äußeren Ostküste von Cape Breton Island belagerten, löschten sie – es war ein Aufwaschen! – nebenbei auch noch das französische Port d'Orléans, Ingonish, aus, zerstörten Stadt und Hafen und deportierten die Einwohner. Die schöne Siedlung blieb tot und leer zurück.

Aber das sollte nicht so bleiben. Immerhin dauerte es fast fünfzig Jahre, bis die ersten schottischen Siedler die Gunst der Lage von Ingonish, die fruchtbare Erde ringsum, den Reichtum an Fischen in der Bucht und im Meer begriffen und nun schnell wieder Fuß faßten. Ingonish erhielt seinen ursprünglichen indianischen Namen zurück. Als ein Zeichen der Vergangenheit wurde 1849 im Sande der Küste eine alte Kirchenglocke aus der akadischen Zeit wieder ausgegraben – ganz zufällig – und wird nun in Ehren gehalten. Die alte Feindschaft zwischen Akadiern/Franzosen und Engländern ist im wesentlichen verdrängt. Die Franko-Kanadier behaupten ihre Eigenständigkeit mit großer Entschiedenheit, ja mit Streitsucht – und die anglo-kanadische Welt scheint sehr bemüht, den manchmal sehr leidenschaftlich geäußersten Forderungen der Franko-Kanadier möglichst zu entsprechen.

Wie reich von Natur dies so wild und hart anmutende Land gewesen ist (und noch ist), geht aus der nur schwer glaublichen, aber zuverlässig dokumentierten Tatsache hervor, daß diese Täler und Küsten um die Wende vom 18. zum 19. Jahrhundert von so starken Wildherden, von Elchen, Hirschen und Damwild überlaufen waren, daß die Siedler militärische Hilfe aus der Garnison Sydney herbeirufen mußten, um dem hungrigen, vielfresserischen Überfluß an Tieren zu steuern. Tausende von toten Elchen und Caribous, von den Soldaten wahllos abgeknallt, bedeckten damals die Strände und anschließenden Waldregionen. Erinnert bis heute blieb von allem, daß der Gestank der verwesenden Kadaver viele Monate lang bis weit aufs Meer hinaus wahrgenommen werden konnte. Soldaten braucht man heute nicht mehr zu bemühen, um einer Überfülle an Wild Herr zu werden. Aber noch jetzt ist die Gegend ein Paradies für Jäger – und für Fischer! In dem Flüßchen Clyburn kann man die Forellen durch die glasklare Flut schießen sehen.

Ich hatte mir keinen Aufenthalt gegönnt, so gerne ich es auch getan hätte. Ich wußte, daß das letzte große Hindernis auf dem Wege nach Süden, nach Baddeck noch vor mir lag, und wollte es noch bei Tageslicht überwinden: Cape Smoky, das »rauchige Kap«!

Wie ein schwärzliches Ungeheuer ragte das aus dem Landesinneren über das Meer weit hinausstoßende Gebirge vor mir auf, je mehr ich mich ihm in weiter Schleife um die Bucht über noch ein Ingonish, Ingonish Ferry, näherte: Cape Smoky – ich hatte es wahrlich nicht vergessen seit dem letzten Mal, das schon seit einigen Jahren vergangen war. Oft genug wird es von treibenden Nebeln verhüllt, von jagenden Regenschwaden oder von einem schwer lastenden feuchten, durchdringenden nässenden Dunst: Rauchiges Kap! An diesem glückhaften Abend lag es, dunkel in den Abendhimmel gezeichnet, vor mir, schien sich immer höher aufzurecken.

Und dann beginnt die Straße zu steigen. Zwar ist nur eine Erhebung von nicht ganz vierhundert Metern zu überklettern, aber sie steigt als ein riesiger Wall über die Höhe des Meeres auf, in das sie mit solcher Schroffheit abfällt, daß für eine Straße zwi-

schen Berg und tiefem Wasser kein Platz blieb. Das Hindernis war nur über seinen Scheitel hinweg zu bewältigen.
Kurve folgte auf Kurve, zur Linken die Felswand, zur rechten Hand nichts, die leere Tiefe! Man kann die Augen nicht auch nur einen Herzschlag lang von der Straße lassen und erreicht – ohne zu merken, daß es inzwischen verdächtig dunkler geworden ist – die Kammhöhe des Kaps. Mit fast erschreckender Plötzlichkeit öffnet sich der Blick nach Süden!
Ich wurde von der urplötzlich südwärts aufgestoßenen, wahrhaft unabsehbaren Fernsicht wie von einem Schlag getroffen. Diesem im wahrsten Sinne des Wortes himmlischen Wunder hatte ich Ehrfurcht und Bewunderung zu zollen. Also hielt ich an, stieg aus an einer der nicht eben zahlreichen Stellen, wo ich das Auto aus dem Weg fahren konnte; allerdings schien ich zu dieser Abendstunde nur noch ganz allein unterwegs zu sein.
Ich lehnte an meinem verläßlich mit festgezogenen Bremsen stillgelegten Auto; unwillkürlich hatte ich einen Halt gesucht, denn an der linken Straßenseite fiel der felsige Hang mit rücksichtsloser Schroffheit in die Tiefe.
Der Abendhimmel im Westen glühte noch in einem blendenden goldfarbenen Licht, in das sich sachte rötliche Töne mischten. Aber das unter mir in der Ferne unbestimmt verschwimmende Land mit seinen Bergen und nur schwer zu ahnenden tiefen Tälern hatte sich bereits in eine umbrafarbene, schattendunkle Ungewißheit gehüllt. Wie eine hell geschuppte Schlange wand sich in weiten, scheinbar ganz willkürlichen Schwüngen die Straße, der Trail, ein weißlich aus der Dämmerung heraufschimmerndes Band, in der Tiefe fort, um am Rande der Schatten spurlos zu vergehen. Die Vorstellung, daß ich demnächst dort unten entlang fahren würde, hatte etwas Unwirkliches, war kaum glaubhaft.
Mit einer sonderbaren Scheu lenkte ich den Blick weiter nach links hinüber; dort schien ein ungeheurer, vollkommen gestaltloser Abgrund zu gähnen, eine lichtlose Schlucht, das Nichts! Dort dehnte sich – ich hatte mich mit Gewalt daran zu erinnern – das Weltmeer, der Atlantik über abertausend Quadratmeilen

vom festen Land fort in eine unermeßliche leere Ferne. Ein Horizont war über dem Meer nicht einmal zu ahnen: Die hohe See wälzte sich, von mir aus gesehen, nach Osten ohne Grenze fort. Dort aber schob sich schon der Erdschatten in die Höhe des Himmels; die Nacht trat ihre Herrschaft an, nachdem die Sonne die ihre abgegeben hatte und hinter den Bergen, Hügeln und Wäldern des Hochlands im Westen weggetaucht war.
Ein großer Vogel ließ sich abseits von mir auf einem spitzen Felsblock nieder, stieß einen kurzen, krächzenden Schrei aus, wie um sich mir bemerkbar zu machen. Ich konnte nicht erkennen im schon gedämpften Licht, wess' Nam' und Art dieses andere Lebewesen in der großen Einsamkeit war; es war ja auch nicht wichtig. Wichtig schien indessen, mit welcher pedantischen Sorgfalt das ansehnliche Tier, ein Seeadler vielleicht oder eine besonders große Möwe, ja mit welcher bedächtigen Genauigkeit der Vogel seine Flügel zusammenfaltete und auf seinem Rücken ordnete.
Ich war abgelenkt und mußte mich wieder auf meine Fahrt besinnen. Bald würde ich die Scheinwerfer am Auto aufblenden müssen. Die Dämmerung floß schon in die Dunkelheit hinüber. Der Abstieg vom Cape Smoky zur Meeresküste nach Süden vollzieht sich geradliniger, mit nur wenigen Spitzkehren, als der Anstieg vom Norden her. Aber immerhin, ich hatte noch gut hundert Kilometer zu fahren, auf nirgendwo sehr »schneller« Straße, ehe ich mein Nachtquartier erreicht haben würde – wenn es mir, wie ich hoffte, reserviert worden war. Denn wenn man in Amerika erst nach sechs Uhr abends in seinem Quartier eintrifft, ohne daß man eine spätere Ankunft ausdrücklich abgesprochen hat, dann wird das Zimmer anderweitig vergeben, wenn sich die Gelegenheit dazu bietet.
Es war ohnehin nicht mehr viel zu sehen von meinem hohen Ausguck über dem Meer und der dunklen Küste. Auch spürte ich unversehens große Müdigkeit. Ich stieg ein und fuhr ab. Außer Schatten und Sternen würde ich bis Baddeck nicht mehr viel erkennen; aber von etwa Tarbotvale aus hatte ich auf dieser Reise die Küste ja schon ausführlich bewundern können.

Von der Fahrt von Baddeck nach Süden, dann auf dem Damm über die Meeresstraße von Canso von der Insel zum Nova Scotia-Festland und weiter am Ufer der Northumberland-Strait auf der jeweils nördlichsten Straße über die Chignecto-Landenge nach New Brunswick und schließlich nach Québec, von all dem, was da links und rechts am Wege liegt und höchst bemerkenswert ist, ließe sich allein ein dickes Buch vollerzählen.
Aber ich frage mich, ob solch ein Aufwand das Richtige wäre. Denn was sich da in manchmal höchst aufregender, grausiger, oder auch rührender Manier berichten ließe, wären fast ausnahmslos Begebnisse oder Schicksale, die im alten Europa wurzeln, in Schottland, Irland, in der Bretagne, auch, wenn ich weit genug von meiner Nordroute abweiche, in Deutschland.
Die atlantischen Provinzen Canadas sind kleinräumig, verglichen mit den riesigen Ausmaßen des »eigentlichen« Canada, das sich weiter westlich an die atlantischen Gebiete anschließt. Dort erst beginnen die unabsehbaren Weiten, die schier grenzenlosen Wälder und Prärien, die allereinsamsten und entlegensten Hochgebirge wie die Selkirks oder die Stikine-Gebirge. Und dies ist es, was deutsche Leser mit dem Namen Canada in erster Linie verbinden. Und in der Tat sind es ja auch für mich die strahlenden Einöden, die so mit wildem Leben erfüllten Endlosigkeiten der kanadischen Mitte und des Westens und Nordens gewesen, die mich seit 1927 stets von neuem geradezu magisch angezogen haben.
Aber ich glaube, mit Newfoundland und Cape Breton Island zwei sehr beispielhafte Teile des atlantischen Canada wenigstens skizziert zu haben, so daß vielleicht (vielleicht!) der Leser einen Hauch von der alten, von europäischer Tradition stellenweise wie gesättigten Atmosphäre verspürt, die in »Canadas Fernem Osten« am Atlantik, über dem schönen alten Land, in den lebendigen, vielfach zwei und mehr Jahrhunderte alten Städten, über den grünen, üppigen Gefilden in den Tälern des St. John oder des Annapolis wunderbar webt und schwebt.
Ich muß es mir also versagen, von »Canadas Braemer« zu erzählen (so genannt nach den weltweit bekannten »Hochland Fest-

spielen« »of the Royal Braemer« im europäischen Schottland). Sie finden statt in Antigonish an der St. Georges Bay, einem Winkel der großen Northumberland-Straße, welche die kleinste kanadische Provinz, die unendlich friedliche, wahrhaft idyllische Prince-Edward-Insel vom neuschottländischen Nordwesten trennt. Diese schottischen Festspiele, in denen sich das kanadische, für das große Land so bedeutungsvolle Schottentum selber feiert, habe ich einmal von Anfang bis Ende mitgefeiert. Seit 1863 sind die »Antigonish Spiele« bereits im Gange. Das Caber tossing (Baumstamm-Werfen), Hammer-Schmeißen, Hochsprung, Weitsprung, Kugelstoßen, Tanzen und Singen haben mich wie die vielen anderen Teilnehmer, von denen die meisten in Schottenröcken auftraten, hell begeistert. Der schrille Klang der bagpipes, der Dudelsäcke, klingt mir wieder in den Ohren – ich brauche nur die Augen zu schließen und mir die hüpfenden lassies – die Mädchen – in ihrer bunten, wippenden Tracht vorzustellen.
Prince Edward Island, diese zauberhafte, ruhevolle Insel, mußte ich nicht links diesmal, sondern rechts von meinem Wege liegen lassen. Dorthin hätte ich mich von Caribou Harbour oder von Cape Tormentine übersetzen lassen müssen; die großen Autofähren funktionieren vorzüglich.
Ich aber wollte mich an der Ostküste von Neu-Braunschweig weiter nach Norden bewegen, und ich gestehe, daß ich mich auf diesem Abschnitt meiner Fahrt kaum versucht fühlte, vom geraden Wege nach Norden zur Québec-Grenze abzuweichen, ohne mich lange im County, der »Grafschaft« (dem Landkreis) Gloucester oder – schon mit französischem Anklang – im County Restigouche, an der Baie des Chaleurs aufzuhalten.
Gewiß, auch New Brunswick kann sich dichter, unabsehbarer, kaum von wenigen Straßen erschlossener Wälder rühmen, die von herrlich klaren, silbernen Flüssen wie z.B. dem Dungarvon oder dem Tetagouche aufgeschlossen werden; gewiß: Die unerhört riesigen Gezeiten in der Bay of Fundy an New Brunswicks Südküste gibt es mit einem so übermächtigen, zweimal täglich

sich abspielenden Austausch der Wassermassen des Weltmeers nur einmal auf der Welt!
Aber dort, wo ich entlangfahren mußte, an der Ostküste der Provinz, dort sind – nach meinem Eindruck – die Küsten und die Landschaften landein sozusagen verhunzt: Dort drängten sich die Ferienorte für Amerikaner aus den Neuengland-Staaten bis nach New Jersey hinunter – einer nach dem anderen, und was sich an der Straße ohne wesentliche Unterbrechung dem Reisenden darbot, sah entsprechend aus: billige, wenig einladend wirkende Quartiere und Gaststätten, lärmende Vergnügungsplätze für Kinder, Spielkasinos mit »einarmigen Banditen« für Erwachsene, zwischendurch verdreckter Wald und mit Abfall übersäte Strände; die meisten Leute, abgesehen von den deutlich erkennbaren Einheimischen, liefen halbnackt – oder weniger als halb – herum.
Diese traurigen Tatsachen lassen sich also auch im großen »jungfräulich unberührten« Canada erleben. Wo sich Menschen zusammendrängen wie etwa an der New Brunswick-Ostküste zwischen Shediac und St. Louis de Kent, Menschen, die dort nicht hingehören und im allgemeinen dem Grundsatz huldigen »Nach mir die Sintflut«, da muß man auf solche Sudeleien gefaßt sein.
Ich wußte aus früherer Erfahrung, daß New Brunswick ringsum nur an seinen Säumen aufgeschlossen und besiedelt ist, längs des fruchtbaren, lieblich-schönen Tals des St.-John-River, der über weite Strecken die Grenze zu den USA bildet, längs der Bay of Fundy-Küste und der Ostküste zum Golf von St. Lorenz. Das Innere der Provinz aber wird auch heute noch von dichten, üppigen Urwäldern eingenommen, in denen versteckt und als Wildnisführer gut zu gebrauchen die Reste uransässiger Indianervölker ein beschauliches Dasein führen, Elche und anderes Wild die Scheu vor dem Menschen noch kaum gelernt haben, und die grünen, duftenden Dickichte rauschen und flüstern wie am ersten Tag. Ich habe es in lang vergangenen Tagen einmal unternommen, mit einem höchst umgänglichen und verläßlichen indianischen Führer das Innere der Provinz von ihrer Südwestrecke

nach Nordwesten zu durchqueren – im Kanu auf den in ewigem Gleichmut wallenden Bächen, Flüssen und Strömen, mit nicht wenigen Portages, Tragestrecken, zwischendurch – und die schimmernden, lebensvollen Einöden des neubraunschweigischen Inneren werden mir immer unvergeßlich bleiben.

Jetzt aber – nach dem Übermaß der schottischen und akadischen Anklänge und Eindrücke zwischen St. John's, Newfoundland, und dem alten und sehr interessanten Moncton, New Brunswick (immerhin eine Distanz von mehr als zweitausend Kilometern) – hatte mich eine sonderbare Unruhe gepackt. Ich hatte mich, bei Licht besehen, fast ausschließlich in europäischer, sogar sehr alter europäisch-menschlicher Landschaft bewegt, war Schicksalen von der anderen, der »alten« Seite des Nordatlantik auf der Spur gewesen – was aber an dem Grundgedanken dieser Reise vorbeiführte. Es wurde Zeit, daß ich ins unverwechselbar Kanadische vordrang – wenn es das überhaupt gab, setzte ich als vorsichtiger, einigermaßen erfahrener Reisender in Gedanken gleich hinzu.

Je weiter man entlang der Golf-Küste nach Norden vordringt, desto eher kann man erwarten, Ortschaften mit französischen Namen zu durchfahren und sich wesentlich leichter auf französisch als auf englisch verständigen zu können. Auch hier haben die zumeist siegreichen Engländer vor und im Siebenjährigen Krieg versucht, die Akadier zu vernichten, ihre manchmal schon seit hundert bis zweihundert Jahren blühenden Siedlungen zu verbrennen, alle Überlebenden zu vertreiben. Aber was danach an Akadiern noch übrig war, das kehrte in den letzten drei Jahrzehnten des achtzehnten Jahrhunderts mit einer Treue und Hartnäckigkeit sondergleichen wieder an die alten oder benachbarte Wohnstätten zurück und machte sich von neuem heimisch, als hätten sie nur eine längere Reise unternommen. Nun ließen die Engländer die Rückkehrer gern gewähren, denn die Akadier, Franzosen »bis auf die Knochen«, waren nicht auf schnelle Beute aus, sondern wollten bleiben und neue Heimat schaffen.

Und das ist ihnen großartig gelungen, was nicht von allen Ein-

wanderern aus dem alten Europa in gleicher Weise behauptet werden kann.
Ich war nicht besonders schnell vorwärts gekommen. Ich hatte ja, seit ich auf neubraunschweigisches Gebiet getreten war, nicht mehr den leidlich schnellen Transcanada benutzt (der läuft auf der anderen, der Westseite der Provinz, im Tal des St. John River nach Norden zur Québec-Grenze), sondern Landstraßen und Nebenstraßen mit reichlichem Lokal-Verkehr.
Jetzt war die Nr. 134 allmählich nach Westen eingebogen und verlief nun an der sich westwärts immer weiter verengenden Baie des Chaleurs entlang. Zunächst kaum zu ahnen, dann sich ständig deutlicher aus dem leichten Spätsommerdunst entschleiernd, kam die Gegenküste der Baie in Sicht – und ich freute mich: Endlich! Da drüben, die dunklen Wälderstreifen, auch die nicht mehr zu verkennenden Umrisse der kleinen Dörfer – das war schon Québec, die ersten Zeichen der Gaspé-Halbinsel, die als mächtige »Unterlippe« das riesige »Maul« begrenzt, durch das sich der St.-Lorenz-Strom in den Golf gleichen Namens hinausdrängt, von der so gut wie unerschlossenen langen Anticosti-Insel wie von einer Zunge geteilt.
Ich blickte auf die Karte: Wie schön französisch die Orte da drüben alle hießen, zum Beispiel: Pointe à la Garde, Pointe à la Croix. Ich wollte hinüber auf die wunderbare Gaspé, ins vertraute Québec, und benutzte die erste Brücke über den Matapédia-Strom (der sich dann zur Baie des Chaleurs erweitert) von Campbellton aus, um das französische Ufer zu erreichen. Neunzehn Kilometer weiter, im Städtchen Matapédia, wo ich den Matapédia auch hätte überqueren können, sank ich schließlich nach übrigens vorzüglichem Abendessen (kein Wunder, ich war endlich in rein französischen Bereichen!) todmüde und glücklich, in »la douce France« angekommen zu sein, ins Bett.

Todmüde? Nun, das war verständlich nach dem langen Reisetag, an dem ich gern vom Hundertsten ins Tausendste gekommen wäre, dies aber nicht durfte, denn die weite, weite Strecke,

die ich noch zurückzulegen hatte – die Vorstellung davon war mir stets im Hintergrund des Gehirns gegenwärtig!
Aber glücklich? Ja, ich wurde von einem eigentümlichen leisen, aber durchaus deutlichen Glücksgefühl beherrscht, seit ich die atlantischen Provinzen Canadas hinter mir gelassen hatte und ins riesige Québec, die weitaus umfangreichste der kanadischen Provinzen, eingetreten war. Warum? Ein vernünftiger Grund dafür war nicht zu benennen – oder doch?
Ich begann, darüber nachzudenken – und mit dem Einschlafen war es vorbei trotz aller Müdigkeit.
Allmählich klärten sich die Zweifel: All die Wochen zuvor hatte ich mich – menschlich gesehen, nicht wissenschaftlich – in einem Land befunden, das zwei Gesichter besaß, ein akadisches und ein schottisches/englisches. Im Abstand von zuweilen nur ganz wenigen Kilometern hatte ich vom Gebrauch des Englischen (das ich einigermaßen mühelos beherrsche) in den des Französischen hinüberwechseln müssen (das mir leider nicht so mühelos zur Verfügung steht). Dabei sind nicht nur in den atlantischen Gebieten, sondern überall im großen Canada die *nicht*englischen Elemente in der kanadischen Nation, vor allem das deutsche, aber auch das ukrainische, polnische, italienische und so weiter, samt und sonders dem *anglo*kanadischen Wesen zuzurechnen, weil sie sich ihm willig angeglichen haben und sich ihm einfügen. Gut ein Viertel des kanadischen Volkes aber ist französischen Ursprungs, betrachtet das Französische als seine Muttersprache und besteht darauf mit nachdrücklicher Energie.
Ich für meine Person habe stets, solange ich Canada kenne – und das ist so seit gut sechzig Jahren – nie den beruhigenden Eindruck gehabt, daß die beiden konstituierenden Elemente im Wesen Canadas ein ausgeglichenes Verhältnis miteinander eingegangen wären. Ganz im Gegenteil: Im Laufe der letzten Jahrzehnte ist das Bestreben der Franko-Kanadier, sich *nicht* mehr als Kanadier zweiter Klasse ansehen und behandeln zu lassen, immer bewußter und entschiedener hervorgetreten.
Daß die Franko-Kanadier im englischen Canada nicht für voll genommen wurden, habe ich im kanadischen Westen oft genug be-

stürzend erlebt. Auf den Prärien – und nicht nur dort – war »Frenchy« oder »Froggy« ein abwertendes Schimpfwort. Und selbst in der damals noch größten kanadischen Stadt, mitten in Französisch-Canada gelegen, in Montréal, bildete die Minderzahl der Englisch sprechenden Bürger eine Art Oberschicht, welche in der Tat die oberen Ränge in Wirtschaft, Politik und Verwaltung dicht besetzt hielt und nicht daran zweifelte, daß das durchaus so sein sollte.

Die Franko-Kanadier jedoch zeigten sich in den zwanziger und dreißiger Jahren gesellschaftlich wie politisch noch im wesentlichen von den Grundsätzen bestimmt, die von der katholischen Geistlichkeit für richtig befunden wurden. Die vielen franko-kanadischen Abbés waren vor allem darauf aus, die Leute treu beim römisch-katholischen Glauben und in der Kirche zu halten. Man blieb also am besten unter sich, war bescheiden und zufrieden, verharrte bei den eigenen geliebten Traditionen und fand sich damit ab, »auf französisch« zu den oberen Ebenen der kanadischen Gesellschaft und Wirtschaft keinen Zutritt zu haben.

Nach dem Zweiten Weltkrieg blieb auch Französisch-Canada nicht unberührt von der weltüber wirksamen Abkehr vom Kolonialismus und seinen alten Restbeständen. Die Engländer hätten es sicherlich gern gesehen, wenn nach ihrem Siege über die Franzosen (den Schlußstein bildete der Frieden von Paris 1763 nach dem Siebenjährigen Krieg, durch den Englands Weltherrschaft begründet wurde) eben diese Franzosen entweder aus Canada verschwunden wären – aus Akadien hatte man sie hinauszuwerfen versucht – oder ihr Franzosentum aufgegeben und sich zur englischen Sprache und Lebensform entschlossen hätten, wie es von den späteren Zuwanderern selbstverständlich erwartet wurde.

Die Franko-Kanadier dachten nicht daran, sich für besiegt zu halten, wenn sie es auch waren. Ihnen und nicht den Engländern oder Schotten stand das Erstgeburtsrecht auf der kanadischen Erde zu! Dies Gefühl hatte sich zweihundert Jahre lang, unterstützt von katholischer Glaubensgewißheit, dem Bewußtsein

der »alleinseligmachenden« Rechtgläubigkeit, mit ruhiger Stärke wortlos im Hintergrund erhalten.
Und nachdem nun einmal die politischen Umstände weltüber die Möglichkeit lieferten, alte Vorrechte und Vorurteile als das zu bezeichnen, was sie waren, nachdem auch die katholische Kirche ihren mäßigenden, stets abwiegelnden Einfluß mehr und mehr verlor, erhob sich das National- oder besser Volksgefühl der Franko-Kanadier mit immer streitlustigerer Entschiedenheit: Es gebe gar keine einheitliche kanadische Nation, hieß es: Canada sei ein Land mit zwei scharf voneinander zu trennenden Nationen; in Franko-Canada, das heißt in der Provinz Québec, dürfe es nur eine Staatssprache geben: Französisch! Englisch dürfe nur den Rang einer Fremdsprache beanspruchen, nicht anders als Spanisch, Russisch oder Deutsch. Und anzustreben sei vor allen Dingen, daß Franko-Canada, eben Québec, sich aus dem Verband der englisch bestimmten Provinzen herauslöste und einen eigenen, unabhängigen Staat begründete; mit anderen Worten, daß der Frieden von Paris aus dem Jahre 1763 für ungültig erklärt würde!
Nun, der Austritt aus dem kanadischen Bund wurde schließlich doch von der Mehrheit der Québecker *nicht* bejaht. Franzosen sind manchmal sehr aufgeregt, auch gelegentlich übertrieben selbstbewußt. Aber im allgemeinen gewinnt die Vernunft auf lange Sicht bei ihnen die Oberhand. Die Franko-Kanadier mußten sich sagen, daß die Vorteile, welche die Zugehörigkeit zum canadischen Staatsverband ihnen garantierte, die Nachteile mehr als ausglichen, die den Franko-Kanadiern den Verbleib im großen Canada schwer machten.
Auch wurden ja die Anglo-Kanadier allmählich in durchaus begründete Furcht versetzt; sie zeigten sich bereit, so weit wie irgend möglich nachzugeben. Ohne Québec würde Canada in zwei nicht mehr über Land verbundene Teile zerfallen; es würde nie mehr sein, was es gewesen war: von Meer zu Meer Ein Land! London und England strahlten die Überlegenheit nicht mehr aus, die sie in imperialen Zeiten besessen hatten. Auf sie konnte man sich nicht mehr verlassen. Es empfahl sich, dem franko-

kanadischen Streben nach Eigenständigkeit nachzugehen. Canada zerbrach also nicht.
Ich habe diese Entwicklung in den vergangenen Jahrzehnten mit Sympathie und Verständnis für beide Seiten angelegentlich verfolgt – bis in die unmittelbare Gegenwart hinein. Aber zu einer echten Beruhigung kam ich nicht. Unzählige Anglo-Kanadier – eine Reihe von Verwandten und Freunden darunter – sind aus Québec, wo es ihnen »zu französisch« wurde, weggezogen und haben sich aus Montréal oder Québec-Cité ins gut anglo-kanadische Toronto umgesiedelt, nach Ontario (das einmal Upper-Canada geheißen hat, so daß Québec damals zu Nieder-, Lower-Canada geworden war). Toronto wurde zur größten kanadischen Stadt und das alte, ehrwürdige Montréal fiel auf den zweiten Platz zurück.
Die Differenzen zwischen dem – größeren – englisch geprägten und dem – kleineren – auftrumpfenden französisch fühlenden Canada haben nicht zum Bruch geführt und sind in den Hintergrund gedrängt worden. Aber – und darauf will ich hinaus – wirklich überwunden sind sie nicht. Noch immer scheinen mir die Franko-Kanadier – nicht in der offiziellen Lesart, wohl aber in den privaten, menschlichen Bezirken, mit einem versteckten Eigensinn ihre besonderen Rechte, auch neu erworbene Vorrechte, überlaut zu betonen, während die Anglos zwar nachgeben mußten, aber keineswegs wirklich bereit sind, die Frankos für Kanadier gleicher Qualität und Würde zu halten. Untergründig besteht das alte Verhältnis fort. Die einen sehen sich, ohne daß sie darüber nachzudenken brauchen, als die herrenhaft Bevorzugten, sprechen »die« Weltsprache, bilden mit den US-Amerikanern einen riesigen Block, dessen Zivilisation alle Kontinente erobert hat – die andern mit ihrem Französisch bilden dagegen nur ein kleines, eitel auf seinem Sonderstatus bestehendes Häuflein, beschränkt auf den äußersten Nordosten des Kontinents, ein bißchen verrückt und querköpfig.
In den atlantischen Provinzen Prince Edward Island, Nova Scotia und New Brunswick, auch in Newfoundland, hatte ich auf dieser Reise wieder einmal die auf ihr Franzosentum versessenen

Akadier und in ihr Schottentum heiß verliebten Schotten (nebst dazu zu rechnenden Engländern, Deutschen, Holländern und anderen) nebeneinander erlebt, und die versteckte, aber nie ganz fortzuleugnende Konkurrenz zwischen Franko und Anglo war mir auf die Nerven gegangen. In mancher kleinen Stadt wie etwa in Moncton, Margaree oder Bathurst war diese aus vergangenen schlimmen Zeiten und Erfahrungen sozusagen ins Erbgut übergegangene Feindschaft oder besser Abneigung irritierend spürbar gewesen und hatte mir bei aller Begeisterung für Landschaft und Kultur – um es gelinde auszudrücken – die Stimmung verdorben. Vielleicht hatte ich auch überempfindlich darauf reagiert – was uns Deutschen aus der ewig spannungsgeladenen Mitte Europas leicht passiert.
Und schließlich war ich aus diesen schönen Gefilden mit den zwei grundverschiedenen, aber ganz unvereinten und unvereinbaren Lebensstilen geflohen, hatte mich nach Québec »gerettet«, wo ich jetzt endlich wieder in eine einheitlich geformte Welt eintauchen konnte, eine urkanadische, nämlich die frankokanadische.
Ich beschloß schon an diesem ersten Abend in einem frankokanadischen Bett des Motels Restigouche in Matapédia, wie ich die Weiterreise durch Québec und seinen riesigen Norden und Westen veranstalten würde. Ich hatte dazu den gewaltigen St.-Lorenz-Strom zu überqueren. Eine Fähre – es gibt zwei – wäre mir wie eine Art »Eselsbrücke« vorgekommen. Nein, ich mußte den Strom so weit flußauf entlangfahren, bis ich die erste Brücke antraf, die mich aufs andere, das westliche Ufer bringen würde. Diese erste Brücke (oder letzte, wenn man dem Strom aus dem Innern des Erdteils zur Mündung in den Atlantik folgt) würde ich bei Québec-Stadt erreichen. Das sollte mir nur recht sein, denn damit wäre ich im innersten Bezirk Französisch-Canadas angekommen, von dem Anglo-Canada nicht behaupten konnte, daß es jemals dort für längere Zeit die erste Geige gespielt hätte.
Von Québec-Stadt würde ich auf dem westlichen Stromufer weiter flußab fahren, zumindest bis Tadoussac hinunter, dem ältesten Franko-Canada, um dort dann scharf nach Westen ab-

zubiegen, den Saguenay aufwärts, diesen unbeschreiblich grandiosen Strom, der den Lac St. Jean entwässert – und von da aus weiter in großem Halbkreis durch wahrhaft einsamstes, einödhaftes Canada auf noch ganz junger Straße in die an Erdschätzen unerhört reichen Minengegenden von Chibougamau und Rouyn-Noranda. Endlich würde ich meinen ursprünglichen Schwur wahrmachen können, auf dieser Reise nur allernördlichste Ost/West-Straßen zu benutzen – wenn ich durchkäme, was auf dem ersten Fünftel der Fahrt, das ich nun hinter mir hatte, kein Problem gewesen war.
Deshalb war ich in jener ersten Nacht auf dem nun uneingeschränkt französischen Boden von Québec in Matapédea glücklich! –
So angenehm begann diesmal für mich Québec. Und es entsprach dieser erfreulichen Situation durchaus, daß ich beim Abendessen im Restaurant Restigouche von einem reizenden jungen Mädchen bedient wurde, dessen Französisch mir gar nicht von der etwas harten und schwerfälligen franko-kanadischen Art zu sein schien, sondern von beinahe pariserischer Leichtigkeit und Hurtigkeit. Ich stand nicht an, der jungen, blütenfrisch gewandeten Dame ob ihres »perlenden« Französisch ein Kompliment zu machen, so gut mir das in meinem unbeholfenen Französisch gelingen wollte.
»Oh, mein Herr, dafür kann ich nichts! So sprechen in dem kleinen abgelegenen Dörfchen, aus dem ich komme, alle Leute. Wir sind uns dessen gar nicht bewußt. Wir haben in unserer Entlegenheit am Rande der Chic-Choc-Berge, nachdem sich unsere Vorfahren einmal dort als eine fest zusammenhaltende Gruppe niedergelassen hatten, keine weiteren Zugänge gehabt. Sehr reich kann man da nicht werden, der Boden gibt nicht viel her, und am Ende der Welt sitzt man obendrein. Aber es ist dort einmalig schön, und die Leute lieben das Land. Die vielen Kinder, die den im ganzen siebzehn Familien zugeboren wurden, fanden allerdings dort nicht alle Arbeit und Brot und mußten sich woanders ihren Unterhalt suchen. So ist es mir ja auch ergangen; und ich bringe natürlich das Französisch mit, das bei uns von

Anbeginn an gesprochen wurde. Die ganze Gruppe von Auswanderern, die unser damaliger Abbé in die Wildnis geführt hat, wo er ihr gutes, christkatholisches Leben besser überwachen und fördern konnte, wir alle stammten aus dem gleichen Dorf in der Ile de France bei Rambouillet – und in der Ile de France, so sagt man ja immer, wird das beste Französisch gesprochen. Zuhause bei mir ist nie ein anderes gesprochen worden! Es hat sich unverändert erhalten.«

Ich hatte sehr aufmerksam zugehört und nebenbei Verschiedenes dazugelernt. Ich erwiderte:

»Vielen Dank für die Auskunft, Mademoiselle. Was Sie mir da erzählt haben, finde ich überaus interessant und auch wichtig für das Verständnis dieses Landes. Um ein solches Verständnis bemühe ich mich nämlich und bin deswegen unterwegs. Sie haben natürlich längst gemerkt, daß ich aus Europa komme, und vielleicht auch, wenn Sie ein Ohr für Akzente haben, aus Deutschland. Hier kommen ja, schätze ich, viele Fremde durch. Manche werden versuchen, ihr mehr oder minder gutes Französisch an den Mann oder an die Mademoiselle zu bringen – und Sie können dann ihre Studien machen. Ich bin immer gern in Québec gewesen, habe aber noch nie Gelegenheit gehabt, eines der abgelegenen franko-kanadischen alten Dörfer genau kennenzulernen. Dazu braucht man ja eine private Beziehung – und die habe ich bisher nicht auftun können.« –

Das Mädchen war nicht mehr bei der Sache:

»Pardon, mein Herr! Aber da sind neue Gäste gekommen, um die ich mich kümmern muß. Ich habe morgen früh wieder Dienst. Vielleicht können wir dann das Gespräch noch ein wenig verlängern.«

Sie war fort.

Ich sagte mir an diesem Abend: Eigentlich brauche ich es nicht so eilig zu haben. Seit ich von Cape Breton abgefahren bin, habe ich mich kaum irgendwo längere Zeit aufgehalten. Jetzt bin ich endlich in Franko-Canada. Vielleicht entwickelt sich etwas, gleich hier, beim ersten Halt auf französischem Boden. Ich sollte mir einen Tag Ruhe gönnen. Diese kleine Bedienerin ist nicht nur sehr erfreulich anzuschauen, zierlich und fix, wie sie ist, sondern auch intelligent. Die merkt vielleicht, worauf es mir ankommt und hilft mir ein bißchen weiter. Ich kann ja nicht nur schöne Landschaften in meinen Reisesack sammeln. Ohne Menschen ist das eine würzlose Sache.

KAPITEL 4

Québec: Canada auf französisch

Für mich war sie ein Glücksfall, die reizende Béatrice Quinot! Ich kann mich nicht beklagen: Wenn ich auf großer Reise dringend danach verlangte, einen Menschen kennenzulernen, der mir als ein Muster für sein Land dienen konnte, so lief mir gewöhnlich über kurz oder lang eine aufs Haar passende Persönlichkeit über den Weg; ich konnte ihre Bekanntschaft machen – und das jeweilige Land öffnete sich mir auf die einzige Weise, die echten Sinn ergibt und obendrein Freude macht: in seinen Menschen.

Um das Vertrauen dieser Béatrice zu gewinnen, blieb ich drei Tage in Matapédia. Nachdem sie mir erzählt hatte, wo sie herstammte und daß in ihrem Heimatdorf ein klassisches Französisch gesprochen wurde, hatte ich beinahe im Nu beschlossen, dies offenbar sehr entlegene Dorf aufzusuchen und, wenn irgend möglich, ein wenig zu studieren.

Gewiß bestimmen auch in den großen Städten der Provinz Québec, einem gewaltigen Land von mehr als dem sechsfachen Umfang der Bundesrepublik Deutschland, die Franzosen und französisches, besser franko-kanadisches Wesen und Leben das allgemeine Bild. Aber dort ist solches schwerer zu erkennen und muß von vielem anderen unterschieden werden. Aber in einem abgelegenen Dorf, in dem es seit vielleicht drei Jahrhunderten keinen ins Gewicht fallenden Zuzug gegeben hatte, dort mußte die franko-kanadische Lebensweise unverfälscht erhalten sein. Dort würde ich auch Leute finden, mit denen über diese schwebenden Dinge zu reden sein sollte. Denn Béatrice offenbarte in den lockeren Gesprächen, die ich jenem ersten an meinem Ankunftstage in Matapédia am Matapédia zwanglos folgen ließ, soviel frischen gesunden Menschenverstand, eine so besonnene Intelligenz, auch so viel Kenntnis von den Umständen ihrer engeren Heimat, daß ich mir sagte: Wo sie herkommt, muß es mehr kluge Leute solcher Art geben. Es war gar nicht einfach, sie davon zu überzeugen, daß ich keineswegs auf sensationelle Berichte aus war oder mich gar über die einfachen und antiquierten Verhältnisse in ihrer Heimat lustig machen wollte, daß es mir vielmehr darauf ankam, Franko-Canada, von dem man bei uns nur wenig weiß, in seinen wahren Umrissen, seiner französischen Urnatur nachzuzeichnen. Von Europa aus gesehen, so sagte ich dieser Béatrice, sei Canada britisch, und man nehme kaum zur Kenntnis, daß Canada vor allem auch aus französichen Wurzeln erwachsen und bis zum heutigen Tage geblieben sei – ist doch nach der Bevölkerungsstatistik (von 1986) die Zahl der Kanadier britischer Abkunft nur wenig größer sei als die der Franko-Kanadier (je wenig über sechs Millionen, zusammen also zwölf Millionen; dazu 1,1 Millionen britisch/französische gemischt und 2,3 Millionen britisch und anders gemischt; Canada insgesamt umfaßt 25 Millionen Einwohner).

Béatrice war schon seit etwa zehn Jahren in ihrem Beruf tätig und hatte es in dem Gasthaus, in dem ich sie kennenlernte, zu einer Art Oberkellnerin gebracht, was mir auch vom Chef des Hauses schmunzelnd bestätigt wurde. Es gelang mir, die nette Mademoiselle aufzutauen und vom Anstand meiner Absichten zu überzeugen – mit einer wesentlichen Einschränkung:

Sie war in dem Jahrzehnt ihres beruflichen Daseins stets in Häusern beschäftigt gewesen, die wesentlich von Touristen lebten. Dabei hatte es sich vorwiegend um US-Amerikaner gehandelt, die sich ja das französisch-sprachige Québec mit seiner sehr europäisch wirkenden Hauptstadt gleichen Namens gern als ein Kuriosum auf amerikanischem Boden anschauen, darin umherfahren und lächelnd feststellen, daß es ein Gebiet, in dem die Leute ungern oder gar nicht englisch reden, eigentlich gar nicht geben dürfte – auf nordamerikanischem Boden!

Béatrice sprach ein ausreichendes Englisch mit starkem französischem Akzent, sprach es widerwillig und verwandelte sich dabei stets in eine wortkarge, unliebenswürdige Person, der jener Charme, den sie »auf französisch« ausstrahlte, überhaupt nicht zuzutrauen war. Sie hatte, wie sie mir schon am zweiten Tag gestand, mit US-amerikanischen Touristen üble Erfahrungen gemacht, sei als Franko-Kanadierin so oft belächelt oder auch merkbar mißachtet worden, daß sie mit Vergnügungsreisenden aus fremden Ländern nicht viel im Sinn habe. Sie ließ sie reden, kümmerte sich nicht um ihre oftmals albernen Randbemerkungen und sah im übrigen zu, daß sie für jeden Dienst bezahlten – wobei man den Respekt vor Franko-Canada am ehesten förderte, wenn die Preise gesalzen waren.

Ich hatte sie nun gebeten, mich in ihrem Heimatdorf bei ihren Eltern einzuführen, damit ich mir ein Bild vom unverfälschten Franko-Canada machen könnte. Würde ich nicht, wenn ich darüber schriebe, die Touristen auch in ihr Dorf locken?

Sie liebte ihr Heimatdörfchen mit rührender, fast erschütternder Treue und Innigkeit. Sie hing an ihren alten Eltern und dem Bauernhöfchen, von dem sie kam, mit einem – wie es mir zuweilen vorkam – überspannten Pflichtgefühl. Sie war vielleicht nur deswegen noch nicht verheiratet, weil sie sich das nur vorstellen konnte, wenn es sich in der Heimat vollzog. Sie sagte mir schließlich sehr bestimmt:

»Eins muß ich ganz deutlich aussprechen, Monsieur Jean, Sie dürfen nicht dazu beitragen, Touristen, womöglich Reisegesellschaften, in mein Dorf zu locken. Meine Eltern, Verwandten, Nachbarn leben friedlich und sind zufrieden mit den althergebrachten Umständen. Reich kann bei uns keiner werden, aber wir haben genug – und auch unseren Spaß dann und wann. Es gibt ein halbes Dutzend Leute von ›draußen‹, wie man bei uns sagt; sie kommen beinahe jedes Jahr wieder und wohnen dann immer bei denselben Leuten. Bei uns endet die mit Autos befahrbare Straße, und dahinter, wo unsere Felder und Weiden aufhören, regiert die Wildnis, ein Paradies für Jäger und Fischer. Diese wenigen Besucher gehören zu uns, sind erprobt und halten ›draußen‹ den Mund, damit alles so bleibt, wie es ist. Ich darf nicht dazu beitragen, daß das geändert wird. Andererseits müs-

sen wir Franko-Kanadier dafür sorgen, daß ›draußen‹ unser Land nicht immer durch die englische Brille gesehen wird, sondern mit seiner eigenen Sprache vernommen und nach seinen besonderen Qualitäten beurteilt wird. Ich habe mir Ihren Wunsch überlegt. Neugierige Touristen oder gar gönnerhafte Reisebüro-Vertreter – wenn ich mir die in meiner Heimat oder auf unserem Hof vorstelle, packt mich ein Grauen. Also, ich gebe Ihnen ein Briefchen an meine Eltern mit, damit die Ihnen auch glauben. Mein Vater weiß alles, was über die Vergangenheit und die jetzigen Verhältnisse meiner Heimat zu wissen sich lohnt. Er wird Sie auch mit meinen Verwandten bekannt machen; einer davon ist sogar zur Zeit Maire, Bürgermeister. Aber Sie müssen mir fest versprechen, daß Sie, wenn Sie über unser Dorf schreiben, unter keinen Umständen den Namen und die Lage des Ortes preisgeben. Das muß beides im Dunklen bleiben. Touristen richten ein Dorf schnell zugrunde; es kennt sich dann selber nicht mehr. Nichts ist dann so, wie es ist, um seiner selbst willen da, sondern damit es angestaunt und ›verkauft‹ werden kann – wie die Amerikaner sagen. Wollen Sie mir ein solches Versprechen geben?«
Sie blickte mich über den Tisch hinweg an – ich hatte gerade das Abendessen und den Wein bezahlt –, mit großen dunklen Augen aus einem sehr ernsten Gesicht.
»Ich verspreche es, Béatrice!«
Ich hatte sie zum ersten Mal mit ihrem Vornamen und nicht mit Mademoiselle angeredet. Aber wir waren ja sehr »persönlich« miteinander geworden – und außerdem war ich mehr als fünfzig Jahre älter als sie.

Irgendeinen Namen muß ich Béatrices Dorf ja geben. Nennen wir es also streng im Stil der Québecker Ortsbezeichnungen Ste.-Sophie-des-Monts. Ich hatte immerhin gut zweieinhalb Stunden zu fahren, um es zu erreichen. Die Straßen waren immer dürftiger geworden, je näher ich ihm rückte. Wenn mir Béatrice nicht den Weg in ihre Heimat genau in meine Straßenkarte eingezeichnet hätte, wäre ich kaum dorthin gelangt, ohne mich mehr-

fach verfahren zu haben. »Heilige-Sophie-der-Berge« – tatsächlich! Das Dörflein schien sich am Ende der Welt versteckt zu haben.
Aber dann lag es schließlich vor mir nach einer letzten langen zerwaschenen Steigung: ein länglich gedehntes flaches Tal zwischen steil aufragenden Wälderwänden. An seinem fernen Ende schien es sich nicht fortzusetzen, wurde vielmehr durch eine hohe Querrippe des Gebirges wie von einer mächtigen Barrikade verstellt. Dort mußte die Straße aufhören. Die vielleicht dreißig Häuser lagen an dieser Straße, die einige Kurven beschrieb, unregelmäßig gereiht, doch an keiner Stelle gedrängt; sie hielten Abstand voneinander, als wollten sie sich gegenseitig nicht belästigen.
Sie waren alle klein, diese Häuser, also einstöckig, aber mit hohen, weit ausladenden Dächern und alle in starken Farben angestrichen, zumeist kleiner als die jeweils dazugehörigen Ställe und Scheunen, zwischen ausgedehnten Obst- und Gemüsegärten und den Feldern.
Das Flüßchen, das mir schon eine halbe Stunde lang auf der Fahrt in die Wälderhügel, nein, Wälderberge entgegengesprungen war, unterhalb neben der Straße in einem tiefen Bett, war hier im Dorf nur noch ein Bach, von dem aus die Gärten leicht zu bewässern waren. Auch erkannte ich schon bei der Einfahrt hölzerne Stege am Bachrand; dort mochten die Frauen in dem klaren Bergwasser ihre Wäsche spülen und auf der glatten grünen Wiese dahinter die weißen Wäschestücke zum Bleichen in die Sonne legen – wenigstens sah ich ein Rasenstück zwischen Straße und Bach mit einigen hellen Leinentüchern bedeckt, damit die starke Sonne dieses Tages ihr Werk des Bleichens vollbringen konnte – und wieviel Waschpulver da gespart wurde!
Das Tal war von den Feldern, Wiesen, Gärten und Hofstätten vollkommen ausgefüllt bis an die Ränder, über denen steil und so gut wie ohne jeden Übergang der wilde Wald aufstieg – er schien fast nur aus dunklen Föhren zu bestehen – und die Hänge verhüllte, die das Tal an drei Seiten umschlossen.
Béatrice hatte mir dies alles zuvor beschrieben, und ich erkannte

es ohne Mühe wieder: ein unendlich friedliches Bild! Ste.-Sophie-des-Monts lag fern der ganzen übrigen Welt und war geschützt, wie ein Menschen-Wohnort nur geschützt sein konnte. Allerdings, hier konnte man sich zu Hause fühlen. Hier verfügten die Menschen, wenn sie es richtig anfingen, über alles, was sie brauchten, wenn sie ihre Ansprüche in Grenzen hielten. Hier waren schwerlich große Reichtümer zu erwerben, aber hier brauchten Frau und Kinder nie zu hungern. Die Felder – in langen Streifen von der Straße zu den Waldrändern hinauf – waren fruchtbar, und die Weiden für das Vieh waren fett; die Wiesen jenseits des Bachs auf der anderen Talseite gaben sicherlich gutes Heu für die Winterfütterung, wenn Tal und Wald im Schnee versanken.

Ich konnte mir sehr gut vorstellen, wie das Leben auf diesen zumeist mittelgroßen Höfen ablaufen mochte. Tragödien und Komödien würden wie überall in der Menschenwelt auch hier die Leute erschüttern oder erheitern. Für Aufregung, Klatsch, Tratsch und auch gelegentliche Bosheit würde zur Genüge gesorgt sein, aber auch an Hilfsbereitschaft, Mitleid und freundschaftlicher Tatkraft würde es nicht mangeln. Man war in der großen Berg- und Waldeinsamkeit, besonders im Winter, ganz und gar aufeinander angewiesen, empfand dies aber nicht als Last, sondern als Vorzug, dem man sich würdig zu erweisen hatte. Mit anderen Worten: Wenn man Maßstäbe anlegte, die früher gegolten hatten (und vielleicht anderswo für längst überholt angesehen werden), dann war hier »die Welt noch in Ordnung«!

Während ich langsam auf der sachte steigenden Straße in das Dorf hineinrollte, war es mir, als könnte ich diese ruhige Ausgeglichenheit der Verhältnisse, diese in vielleicht zehn oder mehr Generationen erworbene Bodenständigkeit auf meiner Haut spüren. Ich begriff auch schnell, daß die Tragfähigkeit dieses wunderschönen Tals sehr begrenzt sein mußte und daß die sicherlich gerade hier reichlich nachwachsenden Kinder nur zu einem kleinen Teil im Dorf verbleiben konnten; sie würden ebenso wie meine liebenswürdige Helferin Béatrice in die Welt

»draußen« abwandern müssen, um den Hof zu entlasten und für ihren eigenen Unterhalt selbst zu sorgen. Aber die meisten würden ebenso wie Béatrice ihren Herkunftsort nicht vergessen können und sich unbestimmt oder auch ganz bewußt dorthin zurücksehnen. Und wahrscheinlich würden es manche als ein großes Glück empfinden, wenn es ihnen vergönnt war, ihre letzten Jahre vielleicht wieder in der alten, bescheidenen, aber unvergleichlich warmen und schönen Heimat zu verleben.
Unvergleichlich schöne Heimat – ja, diese Worte waren mir unwillkürlich gekommen, als ich das Dörfchen der Heiligen Sophie im vollen Licht der Spätsommersonne wie ein in eine dunkelgrüne Fassung gefügtes Schmuckstück vor mir liegen sah – fern der übrigen Welt, als gehörte es gar nicht dazu und als bedürfe es ihrer auch nicht.
Ich hatte nun den Quinotschen Hof zu finden. Béatrice – nach ihrer Art alles Notwendige zur rechten Zeit bedenkend – hatte mir genau beschrieben, wo ich ihn suchen sollte: In der Mitte des Ortes gebe es einen kleinen Platz, an dessen Westrand in einer gemauerten Nische ein simples Standbild der Sainte Sophie, in feine seidene Gewänder gehüllt, davor ein Weihwasserbecken und dahinter ein braunhölzernes Kruzifix, jeden Vorübergehenden einlade, die Heilige anzurufen und ein Ave Maria oder ein paar Paternoster zu beten. Gegenüber diesem den Namen des Ortes bestätigenden Kapellchen stehe eine kleine Kirche für vielleicht hundert Leute – aber das Dorf habe keinen eigenen Priester, gehöre vielmehr zu einem größeren Kirchspiel weiter flußab etwa eine halbe Stunde; dorthin gingen die Leute sonntags zur Messe – nach Möglichkeit, wie ich später erfuhr, zu Fuß, wenn das Wetter nicht allzu schlecht war. Sie nahmen ihren Kirchgang als eine Art Wallfahrt! Im Dorfe selbst gab es Gottesdienste nur zu besonderen Gelegenheiten, zum Beispiel am Tag der Heiligen, am 15. Mai, oder bei großen Hochzeiten oder wenn von einem Gestorbenen, der Ansehen genossen hatte, Abschied genommen und sein Leichnam eingesegnet werden mußte.
Wo die Straße sich wieder verengte, gab es ein Lädchen für alles und jedes, das zugleich als Postamt diente, also an dem Brief-

kasten vor dem kleinen Schaufenster leicht zu erkennen war. Einige Dutzend Schritte weiter, ebenso unverkennbar, die Schule des Ortes mit der Wohnung für den Herrn Lehrer, der gewöhnlich, soweit Béatrice sich erinnern konnte, eine Lehrerin war, die einzige Fremde im Ort, die aber in der Regel bald von einem Einheimischen weggeheiratet wurde, womit sie dann aufhörte, eine Fremde zu sein und neues Blut in die Gemeinde brachte.

Und dann, gleich auf derselben Straßenseite wie die Schule, aber gut hundert Schritte weiter straßauf der Hof mit dem hellgrün gestrichenen Holzhaus – die Fugen zwischen den Stämmen der Hauswände weiß verkalkt –, das sei der Hof, der Béatrices Familie gehörte, solange man zurückdenken konnte. Die Eltern hätten den Hof zwar noch nicht abgegeben; denn beide seien noch rüstig und arbeiteten gern; aber die Hauptarbeit verrichteten Béatrices ältester Bruder Ulric und ein unverheirateter jüngerer Bruder der Mutter, Oncle Aubert, der sich der Welt »draußen« nicht hatte anpassen können und nun schon seit Jahren als langsam schrullig werdender, aber sehr arbeitsamer Helfer bei seinem Schwager, Béatrices Vater, Unterschlupf gefunden hatte.

Langsam, denn ich wollte gesehen werden, fuhr ich den Abweg von der Straße zu dem Quinotschen Anwesen hinauf, fuhr aber gleich um das sehr stabil und gepflegt anmutende Wohnhaus herum auf den Hof. Ich vertraute darauf, daß es hier nicht anders sein würde als in der eigenen ländlichen Heimat, wo man ein Bauernhaus ungern durch die Vordertür betritt, sondern lieber durch die Hintertür vom Hof her, wo sich ohnehin alles von Bedeutung abspielt, und wo man vom Stall oder der Küche her auch gleich wahrgenommen wird.

Ich beschrieb auf dem Hof einen Kreis – Platz dafür war reichlich vorhanden – und hielt auf der Höhe der Küchentür, stieg aus und ließ die Tür hörbar ins Schloß fallen. Das erste Wesen, das mich begrüßte, war ein schwarz-weiß gefleckter pudelgroßer Hund, der mit hellem Gebell um die Hausecke auf mich zuschoß. Das Tier verhielt zwei Schritte vor mir und bellte, aber sein buschiger Schwanz wedelte geschäftig; auch hatte das Ge-

bell keinen zornigen Klang. Darin kenne ich mich aus. Es tat nur seine Pflicht, indem es einen Besucher meldete. Nach ein paar Worten guten Zuredens verstummte das Gebell, das Schwanzwedeln wurde angelegentlicher, das Hündchen kam näher und ließ sich seinen hübschen Kopf streicheln. Ich war »genehmigt«; ein guter Empfang!
Eine zierliche ältere Frau mit ergrautem Haar trat aus der Küchentür, wischte sich die nassen Hände an der Küchenschürze ab und kam heran, sah mich fragend an; ich machte eine kleine Verbeugung und begann:
»Madame Quinot, nehme ich an? Guten Tag, Madame! Ich bringe Ihnen Grüße und einen kleinen Brief Ihrer Tochter Béatrice aus Matapédia. Béatrice hat mir Mut gemacht, mich hier bei Ihnen zu melden. Hier ist ihr Brief.«
Ich hatte das Schreiben parat und übergab es. Als ich den Namen Béatrice erwähnte, hatte sich die fragende Reserve auf dem Gesicht der Frau in freudige Überraschung verwandelt. Es war nicht zu übersehen gewesen. Ich wußte schon, daß ich gewonnen hatte, Madame Quinot öffnete den Umschlag mit deutlich aufgeregten Händen, stotterte dabei:
»Von Béatrice, unserer Jüngsten, aber der Tüchtigsten, ach, Sie müssen uns von ihr erzählen. Wir sehen uns viel zu selten, leider viel zu selten! Aber sie nimmt ihre Arbeit sehr ernst und kommt ja auch gut voran. Ich lese erst einmal, was sie geschrieben hat.«
Ich störte sie dabei nicht; es handelte sich ohnehin nur um eine Briefseite. Madame ließ den Bogen sinken, blickte mich mit lachenden Augen an:
»Ach, das ist ja sehr interessant, ein Deutscher aus Deutschland – und Sie schreiben Bücher und wollen ein wenig auskundschaften, wie es in einem franko-kanadischen Dorf im hintersten Québec zugeht. Und Béatrice schreibt, Sie nähmen das sehr ernst und wir könnten Ihnen in jeder Hinsicht vertrauen. Béatrice überlegt sich immer sehr genau, was sie sagt und schreibt. Sie sind uns willkommen, Monsieur Jean! Mein Mann und mein Sohn werden sich auch freuen, und dann ist da noch mein Bruder Eusèbe; aber der redet nicht viel. Kommen Sie herein,

Monsieur Jean, Sie essen gleich mit uns zu Mittag. Die Männer werden in zehn Minuten von der Feldarbeit hereinkommen. Sie werden doch ein paar Tage bleiben? Wir sind gerade mit der Ernte fertig, so daß es mit der Arbeit im Augenblick nicht so pressiert. Natürlich können Sie auch bei uns unterkommen, wenn Sie keine allzu großen Ansprüche stellen. Wir haben zwar ein kleines Gasthaus am Ort, wo Sie unterkommen könnten. Aber wenn uns Béatrice jemand schickt, der wohnt natürlich bei uns im Haus, das versteht sich!« –

Freundlicher konnte man kaum aufgenommen werden. Das Hofhündchen – aus Spitz, Spaniel und Promenade intelligenzfördernd gemischt – hatte die Situation auf der Stelle begriffen, strich mir bedeutsam um die Beine und gab sich erst zufrieden, nachdem ich es nochmals ausführlich geklopft und gestreichelt hatte. Die Frau des Hauses bemerkte es und mahnte den Hund:

»Sei nicht so aufdringlich, Loup! Scher' dich!« und, zu mir gewandt:

»Er weiß immer sofort, wer dazugehört, und wer nicht. Schön ist er ja nicht, aber er hat Verstand wie ein Mensch!«

»Ein solches Sympathie-Barometer ist manchmal sehr wertvoll, Madame Quinot!«

Wir lachten uns an. Die Freundschaft war bereits begründet. Die Mutter war mindestens ebenso liebenswert, wie es ihre Tochter gewesen war.

Béatrices Empfehlungsbriefchen schien auch bei ihrem Vater, Bruder und Onkel seinen Zweck vorzüglich erfüllt zu haben, denn ich wurde auch von den drei Männern auf dem Hof ohne lange Vorprobe wie jemand begrüßt, der von jeher dazugehört hat, aber lange abwesend gewesen ist. Madame hatte mich in ein Gastzimmerchen am Ende des Ganges, der längs durch das Haus führte, eingewiesen und mir mit der Bestimmtheit der Frau, das heißt des Herrn im Hause, aufgetragen, mich darin heimisch zu machen und in zehn Minuten zum Mittagessen zu erscheinen; an irgendeinen Widerspruch oder auch nur Einwand war nicht zu denken gewesen.

Was mir auffiel, als ich von Madame den drei Männern präsentiert wurde, war, wie windhundmager und beinahe zierlich die drei wirkten – und zugleich wie sprungfederhaft zähe und mit schmalen, harten Muskeln ausgestattet; bei einem Kampf würden sie schwer besiegbar sein und nicht leicht aufgeben. Daß sie alle mit meiner Béatrice vom Tag zuvor blutsverwandt waren, ließ sich ohne weiteres begreifen. Und genau wie Béatrice redeten sie gewandt und schnell daher, so daß ich anfangs kaum zu folgen vermochte. Auch den Onkel Eusèbe fand ich gar nicht so wortkarg, wie mir verschiedentlich vorausgesagt war. Der hagere, bewegliche Mann mit dem schmalen Kopf, den dünnes weißes Haar wie eine enganliegende Kappe deckte, griff mehr als einmal in das Tischgespräch ein und schien alles, was überhaupt über das Tal der Sainte Sophie wissenswert war, zu wissen. Béatrices Vater allerdings, der Bauer, schien den Onkel noch weit zu übertreffen; er wußte nicht nur ebensoviel wie sein Schwager Eusebius, sondern hatte auch viel darüber nachgedacht und sich seine eigene Meinung darüber gebildet. Das war für mich sehr wertvoll!

Am Nachmittag dieses Tages gingen die Männer nicht aufs Feld oder in den Wald, sondern blieben am Hof. Béatrice hatte mir geraten, einen Sonnabend abzuwarten und erst an einem solchen den Eltern ins Haus zu fallen, denn am Nachmittag des Samstags und am Sonntag blieben ihre Leute immer zu Hause, vom Kirchgang abgesehen. Selbst in der drängendsten Ernte wurde am Sonntag nicht gearbeitet.

Der Sonnabendnachmittag war dazu da, Haus und Hof, Vieh und Ackergeräte für den Sonntag in musterhafte Ordnung und Sauberkeit zu bringen und für die Arbeit der nächsten Woche vorzubereiten. Kuh- und Schweineställe wurden ausgemistet; das Vieh kam abends herein, um gemolken zu werden und blieb über Nacht im Stall.

»Man riskiert lieber nichts, wissen Sie, Monsieur Jean! Unsere Wiesen grenzen unmittelbar an den Wald. Und die Wälder dehnen sich von hier endlos wie noch vor tausend Jahren. Unserem

Nachbarn, einem entfernten Vetter von mir, heißt auch Quinot, ist aber nur um viele Ecken verwandt, ist voriges Jahr eine Färse gerissen worden; ob es Bären waren oder ein Luchs – wir haben uns nicht darüber klar werden können; die Spuren waren im dichten Gras nicht zu erkennen. Auf alle Fälle ist es besser, das Vieh nachts im Stall zu halten. Da kommt man auch zu mehr Mist – und der ist gut zu gebrauchen auf den Feldern und im Garten; man spart Kunstdünger, der kostet Geld; Mist kostet nur Arbeit – und die rechnen wir bei uns nicht. Eusèbe nimmt keinen Lohn und mein Sohn Ulric nimmt auch keinen; jeder kriegt alles, was er braucht, vom Hof und noch etwas dazu. Viel Bargeld haben wir nicht. Was über ist, bleibt auf der Sparkasse für schlechte Zeiten. Wir haben reichlich zu essen, haben ein gutes Dach über dem Kopf und brauchen im Winter nicht zu frieren. Schulden haben wir keine und auch unser neuer Traktor ist schon bezahlt. Wir müssen uns sehr heranhalten, und Zeit für Ferienreisen haben wir keine. Im Winter haben wir genügend Gelegenheit, uns auszuruhen. Besonders Angèle, meine Frau, hat das immer sehr nötig; sie ist eigentlich zu zart für unseren kleinen Hof; zu viel harte Arbeit – und sechs Kinder! Wenigstens eine Tochter hätte auf dem Hof bleiben sollen, am besten Béatrice! Aber die Kinder außer dem Hoferben drängen alle in die Welt. Daß sie es hier mindestens ebenso gut hätten wie ›draußen‹, das merken sie erst, wenn es zu spät ist. Aber es stimmt natürlich, daß unser Tal nicht künstlich zu vergrößern ist, sondern aufgefüllt bis zum letzten Flecken nutzbaren Bodens. Dagegen ist nichts zu machen!«

Aber was hatten die Quinots – das halbe Dorf war bewohnt von Familien dieses Namens – und die anderen alteingesessenen Sippen nicht aus diesem zauberhaft schönen und stillen Tal gemacht! Es mochte mitten in kaum berührter Wildnis gelegen sein wie eine liebliche Insel im wegelosen Weltmeer, aber in seinem eng umgrenzten Bereich war ein bescheidenes Glück zuhaus, und das Schicksal der Menschen darin floß zwischen den Wälderufern gleichmäßig und stark von Generation zu Generation, sich selber gleich bleibend und doch von Hof zu Hof und von Geschlecht zu Geschlecht immer verschieden, so daß es niemals langweilig wurde, sondern die Leute unablässig in Atem hielt.

»Seit einem Dutzend von Jahren erst haben wir elektrischen Strom im Dorf. Das brachte manche Erleichterung, besonders für die Frau im Haus. Aber ganz einverstanden bin ich nicht damit.« Und Pierre Quinot, der Bauer, der mit mir auf der Gartenbank hinter der großen Heuscheune saß, stocherte in seiner Pfeife und wiegte den Kopf mit dem Salz-und-Pfeffer-farbenen Haar, das über der Stirn schon weit zurückwich. »Wenn was entzwei geht – und es geht immer mal was entzwei –, dann weiß man sich oft nicht zu helfen, und es dauert unter Umständen Wochen, bis die Sache wieder in Ordnung ist. Und einige Male – bei den schweren Gewittern, die wir hier besonders im Frühjahr oft erleben – ist der Strom schon überhaupt ausgefallen, einmal für drei Tage, und es gab kein Licht im Haus und im Stall und Kühlung für die Sahne auch nicht. Und jeden Monat kommen die Rechnungen und man muß Geld bereit haben, auch wenn gar nicht die Zeit danach ist.«

Ich erwiderte, da er gerade angelegentlich damit beschäftigt war, seine Pfeife in Gang zu bringen, nachdem er sie gereinigt hatte:

»Auch bei uns in Europa, wo die Leute dicht beieinander wohnen, und in Amerika ebenso, unglaublich verstädtert wie es ist in manchen Gegenden, macht sich die Einsicht breit, daß die schönen technischen sogenannten Errungenschaften allesamt auch ihre großen Nachteile haben, die sich allerdings meist erst im Nachhinein bemerkbar machen, aber sich dann summieren und schwer lösbare Probleme verursachen. Ich finde, die paar Drähte, die hier durch das Tal gespannt sind, die tun seiner Anmut keinen Abbruch, und ihre Frau wird sehr froh sein, daß sie am Montag die Wäsche der Woche zuvor einfach in die Waschmaschine tun kann. Und was ist es nicht für eine Erleichterung, wenn Sie morgens und abends die Melkmaschine anstellen können, anstatt zehn Minuten oder mehr unter jeder Kuh sitzen zu müssen und sich ihren Schwanz um die Ohren schlagen zu lassen. Ich weiß nicht, Monsieur Quinot, ich glaube, gegen elektrischen Strom ist nicht allzuviel einzuwenden, besonders wenn er wie in diesem glücklichen Land vorwiegend aus Wasserkraft gewonnen wird.«

Aber der Bauer schien nicht ganz einverstanden. Er sog so heftig an seiner Pfeife, daß sie gurgelte, und wiederholte dann noch einmal:

»Ja, vielleicht, aber man wird dadurch ständig stärker vom Geld abhängig. Ich weiß noch, daß mein längst verstorbener Großvater von den Zeiten zu erzählen wußte, in denen im ganzen Dorf Sainte-Sophie-des-Monts kaum Bargeld aufzutreiben war, außer vielleicht den mühsam ersparten Gold- oder Silbermünzen, die unterm Strohsack versteckt waren – und es ging auch, und die Leute hatten weniger Sorgen. Das ist genau die gleiche Geschichte wie mit den Pferden. Jetzt gibt es auch hier bei uns keine Pferde mehr. Es war beinahe wie eine Krankheit: Plötzlich waren Pferde unmodern und jeder Hof mußte auf Trecker umstellen, wie die Formel hieß. Auch mein Sohn war angesteckt, und nun haben wir alle einen erstklassigen starken Traktor. Vielleicht bin ich schon zu alt mit meinen fünfundsechzig, um mich richtig damit anzufreunden. Ich sehe ganz davon ab, daß meine Pferde mein Leben lang mir wie Freunde waren, keine öligen Maschinen, sondern lebendige Wesen mit höchst unterschiedlichem Temperament und Charakter, mit denen man gut auskam, manchmal auch weniger gut, wie unter Menschen auch. Gewiß, sie wollten gestriegelt und gefüttert sein, jeden Tag, im Sommer und im Winter. Aber sie gaben auch kräftigen Mist, und wir konnten sie sonntags, wenn schlechtes Wetter war, vor den Wagen spannen und zur Messe fahren. Ihr Futter allerdings, das erforderte kein Bargeld, das wuchs auf unseren Feldern und Wiesen, kostete nur Arbeit – und unsere Arbeit, die rechneten wir ja nicht in die Kosten ein; die versteht sich von selbst. Ohne Arbeit, das wär' kein Leben, so ist das Leben! Und jetzt nun der stolze Trecker. Mucken hat er auch und wenn, dann immer zur unrechten Zeit. Und jeder Liter Treibstoff oder Öl kostet bares

Geld. Auf meinem Feld wächst nichts, was ein Trecker verdauen kann, und wenn Reparaturen nötig sind, brauche ich fremde Hilfe und eine Werkstatt. Im Dorf hat jetzt sich einer von den jüngeren Söhnen, der ›draußen‹ Automechaniker gelernt hat, mit unserem Schmied zusammengetan und repariert auch Maschinen. Hoffentlich geht das gut. Eigentlich ist für ihn nicht genug zu tun. Aber die Traktoren werden älter und halten ja nicht ewig, und dann wird es sicherlich mehr zu tun geben. Soviel verdienen wir ja nicht, daß man sich alle zwei Jahre so eine neue Maschine kaufen kann – sie werden zwar immer besser, aber auch immer teurer! Früher, das hat mir mein Vater, der sich mehr als irgendeiner sonst im Dorf den Kopf zerbrach, oftmals ausführlich klar gemacht, waren wir in unserem Dorf so gut wie unabhängig von den Leuten und der Welt ›draußen‹, konnten im Notfall die Straße das Tal herauf verrammeln und hätten genau so gut oder schlecht – wenigstens im großen und ganzen – weiterleben können wie zuvor; wir brauchten die Außenwelt nicht. Das ist nun vorbei, seit wir mehr und mehr gezwungen sind, Geld zu verdienen, was früher nur nebenbei zu geschehen hatte. Aber zurückzudrehen ist das natürlich nicht. Man muß sich danach richten.«

Ich mochte eine so trübe Meinung nicht gelten lassen:

»Ich weiß. Bei uns ist das auch nicht viel anders. Ich finde es gar nicht schön, daß Pferde in den westlichen Ländern nichts weiter mehr sind als Spielzeuge. Und dann: Die Bauern, die früher einen Tag lang gemächlich hinter dem Pflug hergingen und sich natürlich bewegen mußten, die hocken jetzt endlose Stunden auf dem Trecker, verkühlen sich, weil sie sich da kaum zu rühren brauchen und verderben sich Kniegelenke, Hüftgelenke und Rückgrat, weil die Knochen auf die unablässige Rüttelei und Schüttelei auf den harten Sitzen überhaupt nicht eingerichtet sind. Und dann kranken die Leute an Gelenkschmerzen und Hüftschmerzen, nennen es Rheuma und ihre alten Tage sind vergällt. Aber auf der anderen Seite darf man nicht vergessen, wie fürchterlich der Landmann und besonders auch die Landfrau sich früher plagen mußten und auch damals im Alter von

allzuviel schwerer Arbeit ganz verkrümmt waren und früh starben. Aufs ganze gesehen, meine ich, hat's der Bauer heute leichter als in vergangenen Zeiten.«
Ich schien ihn irgendwie getroffen zu haben. Pierre Quinot, der Mann aus dem franko-kanadischen Hinterwald, zu dem ich auf Anhieb einen freundschaftlich zu nennenden Zugang gefunden hatte – ebenso wie zu seiner Frau und dem »Onkel«, weniger zu Ulric, dem Sohn, der ein gewisses verlegenes Mißtrauen mir gegenüber, dem hereingeschneiten Fremden, anscheinend nicht überwinden konnte –, Pierre Quinot blickte eine Weile stumm in das wunderbar rein und festlich leuchtende Tal hinaus, seine Heimat, von der er ein eingewachsener Teil war wie der murmelnde Bach, der riesige, weitausladende Walnußbaum neben dem Eingangstor zur Kälberkoppel und der sachte zum Waldrand hinaufschwingende, schwarzbraun schimmernde Acker, der Weizen getragen hatte und schon geschält war; Pierre Quinot, den mir eine besonders günstige Laune des Reiseglücks in den Weg gelenkt hatte, ließ mich sonderbar lange auf eine Antwort warten. Ich wurde nicht ungeduldig. Er räusperte sich schließlich ausführlich und meinte dann mit noch angerauhter Stimme:
»Sie sagen es, Monsieur Jean. Vom Rheuma werde ich zur Genüge belästigt, genauso wie Eusèbe. Dem geht's eher noch schlechter. Meine Frau, ja, die hat es jetzt bestimmt leichter als früher, und das ist mir, weiß Gott, sehr recht. Aber ich sehe es doch deutlich, was sich in den letzten drei, vier Jahrzehnten in unserem Dorf entwickelt hat. Ohne Maschinen bräuchten wir doppelt so viele Arbeitskräfte wie jetzt. Das bedeutete, daß unsere Kinder daheim bleiben könnten. Zu essen gab's ja immer genug, und wir brauchten nicht so dahinter her zu sein, unsere Überschüsse zu verkaufen – wofür wir immer mehr die Leute von ›draußen‹ brauchen. In meiner Kindheit hatte das Dorf wohl an die doppelt so viele Einwohner wie jetzt. Heutzutage hätten Béatrice und ihre zwei Schwestern nicht genug zu tun auf dem Hof; sie müssen sich in der Fremde ihr Brot verdienen und sind für uns verloren. Aber glauben Sie mir, Monsieur Jean, ich

vermisse meine kleine, kluge Béatrice sehr! Wir Franko-Kanadier sind immer Bauern gewesen, und dazu gehörte, daß wir viele Kinder hatten, die wir auch brauchten – wenn sie auch später nicht alle heiraten konnten, denn für neue Höfe ist kaum noch Platz im Tal. Am liebsten wäre es uns – und ich möchte wahrlich nichts anderes sein als ein Franzose in Canada! –, man ließe uns in Frieden, ließe uns unangefochten zur Messe gehen, redete uns nicht ein, daß wir englisch reden müßten, wenn wir in der modernen Welt mitreden wollten – wollen wir vielleicht gar nicht; wir haben die letzten zweihundert Jahre recht gut und zu unserer Zufriedenheit hinter uns gebracht, ohne viel mitzureden, und es ging uns nicht schlecht. Daß uns die anderen für rückständig hielten, tat uns nicht weh. Québec ist ein großes Land und an Platz mangelte es nicht, wenn auch die besten schon vergeben waren. Erst als man uns immer enger auf den Leib rückte, und wir mitansehen mußten, wie alle besseren und angeseheneren Positionen im Lande von Anglo-Kanadiern besetzt wurden und wir in unserem Land nur noch die zweite Garnitur bilden sollten, wurden wir rebellisch – und siehe da, es wirkte! Unsere Drohung, aus Britisch-Canada auszutreten und uns selbständig zu machen, genügte schließlich, die anderen zwei Drittel Kanadier in diesem riesigen Land zwischen den zwei größten Weltmeeren zum Nachdenken und schließlich auch Nachgeben zu zwingen. Aber das alte Franko-Canada, das hinter seiner starken Mauer aus eigener Sprache, eigener Religion und eigener, auch heute noch sehr bäuerlicher Lebensart unberührt vom britischen und US-amerikanischen Wesen in aller Stille sein eigenes Leben geführt hat, das ist ja nun für alle Zeiten dahin. Wir hier, so ziemlich am Ende der Welt, wir brauchen zwar auch Benzin und Kali und Glühbirnen, aber wir versuchen, uns für uns zu halten, Franzosen zu bleiben. Wir haben nichts dagegen, daß wir vom Lauf der Welt kaum berührt werden, und wenn gewählt wird, dann werden wir immer die Partei wählen, die ›libre Québec‹, freies Québec, oder Franko-Canada auf ihre Fahnen geschrieben hat. Und glauben Sie mir, Monsieur Jean, auch unsere Béatrice wird eines Tages zurückkehren, wenn sie genug Geld ge-

spart hat, daß sie keinem zur Last zu fallen braucht; Essen und Trinken ist immer genug da und eine Schlafkammer auch – und meine Frau und ich, wir bitten die Heilige Jungfrau und die Heilige Sophie jeden Sonntag, daß es noch nicht zu spät ist für Béatrice, unsere Jüngste, wenn sie wieder hierher zurückkehrt, um zu heiraten. Es wäre schade, wenn sie keine Kinder bekäme.«
Seine Stimme hatte sich zuletzt fast ganz verloren; er hatte mehr zu sich selbst als zu mir gesprochen. Aber es war mir gelungen, ihn aus sich herauszulocken. Vielleicht hatte er sein franko-kanadisches Glaubensbekenntnis überhaupt zum ersten Mal so deutlich und zusammenhängend in Worte gefaßt. Ich mußte dankbar sein, denn wer hätte mir sonst klarer darstellen können, was das kanadische Franzosentum in seinem Wesen bedeutete, als dieser ältliche, abgearbeitete Bauer. Quinot wie unzählige andere im Québecker weitgespannten Hinterland hatte in zehn Generationen die Denk- und Lebensart französischer, europäischer Bauerngeschlechter auf der kanadischen Erde mit bewundernswerter Festigkeit bewahrt und war auch jetzt noch entschlossen, soviel wie irgend möglich in der Gegenwart zu bewahren. Zugleich besaß er jenen beweglichen französischen Geist und auch die Wortgewandtheit, seine Überzeugung in klare Sätze zu kleiden.

Und ich hatte in dieser leuchtenden Sommerstunde den Vorzug genossen, tief in ein franko-kanadisches Herz hineinzusehen, hatte ein altes Frankreich/Europa darin wiedergefunden, wie es ein solches in Europa selbst kaum noch gab.

Aber dies war ja nicht das erste Mal, daß ich die Erfahrung machte: Auswanderer, bäuerliche ganz besonders, nehmen die Lebensform und Denkweise der alten Heimat mit und bewahren sie mit großer Treue, lehnen Wandlungen ab und werden damit sozusagen zu Denkmälern ihrer alten Heimat, wie diese sich zur Zeit ihrer Auswanderung darstellte. In der Entlegenheit der Weiten von Québec konnte sich so ein Frankreich erhalten, das in Frankreich selber wohl gar nicht mehr existiert.

Damit soll nicht gesagt sein, daß in den großen und größeren Städten von Québec nicht längst eine sehr modern denkende

Schicht von Franko-Kanadiern entstanden ist, hochgebildet und mit weit gefächerten wirtschaftlichen, politischen, wissenschaftlichen und künstlerischen Interessen, die es in Amerika mit jeder anderen Gruppe mühelos aufnehmen kann. Aber das außerordentliche Selbstbewußtsein, das die Franko-Kanadier in ihrem Franzosentum bis heute hat beharren lassen, ist sicherlich damit zu erklären, daß sie im Grunde ihres Wesens zähe Bauern geblieben sind und sich sofort wieder durchsetzten, als das britische Element in Canada sich nicht mehr auf ein weltweites britisches Imperium berufen und alle Nichtbriten zum Mundhalten verdonnern konnte.
Ich hatte viel gelernt.

Am Sonntag danach lud ich der Einfachheit halber die ganze Familie in mein geräumiges Auto und fuhr mit ihr zur Messe in das übernächste, wesentlich größere Nachbardorf, in dem eine erstaunlich große, beinahe pompöse Kirche, die man schon Kathedrale nennen konnte, einem halben Dutzend von kleinen Siedlungen, die sicherlich alle meinem Ste.-Sophie-des-Monts ähnelten, als geistlicher Mittelpunkt diente. Ich gehörte in die Messe gar nicht hinein, aber es fragte mich niemand, ob ich denn auch römisch-katholisch wäre. Wer sich so eindringlich um franko-kanadische Dinge kümmerte wie ich, der mußte wohl selbstverständlich römisch-katholisch sein. Ich kann auch versichern, daß die Messe in der bis zum letzten Platz gefüllten Kirche und die Predigt des weißhaarigen Klerikers – von der ich nur die Hälfte verstand, denn der Priester sprach Québec-Französisch, und das ist für jemand, der französisches Französisch gelernt hat, fast eine fremde Sprache; da war ich bei Béatrices Eltern, die sich ihr Ile de France-Französisch bewahrt hatten, ganz besonders gut dran gewesen – ich wollte nur bestätigen, daß die Messe mein geistiges oder geistliches Wohlergehen nicht im geringsten beeinträchtigt hat.

Ich blieb drei volle Tage bei den Quinots. Selbst Ulric taute mit der Zeit auf und vertraute mir sogar an, daß er gedächte zu hei-

raten, denn erstens wüchse der Mutter – »die ja auch nicht jünger wird« – die Arbeit über den Kopf, zweitens hätte er sich dem Mädchen bereits versprochen, drittens sei sie hübsch, hübscher als alle anderen, wie er meinte – aber der Vater sei mit seiner Wahl nicht einverstanden, käme das Mädchen doch von einem der ärmsten Höfe im Dorf, und das sei für den Quinot-Erben nicht angemessen.
»Dabei hat er selber auch keine Reiche geheiratet, und das ist doch auch so gut gegangen, wie es nur gehen kann!«
Diese Melodie war mir aus meinen heimatlichen Gefilden im lang verlorenen Pommern-Westpreußen und in der jetzigen Lüneburger Heide wohlbekannt und würde wohl da wie hier damit enden, daß der junge Mann seinen Willen durchsetzte, worin ich ihn bestärkte – was ich wohl um meines freundlichen Wirtes willen nicht hätte tun dürfen. Aber Angèle Quinot, die Bäuerin, war auf des Sohnes Seite – und Mütter sind in solchen Sachen meistens viel klüger als die Väter.

Am Montag goß es in Strömen – kein sehr verlockendes Reisewetter. Und die Quinots konnten ohnehin auf dem Acker bei solcher Nässe nichts verrichten. So saßen wir denn in der Stube und redeten, redeten. Ich wurde nach meiner Meinung über die große Politik befragt, in Amerika und sonst in der weiten Welt, in der ja an fragwürdigen Zuständen zur Zeit ein Überangebot herrscht. Über franko-kanadische Fragen sprachen wir nicht mehr. Ich hatte den Eindruck – kann mich aber auch täuschen –, daß es dem Bauern im nachhinein vielleicht ein wenig peinlich war, sich so deutlich über seine franko-kanadischen Gefühle ausgelassen zu haben. Hätte ich Themen dieser Art nochmals angeschnitten, wäre ich ihm vielleicht lästig geworden. Und das konnte ich nicht riskieren; dazu war ich als Béatrices Freund viel zu herzlich aufgenommen worden.
Als dann am Dienstag morgen die Sonne über dem erfrischten und in abertausend Tropfen glitzernden Tal vielversprechend aufstieg, blieb mir gar keine andere Wahl, als nach dem frühen Frühstück mein Zeug zusammenzupacken und zu verladen und

von den Quinots Abschied zu nehmen. Sie standen zwischen der Hoftür des Wohnhauses und meinem Auto, das ich vorgefahren hatte, alle vier. Ich bedankte mich für die mir gewährte Gastfreundschaft so herzlich, wie es mir irgend gegeben war.
»War alles gern geschehen, Monsieur Jean, und Sie haben uns ja auch vielerlei erzählt, was wir sonst nie gehört hätten. Ich bin froh, daß ich Ihnen manches, was Franko-Canada anbetrifft, zurechtrücken konnte. Wir können das, glaube ich, draußen in der Welt gebrauchen. Vergessen Sie Sainte-Sophie-des-Monts nicht und auch nicht die Quinots. Wir werden sicherlich noch oft über Ihren Besuch sprechen. Fahren Sie mit Gott und fahren Sie vorsichtig. Nach dem starken Regen gestern wird die Straße, die sowieso längst hätte erneuert werden müssen, an manchen Stellen aufgeweicht sein und schlecht zu befahren.«
»Ich werde mich vorsehen, Monsieur Quinot! Und nochmals vielen, vielen Dank, Madame! Und alles Gute euch, Ulric und Eusèbe!«
Ich rollte vom Hof, rollte durchs Dorf und erreichte bald den Rand des großen Waldes, durch den die Straße am Flüßchen entlang langsam abstieg. Einmal noch wollte ich Sainte-Sophie-des-Monts als ganzes in meine Erinnerung pflanzen. Ehe noch der Wald mir den Blick verstellte, stieg ich aus und sah zurück: da lag es vor mir, ein grün umleuchtetes Juwel mit seinen spielzeugkleinen bunten Häusern unter einem wolkenlosen, tief blauen Himmel, unwirklich schön und friedlich, wie mit großer Sorgfalt in das tiefe Wäldertal hineingefügt. Ich wußte: Wenn ich später an Québec, an das französische Canada zurückdenken würde – dies strahlende Bild eines höchst abgelegenen und ebenso unbekannten Dörfchens würde von neuem vor meinem inneren Auge auftauchen, ein goldener Schatz, der mir nun gehörte:
Dank Béatrice und den Quinots!

Nicht zum ersten und erst recht nicht zum letzten Mal auf dieser Reise über die jeweils nördlichste Route nach Westen hatte ich mich getäuscht, was die Dauer der Bewältigung einer bestimmten Strecke anbelangte. Ich hatte gemeint, daß ich die gut befahrbare, dem Südufer des St.-Lorenz-Stroms folgende Straße Nr. 132 in spätestens zwei Stunden erreichen und dann zügig vorankommen würde. Aber offenbar hatte es im Südwesten von Quinots Platz noch viel stärker geregnet, als ich es am Tag zuvor in Ste.-Sophie erlebt hatte. Und leider erwiesen sich die Straßen, denen ich nun zu folgen hatte, wenn ich nicht große Umwege in Kauf nehmen wollte, nur über kurze Abschnitte als gepflastert: vor und hinter den wenigen Siedlungen im ungeheuren Wald, einem Urwald im wahrsten Sinn des Wortes. Sehr viel längere Strecken waren lediglich »gravelled«, mit Kies (gravel) angeschüttet, oder überhaupt nur »earth roads« (Erdwege, Lehmwege). Wo wenigstens ein etwa faustdicker Kiesbelag auf die Trasse aufgebracht ist, kann man in dem meist lockeren Belag aus johannesbeer- bis himbeergroßen Kieseln ziemlich sicher vorankommen, ohne einzusinken.

Viel unzuverlässiger ist das Fortkommen auf den Earth-Roads, den Lehm-Straßen. Bei Trockenheit werden sie steinhart. Für den Abfluß des Regenwassers vom Straßendamm ist meistens gut gesorgt. Aber ein längerer, starker Regen weicht die Fahrbahn schließlich auf und verwandelt sie, wenn der Regen anhält, schließlich in eine Schlammbahn, in der die Räder knöcheltief einsinken. Man soll eigentlich ein oder zwei Tage warten, um die Straße abtrocknen zu lassen und ihre Oberfläche nicht allzu tief zu zerfahren. Aber wenn man wie ich bereits unterwegs ist, auch gar nicht weiß, was man noch zu erwarten hat, dann kann man sich nur auf seinen starken Vierrad-Antrieb verlassen und im übrigen der Devise folgen, die stets einer so großen Reise über Tausende von ungewissen Kilometern, die obendrein noch in starre zeitliche Grenzen (die der Jahreszeiten) gezwängt ist, vorgegeben sein muß; sie lautet: Weiter, Mann, weiter!

Statt der erwarteten zwei erreichte ich das St.-Lorenz-Ufer und mit ihm die Nr. 132 erst in vier Stunden. Ich hatte nirgendwo festgesessen, aber der zähbreiige Lehm hatte mich über ungezählte Kilometer zu wenig mehr als Schrittgeschwindigkeit gezwungen. Und ich gestehe auch, daß mich die von einem wolkenlosen Himmel strahlende Sonne nicht über meine Schlammpartie hinwegtröstete. Man hat dann keinen Blick übrig für die vielleicht alleranmutigsten Landschaften, die man durchfährt; man darf ja die Augen nie von der tückischen Straße nehmen, die man hinter sich zu bringen hat; nur allzu leicht kann der Wagen über den Straßenrand in den flachen Graben schmieren oder sich querstellen, wenn man aus Versehen einmal zu viel Gas gegeben hat. Auch das gehorsamste Auto ist nach langer Lehmfahrt nicht länger brav und bockt ein wenig. Man soll ihm das nicht allzu übel nehmen.

Aber endlich hatte ich wieder verläßlichen Beton unter den Rädern und rollte zwischen beinahe grotesk zu nennenden Felsgebilden in die flache Schüssel hinunter, in der um eine Wasserbucht herum das Städtchen Bic angesiedelt ist. Bic ist wahrscheinlich nichts anderes als das französische Wort Pic, das etwa »Bergspitze« bedeutet. Ich sah ihn gleich, den Pic, der über die Bucht hinwegschaut; es ist ein alter Name, der, wie ich bereits wußte, dem Ort schon 1603 von Samuel de Champlain verliehen wurde, der das Gebiet des unteren St.-Lorenz-Stroms erkundete und für Frankreich mit Beschlag belegte.

Es war für mich ein Wiedersehen mit Bic, das ich schon kennen gelernt hatte, als ich auf einer früheren Reise die große Gaspé-Halbinsel, deren Nordkante etwa in Bic beginnt, umfahren habe. Vielleicht hätte ich das Gleiche auch diesmal tun sollen. Aber die Zeit, die ich dafür gebraucht hätte, hatte ich bei den Quinots verbracht – und es wahrlich nicht bereut. Die Rundtour um die Gaspé ist an die achthundert Kilometer lang, weist viele großartige und schier übermächtige Küstenlandschaften auf, ähnelt jedoch in ihrem Charakter unverkennbar dem Cabot-Trail auf der Cape Breton Insel von Nova Scotia und müßte auf ähnliche Weise geschildert werden – mit dem Unterschied allerdings, daß die Gaspé ganz und gar französisches Gebiet ist; sie ist französischer noch geprägt als die Cape Breton Insel schottisch.

Noch immer wie beim ersten Mal schwammen in der stillen Bucht von Bic die beiden Inselchen Ile Brulée und Ile au Massacre, die »verbrannte Insel« und die »Insel des Gemetzels«. In beiden Namen wird die Erinnerung an ein schreckliches Massaker wachgehalten, das sich hier abgespielt hat, bevor sich die Franzosen festsetzten. Ein Micmac-Dorf auf den Inseln war von den gefürchteten Irokesen überfallen worden. An die zweihundert Micmac-Krieger waren im Kampf getötet, Frauen und Kinder in die Sklaverei weiter im Süden entführt worden, wo die Irokesen herkamen, aber über Jahrhunderte hinweg, weit in die »weiße« Zeit hinein, nach allen Himmelsrichtungen Schrecken verbreiteten.

Angesichts der wunderschön und friedlich im blanken Wasser schwimmenden Massaker-Insel fiel mir wieder ein, daß nichts verkehrter ist als die Rousseausche Vorstellung vom »sanften Wilden« und den friedlichen Lebensumständen der Naturvölker. Die Schwarzen in Afrika und die Indianer in Amerika haben sich eifrig gegenseitig umgebracht, vertrieben, versklavt und bedurften dazu keines europäischen Lehrmeisters, was die »Weißen« natürlich nicht von ihrer späteren Schuld und Verantwortung gegenüber den »Farbigen« entbindet.

Bic hatte mich mit seinen unverkennbaren Merkmalen freundlich gegrüßt – und endlich war ich wieder auf einer zuverlässig festen Straße angekommen, die ich nun bis Québec-Stadt nicht mehr würde zu verlassen brauchen, um dort über die große Brücke auf das Nordufer des Stroms zu gelangen. Hier allerdings in Bic – von seinem hübschen Park aus gesehen – war der Strom schon so breit, daß man von dem hohen jenseitigen Ufer nichts zu erblicken, es kaum auch nur zu ahnen vermochte. In einem Abstand von gut vierzig Kilometern wie hier ist das Gegenufer hinter den Horizont getaucht. Die Leute von Bic – das hatte ich damals erlebt – reden von dem gewaltigen Gewässer vor ihrer Tür nur selten als vom »Strom«, viel häufiger stattdessen von »der See«, dem Meer – und in der Tat drängen ja die Gezeiten durch den Golf vom offenen Atlantik den Strom herauf und prägen den Menschen ein, daß sie in dieser Gegend, die schon tief im Inneren des Kontinents gelegen ist, bereits unter dem Einfluß des Weltmeers stehen.

Ein Vergnügen war es, endlich wieder eine gute Straße unter den Rädern zu haben. Ich freute mich auf den alten französischen Ort »Trois Pistoles«, dessen Name mir stets auf romantische Weise an alte europäische Märchen anzuklingen schien. Aber wenn die Überlieferung stimmt, die sich in dem Städtchen erhalten hat, so sind mit den »drei Pistolen« nicht drei Schießeisen gemeint, sondern spanische Gold-Dukaten, die damals, als das Städtchen um die Wende vom siebzehnten zum achtzehnten Jahrhundert entstand, allgemein unter dem Namen »Pistolen« umliefen. Ein französischer Kapitän, der mit seinem Segler in der Bucht wegen widriger Winde vor Anker gegangen war, hatte seinen Ärger über den erzwungenen Aufenthalt in einem Gelage mit dem Kapitän eines anderen Schiffes, das gleichfalls festsaß, ersäufen wollen – und hatte dazu seinen kostbarsten Trinkbecher aus dem Schrank geholt, ein fein ziseliertes Silbergefäß, um dem Gast damit zu imponieren. Das war ihm auch gelungen. Aber mit allzuviel Begeisterung und dem Wein im Gemüt hatte er bei einem neuen »à votre santé« mit dem Arm und dem Becher zu weit und allzu beflügelt ausgeholt, das kostbare Gefäß war ihm aus der Hand geflogen und mit einem lauten Klatsch in den Fluten des großen Stroms versunken. Verstört hatte der unsanft ernüchterte Kapitän ausgerufen:
»Drei Pistolen zum Teufel!« Soviel hatte er offenbar für das Gefäß auf der östlichen Seite des Nordatlantik an der spanischen Küste dafür ausgegeben.
Wahrscheinlich ist die Geschichte wahr, was für die meisten solcher vergnüglichen Ortsnamen gilt. Verbürgen kann sich keiner dafür. Aber das ist, meine ich, auch gar nicht nötig! Wie viele Leute haben seitdem nicht nach dem Sinn des Namens gefragt und sich an der Legende aus alter Zeit erfreut! Und in einem noch verhältnismäßig – verglichen mit unserem alten Kontinent – jungen Lande wie Québec, sind die »Legenden« eigentlich erst gestern passiert und gehören den heute Lebenden viel enger an, als unsere Märchen, die schon haarig sind vor Alter.

Jetzt auf guter, gerader, wenig belebter Straße durfte ich endlich

die Augen wieder schweifen lassen. Für die nächsten zweihundertfünfzig Kilometer bis nach Québec-Stadt würde ich nun den riesigen Strom zu meiner Rechten haben; ein altes französisches Dörfchen oder Städtchen würde das andere ablösen. Beinahe jedes von ihnen trägt den Namen eines katholischen Heiligen oder einer Heiligen und beginnt also seinen Namen mit den für Französisch-Canada so kennzeichnenden Buchstaben St. oder Ste. Als einzige größere Stadt würde ich Rivière-du-Loup zu passieren haben, die »Wolfsstadt«, die so unwölfisch wie nur denkbar sich dem Besucher darbietet. Dort würde ich wieder auf den von New-Brunswick schnurstracks auf den großen Strom zustrebenden Transcanada-Highway treffen, der dort hart nach Südwest abbiegt und dem Strom parallel zur Hauptstadt der Provinz hinuntereilt. Ich allerdings wollte auf der 132 bleiben, denn sie verbindet die zum Teil sehr alten französischen Siedlungen miteinander, die fast alle auch alte Geschichten zu erzählen haben, tragische, dramatische, komische und ohne Ausnahme für das herrlich fruchtbare, üppige Land bezeichnende.
Der Transkanada führt weiter im Innern des Landes an all den St.'s und Ste.'s vorbei, um Zeit zu sparen; auf die Ortschaften aber kam es mir gerade an. Ich hielt mich also an die 132, die sich vom Stromufer nirgendwo sehr weit entfernt.
Wie schön die Fahrt sich anließ! Ein weit sich öffnendes Bild folgte dem anderen, keines eigentlich überwältigend, aber alle auf sanfte Weise das Herz beseligend. Und nicht ich allein erfuhr diese wohltuende Wirkung. Zwanzig Kilometer hinter Les-Trois-Pistoles wollte ich durch das ansehnliche Bauerndorf L'Isle Verte, »die grüne Insel«, so genannt nach einer der Siedlung im Strom vorgelagerten langgestreckten Insel mit diesem Namen. Ich wußte, daß in den »Relationen«, den Berichten der Jesuiten, die als Indianer-Missionare in dieser Landschaft schon früh ihr Leben riskierten, die funkelgrüne Lieblichkeit der »Grünen Insel« bereits um 1660/70 mit bewegten Worten gerühmt worden ist. Ich befand mich also mit meiner Hingerissenheit vom Zauber dieser Strom- und Küstenlandschaft in allerbester Gesellschaft.

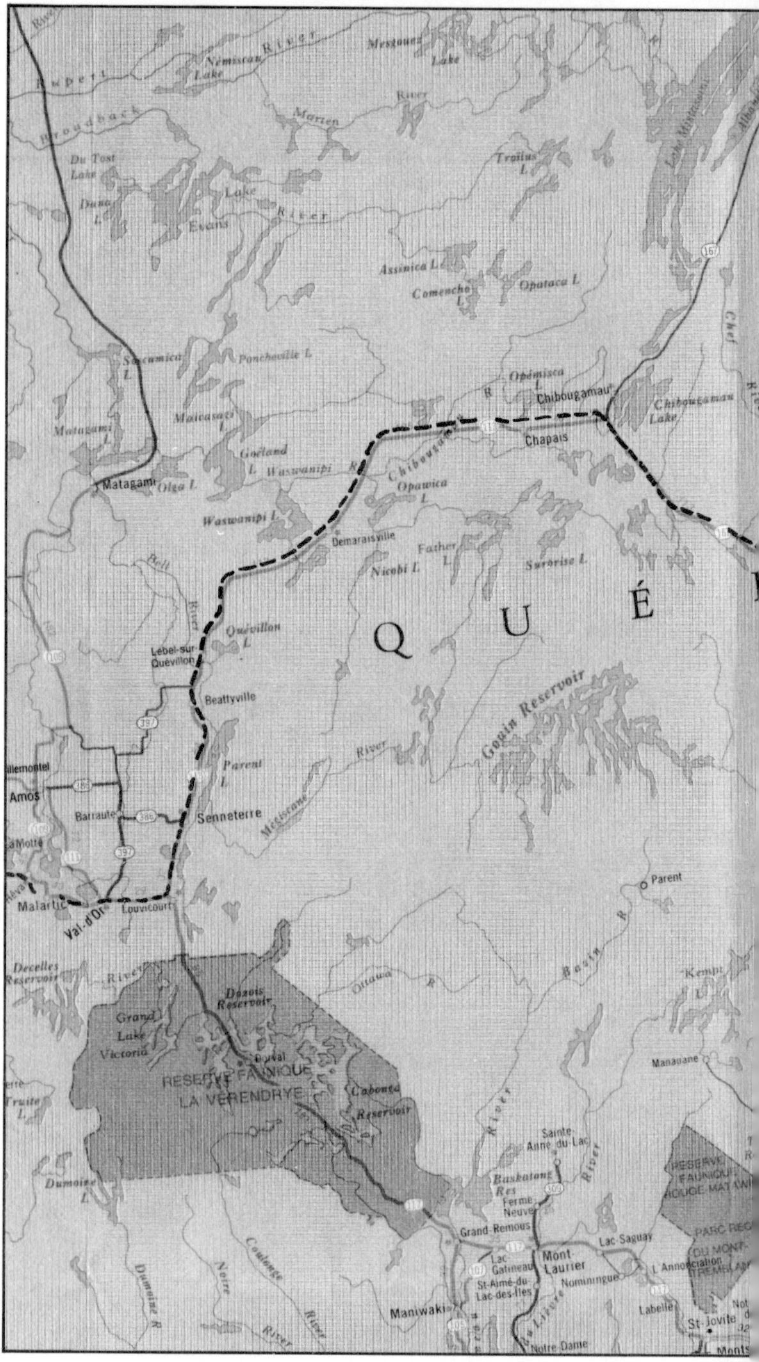

Rupert River
Némiscau Lake
Mesgouez Lake
Broadback
Marten River
Du Tast Lake
Troilus L.
Lake Mistassini
Albanel
Dana L.
Lake Evans River
Assinica L.
Comencho L.
Opataca L.
Soscumica L.
Poncheville L.
Opémisca L.
Chibougamau
Chibougamau Lake
Matagami L.
Matagami
Maicasagi L.
Goéland L.
Waswanipi R.
Chapais
Olga L.
Opawica L.
Waswanipi L.
Demaraisville
Father L.
Nicobi L.
Surprise L.
Bell River
Quévillon L.
Q U É
Lebel-sur-Quévillon
Beattyville
Gouin Reservoir
Parent L.
River
Amos
Barraute
Senneterre
Mégiscane
Malartic
Val-d'Or
Louvicourt
Parent
Decelles Reservoir
Ottawa R.
Bazin R.
Dozois Reservoir
Grand Lake Victoria
Kempt L.
Manaouane
RESERVE FAUNIQUE LA VERENDRYE
Cabonga Reservoir
Sainte-Anne-du-Lac
Baskatong Res
Ferme-Neuve
Dumoine L.
Grand-Remous
Lac-Saguay
Mont-Laurier
Lac Gatineau
Nominingue
L'Annonciation
St-Aimé-du-Lac-des-Îles
Labelle
Maniwaki
Coulonge
Noire River
Dumoine R
St-Jovite
Notre-Dame
167
113
109
397
386
111
117
107
105
309

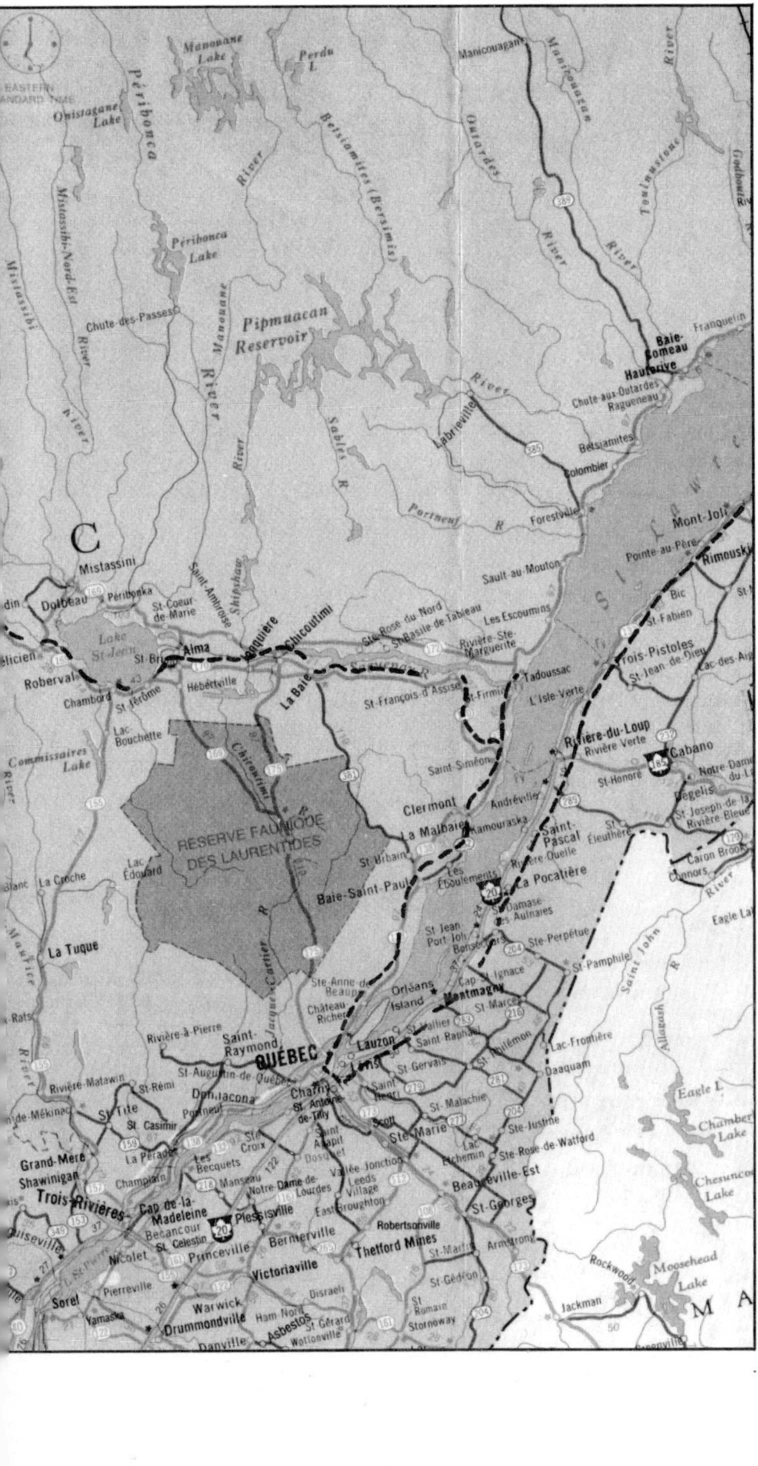

EASTERN STANDARD TIME
Manouane Lake
Perdu L.
Onistagane Lake
Péribonca
Betsiamites (Bersimis)
Outardes
Manicouagan
Manicouagan
Toulnustouc
River
River
River
River
Mistassibi-Nord-Est
Péribonca Lake
Mistassibi
Chute-des-Passes
Manouane
Pipmuacan Reservoir
River
River
Sables R.
Baie-Comeau
Hauterive
Franquelin
Chute-aux-Outardes
Ragueneau
Labrieville
Betsiamites
Colombier
Portneuf R.
Forestville
C
Mistassini
Dolbeau
Péribonka
St-Coeur de-Marie
Saint-Ambroise
Shipshaw
Sault-au-Mouton
Mont-Joli
Pointe-au-Père
Rimouski
Bic
St-Fabien
Les Escoumins
St-Rose-du-Nord
St-Basile-de-Tableau
Chicoutimi
Jonquière
Alma
Lake St-Jean
Roberval
Chambord
St-Jérôme
Hébertville
La Baie
Rivière-Ste-Marguerite
Tadoussac
Trois-Pistoles
St-Jean-de-Dieu
St-François-d'Assise
St-Firmin
L'Isle-Verte
Rivière-du-Loup
Rivière Verte
Cabano
Lac-Bouchette
Commissaires Lake
Chicoutimi
Saint-Siméon
St-Honoré
Notre-Dame-du-Lac
Dégelis
St-Joseph-de-la-Rivière-Bleue
RESERVE FAUNIQUE DES LAURENTIDES
Clermont
La Malbaie
Kamouraska
Andréville
Saint-Pascal
St-Éleuthère
St-Urbain
Rivière-Ouelle
La Pocatière
Lac Édouard
La Croche
Baie-Saint-Paul
Les Éboulements
St-Damase-des-Aulnaies
Connors
Eagle Lake
La Tuque
St-Jean-Port-Joli
Ste-Perpétue
St-Pamphile
Saint John R.
Ste-Anne-de-Beaupré
Orléans Island
Cap-St-Ignace
Montmagny
Château-Richer
St-Marcel
Allagash
Rivière-à-Pierre
Saint-Raymond
QUÉBEC
Lauzon
Lévis
St-Vallier
Saint-Raphaël
St-Philémon
Lac-Frontière
Daaquam
St-Augustin-de-Québec
St-Gervais
Saint-Henri
Charny
Rivière-Matawin
St-Rémi
Donnacona
St-Antoine-de-Tilly
St-Malachie
Eagle L.
St-Tite
St-Casimir
Portneuf
Scott
Ste-Marie
Ste-Justine
Chamberlain Lake
Grand-Mère
Shawinigan
La Pérade
Les Becquets
Ste-Croix
Saint-Agapit
Dosquet
Lac-Etchemin
Ste-Rose-de-Watford
Champlain
Manseau
Notre-Dame-de-Lourdes
Vallée-Jonction
Leeds Village
Beauceville-Est
Chesuncook Lake
Trois-Rivières
Cap-de-la-Madeleine
East Broughton
St-Georges
Becancour
Plessisville
Robertsonville
St-Célestin
Bernierville
Thetford Mines
Armstrong
Nicolet
Princeville
St-Martin
Rockwood
Moosehead Lake
Victoriaville
St-Gédéon
Pierreville
Disraeli
Sorel
Yamaska
Warwick
Drummondville
Ham-Nord
Asbestos
St-Gérard
St-Romain
Stornoway
Jackman
M A
Danville
Wottonville
Greenville

Ich hatte noch kaum zu Ende gedacht, da nahm mich schon Cacouna auf, ein Ort mit ausnahmsweise indianischem Namen; er soll, wie ich einem Schild entnahm »Stachelschweinsland« bedeuten. Cacouna war, wie manche dieser kleinen Ortschaften am Strom, ein Sommerkurort. Das verrieten mir einige kleine Gruppen von Leuten, die sich bewundernd die große Kirche anschauten, die das Anschauen auch durchaus verdiente. Diese munter schwatzenden Zeitgenossen hatten offenbar nichts zu tun, waren städtisch gekleidet, waren unverkennbar »Sommergäste«. Einen Badestrand gab es auch, und fürs Fischen und Jagen waren in der Gegend sicherlich vorzügliche Gelegenheiten zu finden.
Ich für meine Person erlebte in oder gleich hinter Cacouna, als sich ein freier Blick nach rechts öffnete, eine ganz andere Überraschung, wie einen Schlag, so daß ich anhalten mußte. Das »Meer« des Stroms neben, unter mir hatte plötzlich eine Begrenzung bekommen: ein blasser, schmaler Wall war nordwestlich von mir jenseits des großen, sachte wallenden Wassers aufgetaucht. Sie grüßten mich zum ersten Mal: die Laurentides, die Laurentischen Berge und Wälder, deren grenzenlosen Einsamkeiten ich mich in den kommenden Wochen anvertrauen wollte, um das große Canada als das zu erleben, was es bis zum heutigen Tage geblieben ist: wilder, unermeßlicher Wald wie am ersten Tage, uralt graues Gestein, unpassierbare Sümpfe und Moore, abertausend große und kleine Seen voller Fische in kristallenem Wasser und viele ungezähmte, glasklare Wildbäche und Flüsse, die da »alle fließen, Gott allein weiß wohin« – wie der wohl bedeutendste Dichter sie besingt, den Canada bisher hervorgebracht hat: Robert D. Service.
Ich wußte es plötzlich: Um dieser seit Ewigkeiten unberührten Einsamkeiten auf dem Laurentischen Schild bis hinüber in den unabsehbaren Yukon war ich auf diese ein bißchen verrückte Reise über die Nordroute gegangen, nicht wegen der alten erregenden oder rührenden Geschichtchen aus der schottischen oder französischen Frühzeit.
Die Sonne stand schon nicht mehr im Mittag, und ich hatte noch

gut vier bis fünf Stunden zu fahren, wenn ich der alles andere als »schnellen« 132 treu bleiben wollte – und das wollte ich. Meine Unterkunft in Québec-Stadt hatte ich mir von Trois-Pistoles aus bereits telefonisch gesichert. Noch einen Blick hinüber zu den wie zartes, flaches Gewölk über den Strom herübergrüßenden Laurentischen Gefilden – und weiter!

Eine halbe Stunde später war ich schon mitten in Rivière-du-Loup, einem noblen Städtchen mit etwa 13000 Einwohnern, das seine Bewohnerzahl im Sommer mehr als verdoppelt, denn es kann sich vieler, vor allem landschaftlicher Reize rühmen. Der Fluß, nach dem es seinen Namen trägt, stürzt über eine dreißig Meter hohe Schwelle – ein wunderbares Bild! – bevor er im großen Strom vergeht. Von der hohen Terrasse, auf der die Stadt angesiedelt ist, bieten sich immer wieder andere Ausblicke auf den St. Lorenz und auf die zarten Umrisse des Gegenufers, das über eine Autofähre zu erreichen ist.

Die sehr geschäftige Stadt und der Fluß, der bei ihr in das weitaus mächtigere Gewässer, den St. Laurent, mündet, erhielt ihren romantischen Namen nicht etwa von den vielen Wölfen, die sich in der Gegend umtrieben (es gibt sie gar nicht!), sondern nach einem französischen Schiff »Le Loup«, »Der Wolf«, das hier um 1670 einen Winter lang im Eis festsaß, weil es die rechtzeitige Fahrt ins offene Wasser des Golfs, des Atlantik, versäumt hatte. Ein französischer Handelsposten, der den Indianern allerlei europäischen Tand, buntes Tuch, Rum und anderen Branntwein, wohl auch schon Musketen, Pulver und Blei gegen Felle und Pelze eintauschte, hat an dieser Stelle schon 1673 bestanden und dem französischen Adligen, der vom König Ludwig XIV. (1643–1715) mit dem Stück Wildnis am Rivière du Loup belehnt worden war, einem Seigneur Aubert de la Chesnaye, gutes Geld eingebracht.

Als dann die Briten nach 1763 ganz Québec an sich brachten, wurden Stadt und Gegend Eigentum von General James Murray und später (1806) von Alexander Fraser, einem früheren Pelzhändler der für den kanadischen Westen so bedeutsamen Pelzhandelsgesellschaft, der North-West Company. (Dieser A. Fra-

ser ist nicht zu verwechseln mit Simon Fraser, der im späteren British Columbia im fernen Westen den Lauf des nach ihm benannten Flusses erkundete, an dessen Mündung später die größte Hafenstadt Canadas entstand, Vancouver, B.C.). Fraser nannte den Ort Fraserville; er entwickelte die Siedlung mit großer Energie und viel Umsicht; volle Stadtrechte erhielt sie aber erst 1919 – und zugleich ihren allerersten Namen zurück: Rivière du Loup – ein Zeichen dafür, daß sich unter den Québeckern das Bewußtsein zu regen anfing, daß in diesem großen Land die Franzosen »die Ersten« gewesen sind und französisch geredet werden müßte. (Die Fraser sind ein schottischer Clan!) Noch heute ist in der Stadt das bescheiden stolze Adelshaus zu besichtigen, das sich die seigneurale Familie de la Chesnaye erbauen ließ, die vor dreihundert Jahren mit königlicher Erlaubnis hier ihre imaginären Rechtsansprüche durchsetzte. Und als ein nachgeborener Europäer wundert man sich wieder einmal, mit welch blauäugiger Selbstverständlichkeit damals die Portugiesen, Spanier, Holländer, Preußen, Franzosen, Engländer die ganze außereuropäische Welt gottgewollt als das allein ihnen in die Wiege gelegte Erbgut mit Beschlag zu belegen trachteten.
An den schönen und verlockenden Badeständen bei der sehr geschäftigen Stadt sich durch ein Bad im klaren Wasser des St. Lorenz von der ausgiebigen Spätsommerwärme des Tages zu erholen, versagte ich mir. Ich war in Gedanken bereits in Québec-Stadt, einem Ort, der mir in Canada stets als jener vorgekommen ist, auf den das Urteil »gut alteuropäisch« am besten paßt. Merkwürdigerweise ist mir die Empfindung, alten europäischen Boden zu betreten, z.B. in Québec-Stadt, viel deutlicher bewußt geworden – auf dem fremden Kontinent also –, als wenn ich in Deutschland oder Frankreich sehr viel ältere Städte erlebte, an denen ja bei uns kein Mangel herrscht.

Nicht weit hinter Rivière-du-Loup fährt man an einem als Erholungsort sehr beliebten Bauerndorf vorbei, an Nôtre-Dame-du-Portage, dessen Name ebenfalls weit in die Vergangenheit zurückweist. Von hier aus ließ schon 1783 der damalige General-

Gouverneur von Canada, das sich sowohl durch die Franzosen, die Erbfeinde, wie durch die neu sehr gegen Englands Willen entstandenen United States für bedroht halten mußte, die militärisch höchst wichtige Verbindung von dem nun englisch gewordenen Québec nach dem endgültig englischen Akadien (Nova Scotia) mit den Mitteln der Zeit ausbauen. Weite Entfernungen über Land waren damals am schnellsten mit dem Kanu zu bewältigen; dafür war ein Ausbau, eine Glättung der Portagen, der Strecken, an denen die Kanus aus dem Wasser gehoben und getragen werden mußten, ganz besonders vordringlich. Der Ort also, an dem diese Schnellroute nach L'Acadie, das heißt nach St. John in New Brunswick und weiter nach Halifax, Nova Scotia, von der alten Straße am St. Lorenz entlang abzweigte, das Dörfchen Nôtre-Dame, wurde durch den Zusatz »du Portage« besonders gekennzeichnet, denn Nôtre-Dame's gibt es im gut katholischen Québec viele! –
Ich wurde allmählich müde, die vielen franko-kanadischen Siedlungen zu registrieren, die sich nun, je weiter ich südwestwärts vorankam, immer dichter längs des Stromufers aneinanderreihten. Sie ähneln alle einander mit ihren erstaunlich stolzen Kirchen, den zumeist schmucklosen, aber wohl proportionierten buntgestrichenen Häusern, die mehr auf Solidität denn auf architektonische Eleganz Wert zu legen scheinen. Ihre Namen klingen ebenfalls gut katholisch; der Vorrat an Heiligen-Namen scheint unerschöpflich zu sein, darunter so ungewöhnliche wie St. Pascal, St. Pacôme und St. Vallice. Aus dem Rahmen schien mir ein Dorf zu fallen, von dem ich wußte, daß es einst das administrative und religiöse Zentrum des »Unteren St. Lorenz Bezirks« gewesen war; es heißt Kamouraska, was ein wenig polnisch klingt, tatsächlich aber indianischen Ursprungs ist und etwa bedeutet »Am Wasser gibt es Binsen«. Wahrscheinlich gibt es sie jetzt noch, denn die bescheidenen Badestrände – nur sehr gelegentlich – am Stromufer haben den Wildwuchs am Rande des mächtigen Stroms kaum beeinträchtigt. Auch im Vorbeifahren erkannte ich, daß Kamouraska noch eine Reihe von sehr alten, schönen Häusern in seinen Mauern beherbergt, die eine

Vergangenheit bestätigen, in der es nicht nur ein freundliches Bauerndorf gewesen ist. Auf dem an die dreihundert Jahre »Alten Friedhof« hat man die Gräber von weit über dreizehnhundert Pionieren gezählt, die Kamouraska einst aus ungezähmter Wildnis haben entstehen lassen.

In Saint-Roch-des-Aulnaies (Heiliger Rochus von den Aulnaies) sah ich auf der anderen Seite des Großen Stroms die Ile-aux-Coudres, die Haselnuß-Insel, liegen, dahinter die nun sehr klar in der Nachmittagssonne sich abzeichnenden, dunkel violett schimmernden Hänge und Ketten der Laurentides, des Laurentischen Hochlands – und wieder spürte ich die dunkle Lockung, die von ihnen ausging. Aber das hatte noch zu warten, zunächst hatte ich mich ausführlich mit Québec-Stadt auseinanderzusetzen. Der Beiname Aulnaies geht auf die Adelsfamilie Les Aulnaies zurück, deren Seigneurie in die Zeiten des » Roi de Soleil«, des »Sonnenkönigs« Louis XIV., zurückreicht.

Eine ganze Anzahl von Seitenstraßen zweigten bereits und zweigten fortab häufiger noch von der 132 über den Transcanada hinweg senkrecht nach Südosten ab. Sie führten allesamt zu vielen alten stockfranzösischen Dörfern, die nicht viel anders als mein Ste.-Sophie-des-Monts noch heute fern der hastigen Gegenwart ganz in sich ruhen. Alle diese Ortschaften sind sehr ordentlich und rechtwinklig zueinander ursprünglich von der französischen Verwaltung vermessen worden, denn die verschiedenen Seigneurien mußten sauber gegeneinander abgegrenzt sein; sie enden alle an der Grenze zu den USA, zum Staate Maine. Jenseits der Grenze, im Amerikanischen, finden die Straßen keine Fortsetzung. Dort regiert nach wie vor und bis zum heutigen Tage die ungebrochene Wälderwildnis. Nur eine einzige Verbindung gibt es in dieser Gegend, auf der man von Québec aus weiterführende Straßen in Maine, USA, erreichen kann: über die Seitenstraße 283 nach Clayton Lake in Maine. Aber um diese landschaftlich bezaubernde Route zu benutzen, braucht man für den amerikanischen Abschnitt eine Erlaubnis von dem (privaten) Eigentümer und muß eine Gebühr bezahlen. Die 283 gabelt in Montmagny am St. Lorenz vom Transcanada ab. In dieser Gegend zur Maine-Grenze hinüber hatte ich mich vor Jahren lange umhergetrieben und war nicht müde geworden zu studieren, was die alten Siedlungen mit zum Teil wunderbaren alten Häusern und – immer wieder! – alten, großen Kirchen zu erzählen hatten – viel, sehr viel!

Diesmal verhielt ich nur für eine halbe Stunde in Saint-Jean-Port-Joli, das 1721 in den Ländereien des Lehns- oder Grundherrn, des Seigneur Port-Joli, gegründet wurde. Der Ort ist oder gilt zum mindesten als Heimat all der alten Handwerke und Kunstfertigkeiten, welche die französischen Siedler aus ihrer alten Heimat mitgebracht haben. Erstaunlicherweise hat sich vieles davon bis auf den heutigen Tag erhalten und ist in so mancher Werkstatt oder dem dazugehörigen Laden zu bewundern und zu erwerben. Ganz besonders vielgestaltig und kunstreich offenbart sich hier die Skulpturen-Schnitzerei in Holz. Die Holzbildhauer dieses Ortes haben viele Kirchen und öffentliche Gebäude weit umher im Land mit einzigartigem Schnitzwerk ausgestattet und sind noch heute damit beschäftigt. Ihre Figuren bilden keineswegs nur religiöse Themen und Menschen ab, sondern etwa auch einen Trapper auf Schneeschuhen, einen Bauern beim Mistaufladen. Ich fand die Miniatur-Segelschiffe, die bis in die feinsten Einzelheiten »stimmten«, besonders reizend, ja verführerisch – ließ mich aber nicht verführen, denn das zarte Schiffchen mit seinen Masten, Rahen, Tauen, dem Ruder und dem Anker würde die lange Reise im Jeep-Wagoneer, die mir noch bevorstand, sicherlich nicht überstehen. – Kupfer-Emaille-Arbeiten und Arbeiten in feinem Leder sind ebenfalls in dem Dörfchen Saint-Jean-Port-Joli zu Hause und verraten eine Geisteswelt, eine innere Beziehung zur Arbeit, die in Amerika selten ist – und sehr viel eher der Alten Welt zugeschrieben wird als der Neuen. Wer Zeit hat, sollte sich allein für Saint-Jean-Port-Joli ein paar Tage reservieren, nicht nur für die Werkstätten, sondern auch für die aufregenden Menschen und Schicksale, die sich auf der Bühne dieses Städtchens abgespielt haben.

Hier entlang zu fahren auf der alten 132, das ist nicht viel anders, als sich in Süddeutschland etwa der »Romantischen Straße« anzuvertrauen. Aber man braucht Zeit dazu – hier wie da.

Ein weiterer schon ausgesprochener Eindruck drängte sich mir in diesem Herzland von Québec auf: Im Norden der US-amerikanischen Grenze zeigte sich das Land weithin wunderbar kultiviert, viele sehr wohlhabend anmutende Bauerndörfer gleiten an den Autofenstern vorbei, mit stolzen Kirchen in ihrer Mitte und hohen Türmen; immer wieder tauchten vornehme und bis in die Gegenwart gepflegte Adelshäuser der lang verschollenen, aber nicht vergessenen französischen Seigneurs auf, die hier einst vom König von Frankreich mit riesigen Stücken Landes belehnt worden waren und ihre Bauern und kunstfertigen Handwerker aus dem Artois oder der Bretagne darauf angesiedelt hatten (ob sie es wollten oder nicht!). Üppige Wiesen, weit gedehnte, fruchtbare Äcker und bei den Dörfern reiche Gärten für Obst und Gemüse und auch Blumen – wahrlich, dieser ganze gar nicht sehr breite Streifen französisch-bestimmten Landes südlich des unteren St. Laurent bot sich dar als ein Kulturland von überzeugender Anmut und Würde.

Aber nur sozusagen wenige Schritte weiter nach Südost und Süd, sobald man die US-amerikanische Grenze überschritten hatte und sich auf dem Territorium von Maine oder auch New Hampshire befand: im Gegensatz zu den franko-kanadischen Gebieten nichts weiter als ungebrochene Wildnis, seit Ewigkeiten nicht gestörte Einöden, die sich erst weiter im Süden zur Atlantikküste hinüber lockern und besiedelten, auch altbesiedelten Regionen Platz machen. Der Reisende, der die Augen aufmacht und seine Karten nachdenklich studiert, bekommt also einen unmittelbaren Eindruck davon, mit wieviel Fleiß und Geschick sich die französischen Siedler ihrer neuen Heimat angenommen haben und wie tiefe, starke Wurzeln sie in dies zwar überaus winterharte, aber herrlich sommergoldene Land getrieben haben. Ich für mein Teil begreife die Leidenschaft und auch Eifersucht, mit denen die Franko-Kanadier auch heute noch und gerade jetzt wieder nach über zweihundert Jahren britischer

– wenn man es übertrieben ausdrücken will – Fremdherrschaft auf ihren franko-kanadischen Sonderrechten bestehen – und neue dazufordern.

Wenn man erst die wichtige Industrien beherbergende, aber zugleich mit vielen vornehmen alten und bemerkenswerten Häusern gezierte Stadt Montmagny passiert hat, in welcher Sir Etienne-Paschal Taché geboren wurde und wirkte, einer der Väter der kanadischen Confederation, nimmt der Strom zur Rechten des Weges ein anderes Aussehen an; er wird langsam enger. Aber das Ufer, das immer dichter von der Gegenseite heranrückt, ist nicht das Nordufer des Stroms, sondern die Kante der breit und lang im Strom lagernden Ile d'Orléans, der Orleans-Insel.

Ich wollte mich nicht weiter ablenken lassen, begann schneller zu fahren, denn am oberen Ende der Orleans-Insel, das wußte ich, würde der mächtige St. Laurent endgültig das Recht verlieren, »Meer« genannt zu werden; er würde seine Ufer so stark zusammengerückt haben, daß er der Bezeichnung »Strom« wirklich entsprach, und auf dem anderen Ufer würde die große Stadt auftauchen, der ich sehnsüchtig entgegenstrebte, Inbegriff des ältesten Canada: Québec-Stadt, eines Frankreichs auf amerikanischem Boden!

Aber wie zum Trotz heißt gerade hier, wo der Strom unverkennbar zu dem wird, was er ist, eine kleine alte Stadt Berthier-sur-Mer, Berthier am Meer, obgleich der offene Atlantik hier gut zwölfhundert Kilometer entfernt ist. Berthier heißt der Ort nach dem Captain de Berthier vom königlichen Regiment Carignan, dem das Land ringsum schon 1672 als Seigneurie verliehen wurde. Aber dergleichen läßt sich so oder so von all diesen alten Ortschaften am unteren Sankt Lorenz erzählen.

Da lag es nun, drüben, hoch auf felsigem Ufer, endlich! Das alte Québec, nicht die größte (das ist Montréal), aber die Hauptstadt der Provinz gleichen Namens, der größten kanadischen, des einzigen nicht englisch sprechenden Staatswesens in ganz Nordamerika.

Ich fühlte mich versucht, die alte, auf das Jahr 1635 zurückgehende Stadt Lévis zu umgehen und die Brücke nach Québec auf direktem Wege zu erreichen; aber ich entsann mich rechtzeitig, daß man von dem hochgelegenen Teil der Stadt, der Upper town, einen großartigen Ausblick auf Québec geboten bekam – und ich fuhr hinauf.
Der Nachmittag war inzwischen – nach all meinen verschiedenen Aufenthalten in St.-Jean-Port-Joli, Kamouraska und anderwärts – schon so weit vorgeschritten, daß die Sonne sich bereits in den Westen senkte. Die Silhouette der alten Stadt hob sich, wie mit schärfstem Griffel gezeichnet, am westlichen Horizont ab: Französisch-Canadas Wahrzeichen mit seiner Zitadelle, mit dem hoch alles andere überragenden Hotel Château Frontenac, mit der Kathedrale, der alten Universität, und tief unter der steinernen Brüstung der oberen Stadt die » Basse Ville«, die Unterstadt am Strom, außerhalb der starken Mauern der Festungsstadt auf dem Steilufer, längs des Stroms dicht und eng erbaut, aus der Ferne vom oberen Lévis gegen das Licht nur schattenhaft zu erkennen. Ich riß mich schließlich los, wußte ich doch, daß ich mich wohl noch für annähernd eine Stunde durch dichten Verkehr und verzwickte Straßen zu meinem Hotel würde hindurchquälen müssen – und der Tag war lang und anstrengend gewesen. Aber mit Geduld und Vorsicht schaffte ich auch noch dies letzte Stück zu meinem Quartier für die nächsten Tage, dem Hotel »Le Château Frontenac«.

In vergangenen Jahren hatte ich schon einmal im Hotel »Château Frontenac« gewohnt, allerdings damals auf Einladung einer amtlich-kanadischen Behörde. Es war mir klar, daß ich auch diesmal in einem der allerbesten, aber auch allerteuersten Hotels von ganz Canada, ja des ganzen nordamerikanischen Kontinents wohnen würde. Aber ich entsann mich noch, und das keineswegs nur dunkel, sondern mit heller Deutlichkeit, des ganz unerhörten Ausblicks, den ich von einem der Zimmer im achten Stock gehabt hatte. Diesen Blick ins ureigenste Canada hinein wollte ich noch einmal erleben – und sollte es mich auch an die einhundertundfünfzig kanadische Dollar die Nacht kosten – was es dann auch kostete. –

Québec ist eine alte Stadt. Der heute noch von einer mächtigen Stadtmauer umschlossenen Altstadt auf ihrem hohen Vorgebirge über der schmalen Unterstadt und dem Strom schließt sich heute auf dem Hochplateau nach Südwesten eine gleichfalls recht unübersichtliche neue Stadt an, die sich ständig weiter ins Land hinein ausdehnt. Ich hatte mich – durch frühere Erfahrungen gewitzt – gleich nach der Überquerung des großen Stroms – wo er hier am schmalsten ist – dem Boulevard Laurier und dem geradeaus anschließenden Chemin St. Louis anvertraut, hatte mich so nicht verirren können und war ohne Umwege bei meinem Hotel gelandet, wo ich mein Auto sofort in der Garage verwahrte – im alten, winkligen Québec würde ich ohnehin nur zu Fuß unterwegs sein.

Ich hatte einen alten, in Québec einflußreichen Bekannten im voraus mobil gemacht, mir über seine weitreichenden Verbindungen ein möglichst hoch gelegenes Eckzimmer zu sichern, das nach Norden blickte. Wie ich dann gleich an der Rezeption erfuhr, hatte das wunderbar geklappt. Ich schwebte mit dem Fahrstuhl in den achten Stock und folgte dem Bellboy mit meinem Gepäck zu dem mir zugewiesenen Zimmer, bezahlte den munteren, schmuck uniformierten Knaben, schloß hinter ihm die Tür und trat an eines der großen Fenster, die nach Norden und Osten blickten.

Und erstarrte!

Ja! Das war es, was mich als Erinnerung durch viele Jahre mit großer Treue verfolgt hatte. Ich schreckte ein wenig zurück, so ungeheuer stürzte der Blick von meinem über Stadt und Strom hinausgehobenen Posten in die Tiefe, über die Unterstadt mit ihren engen Gassen, über die Becken des Hochsee-Hafens Québec hinüber zu den Hügeln und grünen Matten der im dort breit ausufernden Strom verankerten Orléans-Insel – und weiter, weiter dann in die immer blasser und dunstiger verschwimmende Ferne der Laurentides, der laurentischen Hügelwelt, aus der immer noch hier und da der riesige St.-Lorenz-Strom aufglimmte wie eine Flamme hinter grauem Milchglas.

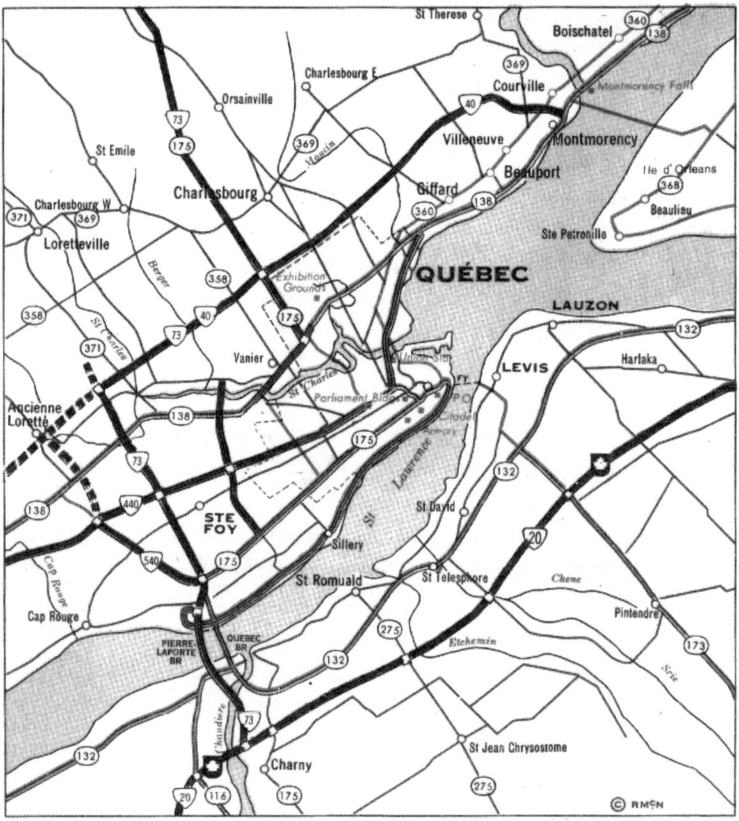

Québec

Mein Herz schlug schnelleren Takt. Dies hatte ich noch einmal erleben wollen, hatte es erhofft – und nun erlebte ich es!
Ich zog mir einen Lehnstuhl ans Fenster. Ich konnte mich von der grandiosen Aussicht nicht lösen. Mit großer Macht war mir zu Bewußtsein gekommen, daß ich mich genau an dem Ort befand, an dem Canada als ein Land der Europäer, nicht der Indianer, angefangen hatte, wo Franzosen sich eingepflanzt hatten, zu wenigen Dutzend zuerst, aber trotz zahlreicher Rückschläge auf diesem Boden wachsend und fest sich verklammernd, ihres Erstgeburtsrechts bis zum heutigen Tage mit hartnäckiger Treue eingedenk – manche nennen es Verbohrtheit.

Das Licht des Tages schwand dahin – und was bei meiner Ankunft im Hotelzimmer noch scharf umrissen gewesen war, versank in immer tiefer schattender Dämmerung. Ich spürte nicht die geringste Lust, mich umzuziehen und mich zu einem gedehnten Abendessen im »Le Champlain Dining Room«, in das berühmte Restaurant des Hotels, zu verfügen. Ich hatte noch etwas Proviant im Koffer, und Getränke würde ich in dem kleinen Kühlschrank in der Zimmerecke vorfinden. Ich wollte von meinem Hochsitz am Fenster die Nacht über den Strom und die Laurentischen Gefilde herniedersinken sehen – und nachdenken, mir einbilden, daß ich auf meiner letzten großen Reise – all across Canada – an eben dem Ort eingetroffen war, an dem – ich sage es nochmals – Canada angefangen hat. Wachte ich oder schlief ich in meinem bequemen Lehnstuhl? Ich starrte in die Nacht hinaus, in der ein Stern nach dem andern angesteckt wurde. Viele Bilder zogen an mir vorüber. Ich vermochte Wachsein und Traum nicht mehr zu unterscheiden.

Jacques Cartier, der kühne Seefahrer aus St. Malo an der Küste der Bretagne, war, ohne es recht zu erkennen, auf der westlichen Seite des Atlantik in den meeresgleichen St.-Lorenz-Golf eingefahren, hatte allmählich begriffen, daß er sich in einer Flußmündung befand, denn das Wasser, in welchem riesige Wale ihre Atemfontänen in die Luft bliesen, drängte ihm sechs Stunden lang entgegen und schob ihn dann wieder sechs Stunden lang südwestwärts landein – landein ging die gemächliche Reise. Schon waren an Steuer- wie an Backbord bewaldete Ufer und fernere Höhenzüge auszumachen, rückten sachte näher heran, boten aber einem vielleicht zum Kreuzen gezwungenen Segelschiff noch immer genügend Bewegungsraum. Cartier dachte: Irgendwann wird der Strom, auf dem ich in dies unbekannte, anscheinend unermeßliche Waldland hineingleite, so eng werden, daß ich nur noch, wenn überhaupt, mit sehr günstigem Rückenwind vorankomme. Aber noch ist es nicht soweit. Noch habe ich freie Bahn!

Am achten September – man schrieb das Jahr 1535; der Dreißigjährige Krieg (1618–1648) in Europa lag noch in ungewisser Zukunft – schien sich Cartiers Reise ins Innere des kaum geahnten Erdteils, der noch keinen festen Namen hatte, dem Ende zu nähern. Eine mächtige Insel legte sich im Strom mit Hügeln, Felsen und Wäldern dem Schiffe quer. Eine Insel mußte es sein, denn auf beiden Seiten des Landes, der Insel, der späteren Ile d'Orléans, war die starke Strömung nordostwärts nicht zu bezweifeln.
Hier also würde er seine drei Schiffe in irgendeiner sicheren Bucht vor Anker legen und versuchen, mit den Bewohnern des Landes, die sich bereits bemerkbar machten, in engere Berührung zu kommen.
Es war ja nicht die erste Reise, die Cartier nach Westen über das große Wasser unternommen hatte. Es ist so gut wie sicher, daß er – auch er wahrscheinlich auf der Suche nach dem illusionären »Seeweg nach Indien« – schon in den Jahren vor 1534 über den Atlantik gesegelt ist und die Küste Brasiliens erreicht hat, ohne daß diese Fahrt irgendwelche politischen oder wirtschaftlichen Folgen nach sich gezogen hätte. Immerhin war sein König, Franz I. von Frankreich, auf ihn aufmerksam geworden und hatte ihm eine königliche Bewilligung oder Anordnung ausgestellt, abermals über den Ozean zu segeln und die »Nordwest-Passage« im Norden zu finden, die den Weg nach Indien öffnen sollte und die doch irgendwo – woran damals kein Kundiger zweifelte – vorhanden sein mußte.
1534 war Cartier mit seiner königlichen Charter in der Tasche wiederum losgefahren, hatte aber nur die – den bretonischen und portugiesischen Fischern schon bekannten – Küsten von Neufundland gefunden, war an ihnen südwärts entlanggesegelt, damit in den St.-Lorenz-Golf gelangt und war auf die Küste der (späteren) Gaspé-Halbinsel gestoßen. Er hatte sie für Frankreich und seinen König mit Beschlag belegt, schien sie doch niemand zu gehören, und die wenigen »Wilden«, die man antraf, hatten von Oberhoheit über oder Eigentum an Land, der grenzenlosen Wildnis, gar keine Vorstellung. Aber es war schon spät im Jahr gewesen, und wenn Cartier die schweren Herbst- und

Winterstürme des Nordatlantik vermeiden wollte, dann mußte er die Heimreise antreten. Bis dahin hatte Cartier nicht viel geleistet und den Entdeckungen von John Cabot und Verrazano nicht viel Neues hinzugefügt. Er war entschlossen, dies nun (1535) zu ändern.
Auf der Insel lernte er eine indianische Persönlichkeit kennen, die ihm wie ein Fürst des Landes Canada vorkam. In Berichten von Cartier kommt der Name Canada bereits vor. Cartier erfuhr von einem weiteren großen und sagenhaft reichen Land im ferneren Hinterland namens Saguenay (welcher Name sich heute als Bezeichnung des größten Nebenflusses des unteren St. Lorenz erhalten hat).
Cartier traf auf der Insel mit dem »Lord von Canada, namens Donnacona« zusammen. Dieser machte auf Cartier großen Eindruck, zeigte sich freundlich und hilfsbereit. Cartier beschloß, an dieser Stelle, wo der große Strom enger wurde, zu überwintern. Von Westen her mündete hier ein Fluß in den Westarm des großen Stroms. An diesem Nebenfluß, dem Cartier den Namen St. Croix gab (heute Rivière St. Charles), lag ein großes Dorf der Huronen, des weit umher ansässigen Indianerstammes. Unweit dieses Dorfes Stadacona sollten Cartiers Leute ein befestigtes Fort anlegen, während Cartier selbst mit dem kleinsten seiner drei Schiffe den Strom weiter landein erkunden wollte.
Cartier kam ein gehöriges Stück stromauf. Aber dann bei einer breiten Insel, die sich um einen Berg in ihrer Mitte schmiegte, verwehrten ihm unüberwindliche Stromschnellen den Weg, die Schnellen von Lachine – China –, wie Cartier sie benannte. Immer noch spukten die Ziele des »nordwestlichen Seewegs«, China und Indien, in den Köpfen. Cartier mußte vor den Schnellen umkehren. Er tat es, nicht ohne der Insel mit dem weithin sichtbaren Berg einen Namen gegeben zu haben; er nannte sie »Königlicher Berg«, mont réal, Montreal – und so heißt sie noch heute. Cartier kehrte nach Stadacona zurück.
Es wurde ein sehr kalter und harter Winter. Cartier verlor einen Teil seiner Mannschaft durch den Skorbut, jene Mangelkrank-

heit, die in vergangenen Zeiten die Besatzungen der Segelschiffe auf langen Reisen (ohne frische Nahrung und frisches Wasser) fürchterlich mitgenommen hat.
Stadacona, das Indianerdorf, lag wahrscheinlich auf dem steilen Vorgebirge über dem Strom, wo heute die Oberstadt, die Altstadt von Québec sich in ihren Mauerkranz bettet, an ihrer höchsten Stelle heute gewaltig überragt von dem »Hotel Château Frontenac«.
Cartier hatte nicht viel Glück. Die an Zahl weit überlegenen und kriegserfahrenen Huronen unter ihrem Oberhäuptling Donnacona zeigten sich, während der Winter vorrückte und die Fremden immer schwächer und elender wurden, der weißen Männer von jenseits des Meeres überdrüssig, wurden zudringlich, stahlen, was ihnen gefiel, und dachten nicht daran, sich zur Ordnung rufen zu lassen.
Am sechsten Mai 1536 mußte sich Cartier mit seiner sehr geschrumpften Mannschaft von Donnacona, dem »Lord von Canada«, dazu den Fabeln von dem Reichtum des sagenhaften Landes Saguenay, verabschieden und sich auf den Rückweg nach St. Malo in Frankreich begeben.
Immerhin müssen diese Fabeln so überzeugend geklungen haben, daß der König beschloß, eine weitere, besser ausgestattete Expedition in das »Königreich« Canada auszusenden. Aber Franz I. von Frankreich hatte zunächst alle Hände voll zu tun, seine Streitigkeiten mit den Habsburgern (zunächst gegen Kaiser Karl V.) auszutragen, und das neue Unternehmen, mit welchem Cartier die Schätze des sagenhaften Landes Saguenay einholen sollte, mußte zunächst zurückgestellt werden. 1541 jedoch, fünf Jahre nach seiner Rückkehr, wurde Cartier abermals ausgesandt, diesmal mit dem strikten Auftrag, am St. Lorenz die französische Herrschaft durchzusetzen und das Gold und die sonstigen Schätze des Landes Saguenay einzusammeln.
Cartier, mit fünf Schiffen diesmal, sollte die Voraus-Abteilung bilden, der die eigentliche Hauptmacht unter dem Chevalier de Roberval bald folgen sollte. Man war seiner Sache sehr sicher in Frankreich; Roberval, nicht Cartier, war zum Oberkomman-

dierenden der Expedition bestimmt und sollte Vizekönig des Neuen Frankreich jenseits des Ozeans werden.

Man kann sich vorstellen, daß Cartier sich enttäuscht und gekränkt gefühlt haben muß, denn ihm und nicht dem Günstling des Königs, Roberval, war die Entdeckung des großen St.-Lorenz-Stroms und die Kunde von den Reichtümern Saguenays zu verdanken.

Cartier ließ sich diesmal nicht in der Nähe des indianischen Hauptortes Stadacona nieder, sondern weiter oberhalb auf dem linken Stromufer bei dem heutigen Cap Rouge (heute ein freundlicher, wohlhabender Außenort von Québec, etwa fünf Kilometer oberhalb der großen Straßen- und Eisenbahnbrücke über den St. Lorenz gelegen). Aber Roberval mit der Hauptmacht seines erst noch zu gründenden Königreiches wollte sich nicht einstellen, was Cartier Zeit und Gelegenheit gab, sich bei Cap Rouge einzugraben und zu verschanzen. Es wurde Winter und für die Heimreise zu spät. Cartier war diesmal besser vorbereitet und überstand den wiederum sehr kalten Winter (sie sind heute noch sehr kalt in Québec) ohne wesentliche Verluste.

Wenn Roberval nicht kam, so wollte Cartier seine Tüchtigkeit beweisen. Im Frühling 1542 machte er sich von neuem auf, handfeste Beweise für den Reichtum des Landes Saguenay einzuholen, erreichte auch wieder den Ort mit der großen Indianersiedlung, der er Jahre zuvor den Namen Montréal verliehen hatte. Die Indianer zeigten allerdings gar kein Verlangen danach, sich einem fernen und für sie höchst nebelhaften König in einem unbekannten Lande namens Frankreich und einer sonderbaren neuen Religion mit einem gekeuzigten Gott anzuvertrauen. Immerhin aber gelangte Cartier in den Besitz einiger Klumpen eines schweren Gesteins, das er für goldreiches Erz hielt. Er würde also in Paris beweisen können, daß er keine Märchen erzählt hatte.

Die indianische Neugier, sich mit den Waffen, den Werkzeugen, der Kleidung und dem – für indianische Begriffe – riesengroßen Schiff der Fremden vertraut zu machen, flaute allzu schnell wieder ab. Die Fremden mit ihrer ewigen Fragerei nach Gold und anderen Kostbarkeiten wie Silber oder Edelsteinen wurden lästig; sie waren eine Sensation gewesen, aber im übrigen wußte man mit ihnen nichts anzufangen; man brauchte sie nicht; sie störten den normalen Ablauf des Stammeslebens, sie sollten verschwinden, sie waren nicht erwünscht! Die Feindseligkeit der Leute von Hochelaga (Montreal) nahm gefährlich zu. Cartier hielt es für geraten, nach Cap Rouge zurückzukehren.

Roberval, der »Vizekönig« von Neu-Frankreich, war noch immer nicht aufgetaucht. Vielleicht war er mitsamt seinen Schiffen und Leuten in einem der schweren Stürme auf dem Nordatlantik umgekommen. Damit mußten die damaligen Seefahrer immer rechnen, wenn sie in ihren hölzernen Segelschiffen ausreisten. Seine Goldklumpen hatte sich Cartier ja nun gesichert; mit ihnen konnte er sich bestätigen; der Auftrag, ein Königreich zu gründen, war nicht ihm, sondern dem de Roberval erteilt – und der wollte nicht auftauchen. Cartier hielt es für geboten, nach Frankreich zurückzusegeln, um neue königliche Anweisungen einzuholen. Auch verloren seine Leute die Nerven; sie bildeten ja nur ein winziges Häuflein nicht erwünschter Eindringlinge in unabsehbarer Wildnis unter zwar nicht sehr zahlreichen, aber völlig unberechenbaren »Wilden«. Es empfahl sich, heimzukehren.

Nach vielen Tagen und dann Wochen, den großen Strom abwärts, über die windigen Weiten des Golfs vor seiner Mündung, an der Südküste Neufundlands, den Inselchen Pierre und Miquelon vorbei wurden endlich die sicheren Häfen an der Ostküste Neufundlands erreicht, wo man sich für den großen Sprung über den Nordatlantik rüsten wollte.

Hier mit einem Mal tauchte der verloren geglaubte Roberval mit seinen Schiffen auf; Abreise und Überfahrt hatten sich weit über Gebühr verzögert.

Die beiden Anführer konnten sich nicht einigen. Cartier mochte die Heimreise nicht abbrechen, Roberval die Ausreise in sein »Königreich« nicht aufgeben.

Leider stellte sich dann in Frankreich heraus, daß die Steinklumpen, die Cartier mitgebracht hatte, gar kein Gold enthielten.

Aber auch Roberval erreichte nichts, weder in Stadacona noch in Hochelaga – wenn er überhaupt so weit gekommen ist; er verliert sich mit seinen Leuten im Nebel über dem St. Lorenz. Es ist nicht mit Sicherheit überliefert, ob Cartier nach einmal ausgesandt worden ist, um nach Roberval zu fahnden und ihn heimzuholen.
Sicher ist nur, daß Cartier in seiner Heimatstadt St. Malo seine Reise-Erinnerungen niedergeschrieben hat, gelegentlich als Berater in Seefahrt-Fragen tätig war und sich als Übersetzer und Dolmetscher für Portugiesisch nützlich machte. Am 1. September 1557 ist er in St. Malo gestorben. Mit ihm fiel auch die Idee, auf amerikanischem Boden eine französische Herrschaft zu errichten, für ein weiteres halbes Jahrhundert mehr oder weniger der Vergessenheit anheim.
Von heute her gesehen meint man zu erkennen, daß Cartier einige Jahrzehnte zu früh auf seine tollkühnen Reisen gegangen ist. Sie bedeuteten für die damalige Zeit sicherlich genau das Gleiche, was uns Heutigen die Flüge der Astronauten in die Erdumlaufbahn darstellen – und sie erforderten auch mindestens ebensoviel Courage, Phantasie und Unternehmungslust!

Die verwegenen, auch ein wenig töricht oder naiv anmutenden Versuche des Jacques Cartier und seines Königs, auf amerikanischem Boden – wie es den Spaniern und Portugiesen in Mittel- und Südamerika schon gelungen war – gewinnträchtige Kolonien zu begründen, waren zwar zunächst kläglich gescheitert. Doch an den fernen Küsten und aus ihren wahrhaft unabsehbaren Hinterländern mußte doch etwas zu holen sein, was den ewig leeren Kassen der europäischen Fürsten aufhelfen konnte. Es bedurfte nur eines Mannes, der den Weitblick und die Energie aufbrachte, sich von Rückschlägen nicht entmutigen zu lassen – und der das Verlangen der Könige von Frankreich, sich rechtzeitig einen Anteil an den vermuteten Reichtümern des amerikanischen Erdteils zu sichern, wachzuhalten verstand. Denn wenn man sich in Europa nicht des Rückhalts an seinem jeweiligen König sicher sein konnte, dann konnte man vielleicht jenseits des großen Meeres hier und da mit einem seeräuberischen Raubzug Erfolg haben. Aber sich auf die Dauer irgendwo festsetzen konnte man nicht, weil dann der Nachschub aus Europa ausblieb.

Die Franzosen hatten das Glück, daß ihnen mit Samuel de Champlain (1567–1635) ein Mann geboren wurde, der später als der »Vater Canadas«, eines französischen Canada, in die Geschichte Nordamerikas eingehen sollte. Er stammte aus recht einfachen Verhältnissen. Auch damals konnte, wer das Zeug dazu besaß, aus simpler Familie zu ertaunlicher politischer Bedeutung aufsteigen. Champlain kam aus dem kleinen Städtchen Brouage nahe der französischen Atlantikküste in der Charente, wo sein Vater als Eigner und Meister eines Fischerbootes schlecht und recht für den Unterhalt der Familie sorgte. Von ihm erlernte der junge Samuel alles, was man damals für die stets gefährliche Hochsee-Schiffahrt wissen mußte.

Es hielt den jungen Mann nicht in den engen Verhältnissen seiner Heimat und im Dienst der väterlichen Fischerei. Er trat 1593 in die Armee des Königs Heinrich IV. ein, des ersten aus dem Hause Bourbon, und erreichte schon nach fünf Jahren den Rang eines Maréchal des Logis, eines Quartiermeisters. Er muß sich also in jenen sehr unruhigen, von Bürgerkriegen besonders in der Bretagne durchflammten Zeiten bewährt haben.

Aber dann lockte ihn ein Angebot seines Onkels, eines Schiffskapitäns in spanischen Diensten, nach Spanien. Er hatte ja die Seefahrt von der Pike auf erlernt und ließ sich für eine Reise nach den spanischen Besitzungen in der Karibischen See und Mexiko anwerben.

1601 oder 1602, das genau Datum steht nicht fest, kehrte Champlain nach Frankreich zurück. Der vielbegabte Mann hatte gerade nichts Besseres zu tun, setzte sich hin und schrieb einen sehr farbigen und aufregenden Bericht über seine bisherigen Reisen, stattete ihn sogar mit Illustrationen aus, die er selbst entwarf. (Das Manuskript ist erhalten und wird in der John-Carter-Brown-Bibliothek in der Hauptstadt des kleinsten US-

Staates Rhode Island, in Providence, aufbewahrt; allerdings wird neuerdings seine volle Echtheit angezweifelt.) Damit begründete er seinen Ruf als Seemann, Forscher und Beschreiber ferner Küsten. Es fiel ihm nicht mehr schwer, seine Kenntnisse als Geograph und Kartograph an den Mann zu bringen.

Es war mehr oder weniger ein Zufall, daß Champlain Gelegenheit fand, sich in die Meeresgegend einzuschiffen, die wegen ihres Fischreichtums den bretonischen, schottischen, spanischen und portugiesischen Fischern schon seit langem bekannt war: nach Neufundland und Neuschottland. Das Schiffchen, die » Bonne Renommée«, hatte zwar nur 120 Tonnen Wasserverdrängung, aber es brachte ihn sicher in die St.-Lorenz-Mündung. Schon bei diesem ersten Besuch erkannte Champlain die unvergleichlich günstige Lage des späteren Québec, wo Cartier 1535/36 gewintert hatte; sie war wie geschaffen für eine befestigte Stadt, hoch oben auf dem »Cap Diamant«, wie Cartier es genannt hatte.

Auch Champlain fuhr mit einem kleineren Boot bis zu den Lachine-Stromschnellen (bei Montréal) hinauf, wo er mit den Algonquin-Indianern des Irokesen-Bundes Bekanntschaft schloß. In den vergangenen Jahrzehnten hatte sich die indianische Besiedlung der Gebiete am unteren St. Lorenz gegenüber derjenigen, die Cartier kennengelernt hatte, gründlich geändert.

Stadacona, die große Siedlung der Huronen, war verlassen und zerstört. Die Stämme waren den Angriffen, den mitleidlosen Metzeleien der Irokesen aus dem Süden nicht gewachsen gewesen. Was von ihnen noch übrig geblieben war, hatte sich weit im Westen in Sicherheit gebracht und saß jetzt zwischen der Georgian Bay des (heutigen) Lake Huron und dem Lake Simcoe im (heutigen) Ontario (nördlich von Toronto).

Champlain war fest entschlossen, sich, anders als Cartier vor ihm, gegenüber den Indianern im Lande zu behaupten und den Anspruch Frankreichs durchzusetzen, indem er feste Siedlungen anlegte, die für die Dauer und nicht nur für einen Sommer bestimmt sein sollten. Sehr einfach war das nicht. Insbesondere forderten die strengen Winter, in denen der Skorbut immer wieder ein Drittel oder mehr der Siedler hinwegraffte, fürchterliche Opfer.

Das ungebändigte Land erpreßte einen harten Tribut. Champlain jedoch war nicht zu entmutigen. Denn wenn auch Gold oder Edelsteine in diesem unabsehbaren Waldland offenbar nicht zu finden waren, so boten sich doch andere Werte an, die nicht viel weniger kostbar, zudem in der damaligen Zeit überaus geschätzt waren und von den Reichen und Mächtigen in Europa hoch bezahlt wurden: Pelze! Pelze von Iltis, Marder, Nerz bis zu Biber, Wolf und Bär.

Pelze spielten schon ganz am Anfang der Beziehungen zwischen Indianern und Franzosen (später Briten, Schotten und dann Amerikanern) eine wesentliche Rolle. Der Pelzhandel ist es gewesen, der den Norden und Nordwesten des amerikanischen Kontinents, also vor allem das heutige Canada, aufgeschlossen hat. Die Siedler, das heißt die Ackerbauer, dann die Städter und schließlich – im äußersten Nordwesten – die Goldsucher folgten erst viel später. Für den Pelzhandel brauchte man Frieden und Verständigung. Deshalb fehlen in der Frühgeschichte Canadas die gewaltsamen Verdrängungskämpfe gegen die Indianer, welche die Anfänge der Besiedlung in den USA, besonders im mittleren und ferneren Westen, zu einer Kette von bösen Übergriffen, ja Brutalitäten gegenüber den Ureinwohnern des Landes gemacht haben.

Champlain blieb unermüdlich unterwegs, nicht nur in Canada – im ursprünglichen, auf den unteren St. Lorenz beschränkten Sinn dieses Namens –, sondern auch an der Atlantikküste, im schon etablierten Port Royal unweit des heutigen Digby in Nova Scotia, an den Küsten des heutigen US-Staates Maine bis nach Cape Cod und Martha's Vineyard im heutigen Massachusetts hinunter. Wahrscheinlich sind er und seine Leute die ersten Weißen gewesen, welche die Gegend durchstreift haben, in der sich heute die große Stadt Boston ausbreitet.

Zwischendurch fuhr Champlain immer wieder nach Frankreich, um für sein »Neues Frankreich« an der anderen Seite des Ozeans zu werben.

Am 3. Juli 1608 landete Champlain mit zwei Dutzend frischen Kolonisten aus Frankreich unterhalb des Kap Diamant am Ort der Unterstadt des heutigen Québec und begründete an dieser Stelle die früheste »weiße«, bis zum heutigen Tage lebendige städtische Siedlung von Europäern nördlich von Florida auf dem nord-amerikanischen Kontinent. Oben hoch auf dem Vorgebirge hatte das Huronen-Dorf Stadacona gelegen, aber das gab es nicht mehr; das Land war leer. Doch die Indianer würden erscheinen, um Pelze einzutauschen.
Zunächst einmal war jedoch in der jungen »habitation«, der Siedlung, der erste Winter zu bestehen. Von den vierundzwanzig Kolonisten des Anfangs waren im Frühjahr 1609 nur noch acht übrig; aber die hielten durch, wurden auch bald durch neue Ankömmlinge, die Champlain aus Frankreich herüberbrachte, verstärkt. Gleich war damit begonnen worden, das Land am Strom zu bestellen; es erwies sich als fruchtbar.
Im Sommer 1609 schloß sich Champlain mit zwei Gefährten einem Kriegszug der Indianer vom unteren St. Lorenz gegen die Irokesen an. Vom mittleren St. Lorenz bog die Streitmacht in den von Süden heranwallenden Richelieu-Fluß ein und folgte ihm aufwärts. So wurde Champlain zum ersten Weißen, der den langgestreckten See zu Gesicht bekam, der heute seinen Namen trägt; er grenzt jetzt an die US-Staaten New York im Westen, Vermont im Osten und an das kanadische Québec im Norden. Champlain und seine Gefährten sind höchstwahrscheinlich die ersten Weißen gewesen, die den Boden des heutigen Staates New York betreten haben, drei Franzosen! (Allerdings besagt eine unsichere Überlieferung, daß Giovanni de Verrazano schon 1524 in der Bucht von New York geankert haben soll.)
Am Lake Champlain, vielleicht in der Nähe des heutigen Ticonderoga, konnte der unverwüstliche Mann ein Heldenstück vollbringen, das ihm, seinem Lande Frankreich und den Franzosen überhaupt höchste Achtung und dauernden Ruhm einbrachte. Er hatte auf dem Kriegszug gegen den Erbfeind seiner indianischen Nachbarn und Freunde vom unteren St. Lorenz, der Huronen, also gegen die Irokesen, das ungefüge Schießeisen der da-

maligen Zeit, eine Arkebuse (eine Hakenbüchse mit Luntenschloß) mitgenommen. Als die kleine Streitmacht, der er sich angeschlossen hatte, endlich auf die Irokesen stieß, gelang es Champlain, seine Waffe so geschickt in Anschlag oder in Stellung zu bringen, daß er mit einem einzigen Donnerschuß gleich drei Irokesen auf einmal in die ewigen Jagdgründe beförderte. Die Irokesen hatten dergleichen noch nie erlebt und wandten sich zur Flucht. Champlains Bundesgenossen hatten ihre Aufgabe, den Irokesen einen bitteren Denkzettel zu verabreichen, erfüllt und konnten den Heimweg antreten. Für eine Weile wenigstens würde den Irokesen die Lust, die indianischen Dörfer am unteren St. Lorenz heimzusuchen, vergangen sein. Champlain aber hatte seinen Indianern deutlich gemacht, daß es sich lohnte, sich die Freundschaft der Franzosen warm zu halten.
1615 schloß sich Champlain mit zwölf Gefährten vom Lake Huron aus abermals einem Kriegszug der Huronen gegen die Irokesen an, überquerte das Ostende des großen Lake Ontario und griff die Irokesen-Festung Onondaga an (am Ort der heutigen Stadt Syracuse im Staate New York). Doch hier war ihm kein Erfolg beschert; er mußte mit seinen Huronen umkehren und überwinterte bei ihnen am Huronen-See, wo er Zeit und Gelegenheit fand, einen ersten schriftlichen Bericht über die Huronen und ihre Lebensart niederzuschreiben.
1612 schon war Champlain zum »Königlichen Leutnant von Canada« (unter einem »Gouverneur ehrenhalber«) ernannt worden. Aber bald wurde er regierender Gouverneur von New France, Nouvelle-France, und – nach allem was überliefert ist – verwaltete und entwickelte er seine kleine Kolonie Québec mit Vernunft und Gerechtigkeit.
Kebek oder – wie die Franzosen schreiben, Québec – ein indianisches Wort, das »Enge« oder »Einschnürung« bedeutet und sich auf den hier eng gewordenen Lauf des St. Lorenz bezieht – entwickelte sich munter weiter, denn unablässig, wenn auch zunächst nur in kleinen Zahlen, tröpfelten weitere Kolonisten aus Frankreich herüber.
Champlain träumte von einem christlichen französischen Vize-

königreich, in dem Indianer und Franzosen friedlich und zu gegenseitigem Nutzen miteinander leben sollten. Stets von neuem reiste er nach Frankreich, um den König und wohlhabende Unternehmer für sein Land mit den unabschätzbaren Möglichkeiten einzuspannen. 1632 veröffentlichte er seine wichtigste Schrift, die »Voyages« (Reisen), in der er die Geschichte »seines« Landes, soweit bekannt, schilderte, die Wasserwege und Verbindungen beschrieb (das indianische Rinden-Kanu bildete ein vorzügliches Verkehrsmittel, das ausschließlich aus Baustoffen hergestellt werden konnte, die das wilde Land überall reichlich bereit hielt). Vor allem aber waren die »Voyages« als Propaganda für Champlains nordisches Reich gedacht, dessen Vorzüge und Möglichkeiten er mit glühenden Worten beschrieb. Er sollte Recht behalten. Ein falscher Prophet war Champlain nicht.

Inzwischen aber war England auf dem Plan der europäischen Übersee-Politik erschienen, beanspruchte Vorrechte in ganz Nordamerika, mußte aber einsehen, daß ihm Frankreich im Gebiet am Mississippi, zwischen den großen amerikanischen Binnenseen, am unteren St. Lorenz (dem »Canada« im engeren damaligen Sinn) und mit Akadien am Atlantik zuvorgekommen war. England war schon seit Jahrhunderten der Erz- und Erbfeind Frankreichs und wurde es nun erst recht. Ohne viel Federlesens fiel man übereinander her, wo sich an den fernen Küsten eine günstige Gelegenheit bot. Und wenn Champlain 1620 auf dem hohen Felsen über der Unterstadt von Québec, genau dort, wo ich an jenem Abend im Hotel »Château Frontenac« am Fenster sitzend in die Nacht hinausstarrte, ein festes Fort mit Wall, Graben und festen Barrikaden zu bauen begann und damit den Grundstein für die heutige »Oberstadt« legte, so geschah dies zwar auch, um sich notfalls der stets unberechenbar bleibenden Indianer zu erwehren, vor allem aber, um gegen englische Überraschungsangriffe gerüstet zu sein.

Der kluge Kardinal Richelieu hatte die Bedeutung der Champlainschen Kolonien erkannt und hatte 1627 die Gründung einer »Compagnie des Cent-Associés« unterstützt, die im Lauf der nächsten Jahre viertausend Kolonisten nach Canada schaffen sollte. Aber statt der Kolonisten erschien mit großer Seemacht der englische Admiral Sir David Kirke auf dem St. Lorenz; in Europa waren sich England und Frankreich wegen der Hugenotten von La Rochelle erbittert in die Haare geraten. Champlain dachte nicht daran, sich den Engländern auszuliefern. Ein Jahr lang hielt die noch unfertige Festung auf der Felsenhöhe der Belagerung stand. Doch dann ging Champlain und seinen wenigen Männern der Proviant aus; sie mußten sich am 19. Juli 1628 ergeben. Die Engländer brachten ihn als Kriegsgefangenen nach London – nur um dort zu erfahren, daß inzwischen ein vorläufiger Frieden geschlossen worden war. Trotzdem zeigte England wenig Lust, das damalige Canada mit Québec den Franzosen wiederum auszuliefern. Erst im Mai 1633 konnte Champlain wieder nach Canada zurückkehren. Bezeichnend für ihn war, daß er einige vierzig Neusiedler und zwei Jesuiten mitbrachte; Champlains Canada sollte weiter wachsen als eine Bastion Frankreichs und des römisch-katholischen Glaubens auf nordamerikanischem Boden. Champlain war nun königlicher Gouverneur; Québec wurde auch offiziell zur Hauptstadt von Neu-Frankreich erklärt, ein immer noch sehr bescheidenes Städtchen, zur Hälfte unten am Stromufer gelegen, wo die Schiffe von Frankreich eintrafen – und die indianischen Kanus, mit denen die Franzosen bald ebenso geschickt umzugehen verstanden wie die Rothäute – zur anderen Hälfte hoch oben auf dem Kap Diamant.

Allmählich entwickelte sich die Oberstadt um das Fort Saint Louis schneller und stärker als die Unterstadt. Die Zeiten waren und blieben unsicher. Auf der Hochfläche neben der Urwald-Festung hatte ein Siedler namens Abraham Martin Raum für Felder und Gärten freigeschlagen, und das Land brachte Frucht. Auf diesen Feldern, die unter der Bezeichnung »Plains of Abraham« (Abrahams-Ebenen) in die Geschichte eingegangen sind, sollte sich an die einhundertvierzig Jahre später das politische Schicksal ganz Canadas, ja, ganz Nordamerikas entscheiden. Champlain erlebte es noch, daß sich sein Québec und sein Cana-

da am unteren St. Lorenz trotz aller Bedrohung durch die gefährlichen Irokesen und die Engländer mit erstaunlicher Kraft erneut belebte und weiter entwickelte, wobei verschiedene katholische Orden eine wesentliche Rolle spielten.
Am Weihnachtsfeiertag 1635 starb Champlain in seiner »Hauptstadt« Québec, ein Mann von unerschütterlichem Mut und bewundernswerter Weitsicht, der » Vater Canadas« – weshalb sein Leben in diesem der ganzen Breite Canadas gewidmeten Buch (und weil Champlains Leistung in Deutschland so gut wie unbekannt ist) wenigstens mit einigen skizzenhaften Strichen nachgezeichnet werden mußte.

Champlain hatte so gute Vorarbeit geleistet, daß auch nach seinem Tode Stadt und Land – nun auch von Paris aus laufend unterstützt und einen ständigen, vernünftig geregelten Nachschub von Kolonisten empfangend – trotz mancher Rückschläge und Gefahren kräftig weiter wuchsen. Die Irokesen-Gefahr war keineswegs gebannt; aber ein großer Teil der zum Huronen-See abgewanderten Huronen sickerte wieder in die alten Siedelgebiete des Stammes zurück und vereinte sich jetzt auf der großen Orléans-Insel unterhalb von Québec. In der Stadt sorgten die katholischen Orden für Hospitäler; die Jesuiten gründeten eine anspruchsvolle Schule, die erste in Nordamerika dieser Art. 1647 wurde mit dem Bau einer Kathedrale begonnen; schon seit 1621 wurde ein standesamtliches Register geführt, wenn auch damals erst 79 Bürger gezählt wurden.
1660 schien das Schicksal des ganzen französischen Unternehmens in Canada auf dem Spiel zu stehen, als gemeldet wurde, daß eine Streitmacht von mehr als dreitausend Irokesen von Süden her unterwegs sei, um Franzosen und Huronen ein für allemal auszurotten. Von Montréal aus, wo sich ebenfalls, wenn auch langsam, ein Stützpunkt französischer Ansiedler entwickelt hatte, warfen sich den Irokesen der junge Adam Dollard des Ormeaux und sechzehn andere Männer entgegen, alle »Montréalistes«. Sie stießen auf eine Vorausmacht der gefürchteten

Indianer im Tal des Ottawa-Flusses, der oberhalb von Montréal in den St. Lorenz mündet, und griffen die vielfache Übermacht mit tollkühner Entschlossenheit an. Mit ihren überlegenen Feuerwaffen brachten sie mehr als dreihundert der achthundert Indianer zu Tode, wurden aber schließlich doch von den nicht minder todesverachtenden Indianern überwältigt und bis auf den letzten Mann niedergemacht. Sie hatten jedoch den Indianern eine so blutige Lektion erteilt, daß den Irokesen die Lust vergangen war, sich weiter mit diesen anscheinend nie zu entmutigenden Franzosen einzulassen. Sie zogen ab. Montréal und Québec waren gerettet. Von da ab nahm die Irokesen-Gefahr für Neu-Frankreich und die mit ihm verbündeten Huronen von Jahr zu Jahr ab, auch deshalb, weil der König in Frankreich die Oberhoheit in Champlains Reich persönlich an sich gezogen hatte, frische Truppen nach »drüben« sandte und die Zahl der wehrfähigen Siedler ständig vermehrte.
In der Unterstadt, auch an den Ufern des unterhalb des Cap Diamant in den St. Lorenz mündenden Saint-Charles (anfangs St. Croix geheißen) hatten sich bald geschäftige Werkstätten gebildet, eine Schiffswerft, eine Brauerei, eine Gerberei; auch Schuh- und Huthersteller hatten sich niedergelassen. In der Oberstadt waren im Schutz des Forts schöne Häuser für die Reichen und Vornehmen entstanden, hatten die katholischen Orden ihre Klöster, Schulen und Hospitäler gebaut, sammelten sich um das Château Saint-Louis (am Ort des heutigen Hotel Château Frontenac) die Quartiere der höheren Beamten und Offiziere. In der Tat, es entstand hier ein neues Frankreich, das sich von dem Heimatland auf europäischem Boden so wenig wie möglich unterscheiden wollte.
Die Indianerkriege waren allmählich abgeklungen. Achtundfünfzig Jahre lang hielten Frankreich und England, zum mindesten auf dem Papier, wenn auch nicht immer an den brennenden Grenzen in Übersee, Frieden miteinander, sich mißgünstig und neidisch beobachtend. Schließlich war die Feindseligkeit nicht mehr länger hintanzuhalten, Krieg wurde erklärt; die überseeischen Besitzungen gerieten bald in den Strudel der Ereignisse.

1690 erschien plötzlich eine britische Flotte vor Québec und belagerte die Stadt und mit ihr ganz Neu-Frankreich. Dem Geschick und der Energie des damaligen Gouverneurs, des Grafen de Frontenac, ist es zu verdanken, daß sich der englische Admiral Phips keines Erfolges rühmen konnte; Québec hielt stand. Die Engländer zogen wieder ab. Frontenac war sich jedoch darüber klar geworden, daß die vorhandenen Befestigungen der Oberstadt einem verstärkten Angriff der Engländer wohl kaum standhalten würden. Noch während die Engländer vor der Stadt lagen, wurde damit begonnen, die hölzernen Palisaden durch beschußfeste Wälle zu ersetzen, auch schon durch gewaltige Mauern. Die noch heute bestehenden Begrenzungen der Altstadt – sie sind längst zu einem geschlossenen Mauerkranz geworden – wurden damals schon festgelegt. Es hat seinen guten Grund, daß heute das höchste und stolzeste Bauwerk in Québec, an der Stelle des früheren Gouverneurs-Schlosses errichtet, den Namen jenes Gouverneurs trägt, der um die Wende zum achtzehnten Jahrhundert das Bild des Stadtkerns unverkennbar formte: Château Frontenac.
Eine Bedrohung folgte nun der anderen. 1695 sammelte sich abermals eine britische Flotte im Hafen von Boston, um Neu-Frankreich anzugreifen. Daraus wurde nichts. 1702 brach in Europa der Spanische Erbfolgekrieg aus; wieder wurde Canada bedroht. 1711 erschien eine gewaltige britische Flotte im St.-Lorenz-Golf, um das französische Amerika endgültig aus den Angeln zu heben. Ein fürchterlicher Sturm im Golf zerschmetterte die britischen Schiffe auf den Felsen und Riffen der Sept Iles, der »Sieben Inseln« vor dem Nordufer des Golfs. In der Nacht vom 22. zum 23. August des Jahres 1711 gingen von den achtundachtzig Schiffen des englischen Admirals Walker im Nebel und Orkan zehn Schiffe total verloren, zwölfhundert Seeleute, schottische und englische Kolonisten mit Frau und Kind ertranken; ein großer Teil der Soldaten von neuen britischen Regimentern, die Québec und Montréal hatten erobern sollen, fand ebenfalls den Tod. Admiral Walker flickte seine verbliebenen Schiffe, so gut es ging – und kehrte um. Französisch-Canada war gerettet,

war aber mehr oder weniger vom Mutterland abgeschnitten, denn die Streitkräfte der Engländer beherrschten den Atlantik. Québec-Stadt aber wuchs trotz aller Behinderungen weiter. Das Schwergewicht der Stadt war von der Basse Ville am Strom mit ihren Handwerks-Betrieben, den Schiffern und Fischern und Bootsbauern, an die Oberstadt übergegangen, wo der Gouverneur im Château Saint-Louis residierte, vornehme Geschäfte und Gaststätten Kunden mit Geld im Beutel anlockten, wo die Kathedrale sich zum Himmel reckte, das Kloster der Recollecten, das der Ursulinen, das stolze Anwesen der Jesuiten, das Seminar, der Palast des Bischofs, das große Hospital den Rang der ringsum schwer befestigten Stadt, der Hauptstadt einer bedeutenden und wertvollen Kolonie, bestätigten. Die Stadt zählte damals über 10 000 Einwohner – für damalige Verhältnisse, auch europäische, eine sehr beachtliche Zahl.

Dann aber brach in Europa jener Krieg aus, der nicht nur auf dem alten Kontinent die Verhältnisse gründlich ändern sollte, sondern auch weltüber eine neue Lage schuf: der Siebenjährige Krieg (1756–1763). In Europa hatte Friedrich II., der Große, bewiesen, daß Preußen fortab in die Reihe der europäischen Großmächte zu rechnen war. An weltgeschichtlicher Bedeutung weit über diese sozusagen lokale Kriegsfolge hinausweisend war klargestellt, daß England – und nicht das solchen Anspruch ebenfalls erhebende Frankreich – zu einer, oder besser *der* Weltmacht aufgestiegen war und sich anschickte, die Rolle des müde gewordenen Spanien zu übernehmen. England erzwang diese Entscheidung zu seinen Gunsten vor den Toren von Québec auf den »Plains of Abraham«, jenen Feldern, die der französische Bauer Abraham Martin mit als erste knapp anderthalb Jahrhunderte zuvor urbar gemacht hatte.
In Québec hatte man Zeit gehabt, sich auf den mit Sicherheit zu erwartenden Angriff der Engländer vorzubereiten. Die französischen Truppen standen unter dem Befehl des Generals Montcalm; diese Streitmacht war immerhin so bedeutend, daß sie in der Stadt Québec selbst keinen Platz gefunden hatte. Montcalm

hatte sich also auf dem linken Ufer des St. Lorenz unterhalb von Québec, unweit des hier in den großen Strom mündenden St. Charles, in einem stark befestigten Lager verschanzt und glaubte, hier allen englischen Angriffen standhalten zu können.
Am 26. Juni 1759 erschien eine furchterregende Übermacht unter dem Befehl des Generals Wolfe mit nicht weniger als 277 Schiffen auf dem St. Lorenz vor Québec. Die Schiffe brachten wohl ausgerüstete siebenundzwanzigtausend Soldaten heran, die Wolfe sofort auf dem rechten Ufer des St. Lorenz, gegenüber also von Québec, bei Lévis an Land gehen ließ. Die Stadt wurde, ohne daß man ihr eine Pause gönnte, sich von der Überraschung zu erholen, unter heftigen Artilleriebeschuß genommen; erste Verwüstungen innerhalb ihrer Mauern wurden angerichtet, der bald weitere und viel schwerere folgen sollten, nachdem die Engländer sich erst einmal eingeschossen hatten. Montcalm erwartete den englischen Angriff in seinem befestigten Lager am St. Charles.
Man konnte Québec zur Ruine schießen, aber damit war das französische Heer nicht besiegt. Wolfe mußte sich entschließen, Montcalm in seinem Lager anzugreifen. Dies geschah auch am 31. Juli. Doch holten sich die Engländer nur blutige Köpfe und hatten sich wieder hinter ihre Schanzen bei Lévis auf dem rechten Stromufer zurückzuziehen. Die Franzosen vertrauten darauf, besonders die in der mehr und mehr unter dem Bombardement von Lévis herüber zerfallenden Stadt, daß den Engländern auf die Dauer die Versorgung ihrer vielen Tausenden von Seeleuten und Soldaten nicht möglich sein und der Hunger sie zwingen würde, die Belagerung aufzugeben, schleppte sich diese doch schon ohne durchgreifenden Erfolg für annähernd drei Monate hin.
Wolfe durchschaute die Taktik seines französischen Gegners, der wohl wußte, daß er sich mit seinen unterlegenen Kräften auf eine offene Feldschlacht mit den Engländern nicht einlassen durfte. Gerade diese also mußte Wolfe erzwingen, wenn er sich endlich der Stadt auf dem Steilufer gegenüber Lévis bemächtigen wollte, der Hauptstadt Französisch-Canadas!

Stromaufwärts von Québec hatten sich die Franzosen und ihr Führer Montcalm sicher gewähnt, denn hier setzte sich das schroffe linke Steilufer des St. Lorenz scheinbar unbegrenzt fort – und war, wie Montcalm meinte, für eine größere Streitmacht schwer bewaffneter Soldaten nicht zu erklimmen.
Doch dann erfuhr Wolfe – sei es durch verräterische Indianer oder auch Franzosen –, daß es weiter stromauf eine Stelle gebe, wo vielleicht auch eine Heeresmacht, wenn sie nicht von oben her behindert würde, die unzugänglichen Uferfelsen erklimmen und sich in dem ebenen Land dahinter in Schlachtordnung aufstellen und bis unmittelbar vor die Mauern der Stadt marschieren könnte.
In der Nacht vom 12. zum 13. September im kanadischen Schicksalsjahr 1759 erkletterten die englischen Truppen die Steilufer auf der linken Seite des großen Stroms, konnten sich auf der Höhe ordnen und den Marsch auf Québec beginnen, ohne daß zunächst die Franzosen der drohenden Gefahr innewurden. Denn die Engländer näherten sich ja nun von Südwesten her der Stadt, auf der Höhe des Vorgebirges – was niemand hatte voraussehen können. Montcalm mit seinen Truppen aber saß im Nordosten der Stadt jenseits des St. Charles, in der Tiefe also.
Als endlich im Truppenlager Montcalm Alarm gegeben wurde – der Tag fing schon an zu grauen –, hatten die Vorauskräfte der Engländer bereits die Plains of Abraham erreicht und begannen, sich in Schlachtordnung zu formieren. Montcalm aber hatte den weiten Weg von seinem Lager auf die Höhe und durch die Stadt in aller Hast erst zurückzulegen, um den bereits fertig aufgestellten Truppen Wolfes auf den Feldern südwestlich der Stadt entgegenzutreten. Vielleicht ging er dabei zu hastig vor, gab seinen um die Stadt und aus den Stadttoren quellenden Soldaten und ihren Offizieren nicht genügend Zeit, sich nach den Regeln der damaligen Kriegskunst aufzustellen, vielleicht ließ ihm auch Wolfe keine Zeit dazu.
Es entwickelte sich ein chaotisches Gefecht. Die Heerführer Wolfe und Montcalm stürzten sich mit ihren Soldaten in den Kampf, der bald in einen solchen Mann gegen Mann ausartete. Doch konnten die Franzosen, die besessen, wenn auch ungeord-

net kämpften, den Vorteil, den die Engländer als Erste auf dem Schlachtfeld und als die Nutznießer der Überraschung für sich eingehandelt hatten, nicht mehr unwirksam machen.
Es heißt, daß schon nach zwanzig Minuten die französische Niederlage besiegelt war. Die Wut, mit der gekämpft wurde, muß fürchterlich gewesen sein. Sowohl Montcalm wie Wolfe waren in der Schlacht, die man eher ein Schlachten nennen sollte, gefallen!
Die Stadt versuchte, sich auf eigene Faust zu verteidigen, was ihr noch für Tage gelang, aber von vornherein ein hoffnungsloses Unterfangen darstellte. Am 18. September mußte der Stadtkommandant, Roch de Ramezay, die Hauptstadt von Nouvelle France an die Briten übergeben.
Ein Jahr später fiel auch Montréal. Der Chevalier de Lévis verbrannte die Fahnen seiner Regimenter, um sie nicht in die Hände

Neu-Frankreich. Das von den Franzosen in Nordamerika beanspruchte und allerdings nur unvollkommen aufgeschlossene Gebiet zur Zeit seiner größten Ausdehnung (etwa um 1750).

der Engländer fallen zu lassen. Das war gewiß sehr nobel gedacht, aber es änderte nichts daran, daß mit dem Fall auch Montréals das ganze französische Canada britisches Herrschaftsgebiet geworden war. Der Friede von Paris (1763) bestätigte dies mit aller nur wünschenswerten Eindeutigkeit.

Die französischen Beamten und Offiziere und wer sonst noch in Canada das französische Regime dargestellt hatte, auch die meisten der Seigneure, der Adligen, die vom französischen König mit großen Besitzungen am St. Lorenz, am Richelieu oder Chaudière belehnt worden waren, verließen das Land und kehrten nach Frankreich zurück. Englische, schottische Staatsdiener, bald auch in immer stärkerem Strom britische Kolonisten, rückten nach. Fest steht jedoch, daß zehn Jahre nach dem Friedensschluß Québec nur noch halb so viele Einwohner zählte wie in französischer Zeit, war doch gerade Québec das Zentrum der französischen Beamtenschaft gewesen – und die Briten waren nicht so großzügig, wie es die Franzosen gewesen waren, wenn es galt, Beamtenstellen einzurichten.

Womit aber die Briten nicht gerechnet hatten, war, daß die französischen Bauern, die ihre Siedlungen immer weiter in die Wildnis vorgetrieben hatten, gut beraten von ihren katholischen Seelsorgern, daß die kundigen Meister der Ströme und Flüsse des unermeßlichen Hinterlandes im Westen, die mit ihren Kanus aus Birkenrinde wie verwachsen waren, daß die Waldläufer, die Kenner und Nutznießer der schwarzen Wälder hinter den Siedlungsinseln, daß diese eigentlichen Kanadier nicht daran dachten, das winterharte, aber im Sommer golden aufleuchtende Land zu verlassen; es war ihnen längst im wahrsten Sinne des Wortes zur Heimat geworden. Sie alle blieben da sitzen, wo sie gesessen hatten; in ihrer Sprache, ihren Sitten und ihrer Religion, vor allem auch ihren Rechten bestärkt durch ihre Priester. Und ihrer waren auch viel zu viele und die meisten davon unersetzlich, als daß die Engländer daran denken konnten, sie ebenso wie 1755 in Nova Scotia die ebenso französischen Akadier auf Schiffe zu packen und irgendwohin zu verfrachten, um sie los zu werden.

In vielen Fällen waren die französischen Bauern im St.-Lorenz-Tal von der Einmündung des Ottawa in den St. Lorenz bis zur Gaspé und den Sieben Inseln vielmehr sogar froh, ihre Seigneurs, von denen sie oft genug bedrückt worden waren, und die steuersüchtigen Beamten des königlichen Frankreich losgeworden zu sein. Die Engländer waren klug genug, dem franko-kanadischen Volk seine Bauernhöfe, die Sprache und die katholiche Religion zu belassen. Platz war ja genug vorhanden, und die Landeskenntnisse der franko-kanadischen Voyageurs bis zu den Prärien hinüber, ja bis zum Felsengebirge, bis zum Mississippi hinunter ließen sich großartig für britische, vor allem schottische Interessen, für den überaus lukrativen Pelzhandel einspannen. Die Briten verstanden es – weniger in feudale Denkweisen verstrickt als die Franzosen –, die Masse des im Lande verbliebenen einfachen franko-kanadischen Volkes mit der neuen Herrschaft in friedliche Übereinstimmung zu bringen.
Diese vom englischen »gesunden Menschenverstand« diktierte Mäßigung gegenüber den Franko-Kanadiern machte sich großartig bezahlt, als 1775 die britischen Kolonien weiter im Süden des Kontinents gegen die Herren in London rebellierten. Am 4. Juli 1776 erklärten die dreizehn Kolonien ihre Unabhängigkeit. Die britischen Kolonien weiter im Norden jedoch an der Atlantikküste und im St.-Lorenz-Tal schlossen sich der »glorious revolution« im Süden, die von klugen und tatkräftigen Männern wie Jefferson, Franklin, Adams, Washington angeführt wurde, *nicht* an. Das war eine weltpolitische Entscheidung, ohne die es das heutige Canada wahrscheinlich gar nicht gäbe. Dies aber war nur möglich, weil die Franko-Kanadier, die damals die große Mehrheit im Norden bildeten, sich mit den Engländern solidarisch erklärten und bereit waren, für den Fortbestand der englischen Herrschaft in Neu Schottland, Neu-Braunschweig und Franko-Canada, Québec, zu kämpfen.
Die der Unabhängigkeit zustrebenden Amerikaner wollten die Kolonien im Norden mit Gewalt zwingen, sich dem Aufstand gegen England anzuschließen. Sie sandten eine Armee unter dem General Montgomery nach Norden, dem es auchzunächst ge-

lang, Montréal und weiter stromab Trois Rivières zu erobern. In den ersten Tagen des Dezember erschien Montgomery mit seinen Truppen vor Québec. Der englische Gouverneur, der wieder in der Québecker Oberstadt residierte, ein tüchtiger Mann namens Guy Carleton, hatte seine Truppe von achthundert Mann durch etwa tausend franko-kanadische und britische Freiwillige verstärkt und wartete hinter guten Verschanzungen auf den Angriff der Amerikaner. General Montgomery hatte keine Zeit zu verlieren. In der Nacht vom 30. zum 31. Dezember bei heftigem Schneesturm, meinte Montgomery, die Verteidiger von Québec am sichersten überraschen zu können. Aber Carleton und seine franko-kanadischen Waldläufer waren auf der Hut und ließen die Angreifer in ihr Verderben rennen. Montgomery, der amerikanische Anführer, bezahlte seine Tollkühnheit mit dem Leben; ebenso erging es vielen weiteren Amerikanern, die den hausgemachten kanadischen Schneesturm längst nicht so gewöhnt waren wie die Verteidiger von Québec. An die vierhundert Amerikaner gerieten in kanadische Gefangenschaft. Der Angriff war gescheitert. Im April 1776 versuchten die Amerikaner nochmals einen Angriff auf Québec und verfehlten ihr Ziel, Canada auf die Seite der amerikanischen Rebellen zu zwingen, abermals. Damit war entschieden, daß Canada britisch bleiben würde.
Der Krieg von 1812/14, in dem die USA einen letzten Versuch unternahmen, die bei England verbliebenen britischen Kolonien in Canada doch noch in die Vereinigten Staaten einzubeziehen, führte zu keinem Erfolg. Canada blieb britisch – mitsamt seinem französisch bestimmten Québec. Die Stadt Québec wurde von diesem Krieg nicht berührt. Die Engländer waren jedoch so beunruhigt durch die erneute Bedrohung von Süden her, daß sie nun die alten, noch aus der französischen Zeit stammenden Befestigungen, die Wälle und Mauern rings um die Stadt erneuerten und verstärkten und in ihren Ring auf dem höchsten Punkt des Cap Diamant eine besonders massiv befestigte Zitadelle einfügten, deren Anfänge jedoch schon auf den Gouverneur Comte de Frontenac zurückgehen.
Seit 1820 ist an den Befestigungsanlagen nichts Wesentliches

mehr verändert worden, Québec-Stadt konnte sich ungestört weit über die Stadtmauern nach allen Richtungen hinaus ausdehnen, denn seitdem sind auf kanadischem Territorium keine weiteren Kriege mehr geführt worden – ein glückliches Land!
Die Engländer benutzten die Zitadelle als Kaserne für verschiedene Teile ihrer Truppen. Seit 1871 ist hier das »Königliche 22te Regiment« untergebracht, das einzige kanadische Regiment, das ausschließlich Franko-Kanadier in seine Reihen aufnimmt und als Kommandosprache nur das Französische kennt.
Das Château Saint-Louis, der alte französische Gouverneurs-Palast, war bei der Belagerung der Stadt im Siebenjährigen Krieg zerschossen, aber von den Engländern für den britischen Gouverneur bald wieder hergerichtet worden. 1834 aber wurde es durch ein Großfeuer abermals zerstört. 1892 erbaute dann die »Canadian Pacific« an der Stelle des Gouverneurs-Palastes das mächtige Hotel Château Frontenac.
Und in diesem Hotel, einem der allerbesten und sicherlich auch der berühmtesten nicht nur Nordamerikas, sondern der ganzen Welt, logierte ich nun, hatte den ersten Abend am Fenster verträumt oder verdöst, hatte die Nacht mit tausend Sternen über der Ile d'Orléans und dem großen Strom aufsteigen sehen und überlegte mir, als ich wieder auf das Praktische und Nächstliegende zu denken kam, wieviel Tage ich wohl der alten, sehr geschätzten Stadt widmen durfte, wenn ich meinen Reiseplan nicht allzu sehr durcheinander bringen wollte. Aber ich kam zu keinem klaren Beschluß. Außerdem hat es mir von jeher widerstrebt, Sehenswürdigkeiten abzuhaspeln. Besser, man läßt sich treiben. Dann fällt einem das Sehenswerte – und noch viel mehr, was nicht im Prospekt steht – von selber zu als ein Geschenk, das man befriedigt und froh nach Hause tragen kann. In Québec hat sich mir diese Regel mehr als einmal erfreulich bestätigt.

Als ich aus dem Hotel ins Freie trat, empfing mich ein wunderschöner Spätsommertag – und der jeden Abkömmling des alten Europa sonderbar anheimelnde Place d'Armes, der Waffenplatz. Man schüttelte den Kopf, glaubt, sich zu täuschen. Denn was sich den Blicken bietet, ist nicht Amerika oder Canada, sondern ein altes, freundliches und auf eine unnachahmliche, unaufdringliche Weise vornehmes Europa: Der Platz ist ein wenig schief geschnitten, wie sich das für einen alten Platz gehört, und kann sich an seiner höchsten Stelle eines Denkmals des »Vaters Canadas« des Samuel de Champlain, rühmen; es steht an der Außenkante nahe bei dem Zugang zur Dufferin Terrasse, einer bequem ausgebauten Promenade, welche der Außenkante des Hochufers folgt. Über eine lange Treppe setzt sich die Terrasse in der » Promenade des Gouverneurs« fort, die schließlich zur Zitadelle hinanführt; unter ihren Mauern entlang weist sie dann den Weg zum »National Battlefields Parc«, dem »Nationalen Schlachtfeld-Park«, der nichts anderes darstellt als die »Plains of Abraham«, die ehemaligen, aus dem Urwald geschlagenen Felder des französischen Bauern Abraham Martin; auf ihnen wurde die Schlacht geschlagen, die den Untergang Französisch-Canadas besiegelte.

Von der Dufferin-Terrasse und der Gouverneurs-Promenade konnte ich mich nur schwer trennen. Auch befindet sich ja unweit des Champlain-Denkmals die Kopfstation einer Errungenschaft der Moderne, ohne welche die Oberstadt und Unterstadt von Québec nur mühsam zu erleben wäre, wenn man ihre gemütlichen, sorgsam gepflegten jahrhundertealten Baulichkeiten in einem Atem, wie es sich empfiehlt, kennenlernen und genießen will: der Funiculaire, der an die steile Felsenwand geklebte Fahrstuhl, der die endlose, mühselige Treppe von der Oberstadt in die – ältere – Unterstadt überflüssig macht, allerdings sechzig Cents kostet, während sich die steinerne Treppe umsonst anbietet.

Ich kam nicht sehr schnell voran auf dem Place d'Armes und der Dufferin-Terrasse mit dem riesigen Block meines Hotels Frontenac zu meiner Rechten – es gab zu viel zu sehen und auch zu viel zu bedenken. Da haben zum Beispiel die Franko-Kanadier das gesamte Material zu dem Denkmal Champlains aus Frankreich herübergeschafft, ihn als Franzosen zu ehren; er selbst steht fast drei Meter hoch da, in Bronze gegossen, auf Stufen aus Granit

aus den Vogesen, auf einem Sockel aus sehr besonderem französischen Gestein (Château Landon). Verschiedene Ornamente erinnern daran, daß Canada französischen Ursprungs ist, hier im Herzen der Stadt und des Landes Québec, dem Herzen ganz Canadas, wenn man den Franko-Kanadiern glauben will – und muß –, was die Anglo-Kanadier nicht allzu gern tun. Es erschien mir auch bezeichnend, daß dies anspruchsvolle Denkmal schon gegen Ende des vorigen Jahrhunderts errichtet wurde. Das ziemlich lauthalsige und anspruchsvolle Auftrumpfen der Franko-Kanadier von heute ist also keine Erfindung der Gegenwart, sondern reicht weit in die Vergangenheit zurück – und wird wahrscheinlich als »das« Problem Canadas nicht verstummen.
Mich tröstete die unvergleichliche Aussicht vom Nordende der Dufferin-Terrasse: Tief unten, das untere, allerälteste Québec mit seinen engen Gassen, stolzen alten Häusern, seinem Mittelpunkt, dem Place Royale (Königlichen Platz), genau jenem Ort, an dem Samuel de Champlain im Jahre 1608 seine erste »Habitation«, eine Wohnstatt, anlegte, als weder er noch irgend jemand sonst ahnte, was aus diesem weltverlorenen, bescheidenen Anfang später werden würde.
An der Südseite meines stolzen Hotels, entgegengesetzt also dem Place d'Armes, liegt einigermaßen versteckt der ehemalige Jardin du Gouverneur (Gouverneurs-Garten). In ihm hat man den beiden Generälen, die auf den Abrahams-Feldern wütend gegeneinander gefochten haben – und starben! –, ein gemeinsames Denkmal gesetzt, dem Franzosen Montcalm und dem Engländer Wolfe. Friedlich vereint stehen sie auf dem hohen Postament nebeneinander, was sie sich, als sie noch lebten, wahrscheinlich voller Zorn verbeten hätten. Das gemeinsame Denkmal sollte, als es errichtet wurde, den Gegensatz zwischen Anglo- und Franko-Canada als eine überwundene Vergangenheit erscheinen lassen. Nun – das war zum mindesten voreilig, wie sich heute erweist. In der zweiten Hälfte des Jahres 1990 hat sich nämlich in Canada eine verfassungsrechtliche Situation ergeben, die den weiteren Zusammenhalt der kanadischen Confederation in Frage stellt: 1982 hatte sich Canada seine erste eigenständige Verfassung ge-

geben, die aber nach Meinung der Franko-Kanadier die von dem Status der übrigen Provinzen abweichenden Verhältnisse im französischsprachigen Québec nicht genügend berücksichtigte. Nach langwierigen Verhandlungen einigte man sich 1987 auf gewisse Änderungen der Verfassung, die der Provinz Québec das Wesen einer »distinct society« zugestanden, den Charakter einer »unterschiedlichen« oder »eigenständigen Gesellschaft«, der sich in gewissen Sonderrechten ausdrückte. Dies Zusatzabkommen wurde von den Premierministern der Provinzen am Meech Lake, Québec, zunächst gutgeheißen, natürlich mit dem Vorbehalt, daß es auch von den Provinz-Parlamenten bestätigt würde. Dazu wurde den zehn Provinzen bis zum 23. Juni 1990 Zeit gelassen. Danach, wenn nicht alle zehn Parlamente zustimmten, sollte das Meech-Lake-Abkommen als erfolglos zu den Akten gelegt werden. Die Ablehnung der Verfassung durch Québec träte dann wieder in Kraft – womit die kanadische Confederation als gesprengt anzusehen wäre.
In den Jahren danach wurden jedoch in den Provinzen Newfoundland, New Brunswick und Manitoba neue Volksvertretungen gewählt, die sich nicht damit einverstanden erklären wollten, daß der Provinz Québec die von ihr geforderte Anerkennung einer »distinct society« gewährt wurde. Besonders in dem von jeher sehr britisch fühlenden Newfoundland im äußersten Osten Canadas (in dem nur zwei Prozent der kanadischen Bevölkerung beheimatet sind und das erst 1948 dem kanadischen Bund beitrat, als letzte der zehn Provinzen) wurde entschieden abgelehnt, eine der die kanadische Confederation bildenden Provinzen mit Sonderrechten auszustatten, um ihr das Verbleiben im kanadischen Bund sozusagen »abzuschmeicheln«.
New Brunswick besann sich eines Besseren und zog seinen Protest gegen das Meech-Lake-Abkommen zurück. In Manitoba, wo wahrscheinlich ebenfalls nachgegeben worden wäre, verhinderte ein indianischer Abgeordneter vom Stamm der Cree durch systematische Obstruktion im Provinz-Parlament, daß noch vor dem entscheidenden Stichtag (23. VI. 1990) ein entsprechender Beschluß gefaßt wurde. Damit hatten zwei der vorwiegend anglo-

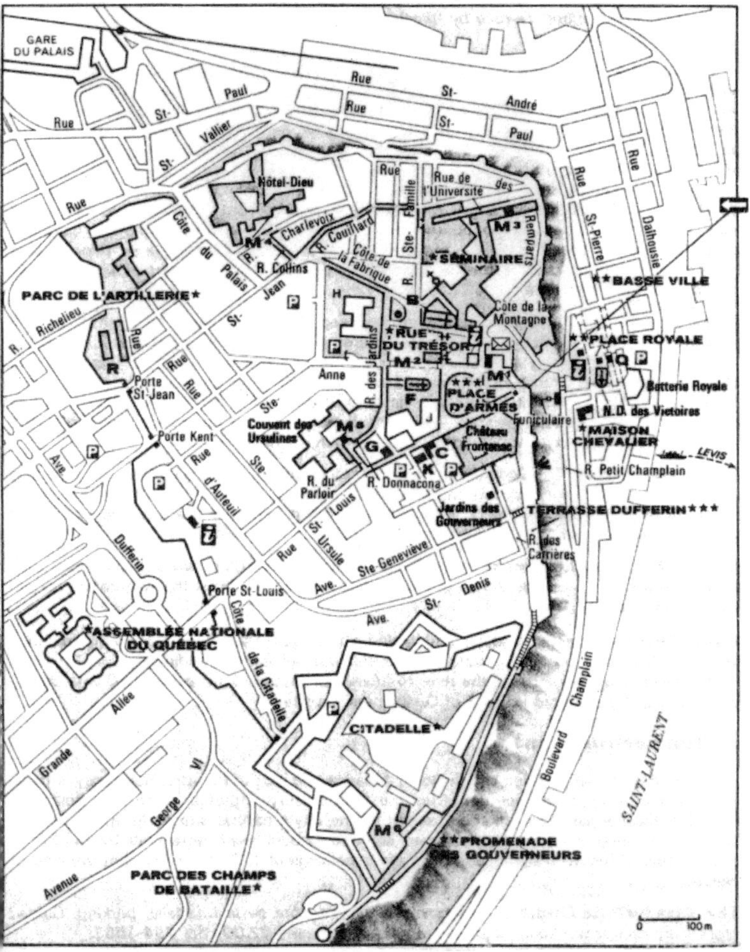

Die Altstadt von Québec, Stadt.

kanadischen Provinzen (die allerdings zusammen nur fünf Prozent der Gesamtbevölkerung beherbergen) der franko-kanadischen Provinz Québec den Status einer »distinct society« verweigert, zugleich aber die 1982 beschlossene Verfassung mit dem späteren Meech-Lake-Abkommen unwirksam, wertlos gemacht. Die Québecker konnten sich vom übrigen Canada zurückgestoßen fühlen. In der Tat entspricht es ja dem seit mehr

macht. Die Québecker konnten sich vom übrigen Canada zurückgestoßen fühlen. In der Tat entspricht es ja dem seit mehr als zweihundert Jahren unbezweifelbaren Tatbestand, daß Québec eine »distinct society« darstellt – was den allermeisten Anglo-Kanadiern auch klar ist. – Die Kanadier werden sich nun überlegen müssen, wie – und ob – ihre Confederation wieder in standfeste Ordnung gebracht werden kann.
Allerdings ist es andererseits, meine ich, sehr aufschlußreich, daß sich Pierre Elliot Trudeau, ein Franko-Kanadier, der sechzehn Jahre lang Canadas Premierminister gewesen ist und sich um den Ausgleich zwischen Anglo- und Franko-Canada bemühte, *gegen* die Zusätze ausgesprochen hat, die auch Neufundland nicht unterschreiben will. Trudeau, dem man eine grundsätzliche Ablehnung von Québecker Sonderwünschen durchaus nicht nachsagen kann, kennt seine franko-kanadischen Volksgenossen sehr genau, um zu warnen: Falls man den Québeckern diese Sonderrechte gewährt – z.B. Amtssprache in Québec *nur* Französisch, Französisch als Pflichtsprache in *allen* kanadischen Schulen und als gleichberechtigte Amtssprache neben dem Englischen *überall* in Canada, *alle* offizielle Beschilderung in Québec nur in französischer Sprache und so weiter und so fort –, die Franko-Kanadier werden nie zufrieden sein, die Franzosen von Québec werden neue Zugeständnisse fordern, »bis sie mit einem Fuß nicht mehr der Confederation angehören«. Wenn man also die kanadische Verfassung gemäß den Forderungen Québecs abänderte, so wäre das der erste und dann nicht mehr rückgängig zu machende Schritt, »Canada zu balkanisieren«. –
Als ich jedoch zum wahrscheinlich letzten Mal auf der Dufferin-Terrasse stand und gerade das im Denkmal zwangsweise vereinte Paar Wolfe/Montcalm wieder einmal betrachtet hatte – mit gemischten Gefühlen –, beunruhigten mich so bittere Gedanken, wie Trudeau sie unlängst ausgesprochen hat, nur ganz am Rande. Denn der Tag leuchtete und der große Strom schimmerte, hier und da von Schiffen silbern durchfurcht, wie ein breites und metallenes Band nach Norden und Süden – der St. Lorenz ist hier schätzungsweise anderthalb Kilometer breit –; in der Unter-

stadt, auf dem Place Royale (königlich nach Ludwig dem Vierzehnten von Frankreich so genannt, der auf dem Platz in einer Büste verewigt ist) neben den alten, gepflegten Häusern die Kirche Notre Dame des Victoires, »Unsere liebe Frau der Siege« aus dem Jahr 1688 – weil die Stadt damals schon verschiedene Belagerungen erfolgreich überstanden hatte; jenseits des Stroms die Stadt Lévis, die noch keine Stadt war, als 1759 Wolfe von Lévis aus Unter- und Oberstadt Québec in Trümmer schoß; im Norden wie eine dunkelblaue Wolke dicht über dem Strom die Ufersäume der Insel Orléans, der am linken Rand des großen Gewässers ein fremdartig wirkendes, bläßlich weißes Wölkchen Gesellschaft leistete – was bedeutete es? So recht schien es nicht in das Bild zu passen – bis ich begriff: Das mußte der in der Luft verfliegende Wasserstaub sein, der dort über den Fällen des Montmorency aufwölkte. Ich hatte schon in vergangenen Jahren bewundernd vor diesen Wasserfällen gestanden, in denen sich der Fluß dreiundachtzig Meter tief über die Kante des Steilufers seiner Mündung in den St. Lorenz entgegenstürzt.
Und ganz in der Ferne, mit feinstem Griffel und sanftesten dunkelvioletten Farben abgebildet, die Côte de Beaupré und die zart verfließenden Linien der Laurentischen Hügelwelt!
Wahrhaft ein hinreißendes Panorama! Damit jedoch der Betrachter nicht vor lauter Wohlgefallen zerspringt, haben vorsorgliche Stadtväter in das Bild dieses, eines der schönsten Panoramen in ganz Nordamerika, eine Zementfabrik und einige große Vorratstanks gepflastert – weiß der Himmel, wofür!
Zweierlei war mir von früheren Besuchen als besonders eindrucksvoll – abgesehen von der Aussicht von meinem Hotelfenster und von der Dufferin Terrasse – in der Erinnerung haften geblieben: die Zitadelle mit dem Wachwechsel der Besatzung – und der Convent des Ordens der Ursulinen. Und diesen beiden »Sehens-Würdigkeiten« im wahrsten Sinne des Wortes wollte ich auch diesmal je einen Tag widmen – in aller Ruhe und Lässigkeit –, um Zeit zu haben, zwischendurch nachzudenken, was all die Dinge, die man vor Augen hat, mit ihren ferneren Hintergründen aussagen mögen.Die außerordentliche Fülle dessen

darzustellen, was die Stadt Québec und ihre nahe Umgebung an Großartigkeiten, an Merkwürdigkeiten, Heiterem und Traurigem zu bieten hat, ist ohnehin auf diesen Seiten ganz unmöglich – und einem auf Vollständigkeit bedachten Reiseführer will dies Buch keine Konkurrenz machen.

Ich wandte mich also auf der Dufferin-Terrasse unterhalb des »Gartens der Gouverneure« nach Süden und schlenderte die Terrasse entlang, bis sie, immer hoch über dem Strom und der zwischen Abhang und Strom ständig schmaler werdenden Unterstadt, vor einer steinernen Treppenflucht endet. Über mir tauchten bereits die Mauern der Zitadelle auf; ich stieg die Treppen hinauf und gelangte damit weiter oben unterhalb der mächtigen Mauern der riesigen » Burg« – so könnte man die Zitadelle nennen – an den Anfang der »Promenade des Gouverneurs«, die mich später zu den Plains of Abraham, dem »Schlachtfeld-Park« bringen sollte.

Das Glück war mir hold an diesem Tage. Ich war nämlich wenige Minuten nach zehn Uhr vor dem Haupttor der Zitadelle angekommen, in der bis zum heutigen Tage der kanadische General-Gouverneur residiert, wenn er sich in Französisch-Canada aufhält, wohl beschützt von regulärem Militär. Ich kam genau zur Wachablösung zurecht.

Das lohnte sich wirklich. Es bildete ein eindrucksvolles Spektakel und wurde mit jener präzisen Exaktheit ausgeführt, die für das britische Militär bezeichnend ist. Die Soldaten trugen die klassischen roten Röcke in dem leuchtenden Rot, das bis in unsere weniger farbenfeudige Zeit hinein als die eigentlich britische Farbe galt, und balancierten auf ihren Schädeln die hohen Bärenfell-Mützen, die »bearskins«, die sich so eindrucksvoll fotografieren lassen (und ich hatte wie so oft die lästige Kamera im Hotel vergessen!). Das Maskottchen des »Kanadischen 22sten Regiments«, ein weißer Ziegenbock mit vergoldeten Hörnern, machte die verschiedenen verwickelten Schwenkungen und Antritte der Soldaten in Reih' und Glied genau so überlegen und fehlerlos mit, wie seine menschlichen Kameraden und wie es sich für Lebewesen schickt, die mit der schmetternden militä-

rischen Begleitmusik vertraut sind und die Ehre haben, die Uniform Ihrer Majestät Garde-Grenadiere zu tragen.
Daß man sich mit dieser höchst eindrucksvollen militärischen Zeremonie nicht auf britischem, sondern auf kanadischem, und zwar franko-kanadischem Boden befand, kam mir zu Bewußtsein, als ich heraushörte, daß die Kommandos, die der kommandierende Offizier in den sonnigen Vormittag hineinbellte, in französischer, nicht in englischer Sprache gegeben wurden. Das Königlich-Kanadische Zweiundzwanzigste Regiment – ich sagte es schon – nimmt nur Franko-Kanadier in seinen Reihen auf – als einziges dieser Art in der kanadischen Armee.
Nach etwa zwanzig Minuten war der kriegerische Zauber vorüber und die rotröckigen, hochbemützten Soldaten samt kleiner Militärkapelle und goldgehörntem Ziegenbock verschwanden wieder durch das mächtige Tor ins Innere der Zitadelle. Abends um sieben Uhr dreißig, im »Tattoo« (vom 14. Mai bis zum 15. August, danach bis zum 29. September um sechs Uhr) würde sich das Schauspiel wiederholen – allerdings nicht an Sonnabenden –, dann hat auch das Wachregiment seinen Sonntag.
Die Zitadelle bedeckt nicht weniger als sechzehn Hektar Land auf der höchsten Erhebung des Cap Diamant. Und auf diesen sechzehn Hektar gibt es eine Masse zu besichtigen, naturgemäß vor allem Einrichtungen von militärischer Bedeutung; man kann sich auch einer geführten Besichtigungstour anschließen, die nicht ganz eine Stunde in Anspruch nimmt. Ich trieb mich lieber auf eigene Faust in den weit ausgedehnten Häusern und Hallen umher.
Aber dann hielt es mich nicht länger in den grauen Mauern unter den Erinnerungstafeln an die vielen Schlachten, in denen das 22ste Regiment mitgekämpft hat, glorreich und mit hohen Verlusten an Gefallenen und Verwundeten, wie es sich für ein Regiment Ihrer Majestät gehört – so z.B. das »Kreuz von Vimy«, das vom Schlachtfeld bei Vimy im französischen Artois hierher überführt worden ist; im Ersten Weltkrieg haben sich kanadische Truppen bei Vimy besonders ausgezeichnet, ebenso an der Somme; aber dann auch im Korea-Krieg.

Ich habe zwei Weltkriege aktiv miterlebt und mein Bedarf an kriegerischem Ruhm – oder was man dafür hält – ist reichlich gedeckt. Als ich wieder vor der Zitadelle stand und den Blick von hoher Felsenkante in die Weite schweifen lassen konnte, atmete ich auf. Ich wanderte weiter und schlug einen weiten Kreis um den »Schlachtfeld Park«, die »Plains of Abraham«. Die zwanzig Minuten rasenden Kampfes Mann gegen Mann, in denen Frankreichs Weltmacht-Pläne untergingen, werden auf dem ehemaligen Schlachtfeld genau und in allen Einzelheiten erläutert. Mich faßte Erstaunen – nicht zum ersten Mal –, auf wie kleinem Raum sich damals das Schicksal der großen Reiche entschieden hat. Den beiden in der Schlacht gefallenen Heerführern sind auch hier Monumente errichtet, jedoch nicht für die beiden Generäle gemeinsam wie im Gouverneurs-Garten zur Seite des Hotels Frontenac, sondern dort, wo sie jeweils während der Schlacht gestanden haben und gefallen sind: Montcalms Statue also näher der Zitadelle, Wolfes Monument südwestwärts abgekehrt von der Burg. Zwischen den beiden Denkmälern, aber näher der französischen Seite, steht außerdem ein Standbild der Heiligen Jeanne d'Arc, der Jungfrau von Orléans, die Jahrhunderte vor der Schlacht unter den Mauern von Québec Frankreich vor den Engländern gerettet hat und 1429 den damaligen »Hundertjährigen Krieg« zwischen Frankreich und England zu einem für den französischen König günstigen Abschluß brachte. Aber ich fragte mich vergeblich, was die Jungfrau von Orléans, die es auf kanadischem Boden eben nicht gegeben hat, hier neben dem Verlierer der Schlacht vom 13. September 1759 zum Ausdruck bringen soll. Wieder wurde mir deutlich, wie immer noch urfranzösisch die Franko-Kanadier fühlen und sich auf unbestimmte, aber bis tief in die Wurzeln reichende Weise mit der Heimat ihrer Vorfahren aus dem siebzehnten und achtzehnten Jahrhundert verwachsen fühlen.
Kopfschüttelnd machte ich mich auf den Rückweg. Die Gefühle der verschiedenen Nationalitäten auf dem Erdenrund sind schwer zu durchschauen.
Ich war nun schon seit vielen Stunden auf den Beinen – und der

Jüngste bin ich wahrlich nicht mehr! Ich würde mich nach einem so mit Historie vollgestopften Tage in meinem stillen Zimmer erholen, umziehen, dann aber vorzüglich zu Abend essen und zwar im Restaurant »Aux Anciens Canadiens« (»Zu den Alten Kanadiern«), gar nicht weit von meinem Hotel an der gleichen Straße St. Louis Nr. 34 in einem alten Steinhaus aus der Franzosenzeit mit niedrigen Zimmerdecken und altertümlichen Wandschränken, vor allem aber einer vorzüglichen, Alt-Québecker Küche und einer so liebenswürdigen Bedienung, daß der Gast total vergißt, sich in Amerika zu befinden, wo gute Küche und liebenswürdiger Service nicht gerade zu den hervorstechenden Merkmalen gehören. Und – was mir Québec von jeher besonders sympathisch gemacht hat – Gasthäuser, einfache und anspruchsvolle, wie »Zu den Alten Kanadiern« in der Oberstadt von Québec-Cité, gibt es in dieser Stadt und ebenso in der Provinz zu Dutzenden, ja Hunderten.
Ich muß offen zugeben, daß ich nach Champlain und den vereinten Generälen, nach Wachablösung und trotz einer, wie mir schien, völlig fehl auf dem Schlachtfeld herumstehenden Jungfrau von Orléans das Abendessen in dem gedämpft vornehmen, ehrwürdigen »Aux Anciens Canadiens« mit größter Hingabe genossen habe. Ich weiß nicht mehr, was ich mir nach der sehr ausführlichen Karte bestellte. Daß es mir ganz vorzüglich mundete, das allerdings weiß ich noch ganz genau!

Am nächsten Morgen – wieder ein strahlender Tag! – wandte ich mich vom Hotel her nach links – und wieder entzückte mich das Bild der alten Stadt, in der selbst die Luft noch einen französischen Duft zu enthalten schien. Champlains Standbild auf seinem aus Frankreich herübergesegelten Gestein ließ ich hinter mir zurück und bog in die Rue Saint Louis, über die ich von der Großen Brücke her in die Stadt eingefahren war. Man muß sie wohl die Hauptstraße der Stadt nennen. An eleganten Geschäften ist hier kein Mangel, und viele davon schmiegen sich wie selbstverständlich in sehr alte, aber immer noch sehr schmucke Häuser aus der französischen Zeit. So gut wie alle diese Häuser

– das gilt eigentlich für die ganze Ober- und Unterstadt! – sind während des schonungslosen Bombardements der Stadt 1759 durch die Engländer von der anderen Stromseite her, von Lévis, zerschossen worden. Auch ohne Krieg sind die Häuser dort und auch sonst merkwürdig häufig durch Brände vernichtet worden. Doch unverdrossen wurde Québec wieder aufgebaut, ganz unverändert vielfach oder auch verbessert.

Auf der Gegenseite der Rue Saint Louis steht der modernistische Justiz-Palast, der nicht recht in das altfranzösische Bild hineinpaßt, aber wenigstens daran erinnert, daß an dieser Stelle einmal in ganz alter Zeit die Sénéchaussée gestanden hat, das Haus des Seneschalls, des Landgerichts – in grauer Frühzeit, während in Europa der Dreißigjährige Krieg Länder und Völker verwüstete (hier brauchte man sich damals höchstens vor den Irokesen zu fürchten). Dann stand (seit 1681) an dieser Stelle das Kloster und die Kapelle des Ordens der Recollecten. Genau dort, wo heute der Haupteingang zu dem Justizgebäude sich öffnet, erhob sich der Glockenturm der Recollecten.

Ein wenig weiter die Straße entlang, unweit der Ecke zur Rue Haldimand, ist hinter einer niedrigen Mauer eines der ältesten Häuser der Stadt (erbaut 1636) zu finden, in dem ein angesehener Bürger namens Louis d'Ailleboust gewohnt hat – das weiß man alles noch ganz genau in dieser erstaunlichen Stadt, die mit einer Zähigkeit sondergleichen die Vergangenheit lebendig erhält. Die Kapitulation von Québec nach der verlorenen Schlacht auf den Plains of Abraham (sie liegen nur eine knappe halbe Stunde von hier entfernt – zu Fuß) ist in diesem Hause unterzeichnet worden, wenn die entsprechende Überlieferung stimmt. Allerdings hat man an dem alten Haus viel herumrepariert, so schien es mir, und ihm sicherlich einiges von seinem ursprünglichen Charme geraubt.

Dann fand ich sie ohne Schwierigkeiten wieder, die kleine Rue du Parloir, die zu dem im Herzen der Stadt halb und halb versteckten »Konvent der Ursulinen« durch altersgraues Gemäuer hinüberführt, einen der sicherlich verehrungswürdigsten Plätze oder Winkel von ganz Franko-Canada.

Im Jahre 1639 – während also in Europa der Dreißigjährige Krieg durch das Eingreifen Frankreichs (geführt von Richelieu) schon in seiner vierten Phase wütete – beschloß eine junge Witwe in dem Städtchen Alençon (etwa 165 Kilometer westsüdwestlich von Paris), eine gewisse Madame de la Peltrie, im noch ganz nebelhaften Neu-Frankreich am anderen Rand des großen Wassers eine Einrichtung zu schaffen, in der junge Indianermädchen im christkatholischen Glauben, im Lesen und Schreiben und anderen Vorzügen der Zivilisation ausgebildet werden sollten. Es gelang ihr, drei Nonnen aus der Stadt Tours im mittleren Frankreich für ihren Plan zu begeistern, darunter als geistliche Leiterin der kleinen, missionsbegeisterten Schar die »Ehrwürden Mutter« Marie de l'Incarnation, welche die erste Oberin des neu zu gründenden Konvents werden sollte; dieser verstand sich als ein Zweig des Ordens der Ursulinen.

Die vier Frauen richteten sich, finanziert durch Madame de la Peltrie, zunächst in der Unterstadt von Québec ein, verlegten aber ihren Sitz bald in die allmählich sich entfaltende Oberstadt, wo ihnen die Entwicklungsgesellschaft Compagnie des Cent-Associés ein Grundstück angeboten hatte, das gleiche, auf dem der Konvent noch heute steht. Dort bauten sich die kanadischen Ursulinen ein Haus, von dem berichtet wird, daß es – damals! – »das schönste und geräumigste in ganz Canada« gewesen wäre. An indianischen Mädchen, die sich in den Kenntnissen und Künsten Frankreichs unterrichten lassen wollten, herrschte während der anschließenden Jahrzehnte kein Mangel; die bald nach vielen Dutzenden zählenden Nonnen leisteten eine friedliche Kulturarbeit im wahrsten Sinne des Wortes.

Der Konvent brannte mehr als einmal ab – wie es zum Schicksal der meisten Gebäude in jener Zeit gehörte –, wurde aber stets größer und schöner wieder aufgebaut.

Und natürlich teilte er auch, einhundertundzwanzig Jahre nach seiner Gründung, das Schicksal der übrigen Stadt, als die Engländer unter Wolfe 1759 die Stadt Québec zu einer einzigen Ruine zerschossen. Die Nonnen suchten Schutz in dem sehr fest-

gebauten Hospital der Stadt – bis auf zehn tapfere Frauen, die ihren Konvent nicht im Stich lassen wollten.
Irgendwie gelang es den zehn im zerschossenen Konvent ausharrenden Nonnen, sich des Leichnams des Generals Montcalm zu versichern. Im Licht einiger Fackeln begruben die Zehn den auch für sie gefallenen Marquis de Montcalm in einem zuvor von einem englischen Geschoß ausgehobenen Bombenkrater am Fuß eines Pfeilers, der beim Zusammensturz der Kirche im Innern des Konvents stehengeblieben war.
Die »Äußere Kapelle«, in die man von der Rue Donnacona her eintritt (die die Rue du Parloir mit der Rue des Jardins verbindet) war verfallen, ist aber 1901 nach den alten Plänen von 1720 wieder aufgebaut worden. Die Kirche beherbergt eine Anzahl von wunderschönen elfenbeinernen Kruzifixen und alten Bildern, die den Ursulinen in der Vergangenheit von frommen Verehrern geschenkt worden sind, darunter ein Votiv-Lämpchen, Weihgabe eines Fräuleins de Repentigny; es hat mich schon bei meinem ersten Besuch in der Kapelle vor gut zwanzig Jahren besonders gerührt. Für dergleichen bin ich nicht unempfindlich, was mich zuweilen erheitert, zuweilen ärgert: Seit nämlich das Lämpchen 1717, also vor 273 Jahren, gestiftet und sein Flämmchen entzündet wurde, ist es niemals wieder erloschen. Es brannte noch bescheiden bläulich und still vor sich hin, als ich es zum letzten Mal sah und wird sicherlich auch heute noch brennen, obgleich der Ursulinen-Konvent heute mehr ein Museum darstellt als ein Kloster – und von Indianer-Mädchen, die wie in alten Zeiten in der Herstellung von feinen Lederarbeiten oder Stickereien ausgebildet werden, habe ich nichts mehr entdecken können. Aber noch brannte das Votivlämpchen von Mademoiselle de Repentigny!
Die sterblichen Überreste des Verlierers der Schlacht auf den Plains of Abraham – und des französischen Imperiums in Nordamerika vom Mexikanischen Golf bis zu dem des St. Lorenz – ruhen nicht mehr da, wo sie ursprünglich begraben worden sind. Als 1833 einiges an den Mauern repariert werden mußte, machte eine betagte Nonne, Schwester Dubé, die Bauleute darauf aufmerksam, wo Montcalm Jahrzehnte zuvor nach der

Schlacht in die Erde gebracht worden war; als kleines Kind war die Nonne in der Schreckensnacht nach der Schlacht vor den Toren der Stadt unfreiwillig Zeugin des Begräbnisses beim Schein weniger Kienfackeln gewesen, was sich dem Kinde tief ins Gedächtnis eingegraben hatte.

Die Überreste des Generals ruhen jetzt in einem würdigeren Grab aus dem Jahre 1859; in den Marmor ist – in lateinischer Sprache – die Inschrift gegraben: »Franzosen haben unter Tränen hier die sterblichen Überreste des besten aller Offiziere zur Ruhe gelegt – in einer Grube, die durch den Fall und die Explosion einer Bombe ausgeschachtet worden war –, indem sie sie der Großmut ihrer Feinde anvertrauten.«

Auf einer anderen – früheren – Marmortafel hat ein damaliger britischer General-Gouverneur, Lord Aylmer, in französischer Sprache die Worte eingraben lassen: »Montcalm zu Ehren! Das Schicksal hat ihm den Sieg verweigert; doch es hat ihn mit einem glorreichen Tod entschädigt.«

Montcalms Totenschädel ist nicht mit bestattet worden, sondern in dem kleinen Museum des Konvents gesondert in einem gläsernen oder kristallenen Schrein aufbewahrt; er hatte sich von dem übrigen Skelett gelöst, als man die Überreste 1833 wieder ausgrub.

Ein bißchen grausig, die ganze Unruhe um das, was von Montcalm übrig geblieben ist und nun in der Hut der frommen Ursulinen ruht. Dem englischen General Wolfe ist nicht annähernd soviel Ehre und Sorgsamkeit gewidmet worden, soweit ich das in oder bei Québec feststellen konnte. Wieder hatte sich mir bestätigt, daß die französischen Kanadier mit hartnäckiger Treue die Erinnerung daran wachhalten, daß ihnen »ihr« Canada nur durch den zufälligen, unglückseligen Ausgang einer kurzen Schlacht entwunden worden ist – und die Engländer (wie Lord Aylmer) versuchen, mit ein wenig hohl klingenden Sprüchen diesen Tatbestand besänftigend zu verbrämen. Es kommt mir vor, als hätte sich an diesen Verhältnissen bis in die gegenwärtige kanadische Innenpolitik hinein nichts wesentliches geändert.

Ich hatte viel Zeit im Konvent der Ursulinen vertan. Man kommt vom Hundertsten ins Tausendste, wenn man sich in die Zusammenhänge versenkt, die sich um die alten Mauern und das, was sie beherbergen, wie beinahe spürbare, faßbare Spinnenfäden ranken.
Und ich merkte, als ich erst wieder in meinem stillen Zimmer hoch im Hotel Frontenac saß, daß ich nicht länger in der alten, schönen Stadt verweilen durfte, wenn ich mich nicht an sie verlieren wollte.
Weit zwar stürzte der Blick hinaus über den großen Strom, hin zu den Säumen der Ile d'Orléans, und schweifte hinüber zu den in feinem Dunst verblauenden Linien am Horizont, die von den Laurentides gezeichnet wurden!
Aber ohne es recht zu merken oder zu wollen, war ich schon damit beschäftigt, dies und jenes zusammenzupacken – und sagte es plötzlich laut vor mich hin:
»Also gut! Morgen früh Abreise Richtung Tadoussac!«
Große Reisen dieser Art sind ja nichts weiter als ein fortgesetzter Abschied.

Ich widerstand der Versuchung, von der Nr. 138, der ich, nun am linken Ufer des Stroms, zu folgen hatte, über die lange Brükke, die den Westarm des St. Lorenz überspannt, zur Orléans-Insel hinüberzusetzen, wo man sich auf amerikanischem Boden wie in der Normandie fühlt. Jacques Cartier ist auf seiner ersten Reise schon im September 1535 hier an Land gegangen und hatte der Insel den freundlichen Namen Ile de Bacchus gegeben, weil ihn die vielen Ranken wilden Weins, die er über die Hänge wachsend fand, an den Gott antiker Weinseligkeit erinnerte. Ich wußte auch, daß man von der Mitte der Insel her die Fälle des Montmorency wunderbar in ihrer ganzen Silberpracht bewundern kann.
Aber auch das konnte mich nicht aufhalten – ebensowenig wie einige Kilometer auf der 138 weiter die riesige Wallfahrtskirche von Sainte-Anne-de-Beaupré. Diese kleine Stadt ist der älteste katholische Wallfahrtsort in Amerika, wohin schon seit 1658,

dem Jahr des ersten Wunders, die Gläubigen wallfahren zu vielen Zehntausenden. Die riesige Basilika kann bis zu zehntausend Beter auf einmal in sich aufnehmen. Das allererste Bethaus an dieser Stelle ist 1658 von bretonischen Seeleuten errichtet worden, die auf dem St. Lorenz an dieser Stelle auf wundersame Weise von der Heiligen Anna, ihrer Schutzpatronin, aus einem Schiffbruch errettet wurden, der nach menschlichem Ermessen nur mit ihrer aller Untergang hätte enden müssen. Seitdem sind in Ste.-Anne-de-Beaupré viele weitere Wunder geschehen. Von Mitte Juni bis Mitte September täglich bei der Abendmesse ziehen die frommen Besucher der Wallfahrtstätte mit vielen tausend brennenden Fackeln in einem großen Kreis um die mächtige zweitürmige Kathedrale, die viele kostbare Weihgaben und Stiftungen, auch solche aus Europa, in ihren ragenden Mauern beherbergt.
Zur Linken der Basilika auf der anderen Straßenseite steht eine wesentlich kleinere Gedächtnis-Kapelle, die an die erste, noch aus den Stämmen des Waldes erbaute Kirche erinnern soll. Vor dieser Kirche sprudelt seit alters ein Brünnlein, dessen klarem Wasser ebenfalls heilsame Wunderwirkungen zugeschrieben werden.
Ich war der unfrommen Meinung, daß ich der Wunderkraft der Quelle nicht bedürftig wäre, und durchrollte den Ort mit seinen unzähligen kleinen und großen Hotels und den erst recht unzähligen frommen Touristen, die sich auf den Straßen drängten – immer noch, obgleich der Tag der Wallfahrt, das Fest der »bonne Sainte Anne«, der 26. Juli, längst vorüber war. – Ich entrann dem Trubel; die 138 streckte sich leer vor mich hin, zugleich aber sank die Orléans-Insel hinter mir zur Rechten zurück.
Nun wieder dehnte sich der gewaltige St. Laurent in ganzer Breite – an die zwanzig Kilometer breit! – neben und vor mir nach Nordosten hin und vermittelte mir endlich wieder jenes leise berauschende Gefühl, unabsehbaren Raum vor mir und um mich her zu haben, ein Gefühl, um dessentwillen viele Menschen aus dem engen Europa dem Lande Canada heimlich verfallen sind; ich muß mich ebenfalls dazu rechnen.

Mit dem Strom nach Nordost voran, bald weiter, bald näher von seinem linken Ufer entfernt! Die ganz und gar provinziell französisch anmutenden Dörfer und Gehöfte reihten sich in weiteren Abständen am Wasser auf, als ich es auf der anderen, der rechten Stromseite, auf der Fahrt von Rimouski nach Lévis und Québec-Stadt erlebt hatte. Sicherlich wäre von jeder dieser gemütlichen und auch ein bißchen verschlafenen Ortschaften ebensoviel und mehr an vergangenen Schicksalen zu berichten als von jenen auf dem Gegenufer. Mir aber klangen ununterbrochen drei Silben im Ohr, die mich vorwärts trieben und jeden Aufenthalt als störend empfinden ließen: Saguenay, Saguenay! Saguenay, der mächtige Nebenfluß des St. Lorenz! An ihm entlang wollte ich nach Westen abbiegen, um endlich die großen Einsamkeiten und Ödnisse des mittleren und nördlichen Canada zu durchmessen.
Die Straße teilte sich. Ich hielt mich an die ältere, nicht gerade erstklassige Trasse, die 362 längs des Stroms. Die Ile-aux-Coudres erschien zu meiner Rechten wie der Leib eines riesigen Urwelttiers über der Flut. Es tauchte auch schon das Schild am Straßenrand auf, das nach St.-Joseph-de-la-Rive und der Fähre nach der Ile-aux-Coudres (Insel der Haselnußsträucher) hinüberwies. Vom anderen Ufer her hatte ich die Insel wie einen Traum in weiter Ferne im Strom schwimmen sehen. An dieser Seite des St. Lorenz lag sie dem Stromufer nur etwa drei Kilometer entfernt und war leicht zu erreichen. Aber ich hatte sie in vergangenen Jahren schon einmal ziemlich ausführlich auf meine Weise »erforscht« und verbot mir einen zweiten Besuch, der mich den ganzen Nachmittag gekostet hätte. Ich entsann mich sehr genau, daß mir die ganze Insel mit ihren etwa zweitausend bäuerlichen Bewohnern wie kein anderer Ort in Québec als ein lebendiges Relikt aus der frühen Zeit des französischen Canada vorgekommen war. Fünfundzwanzig Kilometer etwa bringt man hinter sich, wenn man die ganze Insel von und nach St. Bernard-sur-Mer (wo die Fähre ankommt) umfährt. Cartier ist hier ebenfalls schon 1535 unhergestiefelt und hat der Insel ihren freundlichen Namen verliehen. Am 7. September 1535 ist bei

Saint-Louis, einem der zwei Dörfchen auf der Insel, die erste Messe auf kanadischem Boden gelesen worden. Ein granitenes Kreuz an der Südküste der Insel bezeichnet den Platz, wo Dom Guillaume, »der Bretone«, einer der beiden Kapläne, die Cartiers Expedition begleiteten, diese erste Messe zelebriert hat. Auch dort, wo Cartier seinen Fuß an Land setzte, steht ein Kreuz, um die Erinnerung an diesen kühnen ersten Franzosen wachzuhalten. Das alles wußte ich noch genau genug, also keinen Aufenthalt, weiter, weiter! Es war, als triebe mich wer, doch war es nur die eigene Ungeduld, die mir im Nacken saß.
Aber als ich das Dorf La-Pointe-au-Pic erreichte, rief mir der Name »Der Punkt an der Bergspitze« sofort ins Gedächtnis, daß man von dem »Pic«, einer steilen Klippe über dem Strom, einen überwältigenden Ausblick genießen konnte. Solches lasse ich mir nie entgehen. Sensationen dieser Art, die von der ungekränkten Natur selbst geboten werden – wenn man sie »Sensationen« nennen darf –, gehen mir über alles, was von Menschenhand an Bemerkenswertem geschaffen worden ist. Ich stellte mein Auto ab. Dafür war reichlich Platz vorhanden, denn das Land war immer weiträumiger und großzügiger geworden. Die Québecker haben ganz recht, wenn sie sagen: Wir könnten ohne weiteres auf eigene Faust einen Staat bilden, einen französisch gearteten, ganz nach unserem Geschmack, soviel bisher ungenutztes, unbesiedeltes Land haben wir noch in unseren Gegenden: Platz für viele Millionen, die wie wir nicht vergessen wollen, daß unsere Wurzeln immer noch im alten Europa haften, daß wir ihnen treu bleiben wollen auch auf diesem amerikanischen Boden, der für uns nichts weiter darstellt als eine weiträumigere Normandie oder Bretagne. –
Wahrlich, es hat sich gelohnt, gegen alle Ungeduld den »Pic« zu ersteigen und das Auge schweifen zu lassen über die Ufer des meeresgleichen Stroms und die Bucht von La Malbaie! Der Horizont scheint sich ins Unendliche zu dehnen. Die zarten Linien der Höhenzüge gegen Westen und Norden bestätigten mir, daß ich mich im St. Lorenztal stets am Ostrand des Laurentischen Berglandes entlangbewegte.

Ich hatte mich davor zu hüten, in dergleichen »Meditationen« – fruchtlose Spinnereien! – zu verfallen, riß mich los: Der Gong in meinem Kopf dröhnte deutlich und laut: Saguenay, Saguenay, Tadoussac, Tadoussac! An diesem Tag brauchte ich nur bis Tadoussac zu gelangen, hatte ich mir vorgenommen; und dabei hatte es zu bleiben!

Gewiß, gewiß! Ich hatte den Schlüssel schon wieder im Schloß und ließ den Motor flüstern. Aus den Augenwinkeln nahm ich noch wahr, wie viele vornehme und die Phantasie von städtischen Architekten verratende Privathäuser, um nicht »Villen« zu sagen, an mir vorbeiglitten, als ich aus La-Pointe-au-Pic hinausglitt. Die unvergleichlich herrliche Lage des Dorfes, die sich schon vor hundert Jahren herumgesprochen hatte, muß eine Anzahl von naturliebenden und zugleich wohlhabenden Leuten bewogen haben, sich hier ihre Ferien- oder Alterssitze anzulegen.

In Malbaie dann – eine Viertelstunde im Auto hinter dem »Pic« – erlebte ich eine Überraschung, die ich gerade hier nicht erwartet hatte. Es tauchten am Straßenrand Namen auf wie Fraser, MacNeil und MacLean, schottische also und keine französischen in dieser so gründlich französischen Gegend! Es mußte sich lohnen, anzuhalten und in der kleinen Informationsstelle nachzufragen. Auch hier entkam ich der franko-kanadischen Historie nicht: Nachdem 1759 in der Schlacht vor den Toren von Québec-Stadt die Königlich-Französische Oberherrschaft zerbrochen und durch die Königlich-Britische ersetzt worden war, hatte an dieser Stelle die bisherige Herrlichkeit des Seigneur Gaultier de Comporté ein vorzeitiges Ende gefunden; die französischen Edelleute hatten sich wieder nach Frankreich verfügt, aber ihre Hintersassen, die Bauern und Handwerker ihrer Seigneurie zurückgelassen. Zwei britische Offiziere, Captain Malcolm Fraser und Captain John Nairne, rückten an die Stelle der enterbten französischen Lehnsherren. Sie gaben sich große Mühe, presbyterianische Siedlerfamilien aus dem schottischen Hochland an den St. Lorenz und an die Malbaie, die »schlechte Bucht«, zu verpflanzen, Harveys und Blackburns, MacLeans und MacNeils. Aber die 1762 mit der früher französischen

Guts- und Bezirksherrschaft ausgestatteten schottischen Edelleute hatten nicht mit der außerordentlichen Prägekraft der schon seit hundert Jahren bestehenden französischen Bauernwelt gerechnet. Es dauerte gar nicht sehr lange: In der zweiten Generation schon wurden die stockprotestantischen Schotten zu Gliedern der Römisch-Katholischen Kirche, reihten sich in die Gemeinde des französisch-katholischen Abbé ein und hatten sich vollkommen »französisiert«, so daß sie heute bis auf ihre Namen von den Dubois und Dumas nicht mehr zu unterscheiden sind. – Ich war wieder um ein Stückchen Wissen und Einsicht reicher und rollte befriedigt davon, nach wie vor geleitet von der Nr. 138.

Natürlich nahm ich den Abzweig der Straße über Cap-à-l'Aigle, das Adler-Kap, wo mir neben den Bauernhöfen und Sägemühlen wieder eine Anzahl von recht feudal wirkenden Privatvillen auffiel. Reiche Franzosen lieben es auch auf amerikanischem Boden, sich in schöner, stiller Landschaft einen Ruhesitz zu sichern. –

In St. Siméon ließ ich dann die große, links abzweigende Straße nach Chicoutimi unbeachtet liegen, blieb weiter längs des St.-Lorenz-Ufers auf der 138; das Industriegebiet von Chicoutimi würde ich später ohnehin durchqueren müssen; es würde auf dem Weg nach Westen nicht zu umgehen sein.

Die Straße steigt langsam auf das Niveau des großen Stroms hinunter, gleitet an kleinen und größeren Seen vorbei, windet sich über grünschattige Hügel und durch sonnenwarme Täler, so daß man vielmals anhalten und schauen möchte, auch auf den großen St. Lorenz, den Saint Laurent, hinaus, der hier schon kaum noch als Strom zu erkennen ist, sondern weit seine Wasser dehnt, ein Meer!

Endlich dann La-Baie-Sainte-Catherine und von links her aus seinem Hügeltor hervorbrechend der gewaltige Saguenay; hier vereint er sich mit dem noch viel gewaltigeren St. Laurent. Champlain und Dupont-Gravé wußten schon, was sie taten, als sie nahe der heutigen Siedlung bei dem Pointe-aux-Bouleaux (Ort bei den Birken) schon 1603 einen Handelsposten gründe-

ten, nachdem sie mit den indianischen Stämmen der Montagnais, Algonquin und Etchemin friedliche Abkommen getroffen hatten, ihnen ihre Winterbeute an Pelzen gegen die Erzeugnisse französischen Handwerks einzutauschen.
Ein wenig weiter stromab erhebt sich ein steiler Felsen über dem Ufer, von dem nach der Überlieferung die indianischen Häuptlinge zu ihren Gefolgsleuten zu sprechen und sie anzufeuern pflegten. Von den stolzen Rothäuten der Frühzeit ist heute nichts von Bedeutung mehr übrig geblieben; der Platz trägt den hübschen Namen Pointe-aux-Alouettes, der »Ort bei den Lerchen«.
Im Jahre 1829 entstand am Enten-Flüßchen, das hier in den großen Strom mündet, eine Sägemühle und mit ihr wiederum eine kleine Siedlung. Das eine wie das andere verging sechzig Jahre später.
Doch war die Gunst der Lage des Ortes an der Mündung des Saguenay in den St. Lorenz allzu offensichtlich, als daß nicht 1901 wieder mit dem Versuch einer Ortschaft begonnen wurde. Aus ihr entwickelte sich das heutige höchst muntere La Baie-Sainte-Catherine, das nun gar nicht mehr wegzudenken ist, denn von hier aus muß die Nr. 138, um weiter dem Nordufer des St. Lorenz hinauf zum fast 500 Kilometer entfernten Sept-Iles folgen zu können, sich einer Fähre quer über die Mündung des Saguenay anvertrauen, die auf dem Gegenufer Tadoussac erreicht.

Für Tadoussac hatte ich mir einiges vorgenommen, wozu ich bei meinem ersten Besuch Jahre zuvor nicht gekommen war: Ich wollte Wale beobachten – was für normale Sterbliche nirgendwo auf Erden leichter möglich ist als an der Mündung des Saguenay in den St. Lorenz; zweitens wollte ich diesmal im altberühmten »Hotel Tadoussac« mein Quartier aufschlagen, und drittens wollte ich den Spuren der Vergangenheit nachgehen, den allerältesten in ganz Nordamerika. Denn Tadoussac ist die älteste, bis zur Gegenwart ununterbrochen von Europäern bewohnte Siedlung auf dem ganzen nordamerikanischen Kontinent.
Ich hatte mehr Glück als Verstand: Denn als die Autofähre sich

mitten in der Mündung des Saguenay befand und schon die Pier zu erkennen war, an der sie auf der Nordseite anlegen würde, um ihr gutes Dutzend Autos wieder loszuwerden, schrie plötzlich irgendwer mit lauter, aufgeregter Stimme:

»Wale, Wale!«

Ja, da waren sie, in dieser Gegend der Gewässer, wo das kältere, salzige Wasser, das mit den Gezeiten vom Atlantik her heraufdrückt, sich mit dem wärmenden Süßwasser vermischt, das der Saguenay aus dem Landesinneren heranbringt – gleich eine ganze »Schule«, die weißhäutigen Belugas, die einmal bis fast zur Ausrottung gejagt worden sind, was aber hier bei Tadoussac längst nicht mehr gilt. Die Beluga-Wale besitzen keine Rückenflosse und sind obendrein an ihrer weißlichen Hautfarbe leicht zu erkennen. Die Tiere werden etwa fünf bis sechs Meter lang, sind also recht ansehnliche Burschen. Ein Mitglied der Besatzung des Fährschiffes, mit dem ich zufällig ins Gespräch kam, bekannte mir:

»Ich fahr' jetzt schon seit drei Jahren auf diesem Boot, aber so nahe beim Schiff habe ich Belugas noch nie gesehen. Und wahrhaftig, da draußen, halb voraus, da ist auch noch ein Blauwal. Passen Sie auf, die kleine Rückenflosse taucht gleich noch einmal auf und sprühen wird er auch, wenn er den Atem ausstößt. Der Kapitän sollte die Fahrt aus dem Schiff nehmen; dann käme der Blaue vielleicht näher heran.«

Aber das tat der Kapitän leider nicht; ihm war es offenbar wichtiger, den Fahrplan einzuhalten. Außerdem hatten die wenigen Passagiere an Bord keinen bezahlten Anspruch auf »Wale sehen«. Das war das reguläre Geschäft der Boote, die im kleinen Hafen von Tadoussac für die Sommer-Reisenden bereit lagen. Aber immerhin, diese Ausgabe, zu der ich bereit gewesen war, blieb mir nun erspart. Ich begnügte mich mit den fünf oder sechs Belugas, die an der Fähre vorbeigeglitten waren und – weit draußen auf der dunkelblauen, leicht gekräuselten Fläche der hier sich einenden Wasser des Saguenay und des St. Laurent – mit dem weißen Sträußchen aus Wasserdunst und dem für ein paar Augenblicke aus den Fluten sich aufwölbenden dunklen Riesenleib des Riesen unter den Walen mit der zu klein wirkenden Rückenflosse. Die Blauwale sollen – auf solche Auskünfte bin ich als einigermaßen gewissenhafter Reporter stets aus entsprechender Literatur vorbereitet – bis zu dreißig Meter lang und weit über hundert Tonnen schwer werden. Sicherlich stimmt's! Ich hatte also schon Wale beobachtet, bevor ich noch richtig in Tadoussac angekommen war. Nach meinem zweiten Ziel, dem Hotel Tadoussac, brauchte ich auch nicht zu suchen; seine breit hingelagerte Front und das leuchtend rote Dach beherrschten das über grüne Hügel sich breitende Bild des großen Dorfes. Wieder würde ich wie im Château Frontenac in Québec für die Unterkunft gehörig blechen müssen (es wurden dann 129 kanadische Dollar für die Nacht); aber das war mir gleich an diesem lang ersehnten Ort: Nobel geht die Welt zugrunde! Sparen konnte ich später!

Und tatsächlich – an diesem schönen Tag verlief alles nicht nur nach Wunsch, sondern sogar besser als das! – konnte ich mich dann bald in meinem sehr angenehmen Zimmer zur Ruhe setzen, hoch über den Steilufern, den Hügeln und der unruhig blinkenden, weit verfließenden Fläche der Wasser des größten Stroms des amerikanischen Nordostens und seines mächtigsten Nebenflusses. Die Rückenflossen von Walen oder ihre länglich rund und glatt aus dem Wasser tauchenden Leiber konnte ich nicht mehr entdecken. Aber das kränkte mich nicht; es war mir schon gewährt worden. Ich dachte stattdessen voraus, stand vor einer schweren Wahl:

Der Saguenay ist zwar nur 160 Kilometer lang, nachdem er den großen See St. Jean verlassen hat, in den sich viele kleinere Flüsse ergießen. Der Saguenay entwässert also den ganzen Nordwesten von Québec, der größten kanadischen Provinz (mehr als fünfmal so groß wie die Bundesrepublik!). In seiner unteren Hälfte ist der Saguenay kaum noch Fluß oder Strom zu nennen; er ist ein Fjord, zwischen steile Felswände gezwängt, sehr tief (an die 250 Meter) und steht unter der Gewalt der Gezeiten des Meeres, die vom St. Lorenz heraufpressen und den Wasserspiegel zweimal am Tag um gut fünf Meter steigen und wieder absinken lassen.

Wenn die Flut kommt, stoßen die Wasser mit großer Gewalt in die tiefe Furche des unteren Saguenay hinein; es bilden sich dann gefährlich kreiselnde und saugende Wirbel an den in den Strom hinausragenden Kaps und Ecken der eingrenzenden Felsenwände; kleinere Boote müssen sich sehr in acht nehmen, und auch größere umfahren die unzuverlässigen Turbulenzen in respektvollem Bogen. Um all dies zu sehen und genau zu beobachten, standen mir zwei Wege offen: der über das Nord- oder der über das Südufer.

Während ich mich in meinem Hotelzimmer eine Weile ausruhte, nachdem ich mich auf längst eingespielte Weise darin heimisch gemacht hatte, und über den Fortgang der Reise nachsann, spürte ich plötzlich, wie es mir manchmal an solchen Orten geht, beinahe körperlich, daß ich mich an einem Ort befand, der wie mit einem Brennglas in einem Punkt die Geschichte eingefangen hat. –

Tadoussac ist ein Wort aus der Sprache des Indianerstammes der Montagnais und bedeutet etwa »Hügel« oder »Düne« – und die hohen Dünen über dem Ufer sind auch heute noch vorhanden und bieten Ski-Enthusiasten Gelegenheit zu auch sommerlichen Abfahrt-Freuden. Hier trafen stets offene Straßen zusammen – im Sommer zu Wasser, im Winter über das Ufereis.

Als der erste Europäer sich mit der Flut und gutem Wind den Strom heraufstastete – Jacques Cartier am 1. September 1535 –, hatten die Indianer an dieser lieblichen und einladenden Stelle längst eine Siedlung geschaffen. Cartier zögerte nicht, hier vor Anker zu gehen und die Möglichkeiten einer Niederlassung zu erkunden. Gerade hier sind die Wasser außerordentlich reich an großen und kleinen Fischen, auch kleinstem Wassergetier, das gerade auch für die Wale den Tisch üppig gedeckt hält, so daß sich fast alle Walarten des Nordatlantik hierher und in den unteren Saguenay hinein gewöhnt haben; die Belugas sollen sogar die Baie Sainte Marguerite in diesem Bezirk zu ihrem bevorzugten Paarungsort und als Geburtsort für ihre Jungen auserwählt haben, wofür ich aber keine eindeutige Bestätigung erkunden konnte.

Auf dem Kirchplatz des Dorfes erinnert ein steinernes Kreuz an Cartiers Landung; es wurde zur vierhundertsten Wiederkehr dieses Ereignisses errichtet. Seit 1535 sind Jahr für Jahr französische und baskische Schiffe und Fischer bis hierher (und wahrscheinlich weiter) vorgedrungen, haben gefischt und Wale gejagt und von den Indianern Pelze eingehandelt.
Offiziell wird Tadoussac zum ersten Mal 1600 erwähnt in einer Urkunde Heinrichs IV. von Frankreich, in welcher dem Pierre de Chauvin, Sieur de Tonnetuit, Mitglied der Chambre du Roi (Kammer des Königs) und früherem Gouverneur von Honfleur in der Normandie für die Dauer von zehn Jahren das alleinige Vorrecht des Handels mit den Indianern von Tadoussac aus übertragen wird. Der König muß sich also damals schon als Oberherr der weiten Gebiete am unteren St. Lorenz und Saguenay verstanden haben – eine reichlich kühne, aber für die damaligen Potentaten Europas bezeichnende Rechtsauffassung.
Noch im gleichen Jahr 1600 erschien dieser höchst vornehme Pierre de Chauvier an der Mündung des Saguenay mit einem reich bemannten Schiff und baute vor den Augen der erstaunten Indianer sofort ein festes Haus, denn hier, im Herzen des ihm übertragenen Monopols für den Indianerhandel, sollte für die Dauer gesiedelt werden. Allerdings wollte Chauvin selbst sich nicht den Beschwerden der sehr kalten Winter dieses Landstrichs aussetzen, verdonnerte vielmehr sechzehn Mann seiner Schiffsbesatzung zum Dableiben und fuhr selbst vorsichtigerweise zunächst einmal nach Frankreich zurück, ohne daß er und seine Leute sich bei den durchaus gutwilligen Indianern danach erkundigt hätten, wie man die harten Winter am besten überstände.
Als Chauvin im nächsten Jahr wiederkehrte, waren von den sechzehn Mann, die er als Händler und Verteidiger an seinem Lehenssitz zurückgelassen hatte, nur noch fünf übrig; nach all dem ewigen Salzfleisch und dem schimmeligen Schiffsbrot waren auch sie nur noch Gespenster. Aber die Indianer hatten ihnen nichts angetan, hätten ihnen wahrscheinlich geholfen, wenn sie nur darum gebeten worden wären. Das tat nun erst

Chauvin und erfuhr sehr bald, da die fünf Überlebenden inzwischen genug indianisch gelernt hatten, um als Dolmetscher dienen zu können, wie auch im Winter in diesem Land niemand zu verhungern, zu erfrieren oder am Skorbut einzugehen brauchte. Auch hatte Chauvin genug an Tauschwaren mitgebracht, um die Indianer günstig zu stimmen. Der Posten konnte und würde also gehalten werden, und so geschah es. Noch im gleichen Jahr entstanden weitere feste Häuser aus den Stämmen des Waldes. Tadoussac an der Mündung des Saguenay, die erste beständige Siedlung des Weißen Mannes auf nordamerikanischem Boden, war gegründet – und ist bis zum heutigen Tage eine solche Siedlung geblieben, wofür mir das angenehme Hotel, aus dessen Fenster ich auf weite Gewässer hinausblickte, ein höchst stabiles Zeugnis ablegte.
Es machte mir ein wenig kindlichen Spaß, auszurechnen, daß ich mich an einem Ort befand, der als Europäer-Siedlung noch vier Jahre älter war als Port-Royal an der Nordwestküste von Neu-Schottland, sieben Jahre älter als die erste britische Siedlung auf dem Gebiet der späteren USA, Jamestown im US-Staat Virginia – und auch noch acht Jahre älter als Québec-Stadt. Ein Bruder vom Orden der Recollecten ließ sich schon 1615 in Tadoussac nieder, um die Indianer zu bekehren und die wilde Bande von französischen Abenteurern daran zu mahnen, daß sie den Indianern als christliche Vorbilder zu dienen hätten. 1641 bildeten auch die Jesuiten hier eine starke Missionsstation und bauten 1646 die erste steinerne Kirche des Ortes. Zu diesen ersten Jesuiten gehörte ein Mann, ein Pater, der sich später einen Ruhm erwarb, der bis in unsere vielleicht nicht weniger ruhmsüchtigen Tage hineinleuchtet: Père Marquette, der als erster den ganzen nordamerikanischen Kontinent von Nordost (der St.-Lorenz-Mündung) bis Südwest zur Mündung des Riesenstroms, den er als erster befuhr, des Mississippi, aufgeschlossen hat – lange bevor die Engländer an der Ostküste des Erdteils die ungeheuren Ausmaße Nordamerikas auch nur erahnten.
Bis in die Mitte des neunzehnten Jahrhunderts hinein blieb Tadoussac ein geschäftiger Handelsposten. Dann erlahmte das Ge-

schäft, da der Pelzhandel an Bedeutung verlor. Aber bald setzte die Besiedelung der Ufer des St. Lorenz und des Saguenay bis hinauf zum großen Lac-St.-Jean in verstärktem Maße ein. Allmählich kam auch den Leuten in den kräftig wachsenden Städten im französischen, britischen und US-amerikanischen Hinterland zu Bewußtsein, wie großartig, prachtvoll und zugleich lieblich die Natur diese Landschaft an den großen Strömen ausgestattet hat. Im vorigen Jahrhundert schon entstand das große Hotel, in dem ich wohnte; gedacht war es ursprünglich nur für sehr reiche Leute. Das hat sich, wie mein Beispiel beweist, inzwischen geändert. –

Meine Augen hatten sich satt getrunken; es wurde Zeit, zum Abendessen zu gehen; vielleicht konnte man auf der Terrasse über dem Strom einen Tisch bekommen.
Aber die Wahl zwischen den zwei Möglichkeiten für die Weiterfahrt hatte ich immer noch nicht getroffen. Mich einer der Bootstouren den Saguenay aufwärts anzuschließen, widerstrebte mir: zuviel Gewimmel und Geschnatter und Geknipse an Bord! Ich konnte nun entweder auf der Seite des Saguenay bleiben, auf der ich mich bereits befand und über »Heilige Rose des Nordens« (das Dörfchen heißt wirklich so) auf dem Nordufer des Saguenay zum Lac-St.-Jean vorstoßen. Oder ich mußte mit der Fähre wieder nach Baie-Ste.-Catherine zurücksetzen und weiter bis St. Siméon zurückfahren, um dann von dort, wenn auch meist in beträchtlichem Abstand längs des südlichen Saguenay-Ufers den großen Lac-St.-Jean westwärts zu erreichen. Die landschaftlich herrlichsten Abschnitte des Stroms – wo er einem norwegischen Fjord am ehesten gleichkommt – sind von dieser guten Straße 170 aus anzusteuern, wenn auch nicht ganz unmittelbar. – Ich kam zu keinem Beschluß, wollte ohnehin noch einen Tag in Tadoussac verbringen. Morgen war noch Zeit genug, den Beschluß unverspätet zu treffen. Mein wackeres Auto war in bester Ordnung und würde mir keine Sorgen machen.
Am nächsten Tag suchte ich mir dann ohne große Mühe den

hölzernen Gehsteig am Stromufer entlang, der zu der Vieille Chapelle, der Alten Kapelle, führt, dem Ort der ältesten Indianermission in Canada. Die Jesuiten haben sie 1642 erbaut, 1665 ist das damals noch zur Hälfte hölzerne Bauwerk dem Schicksal der meisten alten Bauwerke erlegen, es ist abgebrannt. Die jetzige, wiederum hölzerne Kapelle ist 1747 errichtet worden und wird nun sorgfältig erhalten. Es kostet einen halben Dollar, wenn man das ebenso bescheidene wie ehrwürdige Kirchlein betreten will.
Ich ließ mir Zeit, hockte in einem der höchst unbequemen hölzernen Bänkchen – ich war allein in dem frommen Raum – und lauschte auf das Geflüster der Stimmen aus längst vergangener Zeit. Sicherlich hatte auch Père Marquette im Vorläufer dieses Bauwerks manchmal die Messe gelesen. Vielleicht ist ihm hier vor dem bescheidenen Altar der Gedanke gekommen, daß irgendwer bestimmt sein müßte, die dämmernden Hintergründe der ungeheuren Landmasse weiter im Westen aufzuhellen. Jeden Tag rollte der Saguenay seine Wasser an die hundert Schritte entfernt unter der Kapelle vorbei und ebenso aus mehr südlicher Richtung der unerhört mächtige St. Laurent. Wo kamen sie her, diese riesigen Ströme? Konnte man sich ihnen stromauf anvertrauen? Die Indianer bauten ja so wunderbar leichte und trotzdem äußerst stabile Kanus aus Birkenrinde. Der Saguenay und der St. Lorenz werden es mehr als andere Gewässer gewesen sein, durch deren Anblick Père Marquette, der Jesuit, ermutigt wurde, sich schließlich aufzumachen und das verwegene Werk zu unternehmen, auf dem Wasser der Seen, Flüsse und Ströme auszumessen, wie groß Nordamerika eigentlich wäre – bis dahin, wo spanisches Gebiet anfinge.

Marquette, Jacques mit Vornamen (1637–1675), strebte nach Westen. Am St. Lorenz hatte er sich früh mit indianischen Sitten und Sprachen bekannt gemacht. Auf den Kanurouten der französischen Pelzhändler gelangte er den Ottawa aufwärts und über den Lake Nipissing und den French River in den äußesten Nordwesten des großen Huronen-Sees. 1668 begann Marquette

bei dem heutigen Sault-Ste.-Marie die Ottawa-Indianer zu missionieren und richtete 1671 auf der Mackinac-Insel im Zugang vom Huronen-See zum meeresgleichen Lake Michigan eine Missionsstation ein.
Den von unermüdlichem Forschungsdrang getriebenen Mann hielt es nicht lange bei seinem missionarischen Werk. Mußte nicht erkundet werden, wo und wieviele weitere indianische Heidenseelen im Westen und Süden noch darauf warteten, »unter das Kreuz« geführt – und unter die Herrschaft des »Sonnenkönigs«, des Louis XIV. von Frankreich, gebracht zu werden?
Marquette tat sich mit Louis Jolliet zusammen, einem ehemaligen Jesuiten aus Québec, der sich dem Pelzhandel zugewandt hatte, um irgendwo im Westen den Oberlauf des Mississippi ausfindig zu machen und alle Lande bis zum Golf von Mexiko für den König von Frankreich mit Beschlag zu belegen. Mit sieben Mann, französischen Voyageurs und einigen wegekundigen indianischen Ruderern, zogen sie los in zwei Birkenkanus, hinaus auf den meeresgleichen und oftmals wie das Meer so stürmischen Lake Michigan. Sie steuerten im Norden des Michigan-Sees in die westwärts abweichende Green Bay und folgten von ihrem Ende den Fox-River aufwärts zum See Winnebago. Am Fox waren sie an der Missionsstation St. Franciscus vorbeigeglitten, welcher Père Marquette eigentlich hatte dienen sollen. Aber die Ungeduld hielt ihn dort nur für kurze Zeit. Er tastete sich, geführt von wege-, das heißt kanuwegekundigen Mascouten-Indianern, über die Wasserscheide zwischen Nordatlantik und Mexikanischem Golf hinweg und fand wieder freies Wasser im oberen Wisconsin-River, das in die richtige Richtung, nach Westen und Süden, strömte. Jetzt gab es keine Zweifelsfrage mehr: Bei dem heutigen Städtchen Prairie-du-Chien (Hundeprärie) und gegenüber der Ortschaft Marquette erreicht der Wisconsin den oberen Mississippi. Marquette hatte den Kanuweg vom Nordatlantik quer durch das ganze riesige Nordamerika zum Golf von Mexiko gefunden! Er folgte dem Mississippi bis zur Einmündung des Arkansas (im heutigen US-Staat gleichen Namens), brauchte nicht mehr zu zweifeln, daß der mexikanische Golf nicht mehr sehr fern wäre, und kehrte um.

Jolliet machte sich auf den Weg nach Montréal, um über ihre großartige und erfolgreiche Entdeckungsreise zu berichten. Marquette, schwer an Dysenterie erkrankt, konnte nicht mehr mithalten. Er versuchte, im heutigen Staate Illinois nochmals eine Missionsstation zu gründen, erkrankte abermals schwer und ist auf dem Rückweg in seine frühere Station St.-Ignace an der See-Enge von Mackinac bei der heutigen Stadt Ludington am Ostufer des Michigan-Sees am 18. Mai 1675 gestorben. Seine Getreuen schafften den Leichnam nach St.-Ignace, wo er begraben wurde. Vor dem Monument, das über seinem Grab errichtet wurde, hatte ich zwei Jahrzehnte vor meinem Besuch in der Jesuiten-Kapelle von 1747 in Tadoussac mit klopfendem Herzen gestanden und mir klar gemacht, daß es friedliebende, waffenlose, bestenfalls handeltreibende Männer gewesen sind, Franzosen ohne Ausnahme, die das ferne Innere des großen Erdteils Nordamerika entschleiert haben. Noch heute streicht ein breiter Streifen französischer Ortsnamen über die Mitte und den Westen Nordamerikas zum Mexikanischen Golf hinunter und belegt die uns heute sonderbar anmutende Vorstellung, daß Nordamerika einmal auf dem besten Wege gewesen ist, französisches Gebiet zu werden. Die Briten klebten damals noch an der Atlantik-Küste und ihrem Hinterland allenfalls bis zur Barriere der Appalachen-Gebirge. –

So saß ich also in dem altersgrauen Kapellchen der Jesuiten über dem St.-Lorenz-Ufer, grübelte der Vergangenheit hinterher und vergaß die Zeit, vergaß auch, daß ich mir die getreuliche Rekonstruktion des Handelspostens hatte ansehen wollen, den Pierre Chauvin, der vornehme Konzessionär des Henriquatre, im Jahre 1600 eingerichtet hatte. Das holte ich jedoch nach, nachdem ich mich endlich aus dem kleinen alten Gotteshäuschen losgeeist hatte. Viel zu sehen ist dort eigentlich nicht; ich bezweifle auch, daß es in dem ursprünglichen Chauvin-Haus so sauber und aufgeräumt ausgesehen hat, wie es heute aussieht, nachdem das Haus in den Rang eines winzigen Museums aufgestiegen ist. Aufbewahrt wird darin auch eine kleine Kirchenglocke, die der ursprünglichen Missionsstation 1647 von Frankreich her gespendet worden ist, um, wie es auf der Glocke heißt, »die Wilden zum Gebet zu rufen«. Jedes Jahr wird die Glocke einmal geläutet, am 26. Juli, dem Festtag der Heiligen Anna, der Mutter der Gottesmutter, die in den Rang einer Spezialheiligen der Mission und der Indianer überhaupt erhoben worden ist.

Während des Abendessens im Coffeeshop des Hotels – wo man bescheidener essen kann als im Dining Room – hat es sich dann bei mir entschieden: Ich würde diesmal dem Saguenay längs seines Südufers stromauf folgen. Vor Jahren war ich nach Ste.-Rose-du-Nord auf dem Nordufer gefahren, weil man von dort aus einen besonders eindrucksvollen Ausblick über den gewaltigen Fjord des unteren Saguenay gewinnen kann. Aber es hatte in Strömen geregnet und der Blick in den breiten Abgrund des Stromtals hinunter war mir bedrückend düster, ja drohend in der Erinnerung haften geblieben, zum Fürchten beinahe. Ich hatte damals nicht die Lust verspürt, zum großen Lac-St.-Jean weiterzufahren, aus dem der Saguenay abfließt.

Auch diesmal erlebte ich eine gewisse Enttäuschung. Denn die Straße 170 verläuft zumeist so weit abseits des Saguenay-Fjords, daß man von der riesigen Scharte im Hochland der Laurentians gar nichts zu sehen bekommt. Nun, das Wetter war so schön an diesem Tage, warm, aber nicht heiß, sonnig mit sachte vor einem schönen Wind segelnden Wolken, daß ich fast entschlossen war, mich diesmal nicht abweisen zu lassen. Wenn ich nicht mit dem Auto dem Saguenay nahekommen konnte, dann mußte ich es eben per pedes apostolorum unternehmen. Ich hatte zwei Dollar zu blechen, um von dem Dörfchen Rivière-Êternité eine grobe Straße zu den beiden berühmten Kaps über dem Saguenay benutzen zu dürfen. Dann hatte ich die Bucht erreicht, über der sich das »Kap Dreieinigkeit« und das »Kap Ewigkeit« aufbauen (Trinité und Eternité). Aber ich befand mich jetzt auf der Landseite, sozusagen der Hinterseite der Kaps. Ich stellte mein Auto ab. Manchmal muß man in einen so sauren Apfel beißen: Zur Höhe des Kap Trinité führt ein Fußpfad, der bergsteigerische Fähigkeiten (über die ich nicht verfüge) nicht erfordert.

Diesem Pfad vertraute ich mich an. Von der Spitze des Kaps

mußte sich mir ein ungeheurer Rundblick öffnen. Zugleich würde mich dort oben eine sechs Meter hohe Statue der Jungfrau Maria erwarten, die ich schon aus der Tiefe als ein winziges Figürchen wahrgenommen hatte. Sie verfehlte aber in ihrer dreifach übermenschlichen Größe, als ich sie nach zwei Stunden des Anstiegs endlich erreicht hatte, den Eindruck, den sie eigentlich auf mich protestantischen Höllenbraten hätte machen sollen. Denn der Blick, der sich mir von ihrem Sockel aus in alle Himmelsrichtungen auftat, war so überwältigend in seiner von der Natur geschaffenen Großartigkeit, daß alles Menschenwerk – wie die an diesem Ort irgendwie unpassende Statue der Jungfrau – daneben verblaßte.

Über Meilen hinweg bauen sich, in der Ferne verschwimmend, aschfarbene Felswände über dem dunklen Strom auf; der schwere Klotz des anderen Kaps, des Kaps Ewigkeit, ragt gegenüber aus dem dunklen Wasser auf, ohne auch nur einer schmalen Spur von Ufer Platz zu gewähren. Über einigen felsigen Kuppen am Außenfuß des Kaps hat sich ein wenig Fichtenwald angesiedelt. Zwei Schiffe auf dem Saguenay, obgleich nach den Aufbauten und der Form hochseegängige Fahrzeuge, zogen unter mir ihre silbernen Kielwasser über die Flut, spielzeugklein anzusehen.

Kap Dreieinigkeit, auf dessen Spitze ich stand, ragt 457 Meter über dem Wasserspiegel auf, Kap Ewigkeit, zu dem ich von meinem Standort am Fuß der Heiligen Jungfrau hinüberblickte, sogar 510 Meter. Unterhalb der Wasserlinie fallen die Sockel der beiden Kaps nochmals 240 Meter in die Tiefe, ehe der Grund des Saguenay erreicht ist. Jenseits des schwarzen Stroms in der Tiefe und unvergeßlicher noch, wenn ich zur anderen Seite nach Süden blickte, wallten und dunkelten die Hügel und Gebirge, eingehüllt in die ewigen Wälder, bis in den scheinbar unendlich fernen Horizont davon – bis an der Welt Ende, wollte es mir scheinen! Doch waren auch – etwas näher – einige Häuser winzig klein zu erkennen, hier und da auch das Geglitzer von offenem Wasser.

In der Tat, der schweißtreibende Anstieg zur Marien-Statue auf

Kap Trinité hatte sich gelohnt! Als ich mich schon umdrehte, den Abstieg unter die Füße zu nehmen, wurde ich für meine Mühe noch durch ein Wunder bedankt: Der Saguenay ist ja sehr tief – bis zu dreihundert Metern aus einem flacheren Flußtal von einer Gletscherzunge während der letzten Eiszeit ausgehobelt. Deshalb erscheint der Strom dem Betrachter wie eine Bahn tiefschwarzen kaltflüssigen Metalls – das es so in der Wirklichkeit nicht gibt.
Wenn aber das Sonnenlicht in einem bestimmten Winkel die Wasserfläche trifft und der Beobachter an seinem Standort über dem Strom diesem Winkel entspricht, dann verwandelt sich das düstere Schwarz der Wasser in eine bernsteinfarbene Glut, die nicht von dieser Erde zu sein scheint. Und gerade dies widerfuhr mir, als ich mich, noch zögernd, zum Abstieg von der Höhe der »Dreieinigkeit« rüstete. Ein Wunder wahrlich! Eines jener Wunder, die alle Mühen, Ungewißheiten und Kosten einer weiten Reise aufwiegen, ja, sie vergessen lassen!
Ich langte reichlich erschöpft wieder bei meinem Jeep-Wagoneer an; der Wackere (oder soll ich, wie die Amerikaner das Geschlecht der Autos bestimmen, sagen » die« Wackere?) hatte geduldig auf mich gewartet. Weit würde ich an diesem Tage nicht mehr kommen; dem Wagoneer würde nur noch die kurze Strekke bis Chicoutimi zugemutet werden, wo der obere Saguenay endet und der fjordhafte untere beginnt. Ich hatte ihn gesehen, den Saguenay, den einmaligen, wie man ihn nicht vollkommener erleben kann. Die bedeutende Industriestadt Chicoutimi würde mir den unerhört großartigen Eindruck, den ich empfangen hatte, nicht zu verwässern imstande sein. Das »Motel Journey's End« (Ende der Reise) nahm mich angenehm auf, an der 175 gelegen, die stracks von Süden her von Québec-Cité durch menschenleere Wildnis heraufstrebt; die Zimmermiete bezahlt man wie überall in Amerika üblich im voraus; frühstücken muß man meistenteils anderswo; dafür wurden mir hier nur fünfzig Dollar abverlangt – nach den Prachtherbergen, den Châteaux Frontenac und Tadoussac, sehr viel weniger schmerzhaft für den Geldbeutel.

Die Entwicklung modernster industrieller Anlagen in der Gegend von Chicoutimi erweckt Erstaunen, ja Bewunderung. Aber der obere Saguenay lud dazu ein. Als er noch nicht ins Joch der Kraftwerke zur Erzeugung von elektrischem Strom eingespannt war, bildete er ein wildes, schäumendes Gewässer, fiel er doch vom Ausgang des Wassers aus dem großen Lac-St.-Jean bis zum heutigen Chicoutimi, bis wohin den unteren Saguenay vom tausend Kilometer weit entfernten offenen Atlantik Ebbe und Flut in mächtigen Schüben heraufdringen, über eine Entfernung von 56 Kilometern nochmals 900 Meter auf etwa Meereshöhe ab. Bei Shipshaw, ein paar Kilometer oberhalb von Chicoutimi, hat man einen riesigen Staudamm errichtet und zwingt den Strom – und nicht nur an dieser Stelle –, über mächtige Turbinen elektrischen Strom zu erzeugen. Die städtischen Siedlungen Kénogami, Jonquière, Arvida, Chicoutimi Nord und Süd und noch hinüber zu dem mit modernster Lade- und Entlade-Technik vollgestopften Hochsee-Hafen La-Baie an der Baie-des-Ha!-Ha! des Saguenay, wo dieser bereits zu einem meerestiefen Fjord geworden ist, sind zu einem ineinandergreifenden Industriegebiet geworden – mitten in unabsehbarer Wildnis, die sich im Süden wie im Norden des Saguenay ins Ungewisse ausbreitet.
Über fünfhundert Massengut-Transporter kommen im Jahr in La-Baie an und schaffen riesige Mengen des mineralischen Rohstoffs Bauxit von weither heran, aus der Karibik zumeist, damit der riesigen Aluminium-Schmelze in Arvida, der drittgrößten der Welt, nicht das Futter ausgeht. Denn um Aluminium herzustellen, es aus dem pulvrigen Bauxit herauszulösen, braucht man riesige Mengen von elektrischer Energie – und die wird hier vom oberen Saguenay reichlich und vor allem billig geliefert. Bei der Aluminium-Herstellung wird nicht wie etwa beim Stahl die Energie zum Erz gebracht, um es aufzuspalten, sondern es ist billiger, das Erz, Bauxit, zur Quelle der Energie zu leiten. – In Jonquière überspannt eine große Brücke den hier noch überspannbaren Saguenay – es ist die erste Brücke auf Erden, die ausschließlich aus Aluminium gefertigt wurde.
Der obere Saguenay und der große, heute einigermaßen eng um-

siedelte See St.-Jean und die Gegend rings umher haben zwar nicht das Gold und Silber eines geheimnisvollen Königreichs geliefert, von dem Cartier 1534 träumte, aber in großer Fülle andere Schätze: Für zwei bis drei Jahrhunderte wertvolle Pelze der wilden Tiere, dann Masten und Rahen aus den ragenden Stämmen der unabsehbaren Wälder für die »seebeherrschenden« Schiffe der britischen Flotte; in der jüngeren Gegenwart wurden dann der mineralische Reichtum und die sagenhaften Wasserkräfte des Gebietes am Sagueney, die Fülle an Fischen bis zu den größten Walen besonders am Zusammenfluß von Saguenay und St. Lorenz genutzt – ein überaus reiches Land! Sieht man genauer auf die Karte, so entdeckt man, daß es sich am unteren St. Lorenz und am Saguenay aufwärts um eine schmale, langgestreckte Oase im unabsehbaren Ozean des Urwalds handelt, der zwar streckenweise ausgebeutet wird, aber aufs Ganze gesehen sein ursprüngliches Wesen und Wachsen bewahrt hat.

Es versteht sich beinahe von selbst, daß unternehmerische Leute von den Gewässern aus, die den Lac-St.-Jean speisen (aber nur eines ihn *ent*wässert, der Saguenay), mit Sägemühlen und später Pulp- und Papiermühlen dem Überfluß an Holz zu Leibe rückten und dies bis heute in größtem Stil fortsetzen. Ich hielt mich nicht lange in den Zwillingsstädtchen Chicoutimi und Jonquière auf. Großindustrielle Anlagen wie dort finde ich sehr wichtig und auch imposant, aber sie reizen mich nicht zum Verweilen.

Im Süden fuhr ich um den großen See herum, der von blühenden Ackerbau-Gebieten schmal umkränzt wird. Blaubeeren werden in dieser Region in riesigen Mengen in den Wäldern geerntet; alle Welt geht Blaubeerensammeln im August. Als Besonderheit wird im Lac-St.-Jean eine Lachsart gefangen, die seit der letzten Eiszeit vom Salzwasser abgeschnitten ist und nur dort vorkommt, der Ouananiche. Passionierte Angler reisen von weither an, diesen vorzüglichen Süßwasserlachs an den Haken zu bekommen.

So verhältnismäßig jung dies entlegene, aber von Süden und Osten über den Wasserweg und auch über Straßen wohl erschlossene Land auch ist, ich fand an der Nr. 169, die den See voll umkreist (etwa 225 Kilometer weit), schon Industrie-Ruinen vor, in Val-Jalbert. Dort hat unweit der wunderschönen, an die 75 Meter hohen Wasserfälle des Quiatchouane-River am Anfang des Jahrhunderts ein Unternehmer namens Damase Jalbert eine große Pulp- und Papiermühle errichtet, ein höchst fortschrittlich gesonnener Mann. Er baute für seine Arbeiter und Angestellten, bald an die tausend Leute, eine komplette kleine Stadt mit standardisierten, hübschen Wohnhäusern, einem Hotel, Geschäften, Postamt, Kirche – und sogar einem Konvent des Ordens der Ursulinen. Ein Pfad wurde angelegt, der zu der Oberkante des großen Wasserfalls führt. Über die flachen Seeufer hinweg hat man von der Höhe einen weiten Blick zu der blitzenden Wasserfläche des Lac-St.-Jean hinüber.

Das Fabrikstädtchen Val-Jalbert (Jalbert-Tal) florierte gut fünfundzwanzig Jahre, dann erlag es der Konkurrenz der Großunternehmer, die sich beherrschend in der Gegend durchgesetzt hatten. Die Firma Jalbert war allzu beispielhaft und kostspielig auf soziale Musterleistungen aus gewesen, hatte sogar – im ersten Viertel des Jahrhunderts! – ihren Arbeitern und Angestellten elektrisches Licht und fließendes Wasser in die Häuser geliefert – was damals alles andere als selbstverständlich war –, vor allem nicht am weit entlegenen Lac-St.-Jean!

Die hübsche Siedlung lief leer, wurde zur »ghost town«, zur Geisterstadt – bis schließlich ein anderer tüchtiger Unternehmer daraus eine Sehenswürdigkeit machte, die eben als »Geisterstadt« auf bescheidene Weise wieder Geld einbringt; zwei Dollar kostet allein das Parken.

Mir schien das Ganze recht aufschlußreich zu sein; auch erstieg ich über den steilen Pfad die Kante des Wasserfalls. Man lernt ständig noch ein wenig zu.

Aber dann endlich hatte ich die Südwestecke des St.-Jean-Sees erreicht, wo einer der mächtigen Zuflüsse des Sees, der Chamouchuane bei St. Félicien mündet – die vielen Wasserläufe tragen hier alle schwer zu behaltende Namen aus indianischen Sprachen.

Hier zweigte von der See-Rundstraße Nr. 169 zunächst am breiten Fluß mit dem komplizierten Namen entlang stracks nach Nordwest die schmalere, aber immerhin noch gepflasterte Nr. 167 ab. Und auf die war ich aus!

In St. Félicien am Westzipfel des Lac-St.-Jean hatte ich noch einmal übernachtet, denn am darauffolgenden Tage wollte ich die sechshundert Kilometer über Chibougamau nach Val-d'Or am Nordzweig des Transcanada auf einen Sitz zurücklegen. Bis zu der Kupferminenstadt Chibougamau läuft die Straße unter der Nummer 167, führt dann aber in einem riesigen Halbkreis unter der Nummer 113 in das ausgedehnte Minengebiet hinunter, das sich von Val-d'Or über die Grenze zwischen Québec und der zweitgrößten kanadischen Provinz, Ontario, hinweg erstreckt. Die Minen-Regionen breiten ihre kleinen und größeren Städte weit verstreut und scheinbar ganz willkürlich im Lande aus. Das klingt für einen Europäer, der seinen Heimat-Kontinent verläßt, um seiner Enge, Gedrängtheit, schlechten Luft und Verstädterung zu entgehen, nicht besonders verlockend. Aber dieser Eindruck ist vollkommen falsch. Die Minengebiete, das heißt die Fundstellen der zum Teil weit im Norden entdeckten Mineralien wie Gold, Silber, Nickel, Kupfer, Eisen, Erdöl, Zink, Erdgas mußten durch Straßen erschlossen werden (oder auch Eisenbahnen), um die wertvollen Erze dorthin zu schaffen, wo sie gebraucht wurden, wo sie verarbeitet werden konnten. Es gibt eine ganze Reihe von weitgedehnten Stichstraßen, die mit großer Energie geradenwegs nach Norden vorgetrieben wurden, um die Minengebiete an die Ost-West-Straße anzubinden. Die südlichen Endungen dieser Straßen berührte ich alle auf der Reise nach Westen am Nordrand des mittleren und westlichen Kanada, sozusagen am Nordrand der Zivilisation, das heißt, einer Gegend, in der man noch, wenn auch nur in weiten Abständen, Benzin einfüllen und vielleicht sogar in noch weiteren Abständen ein Quartier zu finden vermochte, in dem man sein müdes Haupt zur Ruhe betten konnte. Aber ich durfte mich nicht verlocken lassen, ihnen ins endlose Nichts nach Norden zu folgen. Ich durfte, aufs Ganze gesehen, der Westrichtung nicht untreu werden.

Und mir war klar, daß ich etwa vom Lac-St.-Jean aus die wahrhaft unermeßlichen kanadischen Wälder bis zum Pazifischen Meer – von gelegentlichen Lichtungen abgesehen – nicht mehr verlassen würde. Wald, Wald, Wald, am Abend und am Morgen, unermeßlicher Wald!
Als ich dann die 167 unter den Rädern hatte und die Siedlungen, die letzten am Lac-St.-Jean, hinter mir zurücksanken, überkam mich das seltsame und ein wenig beängstigende Gefühl, mich in einen grenzenlosen Ozean hineingestürzt zu haben, in dem ich nicht allzuviele hilfreiche Häfen oder Ufer finden würde, wenn mein Fahrzeug versagte.

Ganz gewiß brauchte ich an diesem ersten Morgen nach dem St.-Jean – einem wiederum strahlend blauen Spätsommermor-

Die Landschaften Canadas: von Ost nach West: 1. Die Lowlands längs der Ausläufer der Appalachen im St.-Lorenz-Tal, die am dichtesten besiedelten Teile Canadas. 2. Der riesige »Kanadische Schild«; mehr als ein Drittel Canadas. 3. Prärien und Mackenzie Lowlands. 4. Die Gebirge im Westen (Rockies und Küstenketten).

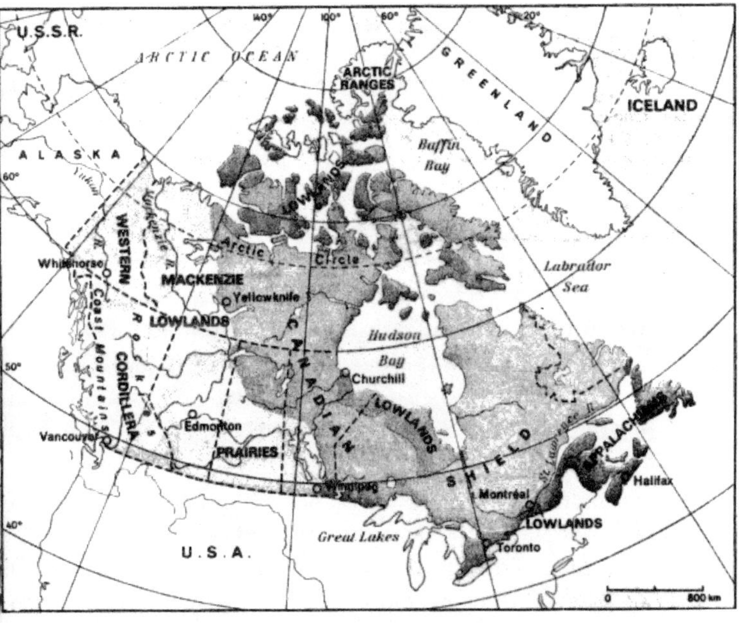

gen, der das Herz leicht machte – mich nicht mehr zu fragen, ob ich wohl schon die Formationen des Großen Kanadischen Schildes erreicht hätte. Bisher hatte ich mich vorwiegend – wenn auch manchmal daran zweifelnd – in den nordostamerikanischen Gebieten bewegt, die nach dem die östlichen Teile der USA beherrschenden Mittelgebirge, den Appalachen, die Landschaften appalachischen Charakters genannt werden. Dann war ich in dem schmalen Streifen des St.-Lorenz-Tales unterwegs gewesen – und hatte es mit großer Freude und Begier in mich aufgenommen, was alles dieses gewaltige Tal des Stromes mitsamt seinen großen Nebenflüssen Ottawa, Richelieu, Maurice, was der Saguenay und die alten Siedlungen und fruchtbaren Gefilde mir menschlich und historisch zu erzählen gehabt hatten.
Als aber an diesem goldenen Tage St. Félicien und dann La-Dore hinter mir verschwunden waren, spurlos und ohne mir Abschiedsschmerzen zu bereiten, strömte sie mir in immer gleicher und doch ständig neuer Fülle und Vielfalt entgegen, die Landschaft des Kanadischen Schildes, welche die eigentlich kennzeichnende des Landes Canada bildet. Der »Schild« schlingt sich wie ein riesiges Hufeisen um die im Winter schon arktisch im Eis erstarrende Hudson Bay im Norden und reicht im Süden bis zu den Großen Amerikanischen Seen hinunter (und nach den USA hinein).
Nur wenige Besucher Canadas machen sich klar, daß der »Schild« mehr als die Hälfte des kanadischen Staatsgebiets umfaßt, daß er sich wie ein riesiger Klotz hinlagert zwischen dem hochentwickelten kanadischen Osten mit seinen landwirtschaftlich bedeutenden Gebieten, seiner Industrie und den Großstädten Montréal, Toronto, Québec, Halifax – und die völlig anders gearteten Präriegebiete im Westen des Schildes und, am Pazifik –, und der herrlich großartigen Gebirgsprovinz British Columbia. Der Schild hat für lange Zeit mit seiner Unpassierbarkeit und seinem so gut wie vollständigen Mangel an kultivierbarem Boden eine riesige Barriere dargestellt, die den Osten und Westen des Landes ursprünglich nur schwer und verspätet zusammenwachsen ließ. Erst als ein erster Lebensstrang, eine Eisen-

bahn, gebaut war – die »Canadian Pacific Railway« schickte 1887 ihren ersten Zug von Montréal nach Vancouver am Pazifik –, konnte der Große Kanadische Schild für überwunden gelten, konnte sich British Columbia der 1867 im Osten geschaffenen, noch längst nicht ganz Canada umfassenden Konföderation anschließen.

Der Kanadische Schild bildet eine der ältesten und beruhigtesten Landschaften dieser Erde. Er besteht aus dem harten Gestein der präkambrischen Epoche der Erdgeschichte, besitzt also ein Alter von mehr als fünfhundert Millionen Jahren. Es ist in der Tat ein »Schild« aus starren, vielfach zu Tage liegenden Felsen, ist durch Verwitterung und in jüngerer Zeit durch die Eiszeiten auf rund tausend Meter über Meereshöhe abgeschliffen, weist markante Berge oder Gebirge nicht mehr auf, ist aber durch das Eis, das jahrtausendelang über ihn hinweghobelte, tausendfach zerschrundet und zerklüftet, und hat ungezählte Bäche, Flüsse, kleine und große Seen gebildet, anderswo unabsehbare Sümpfe und Moore, so daß er heute eine für den Verkehr zu Lande äußerst schwierig zu überwindende Zone darstellt; sie verweigert sich dem Anbau von Nahrungsmitteln in größerem Maßstab für alle Zeiten.

Es hat eine große geistige und politische Leistung dargestellt, die beiden durch den Kanadischen Schild getrennten Teile Canadas, den Osten und den Fernen Westen, überhaupt als mögliche Einheit zu erkennen und in einem gemeinsamen Staat über die ganze Breite des Kontinents hinweg, den Kanadischen Schild kühn überbrückend, zusammenzufügen, ein Werk, das dem der Schaffung der Vereinigten Staaten sicherlich ebenbürtig ist, wenn auch längst nicht so viel Aufhebens davon gemacht wurde und wird.

Die Eisenbahnstrecken, zuerst der (privatwirtschaftlichen) Canadian Pacific und später der Canadian National (staatlich) blieben viele Jahrzehnte die einzigen zuverlässigen Verbindungen zwischen dem atlantischen Osten Canadas und den Prärien und dem Hochgebirge im Fernen Westen. Erst 1962 ist der Transkanada Highway als ganzjährig befahrbare Straße vollen-

det worden. Er folgte ursprünglich der US-Grenze in nicht allzu weitem Abstand, fand er doch längs der Grenze den größten Teil der Bevölkerung Canadas angesiedelt. Inzwischen ist gerade im Bereich des Kanadischen Schildes ein weit nach Norden ausbiegender Ast des Transkanada gebaut worden. Auch die Straße 167/113, noch jung, und was 113 anbetrifft, erst vor wenigen Jahren fertiggestellt, schwingt weit nach Norden aus, denn der anfänglich so abschreckend und nutzlos erscheinende »Schild« offenbarte sich mit der Zeit und besonders dann in diesem Jahrhundert als ein wahres Schatzhaus an mineralischen Reichtümern und als möglicher Lieferant von kaum abschätzbaren Wasserkräften. Und diese Vorzüge machen es nun notwendig, die Straßen durchs scheinbare Nichts nach Norden ausbiegen zu lassen, oder, wenn das nicht reicht, über Hunderte von einsamen Kilometern Stichstraßen nach Norden vorzutreiben, um weit entlegene Fund- und Förderstellen wertvoller Stoffe der Erdrinde auszubeuten.
Das einzig kostbare Handelsgut, das vor unserer Gegenwart der Schild zu liefern vermochte, waren Pelze. Ihre Qualität war um so besser, je weiter nach Norden hinauf sie erbeutet wurden. Ich muß es noch einmal sagen: Es ist in allererster Linie der Pelzhandel gewesen, der Canada bis in die Gebirge des Fernen Westens und schließlich bis zum Stillen Ozean aufgeschlossen hat. Die Siedler kamen, wenn man von den Atlantischen Provinzen und dem St.-Lorenz-Tal absieht, erst viel, viel später, ersetzten mit ihrem Landbau, dann der Gewinnung von industriellen Rohstoffen und schließlich, sehr viel bescheidener, ihrem Handel und ihrer Industrie den bis dahin allein das Feld beherrschenden Pelzhandel; dieser verlor an Bedeutung, weil sich die Moden und die Lebensbedingungen, in Europa und den USA vor allem, grundlegend änderten.

Etwa zwanzig Kilometer hinter La-Dore – der Lac-St.-Jean war schon vergessen – verriet mir ein Schild am Straßenrand, daß ich in die »Ashuapmushuam Provincial Reserve« eingetreten war, eines jener riesigen Gebiete, welche die Provinzregierung von

Québec aus der Wildnis herausgeschnitten hat, um sie jeder kommerziellen Nutzung oder sonstigen Veränderung ihres Zustands als Wildnis zu entziehen. Ich scheute mich nicht, einen – wahrscheinlich mißtönigen – Jubelruf zum Autodach emporzuschleudern. Nun war mir auf eine weite Strecke die unberührte Wildnis sozusagen verbürgt.

Wald, Wald, Fichten, Kiefern drängten von allen Seiten heran, eine die groben Hügel, die Felsen und Senken dicht überströmende Flut. Bären und Elche, Hirsche und Wölfe, hier sind sie wie seit Urzeiten beheimatet. Ich hielt die Augen offen, aber auf dieser Fahrt an diesem ersten glücklichen Tage in der ungezähmten Einöde bekam ich nur einen einzigen Elch zu sehen, sonst kein wildes Leben.

Ich fuhr auf der nicht besonders guten, aber ausreichend gepflegten Straße an einem der unzähligen Seen entlang, die wie lauter Spiegel und Spiegelchen aus gleißend blankem Metall über den »Schild« ausgestreut sind. Ein schmaler Schilfstreifen trennte die Straße vom offenen Wasser. Zuerst bemerkte ich jenseits des Röhrichts nur einen bräunlichen, gut meterlangen Wall, eine längliche Rundung, die da nicht hinzugehören schien. Ich wurde aufmerksam und hielt an. Sicherlich hatte das Tier etwas gehört, denn plötzlich hob sich am Ende des »Walls« ein großes Tierhaupt hinter dem Schilfdickicht empor, erschrekkend beinahe, denn das wild verzweigte Geweih des Elchs, eines männlichen Tieres, wirkte riesig, schien zu mir über die im Winde wogenden Halme des Schilfs herüberzudrohen. Sonderbar lang und ungestalt kam mir der Kopf vor mit den großen schwarzen Kugelaugen. Aus dem schlappigen Maul tropfte Wasser, hingen in langen Fäden und Fetzen die Sumpfpflanzen hernieder, die der Elch am Seegrund abgeweidet und noch nicht vollends in die Gurgel gekaut hatte. Das Tier schien viel weniger überrascht zu sein als ich, es kaute gemächlich weiter, musterte mich jedoch mit gespannter Aufmerksamkeit – so kam es mir wenigstens vor; vielleicht war es auch gar nicht interessiert: Wer oder was sollte einem so wuchtigen, so wehrhaft ausgestatteten Geschöpf wie solchem Elch gefährlich werden! Außerdem

konnte der Elchbulle ja nur das Auto erkennen und nicht mich darin, den Menschen.
Nach und nach verschwanden die noch nicht verzehrten, triefenden Wasserpflanzen in dem ungefügen Maul. Das Tier warf den Kopf auf, als ob es mich noch einmal auf sein riesiges Geweih aufmerksam machen wollte, machte zwei, drei Schritte vorwärts durchs Uferwasser und ließ dann sein mächtiges Haupt wieder hinter dem Schirm aus Schilfrohr verschwinden. Ich war abgemeldet. Der graubraune Rücken allein war sichtbar geblieben, nicht weiter als einen schwachen Steinwurf weit entfernt, der Rücken, ein feister, fester, wohl bepelzter Körperteil, mindestens so groß wie der eines Pferdes. Ich ließ den Motor anspringen und rollte weiter an dem sicherlich noch namenlosen See entlang. Denn bislang sind in den grenzenlosen Bezirken des Kanadischen Schildes nur die großen oder besonders leicht erreichbaren Seen mit Namen – meistens indianischen, die man sich nur schwer merken kann – ausgestattet. Die ungezählten mittelgroßen und kleinen Seen ruhen seit der letzten Eiszeit, das heißt seit zehntausend Jahren, in ihren vom Eise ausgehobelten Mulden auch ohne Namen in unveränderter Schönheit, Stille und Andacht. Aber die Karte verriet mir später doch, daß es sich wohl um den Lac-d'Argenson gehandelt haben mußte.
Sehr schnell kam ich auf der Straße 167 nicht voran; man konnte sich nicht auf sie verlassen. Ab und zu wurde die Straßendecke unangenehm wellig – in kurzen Wellen, als sei der Belag wie ein weiches Tuch zusammengeschoben worden; auch klafften ganz unerwartet Risse in der Decke, was beiden, dem Wagen und den Stoßdämpfern gefährlich werden konnte, wenn man es mit mehr als dreißig oder vierzig Kilometern Geschwindigkeit befuhr. Ich konnte mir diese merkwürdigen Schäden an einer verhältnismäßig neuen Straße zunächst nicht erklären; bis ich darauf kam, daß es der Bodenfrost gewesen sein mußte, welcher der Straße an manchen Stellen so übel mitgespielt hatte.
Chibougamau, der Minenort, dem ich entgegenstrebte und der etwa den nördlichsten Punkt der Straße bildet, deren riesigem Bogen ich mich anvertraut hatte, liegt etwa auf dem fünfzigsten

Breitengrad. Das ist ungefähr die gleiche Breite, auf der auch die Stadt Frankfurt am Main gelegen ist. In Frankfurt denkt niemand daran, daß Winter für Winter die Erde länger als ein halbes Jahr tief gefroren sein könnte. Die Natur hat Mitteleuropa mit freundlichen, gemäßigten Klimaverhältnissen ausgestattet; der Golfstrom wärmt den Kontinent von Westen her, die vorherrschenden Westwinde spülen fortwährend Lüfte über das Land, die über dem offenen Atlantik die Temperatur des Meeres angenommen haben, also in unseren Breiten eine solche weit über dem Nullpunkt; uns ist also ein »gemäßigtes« Klima zugebilligt.

Die unabsehbaren Gebiete des Kanadischen Schildes, in die ich auf der Fahrt nach Chibougamau eingetreten war und die ich so bald nicht wieder verlassen würde, liegen zum Nordpol und den Meeresflächen der Arktis völlig offen da, stellen den Kältefluten aus Norden kein Hindernis entgegen – und einen zuverlässigen Wärmespender wie den Golfstrom hat ihnen die Natur erst recht nicht zugebilligt. Also reicht in Canada der ewig gefrorene und im Sommer nur an der Oberfläche auftauende und pflanzliches Leben ermöglichende Boden viel weiter in südliche Breiten hinunter als in Europa – mit einer breiten Übergangszone, in der sich, nach Süden fortschreitend, die alljährliche Tiefe und Dauer des Frostes allmählich verringert.

In diese Zone war ich vorgedrungen und hatte mich mit den entsprechenden Straßen abzufinden, was ich auch ohne große Mühe vollbrachte, denn jetzt war ich nach langem Anlauf endlich dort angekommen, wo man als Europäer und insbesondere – glaube ich – als Deutscher hingelangen will, wenn mann sich dazu entschließt, nach Canada und in Canada zu reisen – und nicht etwa nach Mallorca oder Thailand –: in der unberührten, der »jungfräulichen« Wildnis des Nordens! Jedes Kraut am Wege, jede der kerzengerade aufragenden Fichten, die schnellen Vögel über den silbern schäumenden Bächen, die munter gekräuselten Flächen der sich unverdrossen ablösenden kleinen und großen Seen, die Sumpfgewässer, die ihre Feuchte im Sonnenschein nur verstohlen zwischen den langblättrigen Moorge-

wächsen aufblitzen ließen – lauter Diamantengefunkel in dunkelstem Grün –, die laue Luft voller Brummkäfer und flatterbunt taumelnder Schmetterlinge, in der Höhe gemächlich segelnde weiße Wölkchen – wahrlich, all dies, die ganze warme Welt um mich her schien vor lauter Lebensfreude und Wohlbehagen zu leuchten.
Wie sollte da nicht auch ich wie von einem beglückenden Rausch erfaßt werden, einem Rausch, dem kein Kopfschmerz und keine Ernüchterung nachzufolgen brauchte!

Ich konnte nicht mehr allzu weit von dem Minengebiet von und um Chibougamau entfernt sein. Die Karte sagte mir, daß die 167, die ich befuhr, sich etwa anderthalb Dutzend Kilometer vor der Stadt mit der von Südwest und Süden heranführenden 113 vereinen würde.
Die Vorstellung, daß ich aus dem unendlichen Wald plötzlich in eine sicherlich für einen Nichtfachmann wie mich wenig reizvolle, prosaische Industriesiedlung, ein reines Zweckgebilde, eintreten sollte, diese Vorstellung bereitete mir an diesem Tage, an dem ich glücklich war wie nicht allzu häufig, Schwierigkeiten. Auf Minenstädte war ich auf dieser Reise ganz und gar nicht aus. Von ihren technischen, manchmal gewiß bewundernswerten Vorzügen verstand ich nichts; ihre ästhetischen Qualitäten liegen meist bei Null oder auch weit darunter.
Außerdem brachte ich es auf dieser einigermaßen mangelhaften Straße höchstens auf einen Durchschnitt von fünfzig, sechzig Kilometern in der Stunde. Wenn ich also vor der Nacht noch Val-d'Or oder besser noch Rouyn-Noranda erreichen wollte, wo man gut würde unterkommen können, dann mußte ich mir ein bißchen Dampf machen.
Als also vor mir ein Schild am Straßenrand auftauchte, das mir die Einmündung der 113 in die 167 ankündigte, brauchte ich gar nicht erst zu überlegen: Ich fuhr die letzten Kilometer nach Chibougamau gar nicht mehr hinauf, sondern bog ohne zu zögern nach links in die 113 ein – so, Chibougamau lag bereits hinter mir! Ich nahm nun Kurs auf Senneterre, den östlichen Eck-

punkt des ausgedehnten Minengebiets, als dessen Mittelpunkt Rouyn-Noranda angesehen werden kann. Im Westen, schon in der Provinz Ontario, wird die Minengegend etwa durch Timmins, im Süden durch Cobalt eingepfählt. In plötzlichem Überschwang beschloß ich: Bis Rouyn muß ich es heute noch schaffen; dann kann ich morgen, wenn ich ein passables Nachtquartier finden sollte und richtig ausgeschlafen bin, die für Canada so bedeutsame, für meine Wenigkeit aber wenig reizvolle Gegend der Bergwerke, Schürfstätten, Erzschmelzen und Güterzüge wieder hinter mir lassen.

Ich weiß nicht, ob andere Autofahrer von der gleichen merkwürdigen Erfahrung berichten können, die ich oft genug in meinem Reiseleben gemacht habe und bis zu einem gewissen Grade sogar fürchten gelernt habe: Wenn man weite Entfernungen zu bewältigen hat und nicht ganz sicher ist, daß man sie auch ohne Zwischenfall hinter sich bringen wird, dann wird man unterwegs manchmal von einer sonderbaren Behextheit angefallen: Man fährt und fährt, glaubt, nie mehr anhalten zu brauchen, glaubt, ins Unendliche fahren zu können, ganz gleich, wie lange es noch dauern mag und wie weit es noch ist. Man wird einfach nicht müde. Die Vorsicht und Aufmerksamkeit beim Fahren bleibt unverändert. Man kann offenbar so in alle Ewigkeit hineinfahren – und bewältigt dann auch in der Tat unwahrscheinlich lange Strecken – tausend Kilometer und mehr! – und steigt dann, körperlich steif, aber geistig immer noch hellwach aus dem Auto. Die Erschöpfung – wenn überhaupt eine solche eintritt – meldet sich erst am Tag darauf.

Solch ein trockener Rausch hatte mich erfaßt und trat zu der Begeisterung über das himmlische Wetter noch hinzu, als ich in die Ausmündung der 113 eingebogen war und mir den Leichtsinn zugestanden hatte, die wichtige und weithin (für Kundige!) bekannte Minenstadt Chibougamau einfach auszulassen, sie einfach nicht zur Kenntnis zu nehmen, als gäbe es sie gar nicht da am nördlichen Scheitelpunkt jener kanadischen Straße, die dem Südzipfel der Hudson-Bay, das heißt dem gewaltigsten und tiefsten Einbruch des Nordatlantik in den nordamerikanischen

Erdteil, am nächsten kommt. Auch keine einzige Stichstraße erreicht die Hudson-Bay – obgleich sie schon sehr früh kanadische Geschichte gemacht hat. Lediglich zwei Eisenbahnlinien führen zu den Ufern der Hudson-Bay hinauf; ich würde sie beide noch kreuzen; auf dem Gebiet der Provinz Ontario die erste, die zur James-Bay führt, dem Südzipfel der weitaus größeren Hudson-Bay; dort endet die Strecke in dem Örtchen Moosonee, das trotz seiner kaum vorstellbaren Entlegenheit jenseits des Randes der bewohnten Welt auf eine sehr alte und auch bewegte Geschichte zurückblickt.

Die andere Eisenbahn sticht weiter im Norden zur mittleren Westküste der Hudson-Bay hinauf und endet bei der ebenfalls sehr alten Siedlung Churchill an der Mündung des Churchill-River in die Hudson-Bay. Über die Hudson-Bay (die man auch als normaler »privater« Reisender über die eine oder die andere Stichstrecke ansteuern kann) werde ich noch berichten müssen; ihre Bedeutung für die Entschleierung und Entwicklung des frühen Canada ist sehr beträchtlich.

Auf dieser Reise jedoch war ich an mein Auto gebunden, verbot mir auch, nach Norden auszubrechen; ich wollte nach Westen! Aber ich behielt auch, als ich schon die übrigens sehr mäßige und »langsame« junge 113 befuhr, stets im Bewußtsein, daß ich mich jenseits von Chibougamau für die anschließenden tausend oder fünfzehnhundert Kilometer in gehörigem Abstand, aber doch unverkennbar etwa gleichlaufend um die Südhälfte der großen nach Hudson benannten Bay bewegen würde, die mit dem Auto nicht, oder noch nicht, zu erreichen ist. Doch wenn die Kanadier nun selbst nach Inuvik und Tuktoyaktuk an der Mackenzie-Mündung weit jenseits des Polarkreises eine Autostraße ausgelegt haben, so wird wohl die Hudson-Bay auch nicht mehr lange auf eine Straße warten müssen.

Ich fuhr und fuhr, langsam und vorsichtig (man verfügt nur über *ein* Auto auf solchen Reisen! Auswechseln oder vielleicht auch nur reparieren kann man es über weite, weite Strecken nicht!). Aber der lichte, schöne Rausch, so ungehemmt, so uferlos fahren zu können und zugleich eine wilde, dunkelschöne Wälderwelt am Fenster vorbeiwandern zu sehen, diese »Behextheit« hielt mich fest, Stunde für Stunde – und wie immer, wenn ich auf weiter Fahrt im Auto allein und glücklich bin, mir kein anderer Wagen, keine Menschenseele und erst recht kein Haus und keine Wohnstatt sonst begegnet, fing ich lauthals an zu singen. Ich sang aus schierem Übermut und fand Grund mich zu wundern, wieviele Lieder mit wievielen Versen ich aus meinen jungen Jahren tatsächlich von vorn bis zum Schluß behalten hatte. Im Grunde war ich gar nicht damit einverstanden, daß man in diese über Fels und Tal, See, Strom und rauschendem Gebirgsbach gebreitete Urlandschaft sehr geschäftige – und sehr häßliche Minen- und Industrie-Siedlungen gepflanzt hatte. Aber ich sagte mir auch, daß ich in unserer Zeit, so wie sie auf uns gekommen ist, ohne Technik und Industrie sehr viel unbequemer leben müßte, den Unbilden des Daseins sehr viel schutz- und hilfloser ausgeliefert.

Ich gelangte tatsächlich noch vor der Nacht nach Rouyn-Noranda. Ich war müde » wie ein Hund« nach diesem allzu langen Tage auf Straßen, die über weite Strecken keine Meisterwerke der Straßenbaukunst gewesen waren. Seitdem ich erst Senneterre erreicht hatte und damit, was nun nicht mehr zu bezweifeln war, in das weitgespannte Minengebiet Abitibi im äußersten Südwesten der Provinz Québec eingetreten war, hatte ich nicht mehr viel aufnehmen können und war nur noch gefahren, gefahren, um das Ziel, das ich mir gesteckt hatte, Rouyn, zu gewinnen. Gegen die kahl geschlagenen Flächen in den weitläufig angelegten Städten und Städtchen, gegen die hohen Schornsteine, die hier und da auftauchten, gegen die formlosen Mauern von Fabrikbetrieben, die ich ab und zu passierte, bald näher, bald ferner, verschloß ich mich einfach. Nur weiter, hieß meine Parole. In Rouyn wird man leidlich übernachten können – und dann hinüber nach Ontario, wo die Wühlerei nach Gold, Kupfer, Silber, Zink, Blei, Pyrit und anderen Erdschätzen noch für eine gehörige Strecke weitergehen wird, bis dann endlich die reinen, ungekränkten Wälder mich wieder aufnehmen werden und

mich, vorbei am wildschönen See Nipigon, zum Lake Superior, dem westlichsten der fünf »Großen« Amerikanischen Seen, hinüberleiten würden.
Was mir auf dieser, am Schluß in eine verbissene Anstrengung ausartenden Tagesfahrt noch auffiel, war, wie französisch auch dies, den französischen Zentren Montréal und Québec weit entlegene Abitibi-Gebiet geprägt ist. Die Siedlungen trugen fast alle echt französische Namen, die zum Teil für eine englische Zunge nur schwer aussprechbar sein mußten wie z.B. Louviscourt oder Lac-Castagnier. Ich erfragte später, daß es sich bei all diesen Namen um solche von Offizieren alter und inzwischen wohl längst verschollener französischer Regimenter gehandelt hat, so z.B. des Regiments von Languedoc, des Regiments Béarn, der Berry-Grenadiere, des Regiments Sarre.

Um die ziemlich lange und mich wenig begeisternde Geschichte kurz zu machen: Ich wurde mir darüber klar, daß ich, seit die 113 am Abend zuvor Louviscourt gewonnen und damit ihr Ende gefunden hatte, schon wieder den Nordarm des Transkanada unter den Rädern hatte, also auf leidliche Straßenverhältnisse rechnen konnte. Die Stuckerei und Ruckelei war für eine Weile vorüber, denn bis in die Prärien des Westens würde nun der Transcanada mit seinem Nordarm, dann seinem Hauptarm die nördlichste Straße in Richtung Westen bleiben, die mir auf der »Landenge« zwischen Hudson-Bay und den Großen Seen zur Verfügung stand.
Die großartige Stimmung, die mich beim Abschied vom Lac-St.-Jean beflügelt hatte, war vergangen. Zwar hatte mich auch in diesem Gebiet, das unter dem Namen Abitibi, wie schon erwähnt, etwas unbestimmt zusammengefaßt wird, immer wieder für weite Abschnitte dichter grüner Wald begleitet und manche die Straße flankierenden Seen wie der endlos lang gestreckte Lac-Parent hatten mir gezeigt, daß die ursprüngliche Natur mit Hirschen, Bären, Forellen und auch noch gelegentlichen Indianern, Algonquin und Cree, keineswegs untergegangen ist. Die weiße Bevölkerung ist sehr gemischt: Franko-Kanadier bilden gut die Hälfte davon; die andere Hälfte – für Minengebiete kennzeichnend – hat viele

Ukrainer, Polen, Tschechen, Finnen, Schweden, auch Italiener angelockt. Das Kapital jedoch, ohne das die vielen Bergwerks- und zugehörigen Betriebe nicht hätten entstehen können, und die leitenden Personen in diesen weit verästelten Unternehmen kommen aus der anglo-kanadischen und US-amerikanischen Welt.

Ist man erst hinter Duparquet oder Evain über die Grenze von Québec nach Ontario hinübergerollt, so verflüchtigt sich die französische Atmosphäre überraschend schnell; die französischen Orts- und Landschaftsnamen hören auf und machen englischen Platz.

So blieb mir mit großer Deutlichkeit bewußt, daß dieses große Land Canada in den vergangenen vier Jahrhunderten in ständiger Auseinandersetzung zwischen Franko- und Anglo-Kanadiern entstanden ist, zwischen solchen, die auf ihrer französischen Sprache und Lebensart und solchen, die ebenso hartnäkkig auf ihrer englischen Sprache, britischen Denk- und Lebensweise bestehen.

Diese Auseinandersetzung dauert auch in unserer Gegenwart, teils unter, teils über der demokratischen Decke, nicht nur unvermindert, sondern vielleicht sogar verstärkter und bewußter als in früheren Epochen fort – und man fragt sich, ob das große Land Canada nicht schließlich von dieser anscheinend nicht auszugleichenden Zwietracht gesprengt werden wird.

KAPITEL 5

Ontario, Kanus und Prärien

Die an die eintausend Kilometer lange Strecke von der bedeutenden Stadt Thunderbay am Nordwestufer des Oberen Sees, des Lake Superior, nach Rouyn-Noranda im westlichen Québec hatte ich fünfundzwanzig Jahre zuvor in entgegengesetzter Richtung schon einmal ohne Aufenthalt durchfahren. Damals hatte ich es sehr eilig gehabt, nach Montréal zu gelangen; ich hatte nichts weiter im Sinn, als mich nicht aufhalten zu lassen.

Jetzt war ich stattdessen westwärts unterwegs und gehorchte der Aufgabe, so viel vom Wege her wahrzunehmen wie nur möglich. So bestätigte sich mir die alte Erfahrung, daß eine Straße in der einen Richtung einen ganz anderen Eindruck machen kann als in der anderen. Mir war von meiner früheren Fahrt in der Erinnerung haften geblieben, daß sich die Minengebiete in ihrer Reizlosigkeit, ja Häßlichkeit erst auf dem Gebiet der Provinz Québec offenbarten, während sie im Bereich der Provinz Ontario in die Wälder eingebettet gelegen und mich ihr Anblick zwar nicht begeistert, aber auch nicht gekränkt hatte.

Als ich mich dann aber auf dieser neuen Reise am nächsten Tag von Rouyn-Noranda westwärts auf den Weg machte, die Grenze nach Ontario überfuhr (wobei sich die Straßennummer von 117 in 66 verwandelte – die Provinzen haben sich offenbar nie auf gleichlautende Nummern einigen können, obgleich es sich um ein und dieselbe Straße handelt), und schließlich dann hinter Kirkland Lake nach rechts in die von Süden heraufstrebende Nr. 11 (immer noch oder vielmehr abermals der Transcanada!) einbog, übrigens kurz vor einer Ortschaft namens Swastika (Hakenkreuz) – so heißt sie in der Tat, allerdings schon seit einer Zeit, in welcher das Hakenkreuz noch nicht in Mißkredit gekommen war –, als ich mich nun sehr bestimmt nach Norden und Nordwesten bewegte, hatte ich mich damit abzufinden, daß die Minen noch längst nicht aufgehört hatten, sondern sich mit britischer, aber nicht viel liebenswürdigerer Farbgebung fortsetzten.

Immerhin, zwischen den reizlosen Ortschaften gab es immer wieder Wald, Wald. Kleine Seen blitzten auf. Viele Nebenstraßen zweigten ab zu kleineren Minenorten im Busch, die nicht alle von der großen Straße Nr. 11, dem Transkanada, angesteuert werden können.

Ich ließ mir Zeit und sammelte allerlei Wissenswertes am Wege auf, was ich beim ersten Durchmessen dieser vielen Meilen nicht wahrgenommen hatte. In Canada (wie auch in den Staaten) steht häufig auf großen, nicht übersehbaren Tafeln am Wege aufgezeichnet, was die jeweiligen Ortschaften oder Landschaften bemerkenswert macht. Es lohnt sich stets, diese durchaus nicht seltenen Tafeln zur Kenntnis zu nehmen; ich habe sie stets sehr aufschlußreich gefunden; sie ersparen dem Berichterstatter nicht selten umständliche Recherchen.

So erfuhr ich zum Beispiel in Kirkland Lake, daß es hier die berühmte » Goldene Meile« gegeben hat. Die Hauptstraße ist auf goldführendem Gestein ausgelegt, und eine dieser Goldminen ist auch heute noch an der Arbeit. Fünf der bedeutendsten Goldminen der Welt und die zweittiefste haben an dieser »Goldenen Meile« gelegen. In und bei Kirkland Lake ist ein Fünftel der gesamten kanadischen Goldproduktion ans Tageslicht und in die Bilanzen der Minengesellschaften gefördert worden. Ein Museum (am Westende des Kirkland Lake) gibt darüber und über die Geschichte des Nordlands Auskunft. Dies »Museum of Northern History« hat mir eine Reihe von wesentlichen Erkenntnissen vermittelt.

In dieser merkwürdig weitläufig und gestaltlos ins Ungewisse zerfließenden Gegend, in der sich wildester, pfadloser Urwald, glasklar träumende Seen, unvermittelt ins Land gestellte eiserne Gestänge, Förderanlagen, Abraumhaufen, bald winzige, bald größere Siedlungen, die nicht den geringsten Anspruch auf

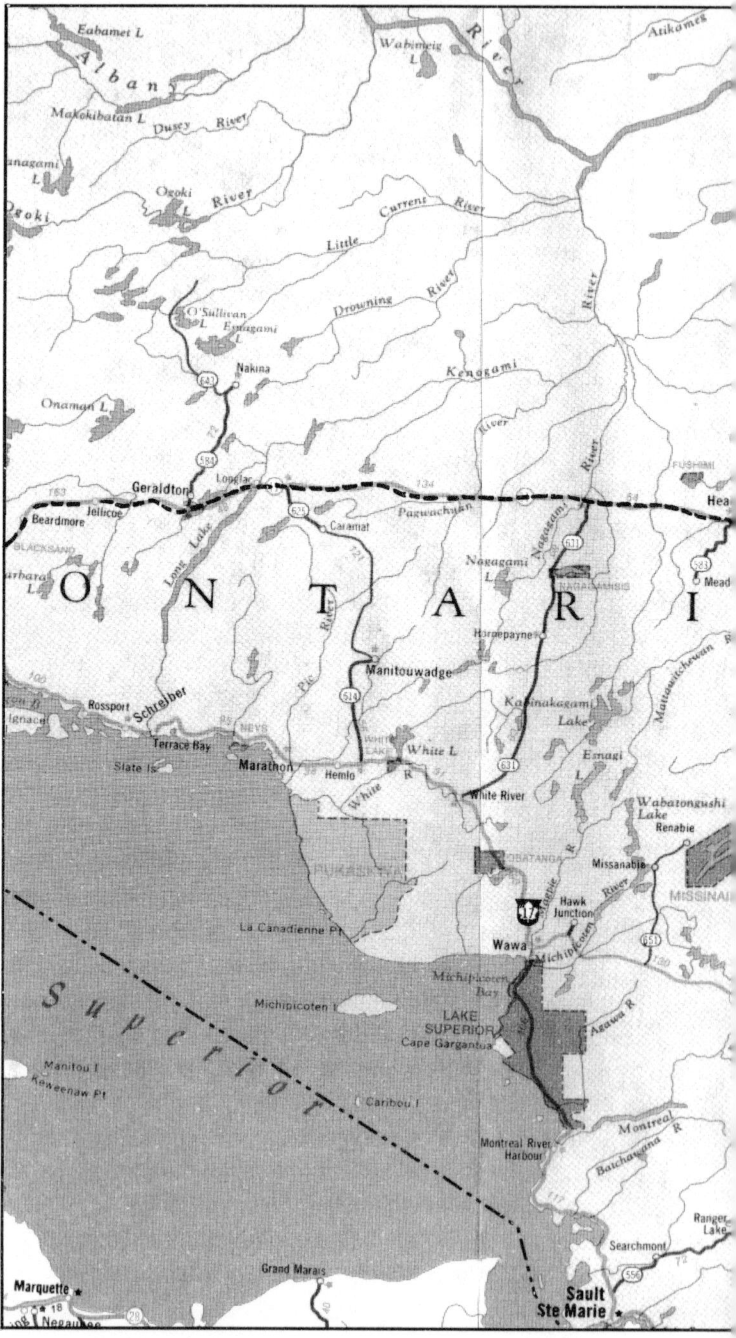

Eabamet L
Albany
River
Wabimeig L
Atikames
Makokibatan L
Dusey River
Ogoki River
Ogoki
Current River
Little
Drowning River
O'Sullivan L
Esnagami L
Nakina
Kenogami
Onaman L
Geraldton
Longlac
Jellicoe
Beardmore
BLACKSAND
Long Lake
Caramat
Pagwachuan
Nagagami
Nagagami L
NAGAGAMISIG
FUSHIMI
ONTARI
Hornepayne
Manitouwadge
Pic River
Kabinakagami Lake
Mattawitchewan
Rossport
Schreiber
Terrace Bay
Slate Is
NEYS
Marathon
Hemlo
White L
White R
White River
Esnagi L
Wabatongushi Lake
Renabie
Missanabie
MISSINAI
PUKASKWA
OBATANGA
Hawk Junction
Wawa
Michipicoten
Michipicoten Bay
La Canadienne Pt
Michipicoten I
LAKE SUPERIOR
Cape Gargantua
Agawa R
Superior
Manitou I
Keweenaw Pt
Caribou I
Montreal River Harbour
Montreal R
Batchawana
Ranger Lake
Searchmont
Grand Marais
Marquette
Sault Ste Marie

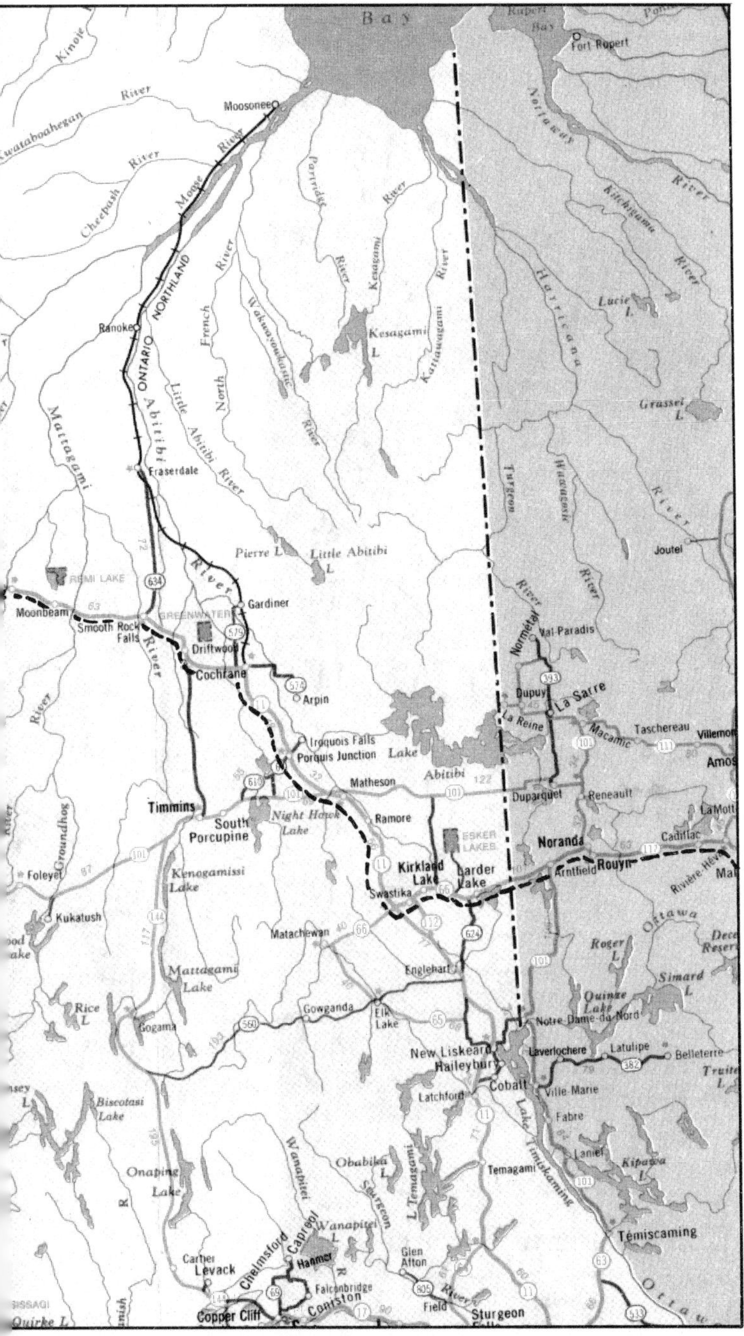

Bay
Rupert Bay
Fort Rupert
Moosonee
Moose River
Kwataboahegan River
Cheepash River
Kinoje
Partridge River
Kesagami River
Kesagami L
Kattawagami River
French River
North French River
Wakwayowkastic River
Nottaway River
Kitchigama River
Harricana
Lucie L
Grasset L
Ranoke
ONTARIO NORTHLAND
Abitibi River
Little Abitibi River
Mattagami River
Fraserdale
Pierre L
Little Abitibi L
Turgeon River
Wawagosic River
Joutel
REMI LAKE
Moonbeam
Smooth Rock Falls
GREENWATER
Gardiner
Driftwood
Cochrane
Arpin
Normétal
Val-Paradis
Dupuy
La Sarre
La Reine
Macamic
Taschereau
Villemontel
Amos
Iroquois Falls
Porquis Junction
Lake Abitibi
Matheson
Duparquet
Reneault
Timmins
South Porcupine
Night Hawk Lake
Ramore
ESKER LAKES
Noranda
Cadillac
Groundhog River
Foleyet
Kenogamissi Lake
Kirkland Lake
Larder Lake
Swastika
Arntfield
Rouyn
Rivière-Héva
Kukatush
Matachewan
Ottawa
Roger L
Simard L
Mattagami Lake
Englehart
Quinze Lake
Rice L
Gogama
Gowganda
Elk Lake
Notre Dame-du-Nord
New Liskeard
Haileybury
Laverlochere
Latulipe
Belleterre
Cobalt
Latchford
Ville-Marie
Fabre
Biscotasi Lake
Wanapitei
Obabika L
L. Temagami
Lake Timiskaming
Laniel
Kipawa L
Onaping Lake
Sturgeon
Temagami
Temiscaming
Wanapitei L
Carbe
Levack
Chelmsford
Capreol
Hanmer
Glen Afton
Falconbridge
Coniston
Copper Cliff
Field
Sturgeon Falls
Quirke L

städtische Reize erheben, auch gelegentlich wohlbestellte Äcker und Gärten, dann wieder weite Strecken ur-kanadischer Einöde ohne jede Regel aneinander reihen – in diesem äußerst winterharten Gebiet, das von Reisenden aus Europa nur sehr selten aufgesucht wird, das auch besondere landschaftliche Schönheiten nicht aufweist, verbirgt sich ein sehr bedeutender Teil des mineralischen Reichtums Canadas. Als wäre es so gewollt, ist diese Landschaft zur Hälfte französisch geprägt (um Rouyn-Noranda und Val d'Or – Tal des Goldes), zum anderen, wohl größeren Teil in Ontario englisch (von North Bay und Sudbury bis hinauf nach Timmins und Cochrane), obwohl auch auf der Ontario-Seite die Franko-Kanadier die frühesten Siedler gestellt haben und sie auch jetzt noch stellen, soweit hier ein bescheidener Acker- und Gartenbau zur Versorgung der ansässigen, industriell beschäftigten Bevölkerung betrieben wird.

Es versteht sich von selbst, daß in dieser Gegend allerlei Geschichten umlaufen, die von plötzlichen Goldfunden, von unerwartetem Reichtum durch die Wildnis stolpernder Männer und ihren manchmal grotesken, oftmals tragischen Lebensschicksalen berichten, nachdem ihnen das viele Gold oder Silber oder Nickel in den Schoß gefallen war. Ich für meine Person kann solchen »stories« nicht viel Geschmack abgewinnen.

Aber als ich bei der kleinen Ortschaft Ramore an der Straße Nr. 11, dem nördlichen Seitenarm des Transcanada, darauf aufmerksam gemacht wurde, daß ich dort die Wasserscheide zwischen der Hudson-Bay und den Großen Amerikanischen Seen überquerte, durchfuhr es mich wie ein Schlag. Denn die Großen Amerikanischen Seen entwässern über den St.-Lorenz-Strom in den Atlantik, die Hudson-Bay aber, die im Winter vom Eis versiegelt wird, geht gegen Norden an kahlen Inseln wie Baffin vorbei ins Eismeer, das Nordpolarmeer, und erst auf Umwegen in den Atlantik. Alle Flüsse, alle Wasserläufe, die ich von hier ab auf meiner mir noch bevorstehenden Reise kreuzen würde, hatten also alle das Polarmeer im hohen Norden als Ziel, um darin zu vergehen. War ich jetzt nicht erst an der eigentlichenNordgrenze der Zivilisation angekommen und hatte sie überschritten?

Aber ich berichtigte mein wie meist allzu romantisch gestimmtes Gemüt: Hinter Ramore sah es zunächst und weiterhin genau so aus wie davor. Gewiß, im Winter regierten hier Eis und Schnee für viele Monate und wahrhaft arktische Kälte. Aber jetzt, während ich mein braves Automobil zu der erlaubten Geschwindigkeit von hundert Kilometern in der Stunde zügelte, leuchtete das Land um mich her, und selbst die grauen Minenstädtchen, die ich nach je ein oder zwei Dutzend Kilometern durchfuhr, bemühten sich, ein bißchen versilbert oder vergoldet auszusehen, als wollten sie sich ihre Existenzberechtigung bestätigen lassen. Hinter Matheson, wo zur Abwechslung kein Gold oder Kupfer, sondern Asbest gewonnen wird, zweigt nach links von der 11 die Nr. 101 ab, die über das weithin bekannte Minengebiet von Timmins, danach durch wahrlich urwilden Wald und abweisend unwegsames Felsengelände zum Hauptarm des Transcanada hinüberführt (250 Kilometer weit), der das herrlich schöne Nordufer des gewaltigen Lake Superior umrundet.
In Timmins hatte ich Jahre zuvor schon eine Woche verbracht, und es lockte mich nicht zum zweiten Mal, obgleich es als das Herz des Porcupine(Stachelschwein)-Goldminendistrikts anzusehen ist, der die »Treasure-Chest«, die »Schatzkiste« Canadas, genannt worden ist.
Allein in der ersten Hälfte dieses Jahrhunderts produzierte der Stachelschwein-Distrikt einen Anderthalb-Milliarden-Dollar-Wert an Gold. 1909 erlebte die Stadt ihren ersten »Goldrausch« und verwandelte sich im Handumdrehen aus einem verschlafenen Pelzhandels-Örtchen in eine lärmende, überkochende »Mining-Town«. Heute wird immer noch Gold aus der Erde geholt; auch neue Fundstellen werden ab und zu entdeckt – und irgendein Glückspilz macht ein Vermögen im Vorbeigehen. Doch wird nun im Porcupine-Bereich auch Silber und Zink aus der Erde gegraben. Timmins kann sich sogar als eine der reichsten Silber/Zink-Minen auf dem Erdenrund rühmen.
Darüber hinaus, als wäre das alles noch nicht genug, wird in dieser Region Kupfer, Nickel, Blei, Zinn und Cadmium gewonnen. Auch die Holzindustrie spielt eine Rolle, breiten sich doch die

Fichtenwälder ringsum ins Grenzenlose. In Timmins war mir damals besonders deutlich geworden, daß Canada nach wie vor ein Land junger Einwanderer darstellt. Alle Sprachen Europas hatte ich dort sprechen gehört und die Namen, die an den Straßen ausgeschildert waren, verrieten die italienische, finnische, ukrainische, norwegische, deutsche, natürlich auch französische Herkunft der Namensträger.

Timmins also ließ ich diesmal buchstäblich »links liegen«. Stattdessen unternahm ich von Porquis Junction einen Abstecher zu den Irokesen-Fällen (Iroquois Falls) des großen Abitibi-River, der nordwärts der Hudson-Bay zuströmt, sehr breit und mächtig. Wilderes Urland als dieses konnte ich kaum durchstreifen, und doch ist auch diese unbeschreiblich entlegene Ödnis schon in alten Zeiten gekreuzt worden, von Franzosen »natürlich« – wie man für diese Weltgegend sagen muß.

Im Juni 1686 hat der Chevalier de Troyes von Montréal aus den Ottawa aufwärts den großen Lake Abitibi gequert, sich dann dem Abitibi-Fluß anvertraut, hat die Irokesen-Fälle erlebt, umgangen (und beschrieben) und hat sich bis zur James-Bay im äußersten Süden der Hudson-Bay hinaufgepaddelt – im Rindenkanu, dem Flugzeug der damaligen Zeit, um den Engländern, die sich an der Hudson-Bay eingenistet hatten, die Hölle heiß zu machen – was ihm dann auch erstaunlich gut gelang.

Als ich am Rande der Fälle stand und damit nun ganz unbezweifelbar den Abitibi erreicht hatte, jenen Strom des Nordens, der für mich in seinem Namen die ganz wildbewegte Frühzeit Canadas aufklingen läßt, da wußte ich, daß ich gut fünfzig Kilometer weiter, in Cochrane, Station machen würde, um wenigstens aus der Ferne die Luft der James-Bay und der gewaltigen Hudson-Bay einzusaugen. Cochrane mit seinen 5000 Einwohnern ist der Hauptort des Bezirks Ober-Abitibi. In Cochrane zweigt die »Ontario Northland-Bahn« von der transkanadischen Canadian National ab und wandert das Abitibi-Tal nach Moosonee hinauf, wo es nicht mehr weit ist bis zur Einmündung des Abitibi in die James-Bay.

Ich war in Cochrane. Die Stadt ist 1908 am Knotenpunkt der

beiden Eisenbahnlinien als ein Nachschub- und Versorgungszentrum für den Streckenbau entstanden und setzt mit ihrem Namen dem damaligen Minister für Land-, Wald- und Minen-Wirtschaft ein Denkmal. Die junge Siedlung ist dann zwischen 1910 und 1916 gleich dreimal total abgebrannt, hat sich aber nach jeder Feuersbrunst schöner aus der Asche erhoben. In der Mitte der Stadt liegt wie ein gepflegtes Juwel in schöne Gartenanlagen gebettet der Commando-See, an dessen Ufer die Erinnerung an einen kühnen Indianer-Häuptling wachgehalten wird, der zu Beginn des Jahrhunderts mit seinem Stamm an diesem schönen See die Sommermonate zu verbringen pflegte. Cochrane und der Commando-Lake sind schon in indianischer Zeit – bezaubernd gebettet zwischen das Abitibi-Tal und das Tal des Frederik-House-Flusses (er fließt fünfzig Kilometer weiter nördlich in den Abitibi) – der Mittelpunkt eines Gebiets gewesen, in dem sich besonders gut fischen und jagen läßt; um und besonders nördlich von Cochrane ist das Land noch genau so unberührt und unangetastet, wie es vor tausend Jahren war.
Von Cochrane aus kann man im Sommer mit dem »Eisbär-Expreß« (Polar Bear Express) in viereinhalb Stunden nach Moosonee hinauffahren, was im Kanu acht bis zehn Tage in Anspruch nehmen und im Winter auf Schneeschuhen mindestens ebenso lange dauern würde. Moosonee selbst, wo die Eisenbahnstrecke endet (seit 1932), ist erst 1903 entstanden, als die Handels-Gesellschaft der Gebrüder Revillon hier einen Posten für den Indianer-Handel einrichtete.
Der Abitibi vereint sich südlich von Moosonee mit dem Elch-Fluß (Moose-River), gibt seinen Namen auf und heißt dann für seinen kurzen Unterlauf nicht mehr Abitibi, sondern Moose River. Man kann darüber streiten, ob das sinnvoll ist. Aber es ist nicht alles sinnvoll und vernünftig. In der nordkanadischen Wildnis schon gar nicht! –
Ich kam in Cochrane recht angenehm im »Northern Lites Motel« (Nordlichter Motel) unter; von Minen und Fabriken war hier nicht mehr allzu viel zu merken; das Städtchen gefiel mir. Ich hörte – wie das in so manchen kleinen kanadischen Städten

der Fall ist – in der Ferne von dem gemeinsamen Bahnhof der Canadian National und der Ontario Northland her das Klirren und Klingen rangierender, aufeinanderprallender Güterwaggons. Viele Siedlungen im kanadischen Westen sind erst mit der Eisenbahn entstanden. Der kanadische Westen wurde durch Bahnstrecken erschlossen, nicht durch Landstraßen; die wurden – von lokalen Wegen abgesehen – erst später gebaut; die weiten Überlandstraßen erst Jahrzehnte später.

Ich wußte plötzlich, daß ich in Cochrane ein wenig verweilen würde. Zwar befand ich mich nach wie vor auf dem Kanadischen Schild, war sogar schon über die Wasserscheide auf seine Eismeerseite hinübergerutscht, würde sicherlich noch weitere Minenstädtchen und Schürfgegenden am Wege, das heißt der Nr. 11, antreffen – aber zugleich bildete Cochrane die einzige Pforte hinauf zur gewaltigen Hudson-Bay, der riesigen Salzwasserbucht, um die sich Canada (wenn man vom Hochgebirge im Westen absieht) in breitem, unregelmäßigen Halbkreis herum breitet.

Es stand nicht eigentlich auf meinem Reiseprogramm; aber wenn ich schon hier durchkam und innerhalb eines Tages zur James-Bay mit dem Polar Bear Express hinauf- und hinunterfahren konnte (gesamte Fahrzeit neun Stunden, Entfernung hin und zurück etwa sechshundert Kilometer, Kosten 34 Dollar; für »Senioren« , wie z. B. mich, und Kinder zwischen 5 und 11 Jahren nur 17 Dollar), wenn ich schon mit einiger Mühe vom Atlantik bis hierher gekommen war, so sollte ich diesmal die Gelegenheit beim Schopf ergreifen und zur James-Bay, also der Hudson-Bay, hinauffahren. Es war mir natürlich klar, daß die Wasserfläche der Hudson-Bay nicht viel anders aussehen würde als hundert Wasserflächen anderer Meeresbuchten. Auch liegt die Endstation der Eisenbahn noch etwa 25 Kilometer stromauf landein von der Mündung des Moose/Abitibi-River und – wegen der Brandung im Sommer und der über das Eis heranfegenden Stürme im Winter – schon im Schutz der Wälder. Aber trotzdem: Moose Factory Island, in fünfzehn Minuten im Kanu über den Strom vom Endpunkt der Ontario Northland Railway zu errei-

chen, ist schon 1673 von der englischen Hudson Bay Company gegründet worden und damit eine der ältesten englisch-sprachigen Siedlungen in Ontario.
Um 8.30 Uhr fährt man von Cochrane ab und um 21.45 Uhr ist man wieder in Cochrane. Dazwischen hat man etwa vier Stunden Zeit für den alten und noch heute keineswegs gestorbenen Handelsposten der ehrwürdigen Hudson-Bay Co., die auch jetzt noch an vielen Orten in Canada handelt und wandelt und große, moderne Kaufhäuser unterhält. Vier Stunden sind nicht gerade viel. Ich würde wohl gerade Gelegenheit bekommen, den Duft des »true north«, des »wahren Nordens«, eben zu erschnuppern. Aber mehr konnte ich mir nicht erlauben, und ich würde mich bemühen, to make the best of it, das Beste daraus zu machen – nach amerikanischer Manier.

Der Polarbär-Expreß war nicht gerade ein Luxus-Zug. Aber das hatte ich auch nicht erwartet.
Gemächlich, mit etwa sechzig bis siebzig Stundenkilometern rasselt und schüttert der »Express« durch die menschenleere Wildnis. Schütterer Wald, unterbrochen von scheinbar endlosen Sümpfen, Birkenhainen, kleine Seen, ab und zu verstohlen gurgelnde Bäche ziehen am Zugfenster vorüber. Der felsige Untergrund taucht immer wieder ans Tageslicht. Keine noch so bescheidene Spur menschlichen Wirkens oder Hausens ist irgendwo zu erkennen. Da ich – anders als im Auto – nicht auf die Straße zu achten, nur in die »Gegend« hinauszublicken hatte, wurde mir die überwältigende Verlassenheit, fast möchte ich sagen, Trostlosigkeit dieser Landschaft, die in der Tiefe gewiß schon ewig gefroren ist, mit großer Macht, ja bedrückend deutlich. Meine Reisegefährten, US-Amerikaner zumeist und erstaunlicherweise eine Gruppe von ältlichen Japanern, auch sie benahmen sich, anders als man es sonst gewohnt ist, merkwürdig leise und wortkarg. Von der Landschaft, die wir gar nicht sehr eilig durchrollten, und von den gleichmäßigen Schienenstößen sachte eingelullt, überkam uns eine sanfte Melancholie, der sich offenbar niemand entziehen konnte.

Ein silberhaariger Amerikaner – aus Buffalo, New York, wie ich bald erfuhr – meinte nach der ersten Stunde, nachdem wir uns miteinander bekannt gemacht hatten:
»Well, viel Spaß scheint's hier nicht zu geben. Das ist wohl ziemlich sicher!«
(Well, there is'nt much fun to be had here, obviously. That's for sure!)
Womit er den Nagel auf den Kopf getroffen hatte! Dabei streiften wir durch ein Land – immer weiter nach Norden! –, das nicht viel anders aussehen mochte als die Landschaften, die ich an den Tagen zuvor durchfahren hatte. Jetzt aber, in der gleichmäßig vor sich hin klirrenden Eisenbahn, empfand ich die Leere und Einsamkeit des Landes wie ein Verhängnis. In weiten Abständen nur tauchen winzige Siedlungen an der Strecke auf, Holzfäller-Lager, Indianerdörfchen, die ein bißchen europäisch aussehen mit ihren ungestrichenen Block- oder Bretterhäuschen, und doch in vielen Einzelheiten ihrer schmucklosen Unordentlichkeit verrieten, daß Ureinwohner in ihnen hausten. Denn hier befand ich mich in dem alten Stammesgebiet der Cree, die vom Fischen, Jagen und Trappen leben wie in alten Zeiten; im übrigen von den Unterhaltszahlungen der Regierung.
Von Zeit zu Zeit überquert die Bahnstrecke Nebenflüsse des Abitibi oder des Moose und dann bei der Station Moose-River den großen Moose selbst über zwei lange Brücken, die sich eine Insel im Strom zunutze machen. Auf dem linken Ufer des Moose geht es weiter – Buschwerk, magerer Wald, nichts als Muskeg ringsum, die grundlosen Moore des Kanadischen Schildes –, dann der Zusammenfluß von Abitibi und Moose. Danach überquert der Schienenstrang noch einen träge hingleitenden mächtigen Wasserlauf; man bemüht sich ziemlich erfolglos, sich seinen Cree-Namen einzuprägen; Kwataboahegan heißt er. Bald danach vereint sich ein anderer wasserreicher Strom mit dem Moose, der diesmal einen verständlichen Namen führt, der mich aus verschiedenen Gründen aufhorchen läßt; es ist der North French River, der »Nord-Französische Fluß«. Der Moose neben der Bahn wird fast schon unabsehbar breit, was aber durch eine

lange Insel in seiner Mitte verschleiert wird – und schließlich nach viereinhalb Stunden, die sich ungebührlich gedehnt haben, die Endstation Moosonee, das Verwaltungszentrum für das James-Bay-Gebiet.
Viel ist in der Stadt nicht zu sehen, viel Wasser zwar, aber die offene James-Bay, das heißt das Meer, ist noch fern. Doch reichen die Gezeiten, wenn auch nur abgeschwächt, bis hier den Strom herauf, und auch nicht allzu große Salzwasserschiffe reisen gelegentlich in die Moose-Mündung ein und legen sich in Moosonee an das bescheidene Dock. In der Stadt residiert auch der Apostolische Vikar (Bischof) der James-Bay-Region, das heißt der Cree-Indianer vor allem; seine Kirche »Christ, der König«, beinahe eine Kathedrale zu nennen, ist erstaunlich großzügig für ein Dorf von knapp fünfzehnhundert Einwohnern.
Aber all dies samt der Station der Royal Canadian Mounted Police, der berühmten »Königlich Kanadischen Berittenen Polizei«, kam mir mehr oder weniger selbstverständlich vor. Ich drängte über das Wasser zur Moose Factory hinüber, wo sich anglo/franko-kanadische Geschichte abgespielt hat und noch heute zu spüren ist.

An der Küste des Atlantik, auf der Cape Breton-Insel, in Akadien (im heutigen Nova Scotia und New Brunswick), im weiten Tal des unteren St. Laurent und Richelieu und dann hinüber zu den Großen Seen und hinunter zum Mississippi hatten sich die Franzosen festgesetzt, den Indianern, mit denen sie Freundschaft hielten, die außerordentlichen Möglichkeiten der Kanus aus Birkenrinde abgeguckt und träumten den grandiosen Traum eines riesigen Neu-Frankreich auf amerikanischem Boden.
Die Engländer kamen über die Gebiete bis zu den Appalachen nicht hinaus, fühlten sich, und das mit Recht, von den in der Tat äußerst kühn und unternehmungslustig vorgehenden Franzosen überflügelt.
Am Hof in London aber war es längst bekannt, daß die Franzosen aus den Bezirken im Norden und Nordwesten des Kontinents wahre Schätze an edlen Pelzen heraushandelten und be-

wiesen hatten, daß diese winterkalten Gegenden einen hohen Wert darstellten. Vielleicht ließen sich die Franzosen im Norden umgehen und die Länder, aus denen die edlen Pelze kamen, von den arktischen Bereichen her anzapfen. Die Neigung der französischen Königsmacht, alle wirtschaftlichen Unternehmungen bürokratisch zu ordnen und zu kontrollieren, überall königlichen Beamten und Angehörigen des Adels die Verfügung über die wirtschaftlichen Belange vorzubehalten, spielte den Engländern schließlich die Chance in die Hände, sich in die zuerst von den Franzosen erschlossenen Handels-Möglichkeiten einzudrängen.

Der Engländer Henry Hudson segelte auf der Suche nach der »nordwestlichen Durchfahrt« (nach China) als erster schon 1610 in die später nach ihm benannte Meeresstraße und große Bucht ein, erkundete die Ostküste der Hudson-Bay und überwinterte in ihrer Südost-Ecke, der James-Bay. Der Kapitän Hudson, dessen Name nun durch die Jahrhunderte leuchtet, kam damals elend und ruhmlos um. Seine Mannschaft, die seinen phantastischen Plänen und Zielen nicht mehr glauben wollte, meuterte gegen ihren Anführer und setzte ihn schließlich an dem ungastlichen Gestade aus – die Bay ist höchstens zwei bis drei Monate im Jahr mit einiger Sicherheit befahrbar, den Rest des Jahres deckt sie das Eis. Wo und wie der unselige Hudson vom Leben zum Tode gekommen ist, wird nie mehr festzustellen sein.

Schon 1612 nahm Thomas Button Hudsons unvollendete Forschungen erneut auf, erkundete die Westküste, entdeckte die Mündung des großen Nelson River; Nelson hieß Buttons Kapitän-Stellvertreter. 1619 fand ein Däne, Jens Munk, den Churchill-River und überwinterte an der Stelle, wo heute die Stadt gleichen Namens bei der Button-Bay gelegen ist. (Dort stößt heute die zweite Eisenbahn-Linie auf die Hudson-Bay.) Vielleicht hat Munk sogar versucht, eine Siedlung oder ein Fort an der Westküste zu gründen; man hat bei der heutigen kleinen Nordstadt Churchill, die nur für zweieinhalb Monate im Jahr aus ihrem subarktischen Kälteschlaf erwacht, eine alte dänische Kanone aus der Erde gegraben. Aber auch dieser Versuch schlug fehl. Munk verlor einen nach dem andern seiner Männer; sie gingen ein an Elend, Hunger und Skorbut. Mit nur noch zwei Mann kehrte Munk schließlich nach Norwegen zurück.

Erst zwölf Jahre später (1631) erschienen wiederum zwei englische Seefahrer, Luke Fox und Thomas James, in der höchst ungastlichen Hudson-Bay, erkundeten vor allem ihren Süden und überwinterten in ihrem Südzipfel, der dann nach Thomas James benannt wurde. Zum Bleiben fühlten auch sie sich nicht ermutigt. Mit den Indianern, die ihnen hätten zeigen und helfen können, das harte Land zu bestehen, knüpften sie keine Beziehungen an.

Es dauerte weitere dreißig Jahre, bis wiederum weißhäutige Männer an der Hudson-Bay auftauchten. Die aber kamen nicht über See, benutzten nicht den weit nach Norden ausscherenden Umweg um ganz Labrador herum durch die nur drei bis vier Monate im Jahr offene Hudson-Strait, sie kamen über Land!

Genauer: Französische Waldläufer und Pelzhändler aus Neu-Frankreich vom unteren St. Laurent, die sich – weiße Frauen waren immer noch sehr knapp – durchaus nicht scheuten, sich mit indianischen Mädchen zusammenzutun, hatten von ihren wald- und landeskundigen Schwägern gelernt, daß und wie mit dem rauhen Land fertig zu werden war, wie vor allem das Rindenkanu ein geradezu ideales Fortbewegungsmittel in dem unwegsamen Gefilde darstellte – Männer mit unruhigem Geist, die der dörflichen Enge am Richelieu oder auf der Ile d'Orléans entgehen wollten, hatten sich auf den hundertfach verästelten Wasserstraßen des Schildes nach Nordwesten vorgeschoben, den Ottawa aufwärts, über die Wasserscheide ins Abitibi-Gebiet, und schließlich unvermeidlich an der Mündung des Moose/Abitibi die James- und damit die Hudson-Bay erreicht – Landstriche, in denen die Indianer mit Vergnügen bereit waren, für ein stählernes Messer, ein scharfes Beil oder eine Flasche Rum viele Dutzend wertvoller Nerz-, Iltis-, Otter- oder Biberfelle einzutauschen.

Diese französischen Waldläufer, furchtlose Abenteurer, brauchten sich mit ihren indianischen Freunden nicht vor dem Winter zu fürchten; sie waren nicht auf große Schiffe angewiesen, die stets von den grimmigen Stürmen dieser Breiten bedroht waren und vorzeitig einfrieren oder im Treibeis der Hudson-Strait zerdrückt werden konnten; wenn erst Frost und Schnee das Land mit einer einzigen festen Decke überzogen, dann konnte man die Hunde vor die wie die Kanus so leichten und ebenso tragfähigen Schlitten spannen und war wieder flott, konnte auf dem Ufereis der Seen und Flüsse dreißig, ja vierzig Kilometer am Tag hinter sich bringen.

Es läßt sich nicht mehr mit Sicherheit feststellen, wann die ersten französischen Pelzhändler über Land das Gebiet um die Hudson-Bay – sicherlich auf einer Route, die etwa ebenso verlaufen war wie die, die ich mit der Eisenbahn den Abitibi abwärts durchfahren hatte – schließlich von Süden her aufschlossen. Fest steht indessen, daß im Jahre 1663 ein tüchtiger Franzose aus Paris, Pierre Esprit Radisson, mit seinem Schwager Médard des Groseilliers mit Pelzen im Gesamtwert von – wie es heißt – 60000 Pfund Sterling (schätzungsweise 1,2 Millionen Goldmark, eine vollkommen unglaubhafte Summe!) in Québec eintraf und Aufsehen erregte. Dieser ganz außerordentliche Erfolg war natürlich nicht geheimzuhalten. Auch mußten die beiden Waldläufer Radisson und Groseilliers die Pelze erst nach London oder Paris auf den Markt bringen, um sie in bares Geld zu verwandeln.

In Neu-Frankreich herrschte Ordnung; die königlichen Beamten hatten ihre Augen und Ohren überall, denn überall waren für die ewig leeren Kassen des Königs (und die leeren Taschen der Gouverneure und minderer adliger Beamter) Gebühren und Steuern einzuziehen.

Der Québecker Gouverneur, Baron d'Avaugour, stellte sehr bald fest, daß die beiden kühnen und so erfolgreichen Waldläufer gar nicht um eine Lizenz eingekommen waren, in den unerforschten Landstrichen im Süden der Hudson-Bay Handel zu treiben. Dies war Neu-Frankreich, und ohne ausdrückliche königliche Erlaubnis war nichts erlaubt. Der Gouverneur beschlagnahmte die ganze Ausbeute an Pelzen, die Radisson und

Groseilliers aus dem Nordwesten mitgebracht hatten, im Namen des Königs. Die beiden Waldläufer konnten von Glück sagen, daß sie nicht obendrein eingesperrt und bestraft wurden.
Der Gouverneur, Baron d'Avaugour, hatte sich trotzdem gründlich verrechnet. Radisson war nämlich mit einer englischen Frau verheiratet, die natürlich jetzt dem Gouverneur, das heißt der französischen königlichen Verwaltung, ebenso gram war wie ihr Mann. Die Engländerin bewog ihren Mann, sich an Charles II. zu wenden, den damaligen König von England, einen klugen Mann auf der Höhe seiner Zeit – und den Engländern seine Kenntnisse und Erfahrungen, was den Pelzhandel an der Hudson-Bay anbetraf, zur Verfügung zu stellen.
Radisson stieß am englischen Hof durchaus nicht auf taube Ohren. Schon längst hatte man dort mit Neid davon gehört, welchen Reichtum die alten Rivalen, die Franzosen, aus dem Pelzhandel mit den Indianern des Nordens in Amerika zogen. Aber alle englischen Versuche, im hohen Norden zu den Quellen der Pelze vorzudringen, waren in der Vergangenheit gescheitert. Man kannte sich mit den Lebensbedingungen an den kahlen Gestaden der Hudson/James-Bay nicht aus. Nun bot sich ein abtrünniger Franzose an, der bewiesen hatte, daß er über die Kenntnisse verfügte, den Pelzhandel erfolgreich in Gang zu bringen.
Groseilliers fuhr 1668 mit dem ihm von den Engländern ausgerüsteten Segler »Nonsuch« los und gründete an der Mündung des Nemiskau-Flusses Fort Charles, brachte vor allen Dingen seinen englischen Leuten bei, sich der in Wahrheit gar nicht so abweisenden Wildnis vernünftig anzupassen. Endlich war den Engländern eine feste Siedlung, verbunden mit einem Hafen, geglückt. Radisson in London war nicht untätig geblieben. Die kleine, nur 42 Tonnen verdrängende »Nonsuch« unter Groseilliers hatte nach kurzer Reise eine ansehnliche Ladung von Biberpelzen nach London mitgebracht, die einen Gewinn von 1379 Pfund Sterling erbrachten. Mit auf das nachhaltige Drängen von Radisson wurde am 2. Mai 1670 »The Governor and Company of Adventurers of England trading into Hudson's Bay« (»Vor-

stand und Gesellschaft von Unternehmern aus England, die in die Hudson-Bay Handel treiben«) gegründet, die bald und höchst lebendig bis in unsere Tage verkürzt unter den Namen »Hudson Bay Company« weltweit – wie man wohl sagen muß – bekannt geworden ist, und in der Geschichte und Entwicklung, insbesondere des hohen kanadischen Nordens, eine entscheidende Rolle gespielt hat. Schon 1684 konnte die Gesellschaft eine Dividende von 50% ausschütten. Das ursprüngliche Kapital von 10510 Pfund Sterling konnte 1690 – nur aus Gewinnen – verdreifacht werden und 1720 nochmals ebenso!
Fort Charles wurde in Fort Rupert umbenannt, und auch der Fluß, an dessen Mündung in das Südende der James-Bay es gelegen war, hieß fortab – für die Weißen! – nicht mehr Nemiskau-River, sondern Rupert River. Dieser Rupert – und das ist für uns Deutsche aufschlußreich, denn in der *anglo*-kanadischen Geschichte spielen Deutsche von Anfang an eine bedeutsame Rolle! – war ein Prinz Rupert von der Pfalz, ein Neffe von Charles I., König von England, und ein Vetter von Charles II. Er hat, ein äußerst unruhiger, kluger und unternehmerischer Mann, im Dienst seiner Verwandten auf dem englischen Thron, als Heer- und Flottenführer für England manche Seeschlacht gewonnen – und andere verloren. Die außerordentlichen Möglichkeiten des »Trading into Hudson's Bay« leuchteten ihm von Anfang an ein. Er hat die Gründung der Hudson-Bay-Company energisch mit seinem Einfluß bei Hofe – und seinem Kapital – unterstützt, und es hat seinen guten Grund, daß die erste dauerhafte Ansiedlung der Engländer im kanadischen Norden nach ihm in »Rupert House« umbenannt, später das ganze Handelsgebiet der Company »Rupert-Land« genannt wurde – und selbst im fernsten Westen Canadas am Pazifischen Ozean eine heute großartig blühende und schöne Stadt nach ihm Prince Rupert genannt wurde, heute Endpunkt der nördlichsten transkanadischen Straße und Eisenbahnlinie (dem ich auf dieser Reise als wahrscheinlichstes Ziel zustrebte).
Rupert House wurde damit, nachdem die beiden von ihrem Oberbeamten schäbig behandelten Franzosen die Engländer ge-

hörig in Fahrt gebracht hatten, zur ältesten, bis heute lebendigen »weißen« Siedlung an der Hudson Bay. Allerdings sind heute mehr als die Hälfte der Einwohner Cree-Indianer.

Nach Rupert House würde ich während meines kurzen Besuchs in Moosonee nicht hinübergelangen, das wären mehr als hundert Kilometer Wasserfahrt gewesen. Aber ich konnte eine andere sehr alte Hudson-Bay-Co.-Gründung in wenig mehr als einer Viertelstunde erreichen, eben »Moose Factory« auf einer Insel vor dem jungen Städtchen Moosonee, dem Endpunkt der von Cochrane heraufführenden Eisenbahn. Moose Factory (ursprünglich Fort Monsoni geheißen) ist schon fünf Jahre nach Fort Rupert gegründet worden.
Ich wanderte nachdenklich in der alten, immer noch bewohnten und jetzt sorgsam erhaltenen und gepflegten Niederlassung der Company umher. Sehr viel ist von der Vergangenheit nicht mehr erhalten. Ein paar alte kleine Kanonen sind ausgegraben und auf ihren ursprünglichen Fundamenten wieder aufgestellt worden. In der alten Schmiede ist ein kleines Museum eingerichtet, in dem vielerlei Werkzeuge und Gebrauchsgegenstände der frühen Zeit vorgezeigt werden. In der alten anglikanischen Kirche fielen mir viele, offenbar willentlich gebohrte Löcher im Fußboden auf. Die Erklärung dafür war leicht zu erfragen: Bei einer großen Überschwemmung des Moose-River im Jahre 1912 geriet die den Cree sehr ans Herz gewachsene Kirche – die Cree sind längst alle zum Christentum bekehrt – in Gefahr, von ihrem Fundament gerissen zu werden und einfach davonzuschwimmen. Es gelang, sie an ihrem Standort festzuhalten. Um einer Wiederholung solcher Gefahr vorzubeugen, wurden viele Löcher in den Kirchenfußboden getrieben, damit notfalls das Wasser absikkern konnte und die Kirche stehen blieb, wo sie hingehörte. – Die Kirche stammt schon aus dem Jahr 1860, und die Cree haben sie mit kunstreich bestickten und verzierten Altardecken aus Elchhaut und handgeschnitzten Betbänken und einer wunderschönen Kanzel versehen.
Auch ein Pulver-Magazin ist als einziges steinernes Bauwerk auf

der Insel erhalten geblieben – und auf dem kleinen Friedhof erinnern die Namen längst gestorbener Missionare, Indianerhändler, Waldläufer daran, daß sich hier seit über vierhundert Jahren Geschichte abgespielt hat.

Den Franzosen war es in den Jahren der großen und langen Auseinandersetzung um die Vorherrschaft auf dem nordamerikanischen Kontinent ganz und gar nicht recht, daß die Engländer Neu-Frankreich schließlich doch – dank der dummerweise von dem Québecker Gouverneur gründlich verärgerten Radisson und Groseilliers – im Norden auf dem Seeweg umgangen und sich an der Hudson-Bay festgesetzt hatten, bald auch an ihrer Westküste, und die Indianer mit ihren Pelzen zu sich kommen ließen (während die Franzosen von Anfang an über Land, im Kanu, die indianischen Stämme immer weiter westwärts aufsuchten, um ihnen die Tauschwaren aus Europa anzubieten).
Es wäre den Franzosen möglicherweise gelungen, die Engländer von der Hudson-Bay wieder zu vertreiben, wenn nicht politische Entscheidungen in Europa – und abschließend die verlorene Schlacht auf den »Plains of Abraham« vor den Toren der Stadt Québec – das Schicksal des französischen Canada (und Amerikas) im Sinne der englischen Interessen entschieden hätten. – Auch nachdem sich die Engländer an der James- und Hudson-Bay fest etabliert hatten, blickten sie – als Engländer – auf die See hinaus und zogen nicht in Betracht, daß die Franzosen vom Festland stammten und die englischen Siedlungen, die alle am Wasser lagen, vom Land her, »von hinten« angreifen konnten. Und gerade das unternahmen die über den Saguenay, den Ottawa, den Abitibi und Moose heranrückenden Franzosen. Die französische Streitmacht wurde von einem offenbar ebenso tollkühnen wie einfallsreichen Chevalier de Troyes kommandiert, einem königlichen Offizier, der sich erst seit einem halben Jahr in Canada umgesehen hatte. Die Truppe, mit der de Troyes von Montréal aufbrach – am 30. März 1686; das Eis auf dem St. Lorenz war gerade erst » gebrochen«, so daß die Kanus sich auf den Weg machen konnten –, bestand aus nur dreißig regulären

französischen Soldaten mit drei allerdings vorzüglich ausgesuchten unteren Offizieren, den drei Brüdern Le Moyne, dazu dann aber noch siebzig landeskundigen, abenteuerlustigen franko-kanadischen freiwilligen Kämpfern. Die Streitmacht paddelte den Ottawa hinauf, brachte sich über manche Portage (Tragestrecke) zum großen See Abitibi, den Fluß gleichen Namens stromab in den Moose – und erschien nach einer Kanureise von annähernd drei Monaten mitten in der Nacht vor den Palisaden des Fort Monsoni, der späteren Moose Factory – am 22. Juni 1686. Die völlig überraschten Engländer fanden keine Zeit, sich zur Verteidigung in die Hosen zu begeben. Die »Schlacht« war schon beendet, ehe sie begonnen hatte. Auf der Stelle wurde die kleine Urwaldfestung umgetauft; sie hieß nicht mehr Fort Monsoni, sondern zu Ehren des französischen Königs Ludwig des Vierzehnten Fort Saint-Louis. Genau so überraschend – und erfolgreich! – wie Monsoni (Moose Factory heute) überfiel der Chevalier de Troyes auch Fort Charles (Rupert House heute) und Fort Albany am Westufer der James-Bay. Dabei fiel ihm auch noch die englische Korvette »Alert« in die Hände und als besonders wertvolle Beute der bisherige Gouverneur von Fort Nelson (an der SW-Ecke der Hudson-Bay), der zum General-Gouverneur aller Hudson Bay-Company-Niederlassungen im Süden der Hudson-Bay ernannt und auf dem Weg nach Fort Albany gewesen war.

Der Chevalier de Troyes hatte mit einem Schlag die ganze englische Herrlichkeit im Süden der Hudson/James-Bay ausgelöscht, setzte seinen Unterführer Jacques Le Moyne als kommandierenden Offizier und Pierre Le Moyne als Gouverneur der Handelsposten der nun Französischen Hudson-Bay-Company ein und kehrte mit dem gekaperten englischen Gouverneur – er hieß John Bridgar – und den weiteren englischen Gefangenen, die die Überfälle überlebt hatten, im Triumph nach Montréal zurück.

In diesem gleichen Jahr 1686 aber hatten die Engländer an der äußersten *West*küste der Hudson-Bay die Mündung des großen Churchill-River wiederentdeckt und drei Jahre später dort einen befestigten Handelsposten gebaut, der seinen Namen – eben

Churchill – nach dem damaligen Lord Churchill, dem später so berühmt gewordenen Herzog von Marlborough, erhielt, der zu der Zeit Erster Vorsitzender der Londoner Hudson-Bay-Company war. Anfangs ging es nicht gut in Churchill am trostlos öden, von Eisbären überlaufenen Westrand der Hudson-Bay. Die Mannschaft war mit den in der Tat sehr dürftigen Lebens- und Arbeitsbedingungen im Fort Churchill nicht zufrieden, revoltierte und brannte das ganze Fort kurzerhand nieder.
Das war keineswegs das Ende dieses besonders günstig gelegenen Handelspostens. Solche Gunst der Lage sprach auch für die Mündung des ebenfalls gewaltigen Nelson River, gut zweihundert Kilometer weiter südwärts an der gleichen Küste. Der Churchill- sowohl wie der Nelson-River strömten von weither aus der unerforschten Tiefe des Landes im Westen, des schier unermeßlichen » Rupertslandes«, und bildeten günstige Wasserstraßen für die Kanus der Indianer, die nach dem Eisbruch auf den beiden Strömen zum Salzwasser der Hudson-Bay strebten, um dort bei den »Weißen Männern« die im Winter zuvor erbeuteten Pelze, Biberfelle vor allem, gegen die Erzeugnisse Europas und gegen Rum und Brandy umzutauschen.
Denn dies allein gab den sich überstürzenden und im einzelnen kaum zu verfolgenden gegenseitigen Angriffen, Überfällen, kleinen und größeren Land- und Seeschlachten zwischen Franzosen und Engländern um die Kontrolle der Ufer von James- und Hudson-Bay Sinn: den Indianern möglichst günstig die Pelze abzuhandeln, die von den Rothäuten in vielfach Monate erfordernden Kanureisen aus den Ödnissen des Nordens im (heutigen) Manitoba, Saskatchewan und Alberta herangefrachtet wurden. Die bei diesen Handelsgeschäften zu erzielenden Profite waren, wenn man nicht von der europäischen Konkurrenz umgebracht oder von den betrunkenen Indianern erschlagen wurde, märchenhaft hoch.
Es würde an dieser Stelle viel zu weit führen und sogar langweilen, das von heute her gesehen beinahe albern anmutende Hin und Her der blutigen Zänkereien um die Stützpunkte des Pelzhandels an der James- und Hudson-Bay auseinanderzulegen.

Zunächst jagten, wie erzählt, die Franzosen den Engländern fast überall die errungenen Vorteile wieder ab. Dann aber war den Engländern im Frieden von Utrecht 1713 die ganze Hudson- und James-Bay wieder zugesprochen worden (am Ende des Spanischen Erbfolgekrieges, der England außer großen Brocken kanadischen Bodens auch Gibraltar einbrachte).
All die vielfach abenteuerlichen Heldenstückchen der Franzosen waren vergeblich gewesen. Radisson, der mit Groseilliers die britische Hudson-Bay Company verursacht hatte, war zwischendurch wieder einmal auf die französische Seite übergegangen und hatte den Engländern gehörig Abbruch getan, war aber dann von dem neuen französischen Gouverneur in Neu-Frankreich, einem Sieur de La Barre, abermals sehr hochmütig und unklug behandelt worden und voller Zorn zu den Briten zurückgekehrt. Mit ihnen machte er das von ihm selbst miterbaute französische Fort Bourbon am Kakiwakiwa River (wenig südlich des Nelson-River) dem Erdboden gleich und erbaute nicht weit davon York Factory, eine Niederlassung der britischen Hudson-Bay Company, die heute noch vorhanden ist und nach der endgültigen Durchsetzung der britischen Vormacht lange der Hauptsitz der großen und immer größer und mächtiger werdenden Hudson-Bay Company gewesen ist, wenn auch die zentrale Leitung stets in London lag.
Nach dem Siebenjährigen Krieg und dem Frieden von Paris (1763) war auch im Bereich der Hudson-, der James-Bay und erst recht des unbestimmt nach Westen gedehnten Rupertslandes der Einfluß Frankreichs ein für allemal ausgeschaltet. Lediglich während des amerikanischen Unabhängigkeitskrieges, in dem Groß-Britannien seiner Kolonien südlich von Nova Scotia und den Großen Seen verlustig ging, wurde auch das Gebiet der Hudson-Bay von den jungen USA her beunruhigt. Es waren drei französische Kriegsschiffe (Frankreich focht als Bundesgenosse an der Seite der aufständischen Amerikaner!), die 1782, also ein Jahr vor dem Ende des amerikanischen Unabhängigkeitskrieges, das Fort Prince of Wales, das den Handelsplatz Churchill an der Mündung des Churchill schützen sollte, überraschend an-

griffen. Das Fort, gewaltig aus Stein gebaut, war für eine Besatzung von vierhundert Mann gedacht, behauste aber 1782 nur 39 unzulänglich ausgebildete Soldaten. Der Fort-Kommandant ergab sich ohne Kampf mit seiner Handvoll von nutzlosen Kostgängern der Company und ließ sich gefangennehmen. Die Franzosen versuchten tagelang, die steinerne Festung zu schleifen, dem Erdboden gleich zu machen. Aber die Felsenmauern hielten stand; die Wälle waren zehn bis fünfzehn Meter dick. Den Franzosen blieb nichts weiter übrig, als unverrichteter Sache wieder abzuziehen.

Heute kann man das alte Fort Prince of Wales von Churchill aus über die Churchill-Mündung hinweg besuchen und die massigen Steinmauern bestaunen.

Auch die anderen alten Forts und Handelsplätze an den Ufern der Hudson- und der James-Bay sind auf bescheidene Weise bis zum heutigen Tage als Niederlassungen der Hudson-Bay Company noch im Gange und versehen die Indianer und Trapper, die Schürfer, Fischer und wenigen abenteuernden Touristen mit den Gütern der Zivilisation. Doch blieb aufs ganze gesehen das harte, die längste Zeit des Jahres unter Schnee und Eis – und unerhörten Nordlichtern! – verschwindende Land so gut wie leer.

Lediglich Churchill, das etwa 1300 Einwohner zählt, also eine Großstadt ist für Hudson-Bay-Verhältnisse, hat es in der Gegenwart zu neuer Bedeutung gebracht. In Churchill erreicht die aus Saskatchewan heraufführende Bahnstrecke der Canadian National Railway die Hudson-Bay und damit in den eisfreien Monaten den Nordatlantik, womit die kanadischen Präriegebiete westlich des kanadischen Schildes mitten aus dem Kontinent heraus einen Ausfuhrhafen für ihre Überschüsse an Weizen und anderes Getreide gewonnen haben; der Abtransport der Produkte der Prärien verbilligt sich damit sehr wesentlich. Kein Wunder, daß in Churchill riesige Getreidespeicher errichtet sind, die an die drei Millionen Bushel Getreide aufnehmen können (ein Bushel gleich etwas mehr als 35 Liter). Acht Monate im Jahr ist der Erdboden in Churchill gefroren, vier Monate lang ist er »Matsch«, woran man sich nur schwer gewöhnen kann.

Da Churchill mit der Eisenbahn erreichbar geworden ist, hat sich auch der allgegenwärtige Tourismus seiner bemächtigt. Es gibt ein großartiges Eskimo-Museum, das von dem katholischen Missionsorden der Oblaten errichtet worden ist und sorgsam verwaltet und erweitert wird. Eisbären, eine wahre Landplage, und – in der Bay – Wale sind reichlich zu beobachten; die Eisbären verirren sich sogar in die Stadt. Auch kann man die alte wilde Zeit der endlosen blutigen Reibereien zwischen Frankreich und England mit Besuchen und Besichtigungen von Cape Merry und seiner alten Befestigungen und von Fort Prince of Wales wieder auferstehen lassen – bevor man sich wieder auf die schier endlose, an die tausend Kilometer lange Rückreise in die Zivilisation begibt über endlose Tundren und durch nach Süden nur langsam ansehnlicher werdende Wälder –, bis man schließlich die Haupt-West-Ost-Strecke der Canadian National in der Station Hudson-Bay (weil es ab hier zur richtigen Hudson-Bay hinaufgeht) oder weiter südlich in Canora erreicht und damit das normale zivilisierte Canada wiedergewonnen hat. In Churchill hat man in dem indianischen Dorf der Chippewyans wie in dem Dorf Akudlik der Eskimos beobachten können, wie es sich mit halber oder weniger Zivilisation leben läßt – nicht eben sehr komfortabel, aber bei den Eskimos offensichtlich wesentlich sauberer und ordentlicher.

Nach Churchill würde ich auf dieser meiner Reise schwerlich hinaufgelangen; es lag mir allzu weit aus dem Wege. Ich hatte mich mit Moosonee und York Factory auf der Insel im Elch-Fluß nahebei begnügt, und in der Tat ein wenig von dem herben Duft der alten Zeit zu spüren gemeint, die von dem Gegensatz zwischen Frankreich und England bestimmt war, einem Gegensatz, der heute wieder und immer noch die kanadische Innenpolitik beunruhigt, wenn er auch wohl nie wieder mit den Waffen, sondern mit den Methoden der parlamentarischen Demokratie ausgetragen wird. (Ich kann mir allerdings nicht die Erinnerung daran verbieten, daß in der Südhälfte Nordamerikas, in den Vereinigten Staaten, ein äußerst blutiger und schonungsloser Krieg [1861–1865], der Sezessionskrieg, geführt worden ist, als die Südstaaten den Versuch machten, aus dem Bund der Staaten auszuscheiden und sich selbständig zu machen. Ähnliches wollen viele Québecker heute auch!)

Abends spät war ich wieder in Cochrane eingetroffen, todmüde und überfüttert mit Eindrücken von der kargen Landschaft zur James-Bay hinüber, von riesigen schwarzen Strömen, mageren Wäldern, schweigenden Mooren und im Grunde kläglich winzigen Befestigungen, Werkstätten und Behausungen in einem Ozean von Wildnis, von menschenleerer Einöde! Ich merkte, daß ich mir einen Ruhetag gönnen mußte. Der Körper würde noch weiter gehorsam mitmachen, aber der sogenannte Geist war zwischendurch am Rande seiner Fassungskraft angekommen.
Nun gut, das Nordlicht-Motel (Northern Lites – 46 Dollar pro Nacht), wo mein Auto auf mich gewartet hatte, eignete sich vorzüglich dazu, fünf gerade sein zu lassen und einmal alle Viere von sich zu strecken.

Meine weitere Route war mir vorgezeichnet: auf der Nr. 11, dem Nordarm des Transcanada, über Kapuskasing und Hearst zum Lake Nipigon und nach Thunderbay im Westen des Lake Superior.
Die Minenstädte und Städtchen waren allmählich seltener geworden und fehlten schließlich ganz. Dafür bestimmten Sägemühlen und Papierfabriken mehr und mehr das industrielle Bild. Auch Ackerbau und Viehzucht – offenbar vorwiegend in franko-kanadischer Manier – hatten sich längs der Straße angesiedelt.
Hinter Hearst hörten dann menschliche Siedlungen über eine weite, weite Strecke vollkommen auf. Ich schätze, daß ich für die anschließenden etwa vierhundert Kilometer überhaupt keiner Siedlung begegnete, die der Erwähnung wert gewesen wäre.
Von Kapuskasing (ein indianischer Name mit der Bedeutung »Nebenfluß«, Nebenfluß des größeren Mattagami) wäre viel-

leicht zu berichten, daß hier in einer riesigen Papierfabrik fünfzig Jahre lang das Zeitungspapier für die »New York Times« hergestellt worden ist, eine der bedeutendsten Zeitungen der Erde. Auch an dieser höchst entlegenen Straße wird man also daran erinnert, daß die moderne Industrie ihre Fühler längst bis in die fernsten Winkel unseres geduldigen Planeten vorgetrieben hat. Die gleiche Industrie hat sich jedoch auch bemüht, aus Kapuskasing eine Muster-Kommune zu machen: die Straßen sind in konzentrischen Halbkreisen angelegt, die sich zum Fluß gleichen Namens, dem »Nebenfluß«, öffnen, was zum Beispiel bei mir bewirkte, als ich mir meinen Reiseproviant auffüllen wollte und mich durch das sehr saubere und ordentlich wirkende Stadtbild verlockt fühlte, auszusteigen, daß ich mich in den gerundet schwingenden Straßen hoffnungslos verlief und große Mühe hatte, mein Auto wiederzufinden, das ich an irgendeinem Straßenrand abgestellt hatte. Ich wollte schon in Panik geraten: Mein unentbehrlicher Jeep-Wagoneer gestohlen, entführt? Mit all meinen irdischen Besitztümern? Das wäre eine schreckliche Katastrophe gewesen! Noch um die nächste Biegung und Ecke – und da stand er vor mir in all dem geduldigen Gleichmut, der ihm eigen ist, der Wagoneer! Ein Stein rollte mir vom Herzen. Nein, Städte mit Straßen, die sich rechtwinklig kreuzen, wie es sich für Amerika gehört, sind mir lieber! Ich machte, daß ich aus der Stadt, die mitten im grenzenlosen Urwald des Nordens einen kühnen Stadtplaner-Traum verwirklicht, wieder davonkam, kam also nicht dazu, mir das franko-kanadische Kulturzentrum »Centre de Loisirs« (»Zentrum der Muße«) mit seinen wechselnden Ausstellungen anzusehen, auch nicht das Ron Morel-Eisenbahn-Museum nahe der CNR-Station, das darauf hinweist, daß die Einsamkeiten des kanadischen Westens und Nordens zumeist durch Eisenbahn-Linien, nicht zuerst durch Straßen erschlossen worden sind. Auch war mir der Ausflug zu den Biber-Fällen des Mattagami entgangen (in vier Stunden hin und zurück, ein Stückchen im Bus und dann im Boot für Dollar 8,–; wenn man über 65 Jahre alt ist, Senior also, wie es heute so zartfühlend heißt, für nur Dollar 5,–!). Auf diesen sicherlich sehr

lohnenden kleinen Abstecher verzichtete ich, nachdem mir die Vorstellung, daß mir mein Auto abhanden geraten sein könnte, den Angstschweiß auf die Stirn getrieben hatte.
Nicht ganz hundert Kilometer hinter Kapuskasing rollte ich dann durch Hearst, die letzte Siedlung, die noch die Bezeichnung »Stadt« oder »Städtchen« verdient, bevor der Nordarm des Transcanada (die Nr. 11), den ich befuhr, sich mit der Hauptroute des Transcanada viel weiter im Süden (Str. Nr. 17) wieder vereinigt. Hearst zählt immerhin noch 5500 Einwohner – nach den eindrucksvolleren 12000 von Kapuskasing.
Hinter Hearst – mit vorwiegend franko-kanadischer Einwohnerschaft – standen mir dann an die fünfhundert Kilometer bevor, die nur von ein paar Indianersippen vom Stamm der Odjibwa »bewohnt« sind und im übrigen, angebunden an die vergleichsweise haardünnen Stränge der Eisenbahn und der Straße, nur wenigen franko-kanadischen Familien Arbeit und Brot gewähren. Dies mächtige Gebiet vom Lake Nipigon und Lake Superior im Südwesten bis zur Hudson-Bay im Nordosten hat man mit dem stolzen Namen »das Königreich der Elche« ausgestattet, auf englisch »Moose Kingdom«; und in der Tat sind es wohl die gewaltigen Geweihträger, die in diesen Gebieten, in denen es so gut wie keine Wege, wohl aber reichlich Kanurouten gibt, das Bild des hier noch ganz ungebändigten Lebens bestimmen. Ich hatte von dem Moose Kingdom schon so manches gehört und tauchte mit wahrer Lust jenseits von Hearst in die Wälder.
Ich gestehe, daß ich bald eine gewisse Enttäuschung spürte. Ich hatte schon sehr viel schönere, üppigere Wälder erlebt, in den Tagen und Wochen zuvor. Einigermaßen dürftig wanderte ein karger und keineswegs sehr stolzer Wald an mir vorbei, für Meile hinter Meile, Dutzende von Meilen in bedrückender Eintönigkeit. Man fühlte sich versucht, die erlaubte Höchstgeschwindigkeit von hundert Kilometern in den Wind zu schlagen, um dieser unermeßlichen Flut halbstarker Fichten, die kaum durch verbrämendes Unterholz aufgelockert wurde, schneller zu entgehen. Aber auch das verbot sich, denn die Straße hatte sich sehr verschlechtert, schwang in sonderbaren, etwa fünf bis zehn

Schritt langen flachen Wellen auf und nieder, die sich anders als in einem sehr gemäßigten, langweiligen Tempo nicht befahren ließen. Ich gab mir keine Mühe, mir klar zu machen, was diese Wellen für eine Ursache hatten: den Winterfrost vielleicht, moorigen Untergrund oder einfach schlampigen Straßenbau? Ich hatte viel zu sehr darauf zu achten, meinem Fahrzeug keine widernatürlichen Sprünge zuzumuten; der Jeep-Wagoneer ist auf Rollen gedrillt, nicht auf Hüpfen!

Elche bekam ich im Moose Kingdom auch nicht zu Gesicht. Über mangelnde Einsamkeit allerdings konnte ich mich nicht beklagen; ich fuhr und fuhr, ohne einem anderen Vehikel zu begegnen. Ich konnte meinen, allein auf der Welt zu sein! Nur wenn in weiten Abständen zwischen den Baumstämmen der Spiegel eines der unzähligen Seen dieser Landschaften des »Schildes« aufblitzte und mich mehr als einmal bewog, die zwanzig oder fünfzig Schritte zu dem Ufer des namenlosen Gewässers hinüberzustapfen – über blanken Fels manchmal zwischen den Bäumen und dann am Strand –, fühlte ich mich sonderbar getröstet. Da lag der kleine See im Kranz des Waldes, ließ den schmalen Streifen goldenen Sandes an seinem Gestade leuchten und spiegelte die blendend weißen Wolken wider, die im blauen Himmel lautlos und schneckenlangsam wanderten. Ich empfand dann, daß auch diese totenstille Ödnis eines verhaltenen, spröden Reizes nicht entbehrte.

Nach einem solchen kurzen, aber trostreichen Aufenthalt bescherte mir der Zufall einen längeren Straßenabschnitt, der nicht durch die sonderbaren Wallungen der Straßendecke zu zögernder Fahrweise zwang. In meiner Erleichterung – die Straße war völlig leer, soweit das Auge reichte und auch rechts oder links davon regte sich nichts – trat ich »aufs Gas«, um die erzwungene Bummelei zuvor ein wenig wettzumachen. Im allgemeinen hielt ich mich streng an die kanadischen Fahrvorschriften, wie es sich für einen Ausländer in fremdem Land stets empfiehlt; zudem hatte ich großen Respekt vor der kanadischen Verkehrspolizei, die nach meinen, zum Teil leidvollen Erfahrungen immer dann und dort auftaucht, wo man sie am wenigsten er-

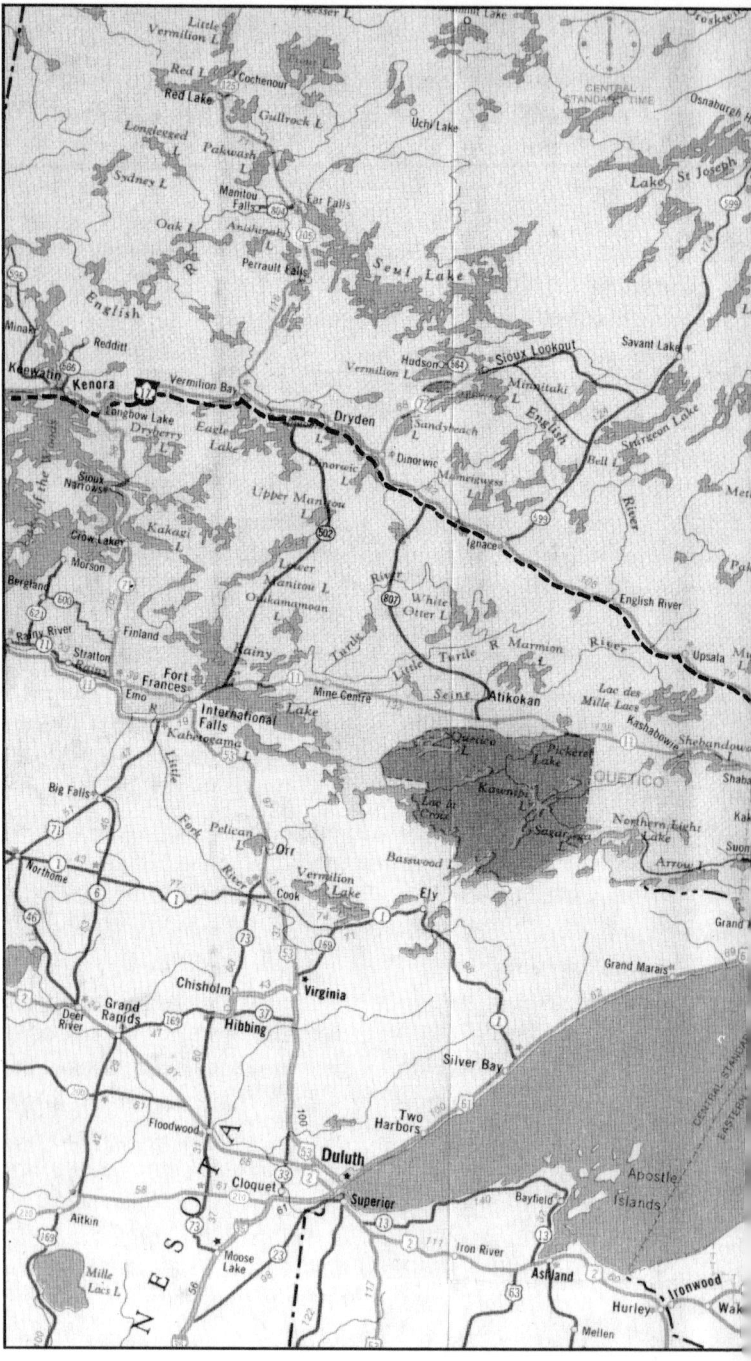

Little Vermilion L
Red L
Cochenour
Red Lake
Gullrock L
CENTRAL STANDARD TIME
Uchi Lake
Osnaburgh House
Longlegged L
Pakwash L
Sydney L
Manitou Falls
Ear Falls
Lake St Joseph
Oak L
Perrault Falls
Seul Lake
English
Reddit
Savant Lake
Keewatin
Kenora
Vermilion Bay
Hudson
Sioux Lookout
Vermilion L
Minnitaki L
Longbow Lake
Dryberry L
Eagle Lake
Dryden
Sandybeach L
English
Sturgeon Lake
Dinorwic
Bell L
Sioux Narrows
Dinorwic L
Upper Manitou L
Mameigwess L
River
Lake of the Woods
Kakagi L
Crow Lake
Ignace
Morson
Bergland
Lower Manitou L
Oakamamoan L
White Otter L
English River
Rainy River
Finland
Stratton
Rainy
Turtle River
Little Turtle R
Marmion L
River
Upsala
Fort Frances
Emo
Mine Centre
Seine
Atikokan
Lac des Mille Lacs
International Falls
Lake
Kashabowie
Shebandowan
Kabetogama L
Quetico L
Pickerel Lake
QUETICO
Little Fork River
Big Falls
Kawnipi L
Lac la Croix
Northern Light Lake
Pelican L
Orr
Sagarnaga L
Basswood L
Arrow L
Northome
Vermilion Lake
Cook
Ely
Grand Marais
Chisholm
Virginia
Grand Rapids
Deer River
Hibbing
Silver Bay
Two Harbors
Floodwood
Duluth
Cloquet
Superior
Apostle Islands
Bayfield
Aitkin
Iron River
Moose Lake
Ashland
Ironwood
Hurley
Mille Lacs L
Mellen
MINNESOTA
CENTRAL STANDARD
EASTERN

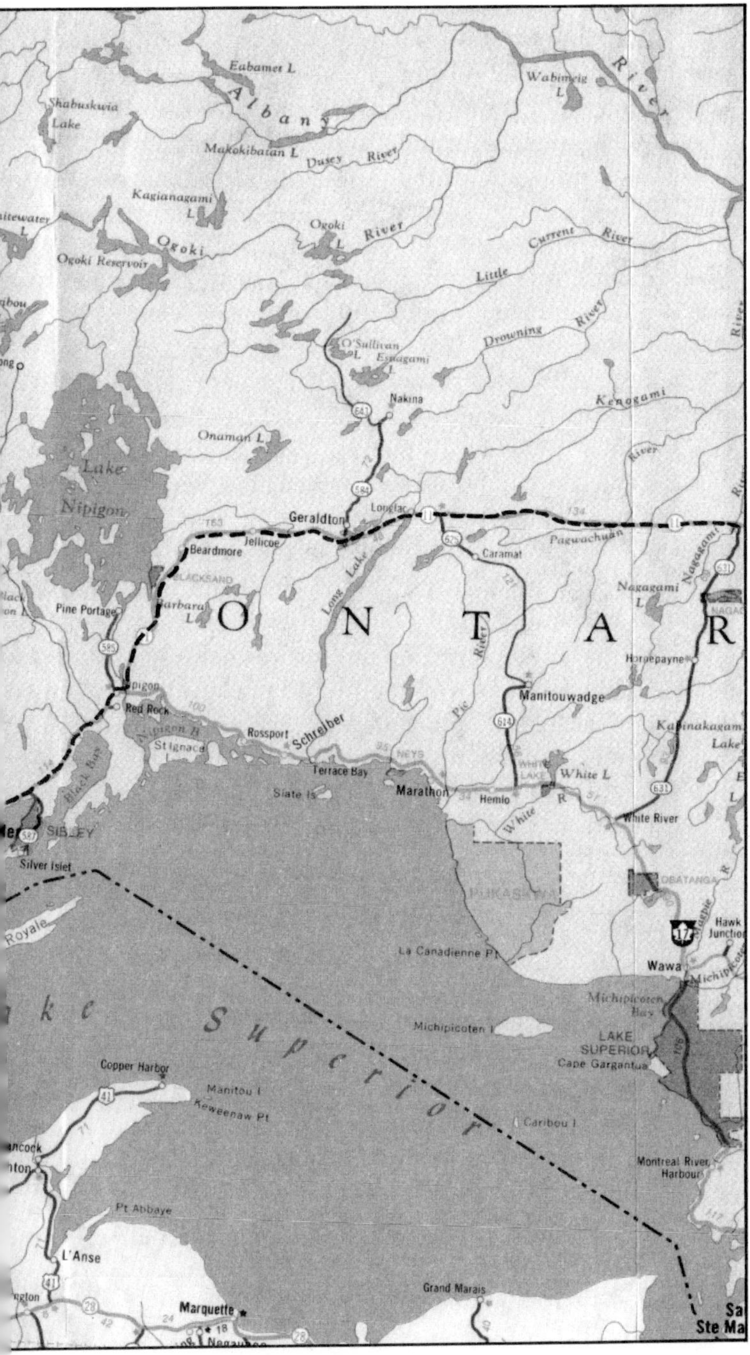
Eabamet L.
Albany
River
Wabimeig L
Shabuskwia Lake
Makokibatan L
Dusey River
Kagianagami L
Ogoki L River
Ogoki
Ogoki Reservoir
Current River
Little
O'Sullivan L
Esnagami L
Drowning River
Nakina
Kenogami
River
Onaman L
Lake Nipigon
Geraldton
Longlac
Jellicoe
Beardmore
Caramat
Pagwachuan
Nagagami L
Nagagami
Pine Portage
Long Lake
O N T A R
Hornepayne
Pic River
Manitouwadge
Nipigon
Red Rock
Nipigon B
St Ignace I
Rossport
Schreiber
Terrace Bay
Slate Is
Marathon
Hemlo
White L
White R
White River
Kabinakagami Lake
SIBLEY
Silver Islet
Black Bay
Royale
PUKASKWA
OBATANGA
Hawk Junction
Wawa
La Canadienne Pt
Michipicoten Bay
Michipicoten I
LAKE SUPERIOR
Cape Gargantua
Lake Superior
Copper Harbor
Manitou I
Keweenaw Pt
Caribou I
Montreal River Harbour
Pt Abbaye
L'Anse
Grand Marais
Marquette
Ste Ma

wartet. Und drittens bin ich, ganz gleich, ob daheim oder in der Fremde, stets ein Pechvogel gewesen, was die Beziehungen zur jeweiligen Straßenwacht anbelangt.

Ich weiß noch genau, wo es sich ereignete: Irgendwo hinter Longlac geschah es. Longlac, »langer See« – der französische Name weist in alte Pelzhändlerzeiten zurück. In der Tat, der Platz ist alt. Hier auf der Wasserscheide zwischen Hudson-Bay und den Großen Seen tauschten die Indianer des Nordens – alle zu dem großen Stamm der Cree gehörig – ihre Beute an Pelzen gegen die Produkte Europas – vor allem wohl Pulver und Blei –, soweit sie es nicht bequemer fanden, sie an die englischen Handelsposten an den Ufern der Hudson- oder James-Bay zu liefern.

Mit dem Pelzhandel verlor im vorigen Jahrhundert auch der weltverlorene kleine Posten Longlac an Bedeutung. Aber dann kam die Eisenbahn, es kamen die Gold- und Mineraliensucher, es kamen die wildnissüchtigen Fischer und Jäger um des »Sports« willen. Longlac blieb nicht nur am Leben, es lebte sogar – auf sehr bescheidene Weise – wieder auf. Es kam schließlich auch – in Canada geht es nach Möglichkeit immer ordentlich zu, man ist royal, königlich, und hat sich entsprechend zu benehmen! –, und nicht zuletzt, die Polizei. Sie hat, von den wenigen wirklichen Großstädten abgesehen, in diesem erstaunlichen Lande nicht allzu viel zu tun, obwohl sich an manchen Orten ein sehr bunt gemischtes Volk zusammenfindet. Die berühmt strenge, korrekte und wirksame Polizei sorgt schon durch ihr bloßes Vorhandensein für die erforderliche »Ruhe und Ordnung«. (Canada hat die vielleicht berühmteste Polizei der Welt hervorgebracht, die Royal Canadian Mounted Police, die »Königlich-Kanadische Berittene Polizei« in ihren roten, heute nur noch für Paraden getragenen schmucken Uniformen auf ihren prachtvollen Pferden. Ontario allerdings bedient sich der gesamtkanadischen RCMP nicht, sondern hat eine »provincial police« aufgestellt, die mit der anderen in scharfer Konkurrenz steht, was die Tüchtigkeit anbelangt.)

Nun, irgendwo hinter Longlac wurde ich ein Opfer dieser Tüchtigkeit. Ich hatte meinem braven Fahrzeug schon für eine ganze

Weile die Zügel freigegeben und warf aus guter Gewohnheit, nicht weil der – nicht vorhandene – Verkehr es erforderte, einen Blick in den Rückspiegel – und mich durchfuhr ein Schlag: Mir folgte ein großer Wagen mit einem Blinklicht auf dem Dach – und es blinkte: Polizei!

Ich nahm sofort den Fuß »vom Gas«, bremste aber nicht, denn dann hätten die Verfolger sofort gesehen, daß ich mir meiner überhöhten Geschwindigkeit bewußt geworden war. Irgendwo abseits mußten die Brüder auf der Lauer gelegen haben, hatten mich bei 150 oder so, statt 100, erwischt und waren nun darauf aus, mich zur Strecke zu bringen.

Der große schwarze Wagen mit dem Blinklicht »on top« fegte an mir vorbei, setzte sich vor mich und ließ eine Tafel an seiner Rückseite aufleuchten: » STOP«.

Natürlich gehorchte ich und fuhr »rechts heran«. Ein adrett gekleideter, baumlanger Beamter stieg vor mir aus seinem Wagen. Das Zeichen »Stop« war erloschen.

Er trat zu mir ans Fenster. Ich hatte meinen Motor abgestellt, um meine Bereitschaft zum Gehorsam gegenüber der Obrigkeit deutlich zu machen. Der Hüter der Gesetze lehnte sich zu mir herein:

»Well, Sir, Sie haben es offenbar sehr eilig?«

Immerhin: er hatte mich nicht mit »Bruder« oder »Junger Mann« angeredet. Ich erwiderte, hilflos, ein Fisch an der Angel:

»Stimmt, officer! Außerdem ist die Straße endlich wieder einigermaßen befahrbar und der Gegenverkehr zeichnet sich durch Nichtvorhandensein aus.« –

»Stimmt ebenfalls – was aber nichts daran ändert, daß Sie die erlaubte Geschwindigkeit um gut fünfzig Prozent überschritten haben. Darf ich Ihre Papiere sehen!«

Die hatte ich parat und zückte sie zusammen mit meinem Paß; den hatte ich gleich an der Stelle aufgeschlagen, an der das Besucher-Visum eingestempelt war.

Er studierte die verschiedenen Dokumente merkwürdig eingehend und lange. Ich hatte Zeit, sein Gesicht in Ruhe zu betrachten. Der Mann gefiel mir: ein klares, gradlinig geschnittenes Ge-

sicht, ein Unmensch war das nicht. Er hob den Kopf, sah mir ein kleines Weilchen in die Augen, fragte:
»Wo ist denn das in Deutschland, wo Sie zu Hause sind?«
»Ein kleiner Ort, nordöstlich von Hannover, wo die Internationalen Messen stattfinden, und etwa vierzig Kilometer östlich der alten Stadt Celle, wo nach dem Kriege für Jahre kanadische Truppen stationiert gewesen sind. Sie haben vielleicht davon gehört?«
Ein verstohlenes Lächeln glitt über das magere, wohlrasierte Männergesicht. Er knurrte, sichtlich vergnügt, hatte den »amtlichen« Unterton in seiner Stimme vollkommen aufgegeben:
»Und ob, Sir! Celle, das kenne ich. Ich war damals – ist ja schon viele Jahre her – noch Soldat und lag mit meiner Formation als Besatzung fast zwei Jahre lang in Celle. Wir fanden das ziemlich herrlich. Wenn ich ehrlich sein soll: die schönste Zeit meines Lebens da in Celle! Leichter Dienst, die Stadt ganz unzerstört, die Leute alle freundlich, nette Lokale, nette Mädchen! Ein paar von uns sind da hängengeblieben -- und ein paar andere nahmen sich sogar Mädchen mit herüber, als wir abgelöst wurden. Wie sagten die Deutschen damals: Beutebräute! booty-brides, sagten wir; fanden das einen großartigen Ausdruck. Ich fischte mir keine solche, hatte keine solche, hatte mein Mädchen in North Bay, wo ich herstamme; das ist mir gar nicht so leicht gefallen, denn die Celler Mädchen – Klasse! Also – man erlebt in meinem Job doch immer wieder allerlei Überraschungen: Da fällt mir einer hier am halben Ende der Welt mit 150 in die Hände und kommt aus der Gegend von Celle, wo ich hätte bleiben mögen, wenn ich nicht schon hier fest gebunden gewesen wäre. Was mache ich nun mit Ihnen? Ich könnte Sie eine Weile festhalten und Ihren Reiseplan durcheinanderbringen, denn sicherlich sind Sie auf einer langen Tour. Fünfzig Dollar könnte ich Ihnen sowieso abnehmen!«
Er blickte mir so heiter ins Gesicht, als wären wir schon seit Ewigkeiten befreundet. Unser Verhältnis zueinander hatte sich völlig verwandelt. Ich lächelte ebenso aufgeschlossen zurück:
»Fünfzig Dollar? Das ist ein Haufen Geld. Sie könnten mich

auch laufen lassen! Sicherlich fahren hier, wo die Straße wieder besser wird, alle Auswärtigen zu schnell, die aus Richtung Cochrane kommen. Da werden Sie schon zu Ihrem Geld kommen.« –
»Sie haben's erfaßt! Die Einheimischen wissen natürlich, wo wir auf der Lauer liegen und sehen sich vor. Aber die gelegentlichen Amerikaner, die gehen uns gern ins Netz. Die Straße bleibt übrigens ordentlich von hier ab. Sie kommen also auch mit hundert ganz gut voran.«
Er zögerte, fuhr dann fort, nun ganz auf privat:
»Wissen Sie, ich würde liebend gern mit Ihnen ausführlich über Celle und die Umgegend, die Luneburg Heath, plaudern. Meine Frau würde sich sehr freuen. Solch ein Besuch käme uns nie wieder ins Haus. Aber ich bin noch im Dienst bis morgen früh. In Longlac kann man ganz gut unterkommen. Dort wohne ich mit Frau und Kindern. Sie könnten wohl nicht bis morgen abend bleiben, oder bis übermorgen?«
»Well, officer, wenn ich mehr Zeit hätte, ließe sich ganz gewiß darüber reden. Aber ich muß noch, bevor der Herbst Ernst macht, in Prince Rupert in British Columbia angekommen sein und dann noch nach Toronto zurückfahren. Für heute abend habe ich mir ein Zimmer im ›Best Western Crossroads‹ in Thunderbay bestellt. Lieber bezahle ich die fünfzig Dollar, wenn Sie mich weiterfahrenlassen!«
Er kniff den Mund zusammen, war traurig, man sah es ihm deutlich an:
»Schade! Aber Sie werden ja wohl so was Ähnliches wie Journalist sein. Zum Jagen oder Fischen sind Sie nicht hierher gekommen, da fehlt Ihnen jedes Gerät. Und Touristen aus Europa verirren sich so gut wie nie in diese Gegend; die kleben am Lake Superior. Sie sind also auch sozusagen im Dienst. Da kann und darf ich Sie nicht aufhalten. Aber fahren Sie fortab nicht über hundert; ich glaube nicht, daß es viele von meinen Kollegen gibt, die in Celle so schöne Zeiten erlebt haben wie ich.«
Er war von meinem Seitenfenster zurückgetreten. Ich war aus der Haft entlassen. Ich winkte ihm zu:
»Thanks, officer, thanks!« ließ den Motor anspringen, scherte

nach links auf den Asphalt und rollte davon. Solange ich das Polizei-Auto noch im Rückspiegel sehen konnte, machte es keine Anstalten zu wenden, sondern blieb am Straßenrand stehen. Der Mann, der mir freundlicherweise die fünfzig »bucks« erlassen hatte, war nicht zu erblicken, hatte in seinem Auto Platz genommen und konnte sich nicht sofort entschließen, in seinen Dienst zurückzukehren, sondern saß still, bis er mich entschwinden sah – und dachte an Celle?

Es kam mir vor, als hätte sich nicht nur die Straße verbessert. Auch der Wald an beiden Seiten der Straße hatte sich zu seinem Vorteil verwandelt, war üppiger, reicher, höher geworden. Und immer wieder blitzten Seen auf, kleine und große. Aber die Straße fand stets und eigentlich recht gradlinig, wie erwünscht westwärts, ihre Trasse in flachen Windungen. Was hatte mich, ehe ich Longlac erreichte, in Wahrheit bedrückt? Ich konnte es mir nicht erklären. Longlac, Langsee, in der Tat an die hundert Kilometer lang, aber nur ein bis zwei Kilometer breit, hatte mich daran erinnert, daß ich mich den Gegenden Canadas näherte, die in den Heldenzeiten des kanadischen Pelzhandels die entscheidende Rolle gespielt haben. Und ich mußte wieder daran denken, daß die eigentlichen Helden jener Zeit Franzosen gewesen sind vom unteren St. Lorenz, den ich auf dieser Reise abermals eindrucksvoll und herzbewegend er-»fahren« hatte.
Jetzt würde die Straße, die Nr. 11, vor dem großen Lake Nipigon aus der Westrichtung nach Süden abbiegen, um auf den noch vielfach größeren Lake Superior zu stoßen und an seinem Westufer auf die Schwesternstädte Port Arthur und Fort William, die sich seit 1969 unter dem Namen Thunderbay zum drittgrößten kanadischen Hafen zusammengeschlossen haben. Denn die ungeheuren Mengen an Weizen und anderem Getreide, das in den kanadischen Prärien, in Manitoba, Saskatchewan und Alberta, erzeugt wird, fließen in den Osten Nordamerikas und vor allem auch nach Europa, teils über Churchill an der Hudson-Bay ab, was aber höchstens in den drei Sommermonaten möglich ist (später sperrt das Eis den Seeschiffen den Durchgang),

zum größeren Teil aber über Thunderbay, wo auf kanadischem Gebiet der »Great-Lakes-Waterway«, der » Große Seeweg«, endet, der Hochseeschiffen vom Atlantik her den Zugang in die Mitte Nordamerikas öffnet.
Aber auch in den vergangenen Jahrhunderten, als an einen »Großen Seeweg« nach Chicago oder Thunderbay mit seinen riesigen Schleusen und sonstigen Bauten noch nicht zu denken war, hatte sich für den Verkehr der Kanuflotten, die in jedem Frühling von Montréal aus westwärts strebten, um das damalige » Gold des Nordwestens«, die Pelze, Biberfelle vor allem, einzuholen, und sie dann von Montréal aus über die salzige See nach London und Paris auf den Weg zu bringen – auch in jenen schon halb verschollenen Jahrhunderten bildete das Westufer des Oberen Sees, des Lake Superior südwestlich des Lake Nipigon, einen überaus wichtigen Drehpunkt – und ihn wollte ich noch am gleichen Abend erreichen. Von freundlichen Polizisten, die sich nach Celle und der Lüneburger Heide zurücksehnten, durfte ich mich da wirklich nicht aufhalten lassen – so menschlich erfreulich das wahrscheinlich auch ausgegangen wäre.
Auf meiner großen Reise nach Westen über am weitesten nach Norden ausschwingenden Straßen öffnete sich mir nun das Gebiet des kanadischen Nordwestens, das einst das riesige Einzugsgebiet des Pelzhandels gewesen ist, das heißt aber der frankokanadischen Abenteurer, der Meister der Kanus aus Birkenrinde, der Voyageurs, auch der schottischen Händler, die sich der Geschäfte des Pelzhandels bemächtigten, nachdem der Traum eines »Nouvelle France« auf nordamerikanischem Boden auf den »Plains of Abraham« ausgelöscht worden war.
Hinter Beardmore – wo auch Gold gefunden wurde – bog die Straße entschieden nach Süden ab, kam dann bei Orient-Bay dem großen Lake Nipigon sehr nahe – in einer hinreißend großartigen Landschaft mit hohen, schroffen Felsenufern, prachtvollem Wald, duftenden Senken, silbern sprudelnden Bächen. Ich hatte die Enttäuschungen seit Cochrane vergessen, der gute Polizist hatte mir aus purem Großmut fünfzig Dollar geschenkt, ich näherte mich auf guter Straße durch eine prachtvolle Landschaft

den Mündungsgegenden des Kaministikwia- und des Tauben-Flusses (Pigeon-River), wo sich verwirrend viel an kanadischer Frühgeschichte abgespielt hat und wo heute Thunderbay sich ausbreitet – kein Wunder, daß meine Stimmung sich gehoben hatte!

Zuvor aber war ich noch einmal in McDiarmid ans Seeufer gefahren und hatte für ein Weilchen das großartige Bild der kahl zum Wasser abfallenden Felsfronten, der dunkelbewaldeten Klippen in mich aufgenommen. Landschaften solcher Einmaligkeit muß man mit genügend »langer Belichtung« in sein Gedächtnis fotografieren, um sich ihrer, wenn sie längst der Vergangenheit angehören, so deutlich erinnern zu können, als hätte man gestern erst vor ihnen gestanden.

Und es berührte mich – romantisch gesonnen oder sentimental, wie ich nun einmal bin – auf freundlich vertraute Weise, daß dieser berückend gelegene Ferienort an der gewundenen Ausbuchtung des Lake Nipigon den uralt keltischen, irischen Namen McDiarmid trug. Ein Sohn Irlands, der »grünen Insel« auf der anderen Seite des Atlantik also, muß es gewesen sein, der sich als erster hier niedergelassen und sich von der herrlichen Szenerie an sein fernes Heimatland hatte erinnern lassen. McDiarmid, ein strahlender junger Held, spielt in der altirischen Sage eine wichtige Rolle. Von ihm werden besonders aufregende Liebesgeschichten erzählt. Es wird ihm nachgesagt, daß er nicht nur viele Mädchenherzen erobert, sondern auch gebrochen hätte. Wer weiß, was hier am Ufer des Reflection-Lake (See der Widerspiegelung), wie diese Bucht des Nipigon-Lake sehr kennzeichnend auch genannt wird, schon alles passiert ist, noch ehe die Straße Nr. 11 hier vorbeizog, noch ehe die Leitch-Goldmine bei Beardmore wilde Männer von weither anlockte.

Ja, dies ist ein herrlich schönes Land! Die Wälder dufteten mir ins Fenster, und wenn ich Freude am Fischen oder Jagen hätte, hier, wo auch heute noch die Cree-Indianer nach ihrer alten Weise in den Hintergründen zu Hause sind, würde ich wunderbar auf meine Rechnung kommen. Aber mir genügte es vollkommen, nur einfach anzuhalten und zu schauen, lange die

Augen schweifen zu lassen, bis ich jenen leisen Rausch verspürte, der weite Reisen so unvergeßlich (und unersetzlich) macht. Rechts von mir, in den dunkelgrünen Dickichten, das wußte ich, wand sich der Nipigon-River durch die kühlen Gründe; der Fluß entwässert den Nipigon-Lake nach Süden zum schon meeresgleichen Lake Superior. Er ist eine wichtige und viel befahrene Kanustraße gewesen in jenen Zeiten, als es noch keine befahrbaren Landstraßen gab auf dem kanadischen Schild. –
Ich war am Helen-Lake entlanggefahren, dessen Südteil vom Nipigon-River durchflossen wird, und erwartete den Zusammenfluß der beiden Arme des Transcanada, der Nr. 11, die ich bisher befahren und auch ein wenig durchlitten hatte, und der Nr. 17, dem südlichen Hauptarm der großen transkanadischen Autoroute. Erst über fünfzig Kilometer hinter Thunderbay trennen sich die beiden Arme wieder voneinander, wonach dann aber der Nordarm zum Hauptarm wird.
Mit einem Seufzer der Erleichterung ließ ich meinen Wagoneer in die 17 einschwenken, in einen dichteren Strom von Autos. Ich hatte es also geschafft, die Einöden nördlich der erschlossenen Gebiete von Québec und Ontario ohne Panne oder sonstigen Zwischenfall hinter mich zu bringen. Mein Auto hatte mich keinen Augenblick lang im Stich gelassen. Für das Mittelstück meiner Reise, das nun vor mir lag, brauchte ich keine Sorgen zu haben, denn von der hübschen Stadt Nipigon an, die schon an der Nr. 17 gelegen ist, bis weit hinüber nach Winnipeg, der Hauptstadt von Manitoba, würde ich gute Unterkünfte, Tankstellen und Werkstätten stets in erreichbarer Nähe wissen.
Nipigon, die Stadt dieses Namens, liegt an der Mündung des gleichnamigen Flusses aus dem gleichnamigen unvergeßlichen See in den Oberen See. Hier treffen sich, wie eben mitgeteilt, heute wichtige Landstraßen und Eisenbahnlinien – aber hier trafen sich lange vor unserer Zeit ebenso wichtige, wenn nicht für die damalige Zeit wichtigere Wasserstraßen, Kanurouten.

Nipigon unweit der – natürlich heißt sie so! – Nipigon-Bay des Lake Superior, ein gepflegtes Städtchen, vermittelte mir den

Eindruck, höchst liebenswert zu sein, denn es hatte Vergangenheit und war schon lange von wirtschaftlicher Bedeutung. Ich fühlte mich versucht, Station zu machen, spürte den langen Fahrtag in den Gliedern. Aber ich hatte ja im »Best Western Crossroads« in Thunderbay gebucht und mußte also noch 110 Kilometer weiter nach Port Arthur reisen, dem Südteil von Thunderbay, wo ich mich an der großen Straßenkreuzung entscheiden wollte, ob ich gleich westwärts weiterziehen oder südwärts die Grand Portage an der Mündung des Tauben-Flusses aufsuchen wollte. Denn kein Reiseplan ist so starr – meine sind es schon gar nicht! –, als daß man ihn nicht von heute auf morgen abändern könnte.
Ich vertraute mich also, ohne anzuhalten, der stark befahrenen Nr. 17 (vereint nun mit Nr. 11) an, mußte erst wieder lernen, mit dichtem Verkehr fertigzuwerden, fand aber gut Zeit, mir ins Gedächtnis zurückzurufen, daß dies Städtchen Nipigon ursprünglich als ein Fort-la-Tourette gegründet worden ist, und zwar schon 1678. Ein sehr bemerkenswerter französischer Offizier, der Lieutenant de la Vérendrye, kommandierte die zum Schutz des Pelzhandels angelegte Urwaldfestung im Jahre 1727. Hier muß dieser unruhige Geist den Plan gefaßt haben, in den Westen vorzudringen und die Geheimnisse der ungeheuren Landmasse gen Sonnenuntergang, die Rätsel der unermeßlichen Wälder, Steppen, Ströme und – sicherlich! – auch Gebirge zu ergründen, was er dann von 1731 an auch getan hat. Den Franzosen ist – wie gesagt – der Ruhm zuzugestehen, die Tiefe Nordamerikas bis zum Mexikanischen Golf hinunter, bis zu den Rocky Mountains hinüber und zur Hudson-Bay hinauf als erste erkundet zu haben. Doch haben sie zwar viele kühne Forscher und verwegene Pelzhändler weit in den Westen ausgeschickt, viele furchtlose katholische Missionare in die Wildnis ziehen lassen, von denen nicht wenige den Märtyrer-Tod an den Marterpfählen der Indianer gestorben sind, aber sie haben nicht, wie es in den an der Atlantikküste entstehenden englischen Kolonien geschah, dafür gesorgt, daß diese riesenhaften Gebiete mit französischen Siedlern angefüllt wurden. Dies ereignete sich unter dem

Lilienbanner der Könige von Frankreich nur in Akadien (dem späteren Nova Scotia und New Brunswick) und mit wirklicher Konsequenz nur am unteren St. Lorenz, der heutigen Provinz Québec. Das hatte zur Folge, daß schon gegen Ende des siebzehnten Jahrhunderts die weiße Bevölkerung in den englisch sprechenden Gebieten südöstlich der Großen Seen die französisch sprechende nordöstlich davon um ein Vielfaches übertraf – was dann wohl letzten Endes den Ausschlag gegeben hat, daß Nordamerika englisch und nicht französisch geprägt worden ist. – Endlich in Thunderbay, eine unübersichtlich weit gedehnte Stadt! Ich fand jedoch mein Motel Crossroads im Verlauf der großen Straße 11/17 ohne Schwierigkeiten. Es war schon spät. Mein Bedarf an weiteren Unternehmungen an diesem Tage war gleich Null. Eine Stunde nach der Ankunft lag ich, gesättigt, geduscht und gekämmt schon im Bett und wanderte durch den Traum vom Pelzhandel, den zu träumen die Stadt Thunderbay, speziell ihr Teil, der früher Fort William hieß, der richtige Ort ist.

Von Westen her strömt in die schon von den Indianern so genannte Thunder-Bay (Donnerbucht) von weither aus wälderschwerer, seenreicher Landschaft der Kaministikwia-River. Am Westrand des Lake Superior, wo von jeher wie auch heute noch die große Wasserstraße vom Atlantik her, den St. Lorenz und Ottawa aufwärts über den Huronen- und den Oberen See endet, wo man im innersten Herzen des nordamerikanischen Kontinents angekommen ist, dort empfahl es sich beinahe zwangsläufig, innezuhalten und die Weiterreise zu überdenken.
Ein wenig weiter an der Seeküste nach Süden (wenig über fünfzig Kilometer) hatte sich den Pelzhändlern noch einmal eine Gelegenheit geboten, sich im Kanu auf den Weg nach Westen zu machen. Sie ist in frühester Zeit sogar dem Kaministikwia vorgezogen worden. Dort mündet, durch eine gleichartig wasserreiche Landschaft von Westen heranströmend, der Pigeon-(Tauben-)Fluß in den großen See und weist den Weg in den Sonnenuntergang.

Es ist sehr wahrscheinlich, daß hier oder da die beiden verwegenen und zugleich geschäftstüchtigen französischen Pelzhändler Radisson und Groseilliers vorbeigekommen sind – um 1665 – und sich die Weiterfahrt zu den Pelze jagenden Indianern des Westens überlegt haben.
Schon 1678 hat dann Daniel Greysolon, Sieur du Lhut, auf Rat oder Anweisung des damaligen um- und weitsichtigen Gouverneurs von Canada, des Grafen de Frontenac, am Kaministikwia einen befestigten Handelsposten angelegt. Von ihm aus hat Pierre de Varennes, Sieur de la Vérendrye, die große Erkundung des amerikanischen Westens in die Wege geleitet, die auf immer mit dem Namen Vérendrye verbunden bleiben wird.
Der Hauptverkehr des Pelzhandels wickelte sich jedoch bis zum Ende des achtzehnten Jahrhunderts über den Taubenfluß ab, denn im Hinterland des Kaministikwia sind viele und schwierige Portagen (Tragestrecken) für die Kanus zu überwinden, ehe der Rainy Lake, der »Regnerische See«, und dann der große, inselreiche Lake of the Woods (See der Wälder) erreicht wird, über den die Wasserwege schier grenzenlos den hohen Nordwesten des Erdteils erschließen.
Den Taubenfluß aufwärts zum Rainy Lake – da ist zwar auch an mühsamen Portagen kein Mangel; aber aufs ganze gesehen galt diese Route bei den Kanuleuten, den franko-kanadischen Voyageurs, als die günstigere.
So entwickelte sich unweit der Einmündung des Tauben-Flusses (Pigeon-River, Rivière des Pigeons) in den Lake Superior eine schon früh ständig bewohnte Siedlung: Grand Portage genannt, lag sie doch am unteren Ende der letzten Tragestrecke im Verlauf des Taubenflusses vor seiner Mündung. –
– Ich schlief nun in meinem »Best Western Crossroads Motel« in Thunderbay-City den Schlaf des mehr oder weniger Gerechten und faßte im Schlaf den Beschluß, auf dieser Reise über die Nordroute nicht noch einmal nach Grand Portage am Pigeon-River abzuweichen, sondern der jüngeren Kanuroute am Kaministikwia aufwärts zu folgen.
Denn das wurde mir auch im Schlaf deutlich: Ich hatte mir vor-

genommen, ganz Canada auf möglichst hoch im Norden verlaufenden Straßen zu überqueren, aber das bedeutete auch, daß ich im wesentlichen den alten Kanurouten folgen oder sie doch alle einmal oder mehrere Male überqueren würde. Denn die Pelzhändler wurden stets weiter in den Norden und Nordwesten gelockt, dorthin, wo die » unermeßlichen « Wälder das Bild der Erde bestimmten, wo es kalt ist im Winter, sehr kalt, und der Schnee und das Eis die Erde unter sich begraben, wo die Nordlichter geistergrün leuchten des Nachts, und der Frost das Eis auf den Seen, wenn er schärfer wird, in langen Rissen aufspaltet und es durch die totenstille Nacht hallt wie Kanonenschüsse.
Weiter im Süden wachsen so schöne und dichte Pelze nicht; sie sind umso wertvoller, je weiter aus dem Norden sie stammen – und die waldlosen Prärien südwestlich des Kanadischen Schildes geben überhaupt keine Pelze her, welche für die Mühsal weiter Kanureisen einen Ausgleich geboten hätten.
Heute wird in Thunderbay aus riesigen Speichern, die über hundert Millionen Bushel Getreide fassen, der Überfluß der Prärien im Westen und viele andere Produkte nach Osten zum Atlantik und nach Europa verladen, hier endet – wie gesagt – von Europa und vom Atlantik her der »St. Lawrence Seaway« oder der »Große Seeweg«, über den die Produkte der Alten Welt in den kanadischen Westen gefrachtet werden.
Aber begonnen hat das alles vor drei Jahrhunderten mit dem Pelzhandel. Es ergab sich dabei, daß die Wasserläufe, die Flüsse und Seen von Montréal aus bis hierher ans Westufer des mächtigen Lake Superior, des »Oberen«, wie er mit Recht heißt, geräumig genug waren, auch in ihrem Verlauf nicht allzu zahlreiche Portagen zu überwinden waren, so daß die nach Westen zu schaffenden Tauschwaren aus Europa und der Karibik in großen Kanus verladen werden konnten, die sehr beträchtliche Ladungen aufzunehmen imstande waren.
Vom Westende des Oberen Sees aber war man in ungleich höherem Maße auf kleinere, engere Wasserläufe und unvermeidlich auch zahlreiche Portagen angewiesen, wenn man zu Wasser weiterkommen wollte – und mußte! Es empfahl sich also, von

dieser Nahtstelle zwischen Ost und West ab, das heißt am Westufer des Oberen Sees, wo die Waren wegen der dicht danach erforderlichen »grand« Portage ohnehin ausgeladen werden mußten, die großen Kanus des Ostens gegen kleinere auszuwechseln, die für die Wasserverhältnisse des Westens besser geeignet waren, nicht nur weil sie kleiner und wendiger, sondern vor allem auf den vielen Portagen auch leichter zu tragen waren.
Es kam hinzu, daß die Lieferwege für die Pelze aus dem fernen Nordwesten schon früh so lang geworden waren, daß die Kanus aus dem Westen in den eisfreien Sommer- und Herbstmonaten nicht nach Montréal und zurück zu den Handelsposten am Athabasca, am Lac-La-Ronge oder am Lac-La-Biche hätten gelangen können. Auch aus diesem Grunde waren die Transporte in beiden Richtungen, als das ganze Geschäft erst große Form angenommen hatte, nur in zwei Etappen zu bewältigen.
Wenn sich dann die Kanumannschaften aus dem Osten und dem Westen Ende Juni, Anfang Juli in Grand Portage trafen, um die Pelzbündel aus dem Westen gegen die Kisten und Ballen mit Tuchen, Äxten, Messern, Nadeln und natürlich Alkoholika aus dem Osten umzutauschen und umzuladen, dann gab es ein großes Hallo, die Löhne wurden ausgezahlt, es wurde getanzt, gesungen, geschmaust und gerauft, bis die Voyageurs genug an Vergnügungen, an Rum und Indianermädchen genossen hatten und zufrieden waren, daß sie wieder auf einer schmalen harten Bank im Kanu Platz nehmen und das Paddel mit festem Zug durchs Wasser stemmen konnten.
Grand Portage an der Mündung des Pigeon-River behauptete seine führende Stellung, bis wie so oft die Politik, die ganz woanders gemachte, ihm einen Strich durch die Existenz zog: Die Amerikaner, die sich inzwischen von England die Unabhängigkeit erkämpft hatten, waren allmählich auch darauf gekommen, daß sich mit dem Pelzhandel gutes Geld verdienen ließ, und ebenfalls in die noch leeren Weiten ihres Westens aufbrachen. Dort kamen sie – nicht mehr den Franzosen, die waren seit den sechziger Jahren des achtzehnten Jahrhunderts aus dem Rennen um die Ausbeutung der amerikanischen Wildnisse ausgeschie-

den – wohl aber den Briten ins Gehege, die nach den Franzosen, geführt vor allem von Schotten, aber mit ausschließlich franko-kanadischen Kanumannschaften und Landeskundigen, das große Pelzgeschäft erst richtig in Gang gebracht hatten. Dabei zog die Hudson-Bay Company, vorwiegend englisch und von London aus geführt, das Geschäft im Hohen Norden an sich, war ihr doch das gesamte Einzugsgebiet der Hudson-Bay zugesprochen, während weiter im Süden die schottischen Händler von Montréal aus den Spuren und Kanuwegen der ausgeschiedenen Franzosen folgten, wobei sie sich – wie gesagt – ausschließlich der mit den Gefahren und Tücken der Einöden vertrauten franko-kanadischen Voyageurs vom unteren St. Lorenz bedienten. Die von Montréal aus wirkenden schottischen Pelzhändler schlossen sich früh zu der tüchtigen North-West-Company zusammen, die sich bald zu der stärksten Konkurrentin der Hudson-Bay Company entwickelte und diese früh zu übertrumpfen drohte. Denn die Engländer saßen in Churchill, York Factory oder Rupert House an der Hudson-Bay (die ohnehin nur für drei Monate im Jahr über See von London her angesteuert werden konnte) und warteten darauf, daß ihnen die Indianer von weither die Pelze »ins Haus« brachten, während die Schotten der North-West-Company mit ihren wildnis-erfahrenen und mit der Kanufahrt meisterhaft vertrauten Voyageurs die indianischen Stämme in ihren Heimat-Gebieten aufsuchten, die Tauschwaren anboten, die Pelze dort einhandelten, wo sie gewonnen worden waren, und sich mit den Indianern kameradschaftlich von gleich zu gleich gemein machten. Bedenkt man die weiten Strecken über ungebändigte, riesige Ströme wie den Churchill, Nelson, Severn zur Hudson-Bay, die die Indianer mit ihren erbeuteten Pelzen zu den Hudson-Bay-Company-Handelsforts an der Hudson-Bay zurückzulegen hatten, so erklärt es sich leicht von selbst, daß die Einflußsphären der bis zu den Indianern in ihren Heimaten vordringenden schottischen Händler der North-West-Company sich bald viel weiter ausbreiteten und der Hudson-Bay die Geschäfte abjagen konnten.

Mit Gewalt sich gegenseitig zu bekämpfen – das konnte man kaum, handelte es sich doch in beiden Fällen um gut britische Gesellschaften, die Hudson-Bay-Co., die von Anfang an englisch gewesen war und sich als die große Gegenspielerin des französischen Pelzhandels gefühlt, und die North-West, die das Erbe der Franzosen südlich und westlich des Hudson-Bay-Gebiets angetreten hatte.

Daß die Methoden der North-West die ergiebigeren waren, ließ sich bald erkennen, nachdem die Franzosen, die diese Methoden von Montréal her entwickelt hatten, erst einmal als Wettbewerber um die Pelze aus dem fernen Westen ausgeschieden waren. Es empfahl sich also, die altehrwürdige Hudson-Company mit der jungen, viel beweglicheren North-West zu vereinen, um das Kapital der alten Gesellschaft mit der unbändigen Unternehmungslust der jüngeren (in der schottische Geschäftstüchtigkeit mit französischer Kühnheit und Zähigkeit zusammengespannt waren) zu vereinen. Die beiden Gesellschaften schlossen sich unter dem Namen der älteren und vornehmeren zu einer einzigen zusammen, die nun das gesamte, schier unabsehbare Gebiet westlich und nördlich der Großen Amerikanischen Seen bis nach Alaska hinauf und bald auch über das Hochgebirge bis zum Rande des Großen Ozeans als ihr Handels- und Einflußgebiet betrachtete.

Im Süden aber lagen die Verhältnisse viel weniger eindeutig. Dort hatten sich die United States gebildet, nach langem, harten Kampf gegen England, und waren, da sich ihnen die Franzosen südlich der Großen Seen, am Mississippi bis zum Mexikanischen Golf nicht mehr querlegten, entschlossen westwärts aufgebrochen, hielten sie es doch für ihre »gottgewollte Bestimmung« (manifest destiny), den großen Kontinent bis zum Stillen Ozean US-amerikanisch zu machen.

Der Taubenfluß mit der Grand Portage zeichnete sich früh als die Grenze zwischen US-amerikanischem und britischem Einflußgebiet ab. Es war ganz ungeklärt, ob die Kanustraße auf dem Tauben-Fluß, dem Pigeon-River, hinüber zum Rainy-Lake und zum Lake-of-the-Woods, den Amerikanern oder den Briten zuzusprechen wäre.

Um allem Ärger, aller Störung der Geschäfte und des Warenumtauschs am Pigeon-River aus dem Wege zu gehen, beschloß die Hudson-Bay-Company, den Treffpunkt der Ost- mit den West-Kanus vom Pigeon-River und Grand Portage weiter nach Norden in unstreitig britisches Gelände an die Mündung des Kaministikwia zu verlegen und den Rainy-Lake fortab den Kaministikwia aufwärts, über den Lac-des-Mille-Lacs und den Seine-River anzusteuern.

Grand Portage verödete schnell. Ich habe in vergangenen Jahren die Reste des einstmals so bedeutsamen Umschlagplatzes zwischen Ost- und West-Canada aufgesucht, aber nicht mehr viel vorgefunden, was die einstige Wichtigkeit des Ortes auch nur hätte ahnen lassen. Der Pigeon-Fluß ist in der Tat zur Grenze zwischen dem kanadischen Ontario und dem amerikanischen Staat Minnesota geworden. Ich bin damals dem Pigeon-River, soweit es an seinem Nordufer noch eine einigermaßen befahrbare Straße gab, westwärts gefolgt. Außer einigen in der stillen grünen Unendlichkeit angesiedelten, wie auf Inseln im Waldozean verankerten Farmern, habe ich am Pigeon keine Zeichen menschlichen Wirkens mehr finden können. Die grünen friedlichen Gefilde waren wieder ganz ihrer alten Unversehrtheit, ihrem großen Frieden anheimgefallen. Daß der Pigeon mit seinen Portagen bis zur Grand Portage am Gestade des Lake Superior (und damit, wenn man so will, schon am Atlantik!) für zwei Jahrhunderte eine Handelsstraße ersten Ranges gewesen ist, davon war nicht einmal mehr ein Hauch zu spüren.

Am untersten Kaministikwia ließ die North-West-, dann Hudson-Bay-Company einen schnell wachsenden befestigten Handelsposten entstehen, dessen Bedeutung die des langsam verfallenden Grand Portage bald weit übertraf. Der Gouverneur der Company, William McGillivray, gab dem Posten den Namen Fort William.

Und »Fort William« heißt natürlich auch heute noch die erstaunliche und höchst sehenswerte Rekonstruktion des Pelzhandelspostens aus der ersten Hälfte des vorigen Jahrhunderts. Auf den alten Fundamenten ist dies Hauptquartier der großen Han-

delsgesellschaften, die die kanadische Mitte und den Westen erschlossen haben, neu, aber bis in alle Einzelheiten getreu wieder auferstanden. Ich glaube, sagen zu können, daß dies neue »Old Fort William« zu besuchen und zu studieren, allein schon Grund genug ist, das heutige Thunderbay nicht am Wege liegen zu lassen, sondern ihm mehr als einen Tag zu widmen. Wie in alter Zeit sind im neuen großen »Old Fort William« die alten Handwerksbetriebe voll im Gange, dazu eine Farm und Molkerei, eine Schiffswerft, ein Lager für die indianischen Helfer und insbesondere (was mich allein für zwei Stunden festhielt) eine luftige Halle, in der nach alter Weise die großen Lastenkanus aus Birkenrinde über einem sorgsam gefügten Gestell aus starken Ästen gebaut werden. Schnell geht das gerade nicht; von der Eile moderner Maschinen ist nichts zu merken. Zu bewundern aber ist die liebevolle Genauigkeit, mit der das feste, zugleich aber auch federnde Gerüst der tragenden Bootsrippen abgepaßt, die von den Kanu-Birken geschälte, möglichst astfreie Rinde zugeschnitten, geformt, vernäht und verklebt wird und schließlich das ganze wunderbare, trotz seiner Größe und Fassungskraft leichte Gebilde in wochenlanger, vorsichtiger Arbeit entsteht. Und am wunderbarsten erschien es mir, wenn es fertiggestellt war und ins Wasser entlassen werden konnte, daß an dem ganzen schmucken – und auch geschmückten – Werk nichts, kein allerkleinstes Teilchen gefunden werden konnte, das nicht am Ufer eines jeden kanadischen Flusses oder Sees gewachsen sein konnte und – für umsonst! – zu haben ist!
Auch die Wachablösung der militärischen Besatzung wird von den, in die alten englischen Uniformen vom Anfang des vorigen Jahrhunderts gekleideten Soldaten (in Wahrheit Studenten oder Schüler, die sich in ihren Ferien ein martialisches Zubrot verdienen) mit großem Ernst und sogar einer Salve aus den langläufigen Musketen einem Publikum von Touristen, in der Mehrzahl US-Amerikanern, vorgespielt. Kommandos schallen über den Paradeplatz, die Reihen der »Soldaten« in Gamaschen und langschößigen Röcken schwenken hierhin und dahin, die Musketen klirren bei »Gewehr ab!« oder »auf!« Für ein preußisches Ge-

müt wie das meine ist der vorgeführte Ruckzuck nur sehr unvollkommen. Aber man nimmt es gnädig hin, ist nachsichtig und guter Laune nach all den sehr sehenswerten alten Handwerken und Einrichtungen, die man zuvor zur Kenntnis genommen hat, und sagt sich versöhnlich nach der eifrigen Schlenkerei und Knallerei, die man gerade vorgeführt bekommen hat: »Sie geben sich Mühe, die schlacksigen Kerls, blutjung wie sie sind; das muß ihnen der Neid lassen!«

In der überaus geschäftigen Handels-, Industrie- und Hafenstadt Thunderbay (ca. 115 000 Einwohner) bildet das »Old Fort William« zwar zweifellos für den Touristen die bemerkenswerteste »Attraktion«, aber es gibt außer einigen vorzüglichen Restaurants, die für des Leibes Notdurft weitaus besser als nötig sorgen, außer den riesigen Verlade-Anlagen für Getreide am Hafen auch noch anderes, was zu sehen »sich lohnt«. Die Landschaft an der Küste und auf der Pie-Insel (Pasteten-Insel oder Elster-Insel – wie man übersetzen will) ist von üppiger Anmut. Nicht nur die Pie-Insel, sondern besonders auch die von Norden weit in die offene See des Lake Superior vorspringende Sibley-Halbinsel schützen die Hafenbezirke von Thunderbay gegen die Weite des größten der Großen Amerikanischen Seen, des Superior, der sich zuweilen genau so wütend anstellen kann wie das echte Meer.
Schon die Indianer haben die Gegend an der Mündung des Kaministikwia mit ihrem natürlichen Reichtum an Holz, Beeren, Wild und Fischen zu schätzen gewußt, haben zuerst die umgänglichen Franzosen vom unteren St. Lorenz aus Trois Rivières oder Montmagny willkommen geheißen, mit ihnen gehandelt, getanzt und ihnen auch die Töchter verheiratet, sind aber später auch den Schotten und Leuten aus aller Herren Länder für Geld und gute Worte gern zur Hand gegangen. – Das tun sie noch heute. Im Süden der Stadt, über die Nr. 61 B leicht zu erreichen, liegt über den waldgrünen Mount McKay gebreitet eine angenehme Reservation der Odjibwa-Indianer, in die man hinauffahren sollte, allein schon, um den weiten, weiten Blick über

Stadt, Land, Hafen und endloses, schimmerndes Wasser zu genießen.
Auch dies gehört zu der indianischen Vergangenheit dieser weiten Landschaft um Thunderbay, daß vor dem anderen, dem nordöstlichen Ende der Stadt die Sibley-Halbinsel von vielen indianischen Legenden umspielt wird und den Indianern bis heute von Heiligkeit umflossen ist. Aus der Ferne gesehen, etwa aus der Stadtgegend, in welcher der sehenswerte Centennial Park gelegen ist, scheint jenseits der Bucht ein »Sleeping giant«, ein »schlafender Riese« im Wasser zu liegen, elf Kilometer lang und über dreihundert Meter hoch aufragend. Ich habe ein paar Mal versucht, in den langgedehnten Rundungen des Bergrückens eine ruhende Giganten-Gestalt wiederzufinden. Aber entweder bringe ich weniger Phantasie auf als die Odjibwas, oder die Indianer sind weniger skeptisch als die Mitteleuropäer – einen schlafenden Riesen habe ich mir aus den Wälderhügeln gegenüber nicht zusammenreimen können.

Port Arthur, die Schwesterstadt von Fort William, die mit dieser seit 1969 zum heutigen Thunderbay zusammengewachsen ist, entstand aus ganz anderen, wesentlich jüngeren Wurzeln als Fort William. »The Station« hieß der Platz ursprünglich, als er 1857 als Basisort gewählt wurde für die erste Expedition zum Red River und nach St. Boniface (heute Teil von Winnipeg, der Hauptstadt von Manitoba). Im ferneren Westen, von der amerikanischen Grenze im weit gespannten Red-River-Tal bis hinauf zum großen Lake Winnipeg, waren die »Bois Brûlés« unter ihrem begabten Anführer Louis Riel unruhig geworden, forderten Sonderrechte und sogar ein eigenes Staatswesen. Unter dem Spottnamen Bois Brûlés hatte sich am Red River eine schnell wachsende Mischlingsbevölkerung von bescheidenen Farmern niedergelassen, die auf französische Väter (Pelzhändler und Voyageurs aus den Lastenkanus) und indianische Mütter (Cree oder Odjibwa) zurückging. Dem britischen Generalgouverneur blieb nichts anderes übrig, als von Osten her, aus Montréal, dem Zentrum der britischen Kolonialmacht, und zum Schutz der in dem Gebiet geltenden Vorrechte der Hudson-Bay Company, die sich mit der North-West-Company zusammengeschlossen hatte, auch zum Schutz erster schottischer Siedler am Red River, die seit 1812 von Lord Selkirk ziemlich abenteuerlich über die Hudson-Bay und den langen Lake Winnipeg in dem Gebiet des Red River heimisch gemacht worden waren, Truppen auszusenden, um die von Louis Riel geführte Rebellion der Bois Brûlés und der mit ihnen zum Teil verbündeten Indianer zu unterdrücken. Diese Truppen kamen am Westufer des Lake Superior an und machten dort zunächst »Station«, um sich auf den langen Marsch durch die Wälder zum Red River in der Prärie vorzubereiten. Das Militär wurde gleich damit beschäftigt, vierzig Kilometer weit eine Straße in die Wildnis westwärts vorzutreiben, 1868 waren außerdem in dem Bezirk reiche Silbervorkommen entdeckt worden und hatten dem Platz weitere Bewohner zugeführt. Im Jahr darauf landete in »The Station« mit dem Auftrag, die Riel-Rebellion endlich und energisch zu beenden, Sir Garnet Wolseley, faßte die militärischen und sonstigen Unternehmungen in einer Hand zusammen und beschloß, dem strategisch wichtigen, schnell wachsenden Ort einen gut britischen Namen zu geben. Aus The Station wurde Prince Arthur zu Ehren des Sohnes der Königin Victoria, der gerade zu einem Staatsbesuch in Canada weilte. 1884 erhielt die Siedlung Stadtrechte unter dem Namen Port Arthur – um schließlich in unserem Jahrhundert in Thunderbay aufzugehen.

Nur als eine Randbemerkung sei an dieser Stelle eingeschaltet, daß es oftmals nicht geringes Vergnügen, ja richtigen Spaß bereitet, der Herkunft amerikanischer oder kanadischer Orts- und Landschaftsnamen nachzugehen. In dieser von den Franzosen als ersten aufgeschlossenen Gegend im innersten Herzen des nordamerikanischen Kontinents kommt man dabei auf französische Wurzeln, wo man es gar nicht vermutet. Lange habe ich darüber nachgedacht, woher wohl der Name der großen US-amerikanischen Industriestadt Duluth am äußersten Südwesten des Lake Superior im US-Staat Minnesota abzuleiten ist. Als ich der Geschichte der – US-amerikanischen – Endstation des »Großen Seewegs« über den St. Lorenz und die großen Seen nachging, kam ich auf die Lösung des Rätsels: Ich erwähnte bereits, daß die erste Niederlassung an der Mündung des Kaministikwia schon 1678 auf Befehl des französischen Gouverneurs von Québec, Comte de Frontenac, von Daniel Greysolon, Sieur du Lhut, gegründet worden ist. Derselbe Sieur du Lhut gründete ein Jahr später auch am äußersten Ende des Lake Superior, von wo viele Kanustraßen ins Innere zum oberen Mississippi hinüberleiten, einen französischen Handelsposten, dem er seinen eigenen Namen du Lhut verlieh. Das ging so lange gut, bis nach dem Abzug der Franzosen die Engländer und dann vor allem die unabhängig gewordenen Amerikaner am Südwestende des großen Wassers erschienen und sich häuslich einrichteten. Das Französische war ihnen ein Buch mit sieben Siegeln; sie konnten – vom Englischen her – nichts anderes meinen, als daß das h in Lhut aus Versehen an die falsche Stelle gerutscht wäre und natürlich hinter das t gehörte, wie es sich für normale Worte im Englischen schickt. Und das du vor dem Lhut ist erst recht dummes Zeug; es gehört ja zu Lhut und muß mit dem nun vernünftig geschriebenen Luth zu einem Wort zusammengezogen werden; so entstand dann Duluth, was wenigstens einigermaßen englisch anmutet.

Drei Tage bin ich immerhin in Thunderbay geblieben, ohne noch einmal zu den grün überwachsenen Resten von Grand Portage am Pigeon-River an der US-amerikanischen Grenze auf der landschaftlich wunderschönen Straße Nr. 61 hinunterzufahren. Drei Tage bedeuteten eine beträchtlich lange Pause für diese überweite Reise – und meine Verhältnisse. Die Städte in Amerika, soweit sie größere Ausmaße angenommen haben, mit ihrem Krach, ihrem grellen Rummel, vielen Menschen und insbesondere ihrer schlechten Luft, sind wahrlich nicht mein Fall.
Und ich atmete auf, als ich mich endlich an einem kühlen, wolkigen Morgen, der schon sehr den Herbst ahnen ließ, wieder auf den Weg nach Westen machte, mich also der Nr. 17, dem Trans-

canada anvertraute, denn keine nördlicher verlaufende Straße oder Eisenbahn führt hier über die Landenge zwischen dem weit nach Süden vordringenden Lake Winnipeg und der US-amerikanischen Grenze in den Westen, dem von hier ab schon der Name »ferner Westen« zuzubilligen ist.

Die Nr. 17 folgt zunächst dem Kaministikwia aufwärts und erreicht bald die hohe Felsenstufe, über die sich der Strom in einem mächtigen Wasserfall, den Kakabeka-Falls, in die Tiefe, auf etwa das Niveau des Lake Superior stürzt, in dem er keine zwanzig Kilometer weiter dann vergeht. Gewiß, ich machte wieder einmal bei den Fällen Station; es bedarf dazu keines Umwegs, welcher der Rede wert wäre. Und wie jedesmal wurde ich zwischen staunender Bewunderung und ein bißchen alberner Verärgerung hin- und hergerissen. Denn wenig oberhalb der breiten Front der Fälle hat man eine schrecklich nüchterne, nein, häßlich eiserne Straßenbrücke über den Fluß gelegt, die sich dem Blick von stromab her auf die Fälle unvermeidlich aufdrängt und dem Betrachter das Vergnügen der Schau auf den riesigen, abwärts gebogenen Wasserschwall verdirbt. Gewiß hätte die Straße einige hundert Meter weiter oberhalb über den Fluß geführt werden können, wo sie das Bild der wunderbaren Fälle (die in der indianischen Überlieferung und Legende eine große Rolle spielen) nicht beeinträchtigt hätte.

Und wie jedes Mal in vergangenen Jahren, fuhr ich auch diesmal wieder auf die Nr. 17 hinaus – mit einem bitteren Geschmack auf der Zunge. Das donnernde Getöse der stürzenden Wasser verfolgte mich noch eine ganze Weile, ehe es erstarb: Kakabeka, ein Odjibwa-Wort; es bedeutet »die donnernden Fälle.«

Das Wort wies mich darauf hin, daß ich in eine kanadische Landschaft eingetreten war, die sich vom kanadischen Osten, den ich nun hinter mir hatte, in mancher Hinsicht unterschied. Fortab würde ich häufiger als bisher Ortschaften berühren und Gebiete queren, die noch von Indianern bewohnt sind. Die Ureinwohner haben sich hier am Westrand des kanadischen Schildes und dann weiter westwärts in den Espen-Parklandschaften zum Gebirge hinüber besser und ungestörter gehalten als in den

Gebieten des Ostens, wo ihre Zahl von der der Franzosen und dann Briten schon früh übertroffen worden ist.
Auch was die weiße Bevölkerung der Länder westwärts des Lake Superior und des Kanadischen Schildes anbetrifft, ist ein Wandel festzustellen. Während im Osten das Bild der weißen Einwohnerschaft von Menschen mit französischer Sprache und Lebensart einerseits, andererseits von britischer, englischer (unter Einschluß schottischer, irischer, walisischer Elemente) Sprache und Haltung bestimmt wird, werden nun, je dichter man an die Prärien herankommt, die »neu-kanadisch« geprägten Siedlungen und Siedelgebiete immer häufiger. Die »New Canadians«: Das sind jene später als die Franzosen und Briten ins Land gekommenen Einwanderer, die seit der Mitte des neunzehnten Jahrhunderts in ständig steigender Zahl ins Land strömten, wo sie willkommen waren, wenn sie sich vor keiner noch so harten Pionierarbeit scheuten, mit anfangs sehr primitiven Lebensumständen zufrieden zeigten und so schnell wie möglich englisch lernten. Dazu gehörten vor allem die Deutschen, die heute die drittstärkste Volksgruppe im bunten kanadischen Völkergemisch darstellen, auch kaum als *Neu*-Kanadier bezeichnet werden können, da sie schon in den frühesten englischen Siedelgebieten auf kanadischem Boden, in Nova Scotia, etwa bei der Gründung von Halifax und dann von Lunenburg, eine sehr wesentliche Rolle gespielt haben. (In Halifax gibt es heute noch einen Stadtteil »Deutsches Dorf«, eine Bayers Road, eine Gottingen- und Braunschweig-Straße; aber die Deutschen haben weder in Canada noch in den USA je großen Wert darauf gelegt, aus der englischen Reihe zu tanzen. Erst heute haben sich ernstzunehmende deutsch-kanadische Kultur-Gesellschaften gebildet, die sich bemühen, das wichtige und auch sehr verdienstvolle deutsche Element in der kanadischen Nation – wenn man von einer solchen sprechen kann – bewußt zu erhalten. An dieser Stelle mag erwähnt sein, daß die Vorstellung von einem kanadischen »melting pot«, einem »Schmelztiegel« wie in den USA, in dem die verschiedensten Einwanderer zu einem US-American zusammengeschmort werden sollen, in Canada we-

der von Amts wegen noch im privaten Umgang jemals eine beherrschende Rolle gespielt hat. Die kanadische Regierung legt vielmehr Wert darauf, daß die verschiedenen europäischen Völkerschaften, die seit dem vorigen Jahrhundert zum Wachstum des kanadischen Volkes – und seines Wohlergehens – beigetragen haben, sich ihres europäischen Erbguts bewußt bleiben und es pflegen, was keineswegs zu bedeuten braucht, daß sie nicht gleichzeitig gute Kanadier bleiben.) –

Aber ich bin ja gerade erst aus Thunderbay abgefahren und habe mich über die scheußliche Eisengitterbrücke über den Kaministikwia bei den »Donnernden Wasserfällen«, den Kakabeka, geärgert. Damit bin ich auch in der indianischen Vergangenheit angekommen: Die Cree und Odjibwa dieser Gebiete, die Wald-Indianer in diesen herrlich schönen Fels-, Wald- und Wasserlandschaften des südwestlichen »Schildes« standen, nachdem sie schon längst mit dem Weißen Mann (französischer Zunge) Bekanntschaft gemacht hatten, viele Jahrzehnte, wahrscheinlich schon seit Jahrhunderten unter der Bedrohung durch die ewig unruhigen, gnadenlosen Prärie-Indianer, die Sioux (die eigentlich mit ihrem vollen indianischen Namen Nadowessioux heißen, wovon aber der Einfachheit halber den Franzosen und späteren Europäern nur die letzten fünf Buchstaben als Namen ausreichten. Er sollte – deutsch umschrieben – ßu oder ßju ausgesprochen werden).

Die Geschichte, die die Indianer von den Kakabeka erzählen, wird in verschiedenen Varianten überliefert. Ich teile hier diejenige mit, die mir am wahrscheinlichsten vorkommt: Die Sioux hatten sich von ihren weit offenen Prärie-Landschaften durch den großen Wald bis in die Nähe der reichen Dörfer am unteren Kaministikwia herangearbeitet. Sie hatten vor, die Siedlung aus heiterem Himmel im ersten Morgengrauen zu überfallen und nach ihrer Art die Männer und älteren Leute gleich zu erschlagen, die jüngeren Frauen und gesunden Kinder aber in die Gefangenschaft und Sklaverei fortzuführen. Wenn der Angriff Erfolg versprechen sollte, mußte der Wasserweg, sich den Dörfern bei Nacht unbemerkt zu nähern und der Ort, wo man schnell und leise an Land gehen konnte, genau bekannt sein, sonst würde es nicht möglich sein, die im Schlaf wehrlosen Odjibwa zu überraschen.

Den Sioux kam ein Zufall zu Hilfe; es fiel ihnen bei Shabaqua am mittleren Kaministikwia »Green Tunic« (Grüne Tunica, Grünjäckchen) in die Hände, die Tochter des Odjibwa-Häuptlings vom unteren Fluß. Sie zwangen das Mädchen, ihnen als Führerin und Lotse auf dem ungebärdigen Strom zu dienen und ihnen einen sicheren Wasserweg ins Zentrum ihres Stammes zu weisen. Von den mächtigen Fällen auf diesem Weg ahnten sie nichts. Das Mädchen hatte diese Ahnungslosigkeit wahrgenommen und baute darauf ihren Plan.

Mitten in der Nacht machten sich die Boote der Sioux-Krieger auf den Weg. Im Bug des vordersten Bootes stand hochaufgerichtet Green Tunic und wies den Weg; sie kannte die Wirbel und Strömungen oberhalb der Kakabeka genau. Kurz vor den Fällen, wo der Sog einen guten Schwimmer noch nicht behinderte, sprang sie plötzlich aus ihrer aufrechten Haltung in langem Satz über Bord und schwamm in der Dunkelheit uferwärts. Ehe die Krieger in den Booten sich noch von ihrer Überraschung erholten – die in den hinteren Booten hatten ohnehin nicht erfaßt, daß die Führerin nicht mehr ihres Amtes waltete –, glitten die zwei Dutzend dicht besetzten Fahrzeuge bereits in den unwiderstehlichen Sog der Kakabeka hinein, wurden von ihm erfaßt und über die Kante in den Absturz zur Tiefe gerissen. Die meisten ertranken oder wurden auf den Felsen im Abgrund zerschmettert.

Inzwischen hatte Green Tunic in jagendem Lauf ihr Dorf erreicht und ihren Vater, den Häuptling, geweckt. Er brauchte mit seinen Leuten am Strom unterhalb der Schlucht, in welche die Fälle einmünden, die wenigen Überlebenden nur noch einzusammeln, die den Absturz überstanden hatten. Die Sioux, so heißt es, sind nach dieser Katastrophe nie wieder bis in das Gebiet am Kaministikwia vorgestoßen. –

Ich war inzwischen über Finmark, ein Dorf mit vorwiegend finnischen Siedlern, bis Shabaqua-Corners vorgedrungen und damit in die wohl herrlichste und schönste Waldes-Landschaft, die ich auf der ganzen Reise bisher erlebt hatte. Die Sonne hatte sich wieder durchgesetzt, und wenn ich mir je eine Wald-Zauberwelt vorgestellt oder gewünscht hatte – hier leuchtete sie mir ringsum in die Autofenster so vielgestaltig und farbenreich wie nie zuvor. Unter die dunklen Fichten waren hellgrüne Birken und Pappeln gemischt, grün bemooste, altersgraue Felsen lugten hier und da aus dem Boden, kleine und große stille Gewässer spiegelten den Himmel, die Wolken und die Waldkulissen am Gegenufer, in den Bächen sprangen die Wasser silberhell und schäumend, zuweilen von ganzen Wolken violettfarbener kleiner Falter überweht. Es wollte mir erscheinen, als nähme der Kanadische Schild, während ich mich seinem Rande näherte, mit einem wahren Furioso der Anmut und üppigen Fülle von mir Abschied. Das konnte mich traurig machen, aber es machte mich auch froh, denn ich durfte mir sagen, daß ich die bei weitem ausgedehnteste der kanadischen Großlandschaften so gut wie bewältigt hatte – sowohl mein wackeres Fahrzeug wie ich selber befanden sich immer noch in bester Verfassung.

Bei Shabaque-Corners spaltet sich der Transcanada abermals in zwei Stränge auf, zum letzten Mal übrigens bis hin zum Pazifischen Ozean. Der südliche Strang gleitet zum Südende des Rainy-Lake durch so gut wie menschenleeren Wald hinunter, wo er bei Fort-Frances auf den aus dem See abfließenden Rainy-River stößt, der dann bis zum großen, von vielen hundert Inseln belebten Lake-of-the-Woods die Grenze zu den USA, Staat Minnesota, bildet. Am verwirrend zerlappten und zerbuchteten »See der Wälder« (Lake-of-the-Woods) windet sich der Südarm des Transkanada 45 Kilometer hinter Fort-Frances in scharfer Schwenkung wieder nach Norden und vereint sich bei Longbow-Corners wieder mit der Nr. 17, dem Haupt- und Nordarm der transkanadischen Magistrale, der »Hauptstraße« Canadas. Fort-Frances blickt übrigens – ich hatte es auf früheren Reisen genauer kennengelernt – auf eine lange Geschichte zurück. Es ist 1731 von dem großartigen französischen Erkunder des Fernen Westens, dem schon erwähnten Sieur de la Verendrye als Fort Saint-Pierre gegründet worden, wurde aber 1760, nachdem das

königliche Frankreich dem königlichen England erlegen war, aufgegeben und zerstört. Fünfzehn Jahre später wurde es von der North-West-Company um des verstärkt in Gang gebrachten Pelzhandels willen umso weitläufiger wieder aufgebaut. Viele der nichtadligen und nicht beamteten Franzosen sind damals in der gesegneten, wenn auch sehr winterkalten Gegend sitzen geblieben. Die Niederlassung hieß nun Fort-Rainy-Lake. Noch heute spricht gut ein Drittel der Einwohner des heute Fort-Frances genannten Ortes französisch (was für zahlreiche im großen Wald verlorene Orte an beiden Ästen des Transcanada – und auch abseits davon – Gültigkeit hat).
Ich glitt durch Upsala am Worthy-Lake (dem »Würdigen See«), das, wie wieder einmal der Name verrät, von Schweden gegründet worden ist. Eine Uhr am Wegrand in Upsala – solche sind in ganz Nordamerika nur höchst selten anzutreffen – belehrte mich darüber, daß ich meine Uhr am Arm um eine Stunde zurückzustellen hatte. Drei Dutzend Kilometer zuvor hatte ich die allerdings nur zu denkende Grenze zwischen zwei Zeit-Zonen überquert, der Eastern Standard Time und der Central Standard Time, bekam also an diesem Tage eine Stunde geschenkt, was mir helfen würde, bis nach Kenora zu gelangen, wo ich am Nordufer des Lake-of-the-Woods mit seinen – wie es heißt – 14000 Inseln (falls man sich nicht verzählt hat) übernachten wollte.
Von der Ortschaft Ignace, einer schottisch-irischen Gründung im wunderbar duftenden Wald – der zwar genutzt wird, wovon aber nicht viel zu merken ist, denn die Wälder geben nur an forstwirtschaftlich günstig gelegenen Stellen etwas her, und die sind auf dem unwegsamen Schild verhältnismäßig selten zu finden –, spalten sich eine Anzahl von Nebenstraßen, vielfach sehr jammervollen Wege, vom Transcanada ab. Auch beherbergt Ignace eine kleine Fluggesellschaft, die seinen Namen trägt, und die davon lebt, die Jäger und Fischer, die aus den Staaten, aus Manitoba und dem östlichen Ontario in diese jungfräuliche Urlandschaft streben, zu den zahlreichen Seen und Flüssen zu fliegen, in die unberührten Waldgebiete weiter im Norden, in die noch kaum je ein »sportsman«, wie die Amerikaner die Sonntagsjäger

und Fischer vollmundig nennen, vorgedrungen ist. Und die in diesen entlegenen Gefilden immer noch nach alter Weise fern der »weißen« Zivilisation ihr bescheidenes und unauffälliges Wesen treibenden Indianer vom Stamme der Odjibwa haben dann reichlich und stets auch willkommene Gelegenheit, den schieß- oder angellüsternen Leuten aus den Staaten, aus Toronto oder Winnipeg als Führer und Ausrüster zu dienen. Denn an Streichhölzer, Coca, Gummistiefel und Winchester-Gewehre haben sich auch die fernsten Indianer und Eskimos längst gewöhnt. Diese und viele andere Hilfsmittel, die das Leben in der ungezähmten Wildnis unvorstellbar erleichtern, sind nur gegen Geld zu haben – und Geld kann man nur bei den Urlaub machenden »Weißen« verdienen, soweit man es nicht einfach als »Indian Money« (Indianergeld) bei der nächsten Regierungsstelle abholt.

Von Ignace und später am Transcanada, Nr. 17, von Dinorwic, Dryden und Vermilion streben endlose, über weite Strecken höchst elende Straßen in die grenzenlosen Niemandsländer des Nordens Richtung Hudson-Bay hinauf; aber sie enden alle im Nichts, bei einer Mine, die vielleicht einmal reichen Gewinn gebracht hat, aber nun erschöpft ist – aber das »Nichts« ist ja kein Nichts, sondern heute vielleicht ein Gebiet, in dem sich nach Herzenslust fischen und jagen läßt, in dem schon die North-West-Company zu Zeiten des Pelzgeschäfts einen Handelsposten anlegte, weil man zu Kanu auf den verschlungenen Wasserwegen, die den Indianern wohl bekannt waren, gut dorthin gelangen konnte; ein Gebiet vor allen anderen, das früher und in alle Zukunft – so nicht die Welt untergeht oder unbewohnbar gemacht wird – mit seiner strahlenden, ungekränkten, völlig absichtslosen Schönheit und Unberührtheit dem Ruhm der reinen Schöpfung dient in einem ewigen, tausendstimmigen Gesang. Wie sonst nirgendwo wird er in dieser himmlischen Einöde, wenn sie im Morgentau blitzt, auch dem Menschen hörbar, der seine Ohren und sein Herz nicht verschließt.

Hinter Longbow-Corners spiegelt dann bald das Wasser des Lake-of-the-Woods zur Linken ins Autofenster. Kenora ist nicht mehr weit, ein beträchtliches, zehntausend Einwohner zählendes Städtchen, das auf mich mit seinen vielen, zum Teil anspruchsvollen Hotels und Motels einen sehr »modernen« und gepflegten Eindruck machte. Ich kam – zum wiederholten Mal bereits – in einem vielgeschossigen Turmhotel unter und bekam ein Zimmer im achten Stock, von dem man weit auf den Lake-of-the-Woods mit seinen vielen Inseln, auch mit einem halben Dutzend von wie irre die Seefläche durchpflügenden Rennbooten und zahlreichen Segelbooten hinausblicken konnte. Im Speisesaal vom obersten Stock aus wanderte der Blick noch viel weiter ins grüne, blinkende Land hinaus.

Kenora liegt nur noch knapp zwei Stunden Autofahrt von der Großstadt Winnipeg entfernt, der ältesten und in vieler Hinsicht bedeutendsten Stadt der kanadischen Prärien; in Winnipeg aber bietet sich, nach welcher Richtung man auch fährt oder blickt, nur die baumlose Leere der Weizensteppe dar. Kenora am großen See inmitten der Wälder und uralten Felsen des Kanadischen Schildes bildet also für die vermögenderen Leute aus dem prosaisch tüchtigen Winnipeg den ersten, leicht erreichbaren Erholungsort, von dem aus man in hundertfacher Abwandlung baden, schwimmen, segeln, angeln, wandern, jagen oder nichts tun kann, bis man wieder Lust bekommt, ins ungemein arbeitsame, geldverdienende Winnipeg zurückzukehren.

Kenora, der Name der Stadt am Nordufer des Lake-of-the-Woods, klingt indianisch. Es gibt zwar noch viele, längst in die »weiße« Welt eingelebte Indianer in dieser reichen Wälderwelt im Westen des Schildes – auch noch viele, die sich ihr indianisches Wesen mit einiger Mühe erhalten –, aber das Wort ist ein Phantasieprodukt »weißer« Gehirne.

Kenora ist im Kern eine recht alte Siedlung. Hier nämlich löst sich aus dem riesigen Wasser des Lake-of-the-Woods ein Abfluß nach Norden zum Gun-Lake (Flinten-See), der wiederum weiter nordwärts in den Sand-Lake abfließt. Das aber ist der Beginn des mächtigen Winnipeg-River, der, halb eine Kette von langgestreckten Seen, halb als Strom nach einer weit ausholenden Schlängelung, in den Süden des mächtigen, an die vierhundert-

fünfzig Kilometer nach Norden gedehnten Lake-Winnipeg einmündet (der dann an die sechshundert Kilometer weiter nach Nordosten über den Nelson-River in die Hudson-Bay abfließt.) Von Süden und Osten her, vom Lake-Superior, letzten Endes von Montréal am St. Lorenz, ist Kenora über den Kaministikwia oder den Pigeon erreichbar. Es gibt keinen anderen vergleichbar direkten Übergang von dem System der Kanustraßen im Südosten zu dem ungeheuer weit gefächerten im Nordwesten als den über diesen Abfluß des Lake-of-the-Woods in den Gun-Lake. Hier entstand um die Rat-Portage schon etwa um 1800 eine erste Siedlung und ein Handelsposten. Auch die hier reichlich vertretenen Bisamratten benutzten den Übergang vom Lake-of-the-Woods zum Winnipeg-River in großer Zahl; deshalb Rat-Portage (Ratten-Tragestrecke). Abseits dieser ganz überwiegend franko-kanadischen Siedlung gab es eine ältere indianische namens Keewatin; zwischen beiden entstand ein gesonderter Ableger von Rat-Portage, der sich Norman nannte. An weiteren einzelnen Pionier-Siedlern in der Gegend war kein Mangel. 1870 richteten die Truppen des Oberst Garnet Wolseley hier ihre vorläufige Garnison ein, bevor sie zum Red-River aufbrachen, um die Rebellion der indianischen und Halbblut-Gefolgschaft des Louis Riel unter Kontrolle zu bringen.
Die drei Siedlungen hatten sich zwar aus verschiedenen Wurzeln entwickelt, wuchsen aber unvermeidlich zu einer einzigen zusammen. Die Bürger beschlossen daher, ein gemeinsames Stadtwesen zu begründen, jedoch sollte keiner der drei Plätze begünstigt werden, indem sein Name zum Namen des größeren Ganzen erhoben wurde. Man einigte sich schiedlich friedlich, die jeweils zwei ersten Buchstaben in den Namen der drei Siedlungen (*Ke*ewatin, *No*rman, *Ra*t Portage) zum neuen Namen der Gesamtstadt zusammenzufügen; so entstand Kenora.
Ich sagte es schon: die Orts- und Landschafts-Bezeichnungen im großen Lande Canada (wie auch in den Staaten) bilden eine amüsante Geschichte für sich. Bei Kenora bietet sich gleich ein zweites Beispiel: Der Name Lake-of-the-Woods stellt, bei Licht besehen, eine recht dumme Bezeichnung dar, denn auf dem

nach FLIN-FLON
Sturgeon Landing
Cormorant
Wanless
Atikameg Lake
Cumberland House
The Pas
Westray
Norway House
Limestone R.
Grand Rapids
Easterville
Overflowing River
Red Deer L.
Lake Winnipeg
Kawinaw L.
Sisib L.
Chitek L.
Armit
Baden
Mafeking
Pelican Rapids
Swan L.
Pelican L.
Bertwell
Birch River
Waterhen L.
Sturgeon Bay
Swan River
Minitonas
Camperville
Cowan
Skownan
Kenville
Gypsumville
Lake St. Martin
Sturgis
Pelly
Benito
Pine River
Winnipegosis
Duck Mountain
Ethelbert
Canora
Kamsack
Guynemer
Ashern
Reykjavik
Roblin
Grandview
Dauphin
Yorkton
Gilbert Plains
Ochre River
Ste Rose du Lac
Eriksdale
Saltcoats
Bredenbury
Langenburg
McCreary
Silver Ridge
Melville
Russell
Rossburn
Amaranth
Wasagaming
Esterhazy
Binscarth
Elphinstone
Langruth
Plumas
Birtle
Shoal Lake
Gladstone
Grenfell
Broadview
Rocanville
Newdale
Minnedosa
Neepawa
Whitewood
Wapella
Hamiota
Rapid City
MacGregor
Moosomin
Miniota
Rivers
Douglas
Austin
Peebles
Kipling
Elkhorn
Carberry
Virden
Alexander
Brandon
Maryfield
Oak Lake
Souris
Treherne
Arcola
Carlyle
Wawanesa
Cypress River
Stoughton
Redvers
Reston
Hartney
Minto
Ninette
Benson
Melita
Boissevain
Killarney
Crystal City
Pilot Mound
Oxbow
Deloraine
Cartwright
Estevan
Gainsborough
Waskada
Bienfait
Carnduff
Northgate
Elmore
International Peace Garden
Rock Lake

Island Lake
Cantin L
Cobham
Hudwin L
Charron L
River
Fishing L
Berens
Poplar Hill
Family L
Sasaginnigak L
Bloodvein
Aikens L
HECLA
Hecla
Hecla Lake
Mangotagan
Bissett
Long Lake
Winnipeg
Victoria Beach
Gimli
GRAND BEACH
Pine Falls
Winnipeg Beach
Lac du Bonnet
Pointe du Bois
Selkirk
Beauséjour
Whitemouth
St Norbert
Ste Anne
Steinbach
Ste Agathe
St Pierre
Woodridge
St Jean Baptiste
Letellier
Sundown
Middlebro
Emerson
Noyes
Pembina
Cavalier
Donaldson
Karlstad
Roseau
Warroad
Shoal L
Finger L
Sandy L
Severn R
Favourable L
Favourable Lake
North Spirit L
Deer L
McInnes L
MacDowell L
Weagamow L
Windigo
Round
Stout L
Throat R
Cat L
Cairns L
River
Nungesser L
Birch L
Trout L
Larus L
Little Vermilion L
Uchi Lake
Red L
Cochenour
Balmertown
Gullrock L
Red Lake
Madsen
Starratt-Olsen
Longlegged L
Pakwash L
ONTARI
Ear Falls
Lac S
Manitou Falls
Sydney L
Oak L
English R
Perrault Falls
Werner Lake
Vermilion
Minaki
Redditt
Kenora
Keewatin
Vermilion Bay
Dryden
Eagle Lake
Longbow Lake
Upper Manitou L
Sioux Narrows
Kakagi L
Crow Lake
Morson
Rainy
Bergland
Finland
Fort Frances
Rainy River
Stratton
Emo
International Falls
Baudette
Rainy
Big Falls
Little Fork
Upper Red

Kanadischen Schild ist jeder der abertausend Seen, die das weite Land durchblinken, ein »Lake-of-the-Woods», ein »See der Wälder«. Als aber die ersten Franzosen hier auftauchten – seither ist mehr als ein Vierteljahrtausend vergangen – und sich bei den ortsansässigen Indianern nach dem Namen des riesigen Gewässers erkundigten, erhielten sie im lokalen Dialekt der Indianer den Bescheid, daß es sich um den – auf indianisch – »See der Inseln« handelte, was eine durchaus passende Bezeichnung war. Doch klang für französische Ohren das indianische Wort für »Insel« sehr ähnlich dem französischen Wort »bois« für »Wald«. Das kam den Franzosen sehr gelegen, und es entstand »Lac des bois«. Später übersetzten dies die Engländer getreulich, so daß heute nichts anderes mehr gültig ist als Lake-of-the-Woods, obgleich der ursprüngliche indianische Name als Lake-of-the-Islands (oder Isles) viel zutreffender wäre.

Ich fuhr zu der Brücke hinunter, über die der Transcanada (immer noch Nr. 17, noch in Ontario) den Abfluß aus dem Lake-of-the-Woods auf einer Straßenbrücke überquert. Abseits davon ist ein kleiner Parkplatz in den Hang gegraben, an dessen Kopfende, über der engen Schlucht des schwarz und schnell abfließenden Gewässers, des Beginns des großen Winnipeg-River, auf einer Tafel darauf hingewiesen wird, daß die bis in die Arktis hinauf, bis ins Felsengebirge hinüber unendlich verästelten Kanuwege des Pelzhandels sich an dieser Stelle bündelten, daß die Rindenkanus diesen Engpaß an der Rat-Portage passieren mußten, ehe sie ihre höchst unterschiedlichen Ziele im Westen und Norden ansteuern konnten.
Ich wußte, daß ich ungehemmt nach Norden abbiegen, den Transkanada endlich los werden würde, sobald ich eine gute Autostunde weiter die Grenze zwischen Ontario und Manitoba überschritten haben würde, damit zugleich die Westgrenze des Kanadischen Schildes und die Ostgrenze der Prärien, die sich dann an die fünfzehnhundert Kilometer weit bis zum großen Gebirge hinbreiten. Die Prärien lockten mich auf dieser Reise nicht. Ich wollte in den Wäldern bleiben; sie würden einen ande-

ren Charakter annehmen, wenn der Kanadische Schild hinter mir zurückblieb. Aber immerfort bis in die Rocky Mountains hinüber würde ich den alten Kanurouten, den alten Handelsposten der französischen, dann schottischen Pelzhändler der North-West-Company, nahe benachbart bleiben, die dann nach 1821 mit der englischen Hudson-Bay-Company eine große, den ganzen amerikanischen Nordwesten bis hinüber zum Columbia in den US deckende Handelsgesellschaft gebildet haben. Dutzendfach wie nun hier würde ich die alten Kanurouten kreuzen und an die franko-kanadischen Voyageurs denken müssen, die oft genug mit einem fröhlich-frechen französischen Lied auf den Lippen die Paddel durchs klare Wasser zogen, zehn, zwölf, notfalls vierzehn Stunden am Tag, die auf ihren Schultern westwärts die schweren Lasten von Tauschgütern, ostwärts dann die ebenso schweren Ballen von Pelzen über die Tragestrecken schleppten und die Kanus dazu, um einen Wasserfall oder allzu riskante Schnellen zu umgehen oder die vielleicht meilenbreite Wasserscheide zwischen zwei Stromsystemen zu überwinden. Und manchmal haben sie auch noch ihre schottischen Masters, die nie ein Paddel anrührten, sondern stets vornehm in Rock und Zylinder in der Mitte der Boote angenehm thronten und sich durch die Wildnis transportieren ließen, tatsächlich manchmal haben sie auch noch diese geschäftstüchtigen Vertreter der »Company« an Land getragen, damit diese sich nicht ihre Stiefel und Hosen beim Gang ans Ufer naß zu machen brauchten.
Diese Erinnerungen würden mich bis ins ferne Gebirge im Westen begleiten. Dort allerdings – und das wäre dann die letzte große Erschließungswelle des Kontinents – würden es die Spuren der Goldsucher sein, auf die ich im letzten Akt meiner großen Reise über die »ganze Breite Canadas« stoßen würde.
Wenn ich erst jenseits der Manitoba-Grenze die lückenlos aufgesiedelten Weizengebiete in weitem Umkreis um Winnipeg, die große Stadt, nordwärts verlassen hätte, um die jeweils nördlichsten Ost/West-Routen zu erkunden, würde ich für Tage und dann Wochen endlos lange Tagesstrecken zurückzulegen haben, durch einsam leeres Land. Denn dort sind die einiger-

maßen brauchbaren Siedlungen weit voneinander entfernt und kümmern in leerer Einöde nicht besonders glücklich vor sich hin, erstarren in mitleidlos kalten Wintern, verstauben in heißen Sommern – und hoffen auf eine bessere Zukunft mit vielleicht Gold oder Kupfer oder Erdöl oder noch mehr Touristen. Mir grauste ein wenig vor den langen »turns«, die ich im Norden der Prärien durch die dort sehr andersartigen Wälder würde hinter mich bringen müssen.
Aber solches Grausen half mir nicht weiter. Eines frühen Morgens – es war noch dunkel – rollte ich aus Kenora fort, überquerte die Brücke bei der ehemaligen Rat-Portage und war dann, als hinter mir die Sonne aufging, schon jenseits der überdeutlich gekennzeichneten Manitoba-Grenze auf den Prärien.
Nicht zum ersten Mal empfand ich es auch an diesem frühen Morgen fast wie ein Wunder – nicht unbedingt ein angenehmes! –, mit welcher Plötzlichkeit, fast ohne jeden Übergang sich der Austritt aus den wunderbaren Wäldern und den Seen-Landschaft des Kanadischen Schildes in die tischflache, konturlose Landschaft der Prärie vollzieht. Sie hören einfach auf, die großen Wälder, versuchen es noch ein paar Meilen mit einigen schwächlichen Beständen und sind dann so vergangen, als hätte es sie gar nicht gegeben.
Mir lag diesmal nichts an der großen Stadt Winnipeg, obgleich viel von ihr und besonders ihrer Vorgeschichte zu erzählen wäre. Jetzt endlich konnte ich um das Südende des Lake Winnipeg schnurstracks nach Norden abbiegen, weit hinauf nach Norden, und würde dann – wie es mir so bis hierher, wenn ich ehrlich sein soll, ergangen war – keine Sorge mehr zu haben brauchen, mich durch nach meinem Geschmack allzu dicht besiedelte Gebiete hindurchwinden zu müssen – und das bis ans Gestade des Stillen Ozeans!
Als also gleich hinter der Manitoba-Grenze die »Manitoba Nr. 44« in den »Whiteshell-Provincial Park« abbog, sagte ich dem Transcanada ohne Bedauern Lebewohl und wendete nach Norden hinauf.

Kapitel 6

Wege durch die Leere – im Norden der drei Prärieprovinzen

Die Manitoba Nr. 44 und dann die 307 führten mich weit in den Whiteshell-Park hinein. Ich hatte gar nichts Besonderes erwartet und wurde doch durch ein wunderbares Erlebnis aufs angenehmste enttäuscht:
Ich merkte es mit einigem Erstaunen; die Prärien hatten mich offenbar nicht aufnehmen wollen; denn kaum hatte ich das Eingangsschild zum Whiteshell-Park hinter mich gebracht, war ich wieder in die vertraute Landschaft des Kanadischen Schildes zurückgetaucht: Wald, Wald, lockerer, feuchter Wald, in dem hier und da Wasser blitzte, grüne Wildwiesen hier und da, während an anderer Stelle graues oder bemoostes Gefels zu Tage trat – und immer wieder Seen, kleine und größere mit glasklarem Wasser. Auf einem weiten Rasenfleck – er wirkte so gleichmäßig kurz gehalten, daß man geneigt war, von Rasen zu sprechen – tummelten sich in unverkennbarer Sorglosigkeit an die hundert oder mehr Canada-Gänse, die großen kräftigen Vögel mit grau und schwarzem Gefieder und ein paar weißen Flecken an den »Backen« am Kopf und vor dem Schwanz.
Sie schnatterten sehr gedämpft vor sich hin und weideten das Gras und Kraut ab. Von mir und meinem nur zehn Schritt abseits haltenden Wagen nahmen sie überhaupt keine Notiz. Anscheinend wußten sie, daß ihnen hier im »Park« nichts passieren konnte. Warum sie um diese Jahreszeit in dieser Gegend so in aller Ruhe und Zufriedenheit Station gemacht hatten, wußte ich mir nicht zu erklären. Ich kenne mich in Canadagänsen und ihren Gewohnheiten nicht aus, und ein Fachmann, der sie mir hätte erklären können, war nicht in der Nähe. Aber ich neige nicht dazu, alles erklärt haben zu wollen; die vielen schönen

Wunder der freien Natur kann man auch einfach als das hinnehmen, was sie sind, eben Wunder! Nur schwer konnte ich mich von dem friedlichen Bild der genüßlich weidenden Vogelherde lösen. Es muß wohl der West-Hawk-Lake gewesen sein, an dessen Ufern mir die große Vogelschar begegnete.
Danach ließ das – nach meinem Empfinden – größere Wunder nur höchstens eine Viertelstunde auf sich warten: Die Straße schwang um eine dichter bewaldete leichte Anhöhe – und plötzlich stand es vor mir, das Urbild der Einöde, mitten auf der Straße, mir entgegensehend, als hätte es auf mich gewartet: ein Elch, ein männliches Tier, größer als ein Pferd! Den schweren, sonderbar lang wirkenden Kopf – er war hoch erhoben – krönte ein schier übergroßes Geweih mit, wie mir schien, regellos ineinander verschränkten Ästen und Querästen. Fast war es nicht zu glauben, daß der schwärzliche Kopf mit den großen schwarzen Halbkugeln der Augen dies weit ausladende Gewirr von bräunlichen Stangen überhaupt zu tragen vermochte. Das mächtige Tier stand fest und mühelos, aufgereckt und seiner Pracht bewußt vor mir, bereit allem Anschein nach, den Kampf aufzunehmen, sollte es sich für bedroht halten.
Ich hielt mich natürlich genau so regungslos, wie der Herr der Wälder, der mächtige Elch. Es war ganz still ringsum. Die Wildnis schien für eine Minute den Atem anzuhalten, als wartete sie darauf, wie sich diese unvermutete Begegnung zwischen dem König der sumpfigen Ödnisse und dem motorisierten Fremdling weiter entwickeln würde. Ich konnte nichts weiter tun als abzuwarten. Meine Geduld hatte auf alle Fälle größer zu sein als die des Urwaldtiers. Denn dies hier war sein angestammtes Reich, ganz gewiß nicht das meine. –
Dem Elch wurde die Situation schon nach wenigen Minuten langweilig. Mein Auto hegte offenbar keine bösen Absichten; es summte leise im Leerlauf vor sich hin. Das klang gewiß nicht nach Angriffslust. Das große Tier schwang plötzlich mit einer merkwürdig weichen und eiligen Bewegung zur Seite, verließ den Straßendamm, tauchte im Unterholz zwischen den Stämmen des Waldes davon und war schon nach Sekunden ohne eine

Spur oder einen Laut verschwunden. Ich mußte mich fragen, ob die Begegnung in Wirklichkeit stattgefunden hatte – ob sie nicht vielleicht ein Traum gewesen war.

Ein bißchen benommen schaltete ich und fuhr an. Nach etwa zwanzig Kilometern hinter den Canada-Gänsen hätte mich die 44 wieder aus dem »Park« hinausgeführt, nach einem Dorf namens Rennie; aber dann bot sich mir die 307 an, die in einem weiten Bogen nach Norden schwingt und noch für gut sechzig Kilometer im Whiteshell-Park verbleibt; sie trifft, bevor sie den Park verläßt, auf den Winnipeg-River, den ich an seinem Anfang, seinem Austritt aus dem Lake-of-the-Woods, schon einmal überquert hatte – nicht ohne dort für eine Viertelstunde zu verweilen und der für kanadische Verhältnisse grauen Vorzeit zu gedenken, in welcher die Mitte und der Westen des großen Landes Canada in einem Zeitraum von etwa zweihundert Jahren in ihren Formen und Dimensionen aufgehellt worden sind, bis schließlich die Küsten des Eismeers und des Pazifischen Ozeans erreicht waren – eben durch den Pelzhandel.

Die Gegend, in der ich mich hier, kurz vor der großen Stadt Winnipeg befand, bezeichnet ja eine Art enge Einschnürung des Landes Canada, die seinen Osten vom Westen trennt. Von Norden her reichen die Südenden der mächtigen Seen Winnipeg und Manitoba von der Westkante des unwegsamen Großen Kanadischen Schildes weit nach Süden bis an die Grenze der Prärien (und seit mehr als einhundertfünfzig Jahren zur USA-Grenze) hinunter. Auf den Prärien sind Kanus aus Birkenrinde nicht herzustellen; dort fehlen die Zutaten, die Rinde, die zähen, elastischen Stangen für die Bootsskelette, die Fichten, die das Harz und Pech und die dünnen, unzerreißbaren Wurzelfäden liefern, mit denen die Rindenstücke vernäht und abgedichtet werden. Dort fehlen vor allem die Pelztiere, die schon im siebzehnten Jahrhundert die französischen Entdecker und dann die Pelzhändler weiter und weiter westwärts lockten, denen dann die Schotten, befördert von ihren mit den Kanus, den Wildwassern und der Wildnis vertrauten französischen Voyageurs – in immer kühner ausgreifenden Reisen folgten.

Denn die Adligen und Missionare, die sonstigen Beauftragten des Königs von Frankreich hatten nach der militärischen Niederlage das weite Feld des kanadischen Westens und Nordwestens ohne weiteren Kampf beinahe von heute auf morgen verlassen und waren abgezogen. Zurückgeblieben waren – und das war für die Zukunft Canadas von entscheidender Bedeutung! – die Hintersassen der Seigneurs: die Bauern, die Handwerker, die reise- und abenteuerlustigen, überschüssigen Bauernsöhne, die zu Hunderten und Tausenden die Kanus bemannten und von immer weiter her die Pelze – Nerz, Marder, Otter, Biber vor allem – zunächst für die Kasse des Königs von Frankreich, dann für die klugen Unternehmer der Hudson-Bay-Company und der North-West-Company, für England also, heranschafften.

Der Winnipeg-River, der den Lake-of-the-Woods mit dem Winnipeg-See durch viele kleinere Seen hindurch verbindet und die Landenge zwischen dem kanadischen Osten und Westen überwindet, bündelte also die Wasserstraßen von West nach Ost. Am Winnipeg-River fuhr ich nun entlang, stand auch für ein Weilchen an den Seven-Sisters-Fällen, sah die Wasser silbern schäumen, toben und sich überschlagen.

Die Landenge südlich des Lake Winnipeg zeigt ihre Wirkung auch unter heutigen Verhältnissen: die transkontinentalen Schienenstränge der Canadian-Pacific und Canadian-National laufen nur hier in Winnipeg auf einem Punkt zusammen und ebenda auch die einzige Canada von Ost nach West zusammenbindende Straße, der Transcanada Highway.

Ich hätte, als ich mich endlich von dem Whiteshell-Provincial-Park, seinen unberührten Wildnisfluren und Gefilden trennen mußte, schnurstracks westwärts nach Selkirk oder dem rauschenden Winnepeg mit vorzüglichem Quartier an der unteren Portage Avenue (schon wieder Portage und Kanus!) wieder auf der 44 vorstoßen können; aber die unerhört vielfältige, kräftig duftende Schild-Landschaft am nordwärts weisenden Unterlauf des Winnipeg-River lockte mich zum Südende des Lake-Winnipeg hinauf (der unter den großen Süßwasser-Seen dieser Erde immerhin, was seine Größe anbelangt, an dreizehnter Stelle steht). Ich habe den großen Umweg nach Norden hinauf, nach Fort Alexander und Victoria Beach, nicht bereut. Der Fluß oder besser Strom stellt sich dar als eine dichte Kette von langgestreckten schmalen Seen, die durch mehr flußähnliche Zwischengewässer miteinander verbunden sind. Auf diesen Verbindungsstücken zeigten sich die Wasser vielfach höchst ungebärdig; sie werden die Kanu-Leute in der Vergangenheit zu ebenso vielen Tragestrecken – und Seufzern und wahrscheinlich auch höchst unchristlichen, unkatholischen Flüchen – gezwungen haben. Die Ortsnamen an dieser Strecke – Great Falls, White Mud Falls (Weiße Modder-Fälle) und Silver Falls – sagen noch heute genug.

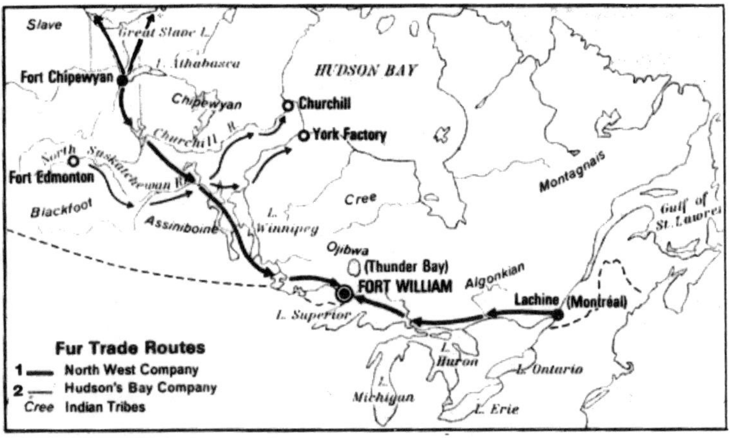

Hauptrouten des Pelzhandels, 1. der North West Company, 2. der Hudson Bay Company, und die Indianerstämme, mit denen gehandelt wurde.

Schließlich an der Einmündung des Winnipeg River in die Traverse-Bay, den Südost-Zipfel des Lake Winnipeg: die alte Siedlung Fort Alexander! Indianische Gesichter sahen mir ins langsam einrollende Auto. Eine Odjibwa-Reservation faßt hier die Reste der Ureinwohner des Gebiets zusammen. Ihre Siedlung bietet wie beinahe stets in solchen Fällen keinen besonders erfreulichen Anblick. Die Häuser wirken vernachlässigt; die Männer und Frauen, die hier und da herumstehen oder sitzen, die sonderbar lustlos wirkenden Kinder, wirken ebenso. Als ein Fremder wie ich kann man sich nur traurig abwenden. Der Zusammenstoß von indianischer und westlicher Lebensart ist den Indianern kaum irgendwo gut bekommen – ebenso wenig wie im hohen Norden den Eskimos –, obgleich man der kanadischen Regierung zugestehen muß, daß sie sich ehrlich und nachhaltig um das zivilisatorische Schicksal der Ureinwohner des großen Landes Canada sorgt.

Fort Alexander trug ursprünglich nicht diesen gut englisch klingenden Namen; es ist vielmehr schon im Jahr 1734 von dem unermüdlichen, sagenhaft kühnen Erkunder des kanadischen Westens, dem Pierre de La Verendrye, gegründet worden und gehörte zu der Kette von kleinen, aber starken Urwaldfestungen, die La Verendrye zum Schutz der Wasserwege in den Westen (und der dort eingehandelten Pelze) im Verlauf seines unruhigen Lebens anlegte. Ich fand – mehr zufällig, als daß ich danach suchte – den Gedenkstein in der als ein französisches Fort Maurepas gegründeten Siedlung, der, verwischt schon, offenbar gering geachtet, die Erinnerung daran wachhalten soll, daß hier im Fort Maurepas ein Christopher de La Jemmeraye ein tragisches Ende gefunden hat. Die Schwester dieses La Jemmeraye, eine Marguerite de Youville, hat übrigens 1755 den Orden der Grauen Schwestern gegründet, die auch heute neben den Oblate-Vätern fast in jeder katholischen Indianer-Mission ihren lautlosen, segensreichen Dienst am indianischen Nächsten verrichten.

Auch hier also, schon mehr als fünfzehnhundert Kilometer von der Québec-Westgrenze entfernt, stieß ich immer wieder auf die Spuren der Franzosen – und ich wußte bereits, daß das bis ins Felsengebirge hinüber so bleiben würde. Unzählige französische Orts- und Landschaftsnamen, hier in Manitoba und in Saskatchewan, der mittleren der drei Prärieprovinzen, manch ein altes Dorf, in dem noch heute vorwiegend französisch, besser frankokanadisch gesprochen wird, obgleich Ontario und die vier Provinzen westlich davon auf ihrem englischen Wesen sehr bewußt bestehen – sie bezeugen unabweisbar, daß Franzosen den Anfang gemacht haben. Ich hätte zum Beispiel nur, anstatt vom Transcanada in den Whiteshell-Park und nach Fort Alexander abzubiegen, auf der großen Straße Richtung Winnipeg weiterzufahren brauchen und wäre Ortsnamen wie Sainte-Anne-des-Chênes, Dufresne, Beauséjour, Grande Pointe, begegnet, weiter dem Fluß Seine (an dem in Frankreich Paris gelegen ist). Schließlich liegt bei der Einmündung der Seine in den Red River der Ostteil der Provinzhauptstadt Winnipeg und heißt heute noch St. Boniface; er ist viel älter als das durchaus anglo-kanadische Winnipeg auf dem Westufer des Red River; in St. Boniface wird reichlich französisch gesprochen; die Stadt stellt wahrscheinlich die stärkste Ballung von Franko-Kanadiern im kanadischen Westen dar – sie ist auch der Sitz eines französisch-sprachigen katholischen Erzbischofs.

Um noch einen Augenblick bei St. Boniface zu verweilen, das heute nur noch einen Stadtteil von Winnipeg bildet, sich aber seinen französischen Charakter bewahrt hat – wenn man nur etwas genauer hinsieht:

St. Boniface geht auf eine Siedlung zurück, die 1773 von dem Franko-Kanadier Jean-Baptiste Roy gegründet wurde. Kurz danach etablierte die Hudson-Bay-Company an der gleichen Stelle einen Pelzhandels-Posten. Ihr Beauftragter oder Agent, ein Schotte natürlich namens Miles MacDonnell, nahm im Namen von Lord Selkirk (der die Ansiedlung schottischer Bauern im Tal des Red River plante) feierlich Besitz von dem Land an Seine und Red River, gegenüber der Einmündung des Assiniboine, indem er auf englisch und französisch eine entsprechende Proklamation verlas. Die wenigen Schotten und Engländer, die vielen Franko-Kanadier und – noch zahlreicher – die vielen Métis (Mestizen), die französisch-indianischen Mischlinge, hatten ehrfurchtsvoll zugehört; allen war so oder so dabei deutlich geworden, daß die Zeit unter französischer Oberherrschaft auch hier, fern von Québec und Montréal, endgültig vorbei war und nun englisch-sprachige Leute regierten.

Auf dem Red River stromauf konnte man in die sich nach Westen vortastenden Vereinigten Staaten hinunterfahren und die riesige Barriere der Großen Amerikanischen Seen und des unwegsamen Kanadischen Schildes umgehen. Nordwestwärts aber führten, den Red River abwärts, die Wasserstraßen zum Lake Winnipeg und von ihm aus, hundertfach verzweigt, in die unabsehbaren Lieferländer wertvoller Pelze.

Also baute an diesem Knotenpunkt der Wege und Beziehungen auch die andere der zwei großen Pelzhandelsgesellschaften, die an die Stelle der französischen Pelzhändler gerückt waren, die North-West-Company, bei St. Boniface ebenfalls einen befestigten Posten, den sie Fort Gibraltar nannte.

Die beiden großen Pelzhandelsgesellschaften lagen sich wie von jeher in den Haaren. Noch hatten sie nicht erkannt, daß bessere Geschäfte zu machen wären, wenn sie sich zusammenschlössen; das geschah erst später.

Lord Selkirk fürchtete angesichts des beständigen, auch vor Gewalt nicht zurückschreckenden Zanks zwischen Hudson-Bay- und North-West-Company für seine Siedelpläne und setzte in aller Eile an der Seine eine Anzahl entlassener europäischer Soldaten an, die nach dem Krieg zwischen England und den Vereinigten Staaten (1812) übriggeblieben waren. Unter ihnen gab es eine größere Anzahl von Katholiken, und um diese seelsorgerlich zu betreuen, rief Selkirk katholische Missionare aus Québec herbei. Schon 1818 erschienen die Abbés Provencher und Dumoulin und bauten eine Kirche. (Wichtige Straßen in St. Boniface tragen noch heute die Namen dieser frühen Geistlichen).

Doch seit dem Siebenjährigen Kriege, der mit Frankreichs Niederlage und dem Abzug der französischen Königsmacht aus ganz Nordamerika zuende gegangen war, hatten viele frankokanadische Soldaten, Trapper und Voyageurs, die aktiv am Kampf gegen die Briten teilgenommen hatten, in den Dörfern der Odjibwa und der Cree Unterschlupf gesucht und gefunden, denn so weit nach Westen bis über den Großen Schild hinaus würde die britische Staatsmacht wohl nicht so bald hinübergreifen.

Franzosen und Indianer verstanden sich von jeher (was den Engländern nie recht glückte). Es war im weiten Tal des gefährlich zu Überschwemmungen neigenden Red River, des Assiniboine, des Whitemouth und des Winnipeg River bis hinauf zu den großen Seen Winnipeg und Manitoba eine schnell wachsende Halbblut-Bevölkerung entstanden, die Métis mit dem – schon erwähnten – Spitz- oder Spottnamen Bois Brûlés. Diese Leute hielten sich für gut französisch, sprachen französisch und bekannten sich zum römisch-katholischen Glauben. Sie lebten immer noch halb indianisch vom Pelztierfang, von den Büffeln der Prärie, von der Jagd und vom Fischfang. Als sich unter ihnen herumsprach, daß es in St. Boniface katholische Geistliche und eine katholische Kirche gäbe, zogen in großer Zahl die Bois-Brûles in die Gegend um St. Boniface und wurden seßhaft, wurden Bauern, wuchsen zu einem selbstbewußten Völkchen heran, bildeten praktisch die einzigen Kolonisten von der USA-Grenze bis zum Lake Winnipeg hinauf und zählten schließlich an die vierzehntausend Seelen.

Nach den nun maßgebenden Vorstellungen und bestehenden Verträgen gehörte jedoch das Land am Red River (im Einzugsgebiet der Hudson-Bay) der Hudson-Bay-Company. Für die Ansprüche der Bois-Brûlés gab es keine verbriefte Grundlage. Anglikanische Siedler kamen mit amtlicher – englischer – Unterstützung von Ontario herüber, und die Métis fühlten sich als Katholiken und Franzosen mehr und mehr gefährdet. Sie organisierten sich und behaupteten sich zunächst mit ihren in zwei, drei Generationen »ersessenen« Rechten.

1867 aber entstand das Dominion Canada, ein nicht mehr kolonial von England abhängiges, wenn auch ihm eng verbunden bleibendes Staatswesen. Das neue Canada – seit 1870 als Confederation – sah es als sein wichtigstes staatspolitisches Ziel an, das riesige Einflußgebiet westwärts der Hudson-Bay der nach dieser genannten Pelzhandels-Company abzukaufen, um es kontrollieren zu können, der Besiedlung zu öffnen und die Landverbindung zu der fernen, ebenfalls britischen Kolonie British-Columbia am Stillen Ozean herzustellen. Den führenden Köpfen in der neu gegründeten Hauptstadt Ottawa schwebte

ein von Ozean zu Ozean über die ganze Breite des nordamerikanischen Nordens reichendes britisches Einflußgebiet vor.
British-Columbia aber wollte sich dem kanadischen Bund nur anschließen, wenn man es über den Großen Kanadischen Schild und die Grenzenlosigkeiten der Prärien hinweg durch einen Schienenstrang mit dem kanadischen Kernland im Osten verbände. Das Land wurde weithin vermessen und in Quadrate von je einer Meile Seitenlänge aufgeteilt. Straßen und die Trasse für die Eisenbahn wurden abgesteckt. Und immer mehr Siedler strömten ins Land. Die 1812 von dem Fünften Earl of Selkirk unterhalb von St. Boniface und Winnipeg gegründete Siedlung schottischer Bauern war längst von einer Flut anderer Siedler aus vielen europäischen Ländern überholt worden. Selkirk hatte seine Leute noch sehr abenteuerlich über die Hudson-Bay, den Churchill-River aufwärts und die ganze Länge des Lake Manitoba hinunter an den Red River herangeleitet. Später war man lieber von den Staaten, von Minnesota her, den Red River abwärts ins Land gekommen.
Kein Wunder, daß die französisch und katholisch empfindenden Bois-Brûlés sich bedroht fühlten. War dies nicht ein Land, das ihnen gehörte, hatten ihre Vorfahren es nicht erkundet und genutzt, ohne ihm wesentlich Gewalt anzutun, hatten sie sich nicht mit den angestammten alten Herren des Landes, den Indianern, zu einem neuen Volk vermischt? Für sie war alles Englische fremd, ja feindlich! Sie riefen den Sohn ihres alten Führers Jean Riel, Louis Riel, herbei; er hatte am College von Montréal studiert. Dieser Louis Riel war klug und gebildet, aber zugleich ein Feuerkopf. Er riet zu bewaffnetem Widerstand. Die Landvermesser wurden in ihrer Arbeit gewaltsam gestört. Der erste britische Gouverneur, der dem von der Hudson-Bay übernommenen Gebiet vorstehen sollte, wurde auf seiner Anreise gewaltsam behindert und mußte sich auf US-amerikanisches Gebiet in Sicherheit bringen; sein Gepäck wurde geplündert. Das geschah am 1. November 1869.
Einen Tag später brachte Louis Riel an der Spitze einer beträchtlichen Streitmacht von Bois-Brûlés, gleichgesinnten Franko-

Kanadiern und Indianern Fort Garry unter seine Kontrolle, um das sich auf dem Westufer des Red River die Stadt Winnipeg zu entwickeln begann. Fort Garry und Winnipeg bildeten ein wertvolles Pfand in der Hand der Rebellen.
Die Regierung in Ottawa unter dem Premier-Minister John MacDonald entsandte eine Abordnung unter Donald Smith an den Red River, um mit den Aufständischen und mit Louis Riel zu verhandeln. Im Januar 1870 übertrug dieser Donald Smith dem Louis Riel die Regierungsgewalt über das Red River-Tal, und die ganze Aufregung schien sich in allgemeines Wohlgefallen auflösen zu wollen.
Aber dann versuchte eine Schar erzürnter englischer Siedler dem Louis Riel das Fort Garry, wo dieser eine Anzahl von Gefangenen als Geiseln festhielt, mit Gewalt zu entreißen. Riel entschloß sich, die Geiseln freizugeben – bis auf einen namens Thomas Scott, der sich nach Meinung eines Kriegsgerichts an den Métis schwer vergangen hatte. Riel beging den Fehler, diesen Scott standrechtlich erschießen zu lassen.
Diese Hinrichtung – ob sie nun berechtigt gewesen war oder nicht! – versetzte ganz Ontario, das stockenglisch fühlte, in Aufruhr. Franzosen, Katholiken, Mestizen hatten es gewagt, der noch jungen kanadischen Staatsgewalt zu widerstehen! Das durfte nicht geduldet werden.
Die kanadische Regierung hielt es klugerweise für das ratsamste, den katholischen Bischof des Westens als Vermittler zu Hilfe zu rufen, einen Monsignore Taché, den Nachfolger des ersten Bischofs der Bois-Brûlés, Provencher. Taché beeilte sich, zu seinem Bischofssitz St. Boniface zurückzukehren. Der Ruf der Ottawa-Regierung hatte den Monsignore in Rom erreicht, wo er am Ersten Vatikanischen Konzil teilgenommen hatte.
Mit der Hilfe des klugen Priesters Taché kam ein Gesetz zustande, das den Übergang des Red River-Territoriums in den Status einer vollgültigen Provinz Manitoba vorbereitete, die dann den weitaus älteren Provinzen wie Québec, Ontario und Nova Scotia gleichwertig sein würde, das vor allem aber die Grundrechte der Halbblutweißen, der Bois-Brûlés und ihrer Genossen, aner-

kannte. Ob das, was Monsignore Taché in den Verhandlungen mit Ottawa erreicht hatte (das Gesetz trat am 15. Juli 1870 in Kraft), auch den Fall Louis Riel und seines Stellvertreters Ambroise Lépine abschließen würde, war nicht klar entschieden worden, wenn auch die kanadische Regierung in Ottawa eine allgemeine Amnestie versprochen hatte. Waren die beiden Anführer nicht eben doch »Rebellen«?

Die Situation nahm eine böse Wendung, als um die gleiche Zeit die – radikal englisch gestimmte – Provinz-Legislative in der Provinz Ontario auf die Köpfe von Riel und Lépin einen Kopfpreis aussetzte. Der kanadische Premierminister, dessen um Ausgleich bemühter Politik die Provinzabgeordneten in Ontario durchaus nicht folgen wollten – sie wollten Rache nehmen! –, wußte sich nicht anders zu helfen, als den beiden Anführern der »Rielrebellion« die Flucht in die Vereinigten Staaten zu ermöglichen. Viele der Bois-Brûlés trauten dem Frieden und den ihnen gewährten Erleichterungen nicht, gaben ihre Höfe und Felder im fruchtbaren Red River-Tal auf, wurden auch von den immer zahlreicher andrängenden, englisch sprechenden Neusiedlern gedrängt und zogen es vor, ein paar hundert Meilen weiter im Westen auf den Prärien von Saskatchewan und in den Wäldern nördlich davon sich eine neue Existenz zu gründen.

Louis Riel hatte in den Staaten, in der Siedlung St. Peter's-House in Montana eine Stellung als Schulmeister gefunden und hätte seine Zeit als »Rebell« im kanadischen Manitoba am liebsten vergessen. Sein Schicksal wollte es anders.

Die Bois-Brûlés, die vor den Neusiedlern im Red River-Gebiet in die Weiten des politisch noch nicht organisierten Saskatchewan ausgewichen waren, fanden in dem noch nicht überall vermessenen und von Staats wegen beschlagnahmten Gebiet nur für wenige Jahre Ruhe. Dann strömten von Osten her englisch-sprachige Neusiedler aus Ontario und in noch viel größerer Zahl »Neu-Kanadier« aus Skandinavien, Deutschland, Polen, dem Baltikum und Rußland heran, die sich alle der englischen Sprache, Lebens- und Denkweise verpflichtet fühlten und sich ihre »homesteads«, ihre beinahe kostenlosen Siedelplätze, von der

Regierung anweisen ließen. Es dauerte also nicht lange und die sich als Franzosen fühlenden Bois-Brûlés und die mit ihnen sympathisierenden Franko-Kanadier waren abermals wie am Red River in die Enge und Ecke gedrängt und glaubten, auf ihrem Erstgeburtsrecht in diesen Gebieten bestehen zu müssen.
Es sprach sich auch unter ihnen herum, daß in ihrer alten Heimat, in Manitoba, die ihnen bei der Gründung der Provinz zugesprochenen Sonderrechte wohl kaum aufrecht erhalten werden würden. Die Zuwanderer aus Ontario und den Staaten im Süden übertrafen bereits die französisch-sprachigen Bois-Brûlés und Franko-Kanadier an Zahl, wollten nichts von einer Gleichberechtigung der französischen Sprache wissen und erst recht nichts von französisch-sprachigen katholischen Schulen. Manitoba hatte englisch und protestantisch zu sein. Zwanzig Jahre, nachdem die ursprüngliche Manitoba-Verfassung die Gleichberechtigung von Englisch und Französisch in der neu entstehenden Provinz festgelegt hatte, wurde sie vom Manitoba-Parlament wieder abgeschafft; die Zahl der Volksvertreter, die sich dem Englischen verpflichtet fühlten, hatte die der Franko-Kanadier und der Bois-Brûlés bereits übertroffen!
In den – noch – freien Weiten von Saskatchewan war es noch nicht so weit. Hier wiederholte sich das Aufbegehren der Franko-Kanadier gegen die übermächtig anbrandende Welle der Anglo- und Neu-Kanadier. Zu den erneut unter Druck geratenen Franko-Kanadiern traten Jäger und Trapper, vor allem auch indianische, noch nicht »befriedete« Stämme, die alle nicht einsehen wollten, wieso eine ferne, ganz und gar englisch bestimmte Regierung Siedelstellen vergeben, halb und halb verschenken durfte, warum die Trassen für den Straßen- und Eisenbahnbau geöffnet wurden – mit dem Eigentumsrecht an riesigen Gebieten längs der Eisenbahnlinie –, warum nach den allerdings ebensowenig verbrieften älteren Rechten der Métis, der Franko-Kanadier und der Indianer überhaupt nicht gefragt wurde.
Die Bois-Brûlés entsannen sich ihres früheren Anführers Louis Riel, der als Verbannter in den Staaten Unterschlupf gefunden hatte. Daß es unter ihnen rumorte, blieb der Regierung natürlich

nicht verborgen und bildete mit einen wesentlichen Anlaß für die Gründung der bald sehr berühmt werdenden Kanadischen Berittenen Polizei, die sich später mit dem Beiwort Royal, Königlich, schmücken durfte. Das Hauptquartier dieser hervorragenden Polizei, die dann in den kommenden Jahrzehnten im ganzen kanadischen Westen bis an die Arktis und die Alaska-Grenze den inneren Frieden gesichert hat, wurde in der neu entstehenden Stadt Regina (heute Hauptstadt der Provinz Saskatchewan) eingerichtet.

Louis Riel folgte dem Ruf seiner alten Aufstands-Gefährten, kehrte im Triumph zurück und stellte sich an die Spitze der revolutionären Bewegung.

Doch der Louis Riel, der da nach Saskatchewan zurückkehrte, war nicht mehr der besonnene und zugleich kühne Anführer, der er fünfzehn Jahre zuvor am Red River gewesen war. Die toten Jahre in der Verbannung hatten ihm den Blick für die neuen Wirklichkeiten im kanadischen Westen getrübt, hatten ihn maßlos und radikal werden lassen. Ja, es wird sogar hier und da vermutet, daß ihm die lange, erzwungene Untätigkeit in der Fremde den klaren Verstand getrübt hätte. Wie dem auch sei, er mißachtete die Ratschläge und Warnungen der die allgemeine Lage durchschauenden katholischen Missionare, gab sich wie ein kommandierender Präsident und gründete eine provisorische Regierung aus Bois-Brûlés. Er hielt sich für den gottgesandten Retter seiner Métis, vielleicht sogar für den Verkünder einer neuen Religion.

An Waffen war in diesen Gebieten, die damals noch weit außerhalb einer geordneten Verwaltung lagen, kein Mangel. Die sich ebenfalls bedroht fühlenden Assiniboine, Blackfeet und Cree lauschten den wilden Thesen, die in den Reihen der Bois-Brûlés umliefen, mit denen sich die Indianer verwandt fühlten, nur allzu gerne. Was sich da im weiten Lande mit windigen Ansprüchen breit machte, das waren willkürliche Eindringlinge, die wieder hinausgeworfen werden mußten. Man war bis dahin ohne Eisenbahn, Polizei, Landvermesser und amtliche Landzuweisungen ausgekommen und hatte keine Lust, sich dergleichen

überflüssige Neuerungen aufzwingen zu lassen. Der Aufstand wurde Wirklichkeit.
Am Duck-Lake wurde eine Abteilung Soldaten, die sich des Ernstes der Lage nicht versehen hatte, jämmerlich zurückgeworfen. Auch sonst erzielten Riels Leute Erfolge gegen die staatlichen Streitkräfte. Farmen von Neusiedlern wurden ausgeraubt und niedergebrannt. Indianer vom Stamm der Cree, die ihr Häuptling »Großer Bär« nicht zu zügeln vermochte, ermordeten zwei katholische Missionare, die Patres Fafard und Marchand.
Es dauerte eine ganze Weile, ehe die Regierung Ottawa begriff, daß sie mit einem echten Aufstand rechnen mußte, der über die nicht allzu zahlreichen Bois-Brûlés hinaus vielleicht die gesamte indianische Bevölkerung im kanadischen Westen erfassen mochte. Noch waren längst nicht alle Stämme »befriedet«, nicht alle Häuptlinge für friedliche Absprachen gewonnen. In aller Eile wurden Verstärkungen zusammengestellt, reguläres Militär, Miliz-Soldaten, das heißt Freiwillige, und Polizeikräfte. Das Oberkommando wurde dem General Middleton übertragen. Dieser begriff, daß er dem Louis Riel keine Zeit lassen durfte, die ungeordneten Haufen seiner Anhänger zu einer schlagkräftigen Armee zu organisieren.
Dort wo die beiden großen Ströme des Landes, der Nord- und der Süd-Saskatchewan, sich zum Saskatchewan vereinigen, in dieser Stromgabel drängte er die Streitkräfte Riels und der Indianer zusammen und schloß sie schließlich bei Batoche (auf halbem Wege zwischen den heutigen Städten Saskatoon und Prince Albert) in einen Kessel ein und machte sie kampfunfähig. Batoche hatte dem Louis Riel als Hauptquartier gedient. Mit solcher Herrlichkeit war es nun vorbei. Gabriel Dumont, ein Métis, der dem Riel als Kommandant der Streitkräfte gedient hatte, konnte sich absetzen und verschwand südwärts über die Grenze in die Vereinigten Staaten. Riel selber wurde von Verrätern dem General Middleton ausgeliefert. In Regina, wo sich die kanadische Verwaltung bereits etabliert hatte, wurde Riel gefangengesetzt und als Führer des Aufstands unter Anklage gestellt. Riels drei Verteidiger (ein Franko-, zwei Anglo-Kanadier) versuchten,

ihren Mandanten der Milde des Gerichts zu empfehlen, wobei sie sich auf die Gutachten von Ärzten stützen konnten, die Riel für nicht voll zurechnungsfähig eingestuft hatten. Auch die Geschworenen, die sich zur Hälfte aus Franko-Kanadiern rekrutierten, neigten zu einem milden Urteil; in der Provinz Québec kam es zu lautstarken Sympathie-Kundgebungen für Riel. Aber die radikalen Anglo-Kanadier in der Provinz Ontario verlangten noch lauter Riels Aburteilung; sie setzten sich durch. Louis Riel wurde zum Tode verurteilt, weil ihm vor allem der Mord an jenem Thomas Scott, den Riel hätte verhindern müssen, zur Last gelegt wurde. Das war zwar schon fünfzehn Jahre her, in den Umständen auch nicht mehr eindeutig aufzuklären, aber es genügte, das Todesurteil zu begründen. Riel wurde auf dem Gefängnishof der Berittenen Polizei in Regina gehängt. – Womit der einzige gewaltsame Aufruhr in der Geschichte der kanadischen Confederation sein Ende fand.

Doch Riel ist unvergessen. Seine franko-kanadischen Anhänger versicherten sich seines Leichnams und brachten ihn zurück in seine ursprüngliche Heimat, nach Manitoba. In dem Friedhof bei der bischöflichen Kathedrale in St. Boniface, dem Ostteil des heutigen Winnipeg, liegt Riel begraben; er war der »Verteidiger der Rechte des kanadischen Westens«, wie es heißt; sein Grab ist bis zum heutigen Tage für die Franko-Kanadier ein Ort der Verehrung.

Die sehr eindrucksvolle Kathedrale von St. Boniface (sie ist seit ihrem Anbeginn 1818 mehrfach neu gebaut und vergrößert worden) und der alte Friedhof unter ihren Mauern hat nicht nur dem Louis Riel einen würdigen Ruheplatz gewährt, sondern zum Beispiel auch der Lagimodière-Familie. Auf dem Grabstein kann man es nachlesen. Jean Baptiste Lagimodière war ein weithin berühmter Trapper, der es fertig gebracht hatte, die Strecke von St. Boniface nach Montréal (an die zweitausend Kilometer) im Winter auf Schneeschuhen zu bewältigen, eine kaum glaubliche Leistung; er starb 1855 mit 78 Jahren. Seine Ehefrau Marie-Anne, »die erste weiße Frau auf der Prärie«, wie sie gekennzeichnet wird, ist nach ihrem Grabstein mit 105 Jahren 1875 ge-

storben – was aber nicht stimmen kann; sie ist in Wahrheit nur 95 Jahre alt geworden.
Wie denn überhaupt in St. Boniface gegenüber dem englisch-bestimmten, wesentlich größeren Teil der rauschenden Groß-, Handels- und Industriestadt Winnipeg (etwa 600 000 Einwohner) auf der anderen Seite des – heute durchaus gebändigten – Red River eine Fülle von Gedenksteinen und anderen Stätten der Erinnerung an die Frühzeit des kanadischen Westens zu finden sind und es lohnend machen, sich ein paar Tage in St. Boniface aufzuhalten.
Und man wird erstaunt sein, dabei zu entdecken, wie auch hier in der Mitte des großen Landes Canada die Frühzeit französisch eingefärbt erscheint.

Als ich mich von Fort Alexander und dem kleinen Badeort Victoria Beach und damit vom großen Lake Winnipeg wieder südwärts wandte, um seinen äußersten Südzipfel zu umgehen und mich nordwärts wenden zu können, hatte ich mir von der Stadt Selkirk, von wo aus ich wieder auf Nordkurs gehen wollte, einige bleibende Eindrücke versprochen. Hält sie doch in ihrem Namen die Erinnerung an jenen schottischen Adligen wach, der 1812 eine Gruppe von verarmten schottischen Bauern über die Hudson-Bay in das Red-River-Gebiet gebracht und damit die landwirtschaftliche Aufsiedlung der Prärien eingeleitet hatte, die schließlich dem seit Jahrtausenden bestehenden jungfräulichen Zustand des kanadischen Westens ein Ende setzte.
Aber ich wurde enttäuscht. Selkirk entpuppte sich als eine Mittelstadt, deren Bild durch verschiedene Industriewerke bestimmt wird. Auch bildet Selkirk den südlichen Ausgangspunkt für den Schiffsverkehr auf dem an fünfhundert Kilometer langen Lake Winnipeg.
Ich drehte auf Nord durch eine freundliche, offenbar schon lange aufgesiedelte Landschaft mit blühenden, mittelgroßen Farmen. Viele davon gehörten Franko-Kanadiern. Von den französisch-indianischen Bois-Brûlés, die als einzige je der britischen

Vorherrschaft im Westen gefährlich geworden waren, ist nicht mehr viel übrig geblieben. Wo ihre Nachfahren noch erkennbar sind, haben sie sich in normale Franko-Kanadier verwandelt, sprechen nach wie vor ihr grobes Französisch und haben sich längst mit ihrem Dasein auf kleinen Farmen oder als Arbeiter in den Städten und Städtchen abgefunden. Ansonsten aber kam mir wieder zu Bewußtsein, daß ich mich hier in der äußersten Nordost-Ecke des Prärie-Gebiets – wie in den Weiten der Prärie überhaupt – in jenem Teil Canadas befand, dem die »Neu-Siedler« aus den verschiedensten Gegenden Europas das Gepräge gegeben haben.

Ich erreichte Gimli, ein blühendes Fischerdorf am Winnipeg-See, das 1875 von isländischen Einwanderern gegründet worden ist, deren Nachfahren noch jedes Jahr, wie mir Plakatreste an einigen Hauswänden verrieten, in der ersten Augustwoche ihr »Islingdingadagurinn« feiern, ein Fest, dem die eigens hierfür gewählte »Maid of the Mountains« vorzustehen hat, um mit isländischer Musik, isländischen Tänzen, Gedichten, Dramen und anderer Kunst die Erinnerung an die Gründer von Gimli wachzuhalten. In Selkirk waren mir zwar einige auf die ersten Siedler verweisend schottische Namen aufgefallen, aber auch viele ukrainische Namen. Hinter Gimli rollte ich durch zwei Dörfchen, Camp Morton und Arnes, die nach den Schildern über den Läden und an manchen Häusern vorwiegend von polnisch-kanadischen Leuten oder ihren Nachkommen bewohnt waren. Auch deutsche Namen tauchten gelegentlich auf. In den kanadischen Prärieprovinzen Manitoba, Saskatchewan und Alberta, auch im gebirgigen British-Columbia geben sich Leute aus allen Teilen Europas ein Stelldichein. Man braucht sich nur einmal eine genauere Karte der Siedlungen im Red-River-Tal anzusehen und man findet sofort natürlich französische Namen wie Marquette oder Letellier, viele deutsche wie Blumenort, Steinbach oder Springstein und Altona, skandinavische wie Gretna, Brunkild oder Arborg, russisch-polnische wie Tolstoi, Libau, Polonia und viele, viele andere, die unmißverständlich auf die Herkunft der ersten Siedler hinweisen, die sich keine neuen

Namen einfallen ließen, sondern ihrer Heimat auf der Prärie ein bescheidenes Denkmal setzen wollten: Rembrandt, Holland, Killarney (Irland) oder La Rochelle.
In Hnausa (wo stammt dieser Name her? Ich konnte es nicht erkunden) bog ich im rechten Winkel vom Lake Winnipeg fort nach Westen, um Eriksdale an der Nr. 6 anzusteuern, der endlosen, nord-, nord-, nordwärts weisenden Sechs, nach der ich mich bereits sehnte, denn ich hatte diese immer lockerer und dürftiger besiedelten Farmgebiete satt. Die Prärien versickerten, so empfand ich es, und von Norden drängten die ewigen Wälder heran. Ich war wieder auf den Großen Kanadischen Schild gelangt, der außer mineralischen Rohstoffen und Wasserkräften nichts zu bieten hat, was zu einer dichteren Besiedlung anregen könnte, denn der Pelztierfang und der Handel mit Pelzen gegen die Waren, Werkzeuge und berauschenden Getränke der »Weißen« von einst ist längst bis auf kaum noch erwähnenswerte Reste den Bach der Geschichte hinuntergeschwommen.
Bei Fairford, einem Odjibwa-Dorf, überquerte ich den St. Martin-River genannten Wasserlauf, der den Wassern des Lake Manitoba über den Lake St. Martin und schließlich den Dauphin-River Zugang zum Lake Manitoba gewährt, aus dem sie schließlich nach endlos verwickeltem und umständlichem Lauf sich alle in die Hudson-Bay ergießen und damit, wenn auch noch mit weitem Umweg und Abstand, das Salzwasser des Atlantischen Ozeans erreichen.
Das Indianerdorf machte keinen sehr einladenden Eindruck; ich rollte stracks hindurch. Wollte die unberührte Einöde mich nicht endlich wieder in ihre kühlen Arme schließen?
Ein Wegweiser tauchte auf, nach Westen zum Waterhen-Lake, kurz darauf wieder einer nach Osten, nach Gypsumville und Dauphin-River. Ich tat einen tiefen Atemzug. Ich wußte, daß in Gypsumville der Schienenstrang der Canadian National endete. Was in Gypsumville zu holen ist und den Bau der Eisenbahn veranlaßte, ist am Namen der Minensiedlung abzulesen.
Endlich – es war nicht mehr zu bezweifeln: Die stets bescheidener werdenden Siedlungen hatten ein Ende genommen, die letzte

Station einer Eisenbahnstrecke lag hinter mir; ich war mit der großen Leere allein.
Gleich hier an ihrem Anfang, am ersten Tage, spürte ich, wie sich mir das Bewußtsein von der allen Menschen fernen Einsamkeit wie eine grauer, schwerer Schleier aufs Gemüt senkte. Ja, die Landschaft des Großen Kanadischen Schildes hatte mich wieder in ihre Arme genommen. Oder war sie es doch nicht? Denn der Wald, der nun wie eine sich immer gleich bleibende Kulisse an meinen Autofenstern vorüberwanderte, schien mir die Fülle, Vielfalt und Kraft völlig zu entbehren, die er etwa zwischen Dryden und Kenora in West-Ontario hatte prunken lassen.
Doch hatte ich die Kühnheit der kanadischen Straßenbauer zu bewundern, die so endlose Straßen durchs Nichts bauen, nicht gerade erstklassige, aber durchaus problemlos zu befahrende Autowege, um eine tausend oder zweitausend Kilometer weit entlegene Erzfundstätte, Kupfer- oder Goldmine im menschenleeren Norden zu Lande mit normalen Transportmitteln erreichbar zu machen. Privatwirtschaftliche und staatliche Instanzen müssen bei solchen Straßenbauten durch entlegene Gefilde fern auch nur jeder Spur von Zivilisation verständnisvoll miteinander zusammenwirken.
Ich fuhr und fuhr, schien allein auf der Welt zu sein. Auf den 175 Kilometern von Gypsumville bis nach Grand Rapids (das sich ursprünglich – französisch – Grands Rapides schrieb) ist mir keine Menschenseele, nicht ein einziges Auto begegnet. Man konnte meinen, überhaupt nicht voranzukommen, denn stets begleitete der gleiche wenig stattliche, eher kümmerliche Wald das Auto an beiden Seiten. Zwar war mir bewußt, daß ich mich auf der etwa fünfzig bis sechzig Kilometer breiten Landenge zwischen dem großen Winnipeg-See im Osten und den verwirrend zerlappten Cedar- und Winnepegosis-Seen im Westen nordwärts bewegte. Aber von diesen beiden riesigen Wasserkörpern war auf der Straße 6 nichts zu ahnen – es sei denn, man nahm zur Kenntnis, daß die kleinen und größeren Wasserläufe, die man auf ebensovielen Brücken kreuzte –, alle nach Osten flossen und dem mächtigen Winnipeg-See zuströmten.

Die Sonne neigte sich bereits hinter den schwarzen Fichtenwipfeln zum westlichen Horizont, als zu meiner Rechten eine meerhaft grenzenlose Wasserfläche zwischen den Stämmen des kräftiger gewordenen Waldes aufzuspiegeln begann, und ich gleich darauf auf eine lange Straßenbrücke rollte, die einen unerwartet breiten, nach rechts unter der Brücke machtvoll dem See Winnipeg zuwallenden Wasserlauf, einen Strom ganz gewiß, überquerte. Alle Bedrücktheit und Müdigkeit fielen von mir ab: ich hatte das Ziel dieses Tages zu guter Zeit erreicht, Grand Rapids, wo der aus den fernen Rocky Mountains stammende riesige Saskatchewan in den Lake Winnipeg ausmündet.

Es blinkte auf, das Schild mit dem Namen »Grand Rapids«. Ich bog links von der Straße fort und rollte bald durch das ganz überwiegend von Odjibwa-Indianern bewohnte Dorf. In seinem Äußeren machte es nicht kund, daß ihm große historische Bedeutung zukam, die sich heute allerdings zu bloßer, blasser Erinnerung verflüchtigt hat. Nur halb Verrückte wie ich, für die das Studium der alten Pelzhandelstage im unendlich weiträumigen, leeren kanadischen Westen und Nordwesten zu einer Art von Leidenschaft geworden ist, für mich – und sicherlich auch noch für gar nicht wenige weitere Europäer und Kanadier – zaubert der Name Grand Rapids auf die riesengroße Leinwand der Vergangenheit das Bild schlanker Rindenkanus mit hohen Bügen und Hecks; sechs, acht, oder zehn Voyageurs mit roten Troddelmützen auf dem Schädel ziehen in gleichem Takt ihre Paddel durchs Wasser; hoch türmen sich in der Mitte der weiß-silbrigen Kanus die Tauschwaren (wenn die Reise westwärts geht) oder die Pelzballen, wenn es nach dem Winter ostwärts geht zum Lake-of-the-Woods über den Winnipeg-River und dann über den Tauben-Fluß oder dem Kaministikwia zum Lake Superior, wo die kostbare Fracht aus dem hohen Westen in die größeren Montréal-Kanus umgeladen werden mußte.

Und alle diese Kanu-Flottillen kamen hier im heute weit entlegenen Grand Rapids vorbei, weil hier der große Saskatchewan in den großen Winnipeg-See mündet, und über diesen großen Strom und seine beiden mächtigen Quellflüsse, North- und

South-Saskatchewan, sich ein hundertfach verzweigtes Netz von Wasserstraßen bis zum Großen-Sklaven-See nach Norden, ja bis zum Arktischen Meer, westwärts zum Lesser-Slave-Lake, zum Hochgebirge und schließlich sogar durchs Gebirge hindurch zum Großen Ozean auftut. Bis in die zweite Hälfte des vorigen Jahrhunderts hinein haben kühne schottische Pelzhändler und die unverwüstlichen und unersetzlichen franko-kanadischen Kanu-Ruderer, die Voyageurs, sich vorangetastet. Der weiteren Durchdringung des kanadischen Westens durch Gold- und Mineraliensucher, vor allem aber durch die Siedler, die Farmer, wurde so der Weg gebahnt.

Die Einmündung des Saskatchewan in den Winnipeg-See bei den Grands Rapids, das war die schwer umgehbare Schleuse, durch welche die Wasserstraßen des Ostens im großen Canada und die in seinem Westen miteinander in Verbindung standen. An diesen »Rapids«, diesen Stromschnellen, wollte ich einmal gestanden haben, wenn die kanadische Frühgeschichte mir wahrhaft vorstellbar werden sollte. – Und nun war ich an den »Großen Schnellen«.

An diesem Tage meiner Ankunft war es zu spät und schon dunkel – außerdem hatte ich wieder einmal einen langen Fahrtag hinter mir –, um noch nach den Schnellen Ausschau zu halten. Es gab ein sehr bescheidenes Hotelchen, das natürlich einen französischen Namen trug; »La Selle« hieß es, wenn ich mich recht erinnere. Auch sind die katholischen Oblate-Missionare in Grand Rapids zu Hause; doch sah ich von ihnen nichts.

Nein, ich hatte gewiß keine Nobel-Herberge an der Saskatchewan-Mündung im endlosen Urwald erwartet und war froh, ein Dach über dem Kopf für die Nacht gefunden zu haben, unter dem ich mein müdes Haupt zur Ruhe betten konnte.

Ich frischte mich ein wenig auf in meinem zwar höchst simplen, aber geräumigen Zimmer – an Platz ist ja überall in Canada kein Mangel, im leeren Norden schon gar nicht! Dann machte ich mich auf die Suche nach einem Raum, wo man vielleicht etwas Genießbares bestellen konnte. Den fand ich ohne Schwierigkeiten. Rauschender Betrieb schien in Grand Rapids so verhältnismäßig spät im Jahr nicht mehr zu herrschen. Es war in dem kahlen, großen Zimmer mit seinen sechs oder sieben Tischen nur ein einziger gedeckt und zwar mit zwei Gedecken: Ich wußte alsbald Bescheid; außer mir gab es nur noch einen zweiten Gast im Hause, und der Einfachheit halber hatte man uns an den gleichen Tisch plaziert. In so menschenarmer Gegend wie dieser im innersten Herzen von Manitoba nimmt man selbstverständlich an, daß jeder Reisende beim Abendessen für Gesellschaft dankbar ist. Auf mich trifft das nicht unbedingt zu; aber ich hatte mich den Gebräuchen des Landes zu beugen; manchmal hat man ja auch Glück dabei.

Diesmal hatte ich es. Ich lernte einen sehr liebenswürdigen und gebildeten Herrn kennen, dessen Namen ich zunächst, als er sich vorstellte, nicht verstand. Daß er sich vorstellte, war ungewöhnlich. Solche Umstände werden im Hinterwald – und dies war Hinterwald noch hinter dem Hinterwald — im allgemeinen nicht gemacht. Der Mann schien also aus städtischer, zivilisierter Umgebung zu stammen. Wir kamen sofort in ein lebhaftes Gespräch – über das Wetter natürlich und den Zustand der Straße und über den einigermaßen vernachlässigten Eindruck, den das Indianerdorf auf meinen Tischgefährten ebenso wie auf mich gemacht hatte. Wir sprachen englisch miteinander.

Ich merkte bald an gewissen Eigenarten seiner Aussprache des Englischen, daß ich jemand vor mir hatte, der gewöhnt war, französisch zu sprechen. Ich erlaubte mir daher zu fragen, ob ich vielleicht das Abendessen mit einem Franzosen oder Franko-Kanadier einnähme.

»Oh, haben Sie das gemerkt? Ich dachte, mein Name hätte Ihnen das bereits verraten. Vielleicht haben Sie ihn nicht deutlich verstanden. Jacques Jospine. Das kann auch beinahe englisch klingen, ich weiß. Nein, ich bin Franko-Kanadier, Québecois, so »franko« wie man nur sein kann!«

Ich zögerte nicht, meine eigene Nationalität bekannt zu geben und meinen Namen nochmals zu wiederholen. Er lachte:

»Deutsche Namen sind manchmal nicht auszusprechen für Franzosen oder auch Engländer; aber der Ihre macht keine

Schwierigkeiten. Aber was um alles in der Welt führt Sie in diese abgelegene Gegend, wo Landsleute von Ihnen, die ja sonst in Canada nicht gerade selten sind, sonst niemals auftauchen?«

»Das ist so ungewöhnlich nicht, Monsieur Jospine. Ich interessiere mich schon seit vielen Jahren für die frühe kanadische Geschichte, das heißt für die langen und bitteren Auseinandersetzungen zwischen Franzosen und Engländern, als Frankreich wie heute Vormacht in Europa und damals auch jenseits der Meere sein wollte, ohne daß seine Kräfte ganz dazu ausreichten; obgleich es im einzelnen grandiose Einzelleistungen vollbrachte, so zum Beispiel die Siedlungen am unteren St. Laurent und in Akadien und die unbeschreiblich kühne Durchdringung des amerikanischen Nordwestens bis zu den Rockies hinüber und zum Golf hinunter. Ich kann es verstehen, Monsieur Jospine, daß die Franko-Kanadier in diesem Lande nicht aufhören, eine Sonderrolle vor all den anderen Völkerschaften zu beanspruchen, aus denen sich die kanadische Nation – wenn es so etwas überhaupt gibt – zusammensetzt, Schotten, Iren, Engländer, Deutsche, Ukrainer, Polen, Isländer, Schweden, Norweger, Juden, Russen und so weiter. Ich bin schon 1927 für ein ganzes Jahr in Canada unterwegs gewesen und seither immer wieder hier und in den Vereinigten Staaten. Aber ich habe trotz langer Bemühung die Vorstellung von einem ›Schmelztiegel‹ der Nationen, die für die Staaten immer noch im Umlauf ist, nie bestätigt gefunden. Hier in Canada, wo die unverwüstlichen und auf sich selbst bestehenden Franzosen den militärisch siegreichen und vielleicht wirtschaftlich Geschickteren, den Briten, von Anfang wie ein dicker Kloß in der Kehle steckten, konnte schon allein wegen der auf ihrer Sprache, ihrer Sitte und Religion beharrenden Franzosen von Schmelztiegel keine Rede sein. Also hat man sich ja auch offiziell auf ›Multikulturalismus‹, das heißt auf die Bejahung der erhaltenswerten Vielfalt der vielen verschiedenen Herkunftsländer der ›Kanadier‹, verständigt und sieht gerade in der auch amtlich geförderten Pflege dieser Vielfalt das wesentliche Merkmal eines kanadischen Staatsbewußtseins. England hat sich politisch und dann auch in mancher sonstigen Hinsicht aus den US und dann auch aus Canada zurückziehen müssen, nachdem es, was sehr wesentlich ist, seine Sprache überall in Nord-Amerika eingepflanzt hatte. Nur die Franzosen haben in Canada auf ihrer Art und Sprache bestanden, ließen sich auch in gut zweihundert Jahren nicht anglisieren, lassen es heute erst recht nicht zu, nachdem sie sich die riesige Provinz Québec als ein durchaus franzö-

Wohngebiete der wichtigsten Indianerstämme.

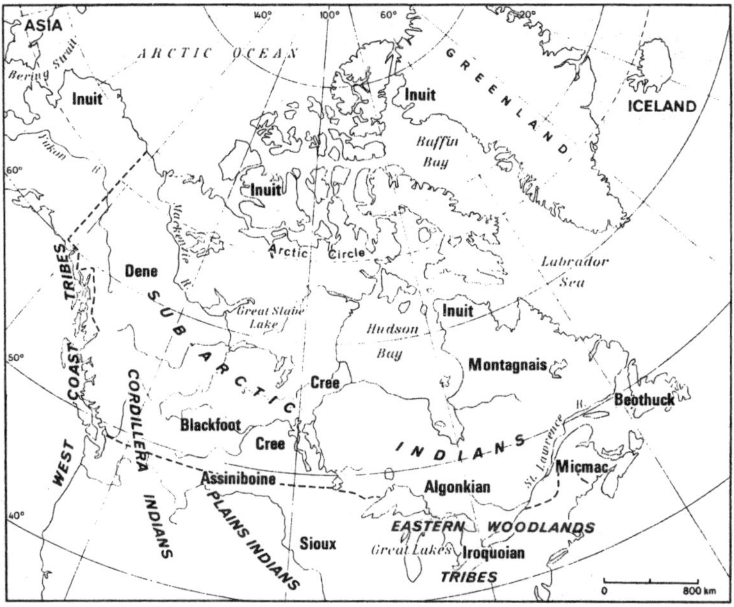

sisch gebliebenes Stammland erhalten haben. Ich für meine Person habe davor den größten Respekt und hätte mir ein wenig von dieser beharrlichen Courage auch für die Deutschen gewünscht – aber die hatten keine einige, fest umrissene Nation hinter sich im alten Europa wie die Franzosen und hatten nie etwas Eiligeres zu tun, als so schnell wie möglich ins Anglo-Kanadische oder Anglo-Amerikanische hinüberzuwechseln!«

Ich hatte mich unversehens heiß geredet. Dies ist mein Thema, seit ich weltüber unterwegs bin und war. Unser Abendessen, das sehr trödelig aufgetragen wurde und nach nichts schmeckte, hatten wir mehr oder weniger vergessen. Unser ausgerutschtes Gespräch gehörte im Grunde gar nicht hierher in dies Indianerdorf an der Saskatchewan-Mündung.

Mein Zufalls-Gefährte (vielleicht war es gar kein Zufall!) sah mich eine ganze Weile an, fixierte mich sozusagen, was eigentlich nicht höflich war und zu seinem korrekten, gutbürgerlichen Aussehen und Benehmen gar nicht paßte. Hatte ich irgend etwas gesagt, was seiner empfindlichen französischen Seele nicht behagte? Doch dem war nicht so; er war lediglich erstaunt, an diesem stillen Spätsommer- oder Frühherbst-Abend einen so komischen Vogel wie mich getroffen zu haben. Mit leiser Stimme – wir sprachen weiter Englisch – fuhr er fort, ganz in den Bahnen, in die ich abgeschwenkt war:

»Sie haben eine sehr entscheidende Gruppe im kanadischen Völkergemisch zu erwähnen vergessen: die Indianer! Sie gehören natürlich noch viel eher in dieses Land als selbst die Franzosen. Neuerdings haben sie sogar volle Bürgerrechte und können in die verschiedenen Parlamente gewählt werden. Aber sie sprechen ein halbes Hundert von verschiedenen Sprachen. Das ist ein gewaltiger Nachteil, wenn man sich Gehör verschaffen will – und ihr Englisch ist jammervoll. Im Manitoba-Parlament soll es einen Indianer, einen Cree, als Abgeordneten geben, namens Elijah Harper – das kann gewiß nicht sein Cree-Name sein! –, der immerfort gegen jedes Sonderrecht für Québec wettert: Wenn jemand Sonderrechte zu beanspruchen hätte in Canada, dann wären es die Indianer. Das ist bestimmt nicht ganz verkehrt, und vielleicht erzielt er Erfolge. Aber Indianer gibt es, endlos aufgesplittert und weit verstreut, nur noch etwa dreihundertsiebzigtausend, Franzosen aber über sechs Millionen. Wir haben ebenso viele Chinesen im Lande wie Indianer, sehr stille und brave Leute, fleißig und ohne irgendwelche besonderen Ansprüche; etwa ebenso viele Leute holländischer Herkunft, siebenhunderttausend Italiener und neunhunderttausend Deut-

sche, Ukrainer vierhunderttausend. Die Briten, will heißen Engländer, Schotten, Waliser und Iren bringen es auf sechs Komma drei Millionen. Es erscheint von vornherein unmöglich, von einer gerechten Verteilung der Rechte und Sonderrechte zu sprechen. Was ist da überhaupt ›gerecht‹? Aber trotzdem: Die Franzosen bilden die einzige ins Gewicht fallende Volksgruppe mit gleicher Muttersprache, sie hausen auch in ihrer großen Mehrzahl in der einen Provinz Québec und können schon allein deswegen eine spezielle Behandlung erwarten. Sie gebrauchten vorhin den Ausdruck ›Ich für meine Person‹; ich darf dasselbe tun: ich für meine Person bin der Meinung, daß wir Franko-Kanadier zwar nicht die erste Position in ganz Canada beanspruchen können, aber in unserem Québec allein etwas zu sagen haben sollten mit einem Vorrecht der Québec-Gesetze *vor* den Bundesgesetzen; notfalls müssen wir, wenn das übrige englische Canada unsere besondere Stellung nicht anerkennen will, uns staatlich verselbständigen – obgleich, wie ich zugebe, die Zugehörigkeit zur kanadischen Confederation mit beträchtlichen wirtschaftlichen Vorteilen für uns verknüpft ist.«
Das war klar und deutlich. Es ließ sich eine Menge dazu sagen. Aber an diesem friedlichen Abend in der Einöde wegloser oder zumindest äußerst wegearmer Wälder wollte ich mich nicht auf schwierige Debatten einlassen, sagte zunächst nichts zu dem Bekenntnis dieses mir höchst unerwartet in den Schoß gefallenen Herrn Jacques Jospine und fing an ganz anderer Stelle von neuem an:
»Sie haben mich vorhin gefragt, verehrter Monsieur Jospine, was mich in diese entlegene Gegend geführt hat, eine durchaus verständliche Frage. Ich bin ja auf Grund meines Berufs gewissermaßen zur Neugier verpflichtet und hätte deshalb gern erfahren, was *Sie* an die ›Großen Schnellen‹ in der Ausmündung des Saskatchewan – morgen will ich sie mir ansehen! – gelockt hat.«
Mein Tischgenosse richtete sich auf in seinem knarrenden Stuhl und lehnte sich zurück. Er blickte mich nicht mehr an, ließ vielmehr seinen Blick in eine unbestimmte Ferne sinken. Ein leises Lächeln wehte über seine Züge; es machte mir den eigentlich

kühl und reserviert wirkenden Mann plötzlich sehr angenehm, als wären wir befreundet:

»Was mich hierher geführt hat? Das braucht kein Geheimnis zu bleiben. Da Sie offenbar die Geschichte des Pelzhandels kennen und wie durch diesen der amerikanische Nordwesten aufgeschlossen worden ist, wissen Sie auch, daß es ohne die frankokanadischen Meister der indianischen Rindenkanus, die Voyageurs, den Pelzhandel in so weitem Umfang, wie es ihn gegeben hat, gar nicht hätte geben können. Es waren die überzähligen und abenteuerlustigen Söhne der französischen Siedler am St. Laurent und Richelieu, die auf die endlosen und stets riskanten Reisen in den Westen gingen. Im ›Land da oben hinten‹, wie sie es nannten, gab's gut zu verdienen; jeden Tag passierte etwas Unerwartetes und Großartiges; die Vorschriften der verdammten königlichen Beamten, erst französischen, dann englischen, erforderten im Westen gerade eben noch bis zum Lake Superior einen auch nur gedämpften Respekt; und die auf Sittsamkeit bedachten katholischen Priester, die in St. Jerôme oder Rivière-du-Loup für Wohlanständigkeit sorgten, konnten einem kraftstrotzenden Bengel hier am Lake Winnipeg oder am Rainy River gestohlen bleiben. Man verstand sich ja mit den Indianern gut nach französischer Art und mit den indianischen Mädchen noch viel besser. Meine Familie ist alt-franko-kanadisch. Wir haben immer am Rivière Maurice gesessen, wo er in den St. Laurent mündet, und ein Onkel von mir sitzt heute noch dort. Die meisten von uns sind aus Bauern Bürger geworden. Ich war Rechtsanwalt und habe mich mit sechzig zur Ruhe gesetzt, nachdem ich mein Schäfchen im Trockenen hatte; fing dann an, mich um die Vergangenheit meiner Familie zu kümmern. Meine Frau war schon Jahre zuvor an einem schrecklichen Krebs gestorben, was mir die Lust an meinem Beruf, in dem sie mir sehr beigestanden hatte, verdorben hat – sie war in der gleichen Zunft zu Hause gewesen, ohne je ein entsprechendes Schild an die Tür gehängt zu haben. Unsere vier Kinder waren allesamt gut im Gange; aber jedes saß woanders. Ich war ganz und gar frei, zu tun und zu lassen, was mir Spaß machte. Und Spaß machte mir, wie gesagt, die

Geschichte unserer Familie. Es ging unter uns von jeher die Sage um, daß ein direkter Vorfahr, mein Ur-Ur-Großvater, wenn ich mich mit den Ur nicht verzählt habe, schon früh aus der Enge des väterlichen Hofes ausgebrochen, das Anrecht darauf seinem jüngeren Bruder überlassen hat und um die Wende vom achtzehnten zum neunzehnten Jahrhundert als Voyageur in die Dienste der North-West-Company getreten ist. Dieser Charles Jospine ist dann im weiten Land jenseits der Großen Seen zu Geld und Ansehen gekommen, hat also offenbar seine Voyageurs-Löhne nicht in Grand Portage oder Fort William verjubelt, sondern sie der Company anvertraut, sie also angespart und ließ sich viele Jahre lang nicht am Maurice in Québec sehen. Man hielt ihn schon, so wird es überliefert, für verschollen oder umgekommen – denn eines natürlichen Todes, glaube ich, starben nicht viele Voyageurs; sie wurden von den wilden Strömen gefressen, ertranken in den Stromschnellen, brachen sich die Knochen auf den schwierigen, manchmal wohl mörderischen Portagen, starben an plötzlichen Krankheiten nach allzu großer Anstrengung, an verkehrtem Essen oder an der Unbill des Wetters, dem sie ja Tag und Nacht schutzlos ausgeliefert waren; oder sie brachten sich, wenn sie allen sonstigen Gefahren entkommen waren, bei irgendeiner betrunkenen Schlägerei in Grand Portage am Tauben-Fluß aus schierem Übermut gegenseitig um. Mein Vorfahr Charles jedoch scheint ein besonnener Mann gewesen zu sein. Zu allgemeiner Überraschung tauchte er in der alten Heimat wieder auf, nachdem man viele Jahre nichts mehr von ihm gehört hatte; er kam erstaunlicherweise nicht allein, sondern brachte einen schwarzhaarigen, dunkelhäutigen Knaben mit, seinen Sohn Edouard, wie er sagte. Er habe sich nämlich, wie er bekanntgab, am Zedern-See mit einer Cree-Indianerin verbunden. Er nahm sie nach Grand Portage am Lake Superior mit und ließ sich vom Priester mit ihr ehelich zusammensprechen. Sie bewahrte ihn davor, sich bei den jährlichen großen Treffen der Ost- und West-Kanus am Westende des Lac Supérieur um seinen schwer genug verdienten Lohn bringen zu lassen und gebar ihm diesen Sohn. Jedes Jahr von neuem habe er seine große Freude an ihr und dem Kind gehabt; er wußte, wofür er sich abrackerte; er stieg zum Führer seiner Kanu-Brigade auf. Aber dann starb seine Cree-Frau einige Monate danach, während er gerade in Grand Portage war, an rätselhaften Leibkrämpfen – wie sie auch manchmal die Voyageurs unterwegs befielen und ihnen meist den Tod einbrachten – nach wenigen Tagen der Qual. Ich stelle mir vor, daß es sich um Nieren- oder Gallensteine oder um eine bösartig gewordene Blinddarm-Entzündung gehandelt haben muß. Mein Vorfahr konnte das Kind nicht in dem ziemlich wüsten Umschlagsort Grand Portage sich selbst überlassen; es verstand sich für ihn mehr oder weniger von selbst, daß die Familie in der Heimat Québec sich seiner annehmen müßte. Die Großeltern des Kindes lebten ja noch am Maurice, und der Bruder, der den Hof übernommen hatte, war verheiratet, aber vorläufig noch kinderlos. Jacques Jospine, von der Mutter her Indianer, wuchs dann am Maurice auf, erlernte bei seinem Onkel die Landwirtschaft, heiratete eine Französin aus der Nachbarschaft und übernahm schließlich den Hof. Ich habe also auch noch ein bißchen Cree-Blut in den Adern. Bei uns Franko-Kanadiern ist dergleichen von unseren frühen Anfängen her ohnehin häufig anzunehmen. – Der an den Maurice verpflanzte Métis Jacques hat seinen Vater nie wiedergesehen. Der war wieder ins Pays d'en haut, ins »Land da oben hinten« , hinausgezogen und ist dort ein oder einige Jahre später ertrunken und zwar, wie man am Maurice mit großer Verspätung und nur durch einen günstigen Zufall erfuhr, in den Großen Schnellen des Saskatchewan, bevor dieser in den Lake Winnipeg einströmt. Er stand auf der Rückreise aus dem fernen Westen mit der Pelzladung im Bug des ersten Kanus der Brigade, muß einen Felsen übersehen haben, der nach der letzten Durchfahrt vielleicht seine Lage verändert hatte, lief auf, stürzte vornüber und schlug mit dem Schädel auf. Er ertrank als einziger; die anderen Ruderer konnten sich retten; selbst die Pelzbündel sollen wieder aufgefischt worden sein. Für Charles Jospine wurde das übliche Kreuz aus weißen Birkenstämmchen gezimmert und der Ertrunkene am Ufer des Stroms darunter begraben; schon am nächsten Tag steuerte die Kanu-Brigade auf den Winnipeg-See hinaus, wo ihr bis zur Einreise in den Winnipeg-River keine Schnellen, Fälle, höchstens plötzliche Stürme noch den Weg verlegen konnten. Wissen Sie, Mr. Johann, wenn all die Kreuze über den Gräbern der unzähligen Voyageurs noch stehen würden, die seit den Zeiten des Sieur de la Verendrye, also etwa seit 1750 an den Ufern der Flüsse, Seen und Ströme im kanadischen Westen aufgestellt worden sind, dann würde man heute wohl wie durch einen lang gedehnten und dutzendfach verzweigten Friedhof fahren. – Sie haben mich gefragt, was mich in diese entlegene Gegend geführt hat. Sie werden es nun verstehen: Ich wollte die Gegend gesehen und den Grund betreten haben, in dem mein Vorfahr, der mir und meinen Kindern ein paar Tropfen urkanadischen indianischen Bluts eingebracht hat, die sogenannte letzte Ruhestatt gefunden hat. Natürlich habe ich den genauen Ort des Grabes nicht ausmachen können, hatte das auch nicht erhofft. Aber die Großartigkeit der Landschaft bei den Grand Rapids und die maßlose, wilde Gewalt der Stromschnellen haben einen tiefen Eindruck auf mich gemacht. Einer von uns hat also mit seinem Schädel und dann mit seinem Leben dafür gezahlt, daß dies große Land geöffnet und in Besitz genommen werden konnte. Ich bereue es nicht, die weite Reise von Montréal hierher unternommen zu haben. Ich bin nun um ein paar Prozente noch franko-kanadischer geworden, als ich es ohnehin schon war. Wenn man uns Franko-Kanadier nicht unsere einmalige Besonderheit und Sprache in diesem Lande, diesem Bunde so verschiedenartiger Bevölkerungsgruppen und Landschaften, zugestehen will, dann müssen wir uns diese ertrotzen, wenn nicht anders, dann in diesem nordamerikanischen Meer von anglo-anglo und anglo-american unseren eigenen Staat bilden. So! Das ist meine Meinung, und ich habe gerade Ihnen gegenüber, einem wohlwollenden Fremdling, aus meinem Herzen keine Mördergrube zu machen brauchen!«

Er strahlte erregt über sein ganzes Gesicht; sein untergründiger Fanatismus war nicht zu verkennen. Fanatismus ist nicht mein

Fall. Ich hatte sehr aufmerksam zugehört. Mir war da auf einfache, menschlich höchst verständliche Weise die Erklärung dafür angeboten worden, warum in diesem herrlichen Lande Canada zwischen Franko- und Anglo-Kanadiern nie ein rechter Ausgleich und Friede zustande gekommen ist und auch in diesen unseren »aufgeklärten« Tagen nicht zustande kommen will. Überall auf der Welt scheint es sich wie eine ansteckende Krankheit – aber auch, ohne daß man sich gegenseitig beeinflußt hat – auszubreiten, daß kleine und große Völker sich darauf besinnen, welche Besonderheiten sie darstellen und daß sie in dieser Besonderheit anerkannt werden wollen. Vielleicht ist das der zweite Akt der »Entkolonialisierung«, die endgültige Ablehnung imperialer Zwänge.

Ich hatte keine Lust, mich von der geheimen Radikalität dieses äußerlich so gemessen wirkenden Mannes anstecken zu lassen. Ich überlegte mir das Gehörte eine ganze Weile, wurde scheinbar sehr nachdenklich und wandte dann vorsichtig ein:

»Wenn die Québecker mit ihrer Forderung nach einem besonderen Status ihrer Provinz unter den insgesamt zehn Erfolg haben sollten, dann sehe ich für die jenigen Franko-Kanadier schwarz, die außerhalb von Québec in anderen Provinzen beheimatet sind – und das in gar nicht so geringer Zahl – und die jetzt noch als kanadische Bürger dort die gleichen Rechte besitzen und ausüben können wie ihre englisch sprechenden Nachbarn. Wenn in einer selbständig gewordenen Provinz Québec das Englische zum Ärger und Verdruß der englisch sprechenden Minderheit weiter unterdrückt wird, dann wird man früher oder später den ihr Französisch pflegenden Akadiern in Nova Scotia, Prince Edward Island, New Brunswick andererseits das Französische schwer machen, ebenso wie dann auch den vielen Franko-Kanadiern im Westen von Ontario, in Saskatchewan und Manitoba ihr Volkstum und ihre französische Sprache verargt werden wird. Die englischen Provinzen haben sich bisher – so erscheint dies wenigstens mir als einem der Objektivität verpflichteten Beobachter von außen – wirklich bemüht, den Franko-Kanadiern ihr Recht zu lassen und dem Französischen neben dem

Englischen auch in den englisch-sprechenden Provinzen wenigstens offiziell Raum zu geben. Canada ohne Québec oder Québec ohne das englische Canada, in das die Geschichte es eingebettet hat, für mich, Monsieur Jospine, wäre das ein Widersinn, eine Suppe ohne Salz, für die Franko- ebenso wie für die Anglo-Kanadier eine Verarmung; die Welt wäre eines erstaunlichen Staates beraubt, in dem ebenso wie in der Schweiz im alten Europa auch im jungen Amerika zwei Nationen verschiedener Sprache und Lebensart friedlich und fruchtbar für beide unter dem gleichen Dache zusammen hausen, womit sich übrigens ihre administrativen, militärischen und ökonomischen Unkosten gewaltig verringern. Wer in einem größeren, bunt zusammengesetzten Verbande, wie die kanadische Confederation ihn darstellt, Sonderrechte beansprucht, die anderen nicht zugebilligt werden, wer sie um des lieben Friedens willen schließlich zugestanden bekommt, der erregt das Mißfallen und den Neid der übrigen, sät schließlich Haß und Gewalt, ganz abgesehen von wirtschaftlichen Rückschlägen. Ich habe den Eindruck, daß Anglo-Canada sich bemüht, Franko-Canada so weit wie irgend möglich entgegenzukommen. Es ist furchtbar schwer, abzusehen, wann Franko-Canada den Bogen überspannt und die englischen Provinzen erklären: ›bis hierher und nicht weiter!‹ – und das musterhaft friedliche und geordnete Canada, dessen Ahornblatt in der ganzen Welt Ansehen genießt, daran zerbricht. Ich bin davon überzeugt, daß auf die Dauer auch die Franko-Kanadier nur Schaden erleiden würden, wenn sie aus der Confederation ausschieden und die Palette der Staaten dieser Erde um ein zwar räumlich großes, aber bevölkerungsmäßig sehr bescheidenes Staatchen bereicherten!«

Was mich während der langen Reise über eine möglichst nördliche Route von Meer zu Meer durch Nordamerika, wo es am breitesten ist, beunruhigt und mir die Freude an den herrlich wechselnden Landschaften beeinträchtigt hatte, war von diesem ehemaligen Advokaten aus Montréal an die Oberfläche gelockt und ausgesprochen worden. Es wurde deutlich, daß ich die Zu-

stimmung meines Abendgefährten nicht damit gewonnen hatte. Immerhin war er wohlerzogen genug, mit abgekühlter, ins Unverbindliche zurückfallender Höflichkeit zu antworten:
»Ah, Mr. Johann, ich verstehe schon, daß man von außen zu diesen komplizierten kanadischen Fragen keinen rechten Zugang gewinnen kann. Wir müssen mit unseren Problemen, das heißt mit unserer nicht mehr abzuändernden Vergangenheit allein fertig werden und eine hoffentlich in der Praxis brauchbare Lösung finden. Heute abend werden wir hier im fernsten Hinterwald wohl nichts zustande bringen. Ich darf mich jetzt verabschieden. Ich muß morgen in aller Frühe die Heimreise antreten und bin nicht mehr jung genug, mir unausgeschlafen eine lange Autofahrt zuzumuten. Ihnen gute Weiterreise ans pazifische Salzwasser! Gute Nacht!«
Wir hatten uns erhoben, trennten uns mit einer leichten Verbeugung voneinander. Ich hatte seine Sympathie offenbar nicht uneingeschränkt erworben. Er übrigens die meine auch nicht. Aber ich hatte der Zufallsbekanntschaft dankbar zu sein, da sie mir den Einblick in ein alt-franko-kanadisches Gemüt gewährt hatte.

Der mächtige Saskatchewan-River setzt, nachdem sich seine beiden großen Quellflüsse, der Nord- und der Süd-Saskatchewan, östlich vom heutigen Prince Albert zum größten Strom der kanadischen Präriegebiete vereinigt haben, seinen Lauf durch auch heute noch völlig leere, dicht überbuschte und bewaldete Einöden unverwandt in der Richtung zum Sonnenaufgang fort. Die Prärien erscheinen dem Fahrenden zwar als tischflache oder nur leicht gewellte Ebenen, sind aber in Wahrheit von Westen nach Osten leicht geneigt, sind abschüssig. Während man sich in der Gegend von Winnipeg am Westrand des Großen Schildes, am Beginn der großen Ebenen, auf denen einst Millionen von schwarzen Büffeln weideten, von denen berühmte Indianerstämme wie die Sioux lebten, auf etwa 200 Meter über dem Meeresspiegel befindet, so hat man, wenn nach Tagen der Fahrt

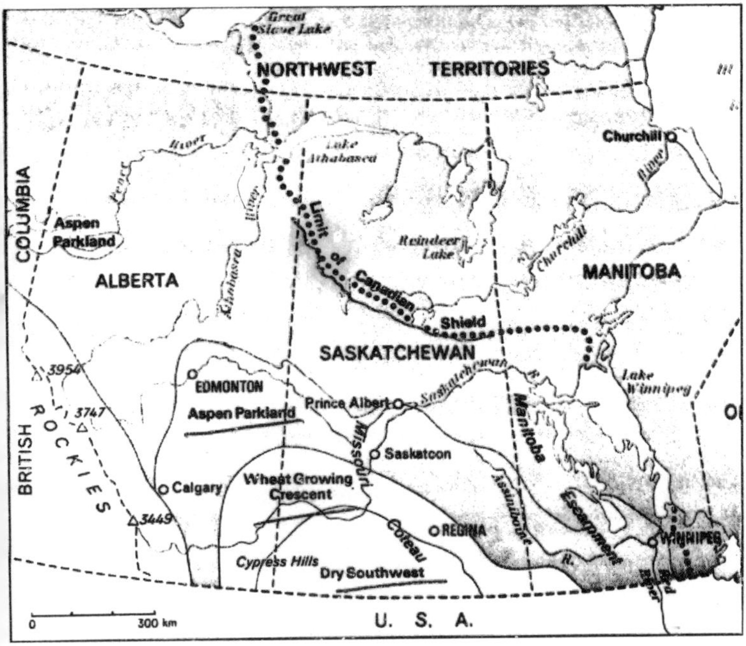

Die Prärien reichen von Süden her weit ins westliche Canada hinein, beginnen schon bei Winnipeg und reichen bis Calgary hinüber. Nördlich davon die »Aspen (Espen) Parklands« im Mischwald.

das Hochgebirge, endlich die Rocky Mountains im Westen über den Horizont wachsen, bereits an die 1200 Meter über Meereshöhe erreicht. Der Saskatchewan, besonders der nördliche, der aus den Grasebenen wieder in die Wälder führt, bot also, wenn auch hundertfach geschlängelt, mit dem System seiner Nebenflüsse und Flüßchen für die Kanus des Pelzhandels – so lange es sich im vorigen Jahrhundert vor dem Bau der Eisenbahn noch lohnte, die Pelze nach Europa zu frachten – ein nasses Wegenetz bis an den Rand der Arktis hinauf von einmalig vielfältiger Verzweigtheit. In der zweiten Hälfte des vorigen Jahrhunderts verging dann die abenteuerliche Zeit des Pelzhandels. Die Moden in Europa hatten sich geändert. Biberhaar für den Filz der Dreispitze, später der Zylinderhüte, war nicht mehr gefragt und konnte durch andere Fasern ersetzt werden. Die Wohnungen wurden besser geheizt, so daß das Verlangen nach wärmendem Pelzwerk sich aus einem Zwang in einen Luxus verwandelte. Die Künste und Kühnheit der Voyageurs waren allmählich unzeitgemäß geworden und die kaufmännischen Listen und Tricks der schottischen Pelzhändler der Hudson-Bay-Company auch. Die »Company«, die die ursprünglich wesentlich kühnere und unternehmungslustigere North-West-Company vereinnahmt hatte – sie verfügte über viel größere Kapitalien, denn sie saß am Londoner Kapitalmarkt! –, konnte ihren Einfluß und ihre Geschäfte bis in die Mündungsgebiete des Columbia-Stroms (der Grenze zwischen den heutigen US-Staaten Oregon und Washington) hinunter ausdehnen und griff im Norden bis nach Alaska und zum Großen Sklaven- und sogar zum Großen Bären-See aus.

Nach Osten hin wurden die Kanus über die Mündung des Saskatchewan geschleust und passierten hier, wo ich mich jetzt befand, die Gabelung der Wasserstraßen. Bog man hinter den Grand Rapids, wo La Verendrye das Nouveau-Fort-Bourbon gegründet hatte, nach Süden auf den Winnipeg-See hinaus, so hieß das Ziel Montréal, wo die »North-West-Company« ursprünglich ihre Zentrale hatte. Bog man mehr nordwärts über den Winnipeg-See hinweg, so erreichte man auf dem Gegenufer den Ausfluß des Nelson-River, der zur Hudson-Bay wanderte, wo sich die »Hudson-Bay-Company« ursprünglich festgesetzt hatte. Dort, in Fort Nelson, oder zweihundert Kilometer weiter nördlich an der Mündung des Churchill-River in die Hudson-Bay ließ die Company die Indianer mit ihren Pelzen in ihr Fort Prince of Wales oder Fort Churchill kommen. Das ging solange gut, bis die Agenten der North-West-Company, die sich über Tausende von Wildnis-Meilen heran- und heraufgearbeitet – und gepaddelt – hatten, anfingen, die zur Hudson-Bay strebenden indianischen Pelzlieferanten abzufangen und ihnen ihre kostbaren Ladungen weit vor den Aufkäufern der Hudson-Bay abzuhandeln, womit sie den Indianern die gefährliche und müh-

same Weiterreise zur Hudson-Bay ersparten. Erst dadurch wurde dann auch die Hudson-Bay-Co. gezwungen, in den Westen vorzustoßen und an wichtigen Kreuzungen oder Engpässen der Kanuwege Handelsposten, Forts, zu errichten.
Der Saskatchewan fällt mit den Grand Rapids über die letzte Geländestufe von den miteinander verbundenen Cross-Lake und Cedar-Lake auf das Niveau des Lake Winnipeg hinunter und rauscht und schäumt dabei durch eine verhältnismäßig enge Passage von etwa fünf Kilometern Länge, die sich in der alten Zeit mit der Wildheit ihrer Strömung sicherlich den Kanus verweigert hat. Heute gewinnt hier die Manitoba-Hydro-Company aus dem Überschuß der Wasserkräfte Elektrizität, so daß die sicherlich sehr wilde und großartige Szenerie der Vergangenheit nur noch in Resten erhalten ist; aber auch diese sind noch großartig genug.
Aber ebenso wie Monsieur Jospine suchte ich völlig vergeblich nach den Birkenkreuzen, unter denen vor zweihundert Jahren verunglückte oder versagende Voyageurs zur ewigen Ruhe gebettet worden sind. Geblieben ist nichts weiter als ein weder besonders munter, noch glücklich, noch gepflegt wirkendes Indianderdorf, in dem sich einige, wahrscheinlich sehr aufopferungswillige Oblate-Missionare der wenig aussichtsreichen Bemühung hingeben, die auf die Unterstützungszahlungen der Regierung angewiesenen, im übrigen ziemlich ziel- und arbeitslosen Indianer seelsorgerlich zu betreuen.
Der im Manitoba-Parlament Obstruktion betreibende Abgeordnete Elijah Harper vom Stamme der Cree hat schon recht, wenn er immer wieder lauthals fordert, daß die Indianer in Canada mit viel mehr Recht als die Québecois fordern können, als »distinct Society« berücksichtigt zu werden – es fragt sich nur, wie das geschehen soll? Etwa mit mehr Geld? Damit die Indianer und die Eskimos noch mehr dem Alkohol verfallen, als sie es jetzt schon sind? Was die Forderung der Indianer nach einer »distinct Society« anbelangt – sie wäre und ist viel schwerer zu verwirklichen als die der Franko-Kanadier, kann gar nicht damit verglichen werden.

Ich verweilte einen ganzen Tag in Grand Rapids, vertrödelte aber die meiste Zeit abseits des Örtchens am waldigen Ufer des Lake Winnipeg und blickte hinaus über die weite, weite Einmündung des Saskatchewan in den großen See. Die Stille und Einsamkeit waren vollkommen. Ich hatte Zeit, nachzudenken und mir die alte Zeit vorzustellen: damals mag im Frühling und im Herbst wohl kaum ein Tag vergangen sein, an dem nicht ein kleiner Schwarm von schlanken Lastkanus mit scharf im Takt die tropfenden Paddel schwingenden, vielleicht sogar lauthals singenden Ruderern – oder noch eine Flottille von woanders her ihre Ladungen west- oder ostwärts beförderten.
Dann aber fiel mir ein, daß die Tag- und Nachtgleiche gar nicht mehr sehr weit entfernt war. Fingen nicht schon, wie ich nicht ohne ein leises Erschrecken wahrgenommen hatte, einige Laubbäume in den gemischten Beständen am See an, herbstliche Farben anzunehmen?
Ich befand mich ja immer noch erst im Herzen des großen Canada und zum Gebirge und zum Meer war es noch weit.
An diesem klaren, völlig stillen, schon ein wenig müden Tage beschloß ich: Wenn die ganze Geschichte, diese ein bißchen verrückte Gewaltreise durch den Norden, am äußersten Rand der bewohnten, gerade noch auf Straßen erreichbaren Gebiete gut ausgehen soll, wenn ich nicht im Morast oder Schnee stecken bleiben will, wenn ich wirklich noch vor dem Winter wieder für die Heimreise – spätestens Ende Oktober – in Toronto angekommen sein will, das von meinem Ziel, Prince Rupert am Stillen Ozean, gut fünftausend Kilometer entfernt ist; dann darf ich mir jetzt keine weitere Bummelei und »nostalgische« Aufenthalte wie diesen an der Mündung des großen Saskatchewan mehr erlauben. Dann habe ich die endlosen Distanzen durch den leeren Norden der drei Prärie-Provinzen in Gewaltmärschen hinter mich zu bringen. Denn das Hochgebirge, das ich dann noch vor dem Erreichen der Meeresküste zu überwinden habe (auf ungepflasterten Straßen, wie ich wohl wußte), würde mich wie üblich mit unangenehmen Überraschungen nicht verschonen.
Und um die Befragung meines Reisegewissens vollständig zu

machen, griff ich in die Tasche meiner Jacke – ich hatte mir doch mein kleines, aber sehr genaues Reise-Barometer eingesteckt: ja, da war es; ich knipste es auf, und zog die Augenbrauen hoch. Wochenlang hatte das Barometer den Zeiger auf der Schönwetterseite der Skala ein wenig hin und her schwingen lassen. Ich hatte die schönen Tage des beginnenden Herbstes so selbst. verständlich hingenommen, als hätte ich ein Anrecht auf die leise Melancholie der nebligen Morgen, der strahlenden Abende. Auch an diesem Tage des nachdenklichen Verweilens am meeresgleichen Winnipeg-See, wo er den großen Strom der Prärien in sich vergehen läßt, auch jetzt in den vielen Stunden, in denen ich versuchte zu verarbeiten, was mir der korrekte Monsieur Jospine offenbart hatte, war die Sonne nicht geizig gewesen und hatte mich mit goldenem Licht über den stillen Weiten reichlich verwöhnt.

Aber, zu meinem Schrecken, darauf war ich nicht gefaßt gewesen, das Barometer war am Fallen! Das schwarze Zeigerlein hatte die »Schönwetter«-Zone verlassen und war auf »Veränderlich« bereits weit nach links hinübergeglitten. Und als ich an das Gehäuse klopfte, machte der Zeiger einen richtigen kleinen Sprung in Richtung »Regen«.

Meine beschauliche Zufriedenheit war mit einem Schlage verflogen. Ich zählte mir auf, was mir in den nächsten Tagen bevorstand – ich hatte es längst nach der Karte berechnet und wußte es auswendig: vierhundert Kilometer bis Flin-Flon, über dreihundert bis zum Lac La Ronge, an die fünfhundertfünfzig bis zur Alberta-Grenze, vierhundertzwanzig bis zum Kleinen Sklavensee und dann nochmals an die dreihundert Kilometer weiter auf der »Northern Woods and Water Route« bis nach Dawson Creek, wo die beginnende Alaskastraße mich aufnehmen würde. Dort würde ich gerade eben erst in British-Columbia angekommen sein. Alles in allem hatte ich also noch an die zweitausend Kilometer zurückzulegen, ehe das Gebirge vor mir auftauchen würde, mindestens vier Tage an bloßer Fahrzeit, denn die Straßen würden keine wirklich fördernden, gleichmäßigen Geschwindigkeiten erlauben, selbst nicht bei gutem, trockenen Wetter.

Ich klappte das kleine Barometer wieder zu, versenkte es in der Jackentasche, warf noch einen Abschiedsblick auf die scheinbar grenzenlose Weite des Sees, der sich wie ein riesiger, schwerer Körper blank poliert vor mir nach Osten wölbte. Ich mochte warten, so lange, wie ich wollte; ein schlankes, silberfarbenes Kanu aus Birkenrinde, von einem halben bis ganzen Dutzend Mannsbildern angetrieben, würde die Wasserfläche nie mehr beleben, das war ein für alle Mal vorbei!

Ich würde noch einmal nach meinem Auto sehen, Motoren-, Getriebe-, Bremsöl kontrollieren, tanken – und dann früh schlafen gehen, um am nächsten Morgen schon vor Tau und Tag unterwegs zu sein. Vielleicht tat mir das Wetter den Gefallen, mit dem Umschlagen noch einen halben oder ganzen Tag zu warten.

Aber diese bange Hoffnung erfüllte sich nicht. Zwar regnete es noch nicht, als ich im Morgengrauen wieder auf die 6 hinausschwenkte und weiter Kurs nach Norden nahm. Der dürftige, auf mich an diesem Nebelmorgen sonderbar trostlos wirkende Wald nahm mich sofort wieder auf. Das Wasser des Sees, das anfangs zwischen den Stämmen noch zu ahnen gewesen war, verschwand endgültig. Der Nebel wurde dichter; ich schaltete die Lichter ein; entgegenkommende Autos waren kaum zu erwarten, aber man konnte ja nie wissen. Ich fuhr und fuhr, bohrte die Augen in den Nebel. Trostlos – das war das passende Wort für die 175 Kilometer nach Norden. Dann würde ich die Bahnstrecke überqueren, die aus der Mitte der Provinz Saskatchewan her durch die Wälder und dann über die Tundra hinweg nach Churchill an der Hudson-Bay hinaufführt, von wo aus in unseren Tagen ein beträchtlicher Teil des Weizens der Prärie nach Europa verschifft wird. Der Bahnübergang bei der Station Ponton, das war mein erstes Ziel an diesem Nebeltage. Der Nebel näßte so stark, daß ich die Scheibenwischer laufen lassen mußte.

Da war er endlich, der Schienenstrang! Ich rollte mit kurzem Rütteln über ihn hinweg und hatte das Gefühl, jetzt erst aus dem großen Umkreis der Hudson-Bay entlassen zu sein; die 6 bog hier in rechtem Winkel nach rechts ab, strebte – längst wieder

auf dem Großen Kanadischen Schild – weiter nach Nordosten hinauf, um nach weiteren 150 Kilometern Thompson zu erreichen, wo die » International Nickel Company of Canada« 1961 reiche Nickel-Lager erschlossen und eine riesige Nickelschmelze gebaut hat. Ich aber sagte der 6 Lebewohl und bog nach links, nach Westen, auf die recht jämmerliche 39, um durch den Grass River Provincial Park hindurch Cranberry Portage anzustreben und die wichtige Route Nr. 10, die weit, weit im Süden vom Transcanada-Hochweg her (um »highway« wörtlich zu übersetzen) schnurstracks nordwärts wandert.
Am halben Vormittag verwandelte sich dann, wie mein Barometerchen richtig vorausgesagt hatte, der nässende Nebel in Regen. Die Sicht wurde damit besser, und ich konnte ein wenig begreifen, daß der Grass River Park, den ich der Länge nach zu durchfahren hatte am Reed-, am Leak, am Simonhouse-Lake vorbei, als eines der schönsten Abenteuer- und Wildnis-Paradiese gilt, die im nördlichen Manitoba oder Saskatchewan zu finden sind. Die ganz ungebändigte, hier weit nach Westen ausschwingende Natur des Kanadischen Schildes hat sich dort in all ihrer Vielfalt wieder durchgesetzt. Die Eintönigkeit und Öde der Wälder ist vergangen. Trotz des Regens genoß ich die wieder üppiger prangende Einöde. Ja, allerdings: man sollte, wenn es auf der Welt ein bißchen gerechter eingerichtet wäre, über das Geld und die Zeit verfügen können, in diesem herrlich schönen Park am Grassfluß, über den von der Cranberry-Portage (Preiselbeeren-Tragestrecke) eine alte Kanuroute zum Churchill-River hinaufführt, sich ein paar unbeschwerte Wochen nutzlosen Angelns, Beerensammelns und Nichtstuns zu gestatten.
An den Regen gewöhnte ich mich schnell. Die Luft, die mir ins Auto gefächelt wurde, duftete frisch und würzig. Die Natur sog das Naß nach der ausgedehnten Schönwetter-, das heißt Trokkenzeit, anscheinend begierig auf. Wegweiser zogen am Straßenrand vorbei, die zu Camps und Unterkünften am Athapapuskow-, am Payuk- , am Elbow-, am Manistikwan-, am Kississing-Lake wiesen. Und in Cranberry Portage war sogar ein Caribou Bill Museum zu besichtigen, das der Naturgeschichte und

den handwerklichen Kunstfertigkeiten der Indianer in Nord-Manitoba gewidmet ist.
Ich besichtigte es nicht, eingedenk meines Schwurs, nur noch zu fahren, zu fahren, zu fahren, um mit dem Südende der Alaska-Straße endlich das Gebirge und das Juwel unter den kanadischen Provinzen – was die Schönheit der Landschaften anbelangt –, die Provinz British-Columbia unter den Rädern zu spüren.
In der Stadt Flin-Flon würde ich mich ebenfalls nicht aufhalten. Die Minen-Siedlung ist 1928 von der »Hudson-Bay-Mining and Smelting-Company« gegründet worden, um die reichen Zink- und Kupfererden der Gegend zu Tage zu fördern und aus dem Erz zu schmelzen, wobei nebenbei Cadmium, Selenium, Tellurium, Gold, Silber und Nickel gewonnen werden. Solche Minenstädte in der fernen Einöde ziehen mit ihren »jobs« und guten Löhnen die Einwanderer als Arbeiter an, die in den zivilisierteren Gegenden noch nicht haben Fuß fassen können, hier in Flin-Flon vor allem Iren und Ukrainer.
Am Eingang in die Stadt (etwa 13 000 Einwohner) grüßte mich beinahe erschreckend riesig die Statue des Flintabbetey-Flonatin, der mit den ersten beiden Silben der zwei Teile seines Namens der Stadt den Namen Flin-Flon gegeben hat. Es war unverkennbar: Das Vorbild zu der albernen Riesenstatue mußte aus einem amerikanischen »Comic-Strip« stammen. So ist es auch.
Der Prospektor, Schürfer oder Goldsucher Creighton, der dem Reichtum der Gegend an wertvollen Mineralien auf die Spur gekommen war, hatte im weglosen Busch ein zerweichtes Exemplar eines ziemlich albernen Romans mit »Cartoons« gefunden und hatte es in aller Naivität und viel Spannung verschlungen. Es stammte von dem amerikanischen Comic-Strip-Zeichner Al Capp. Der Held des Buches »The Sunless City« (die sonnenlose Stadt) hört auf den weit hergeholten Namen Josiah Flintabbatey-Flonatin. Der wackere Prospektor Creighton war von dem mythischen Helden und seinen vielen, schier unglaublichen Abenteuern tief beeindruckt. Er beschloß, die Stadt, die bei

den Mineral-Funden entstehen würde, nach dem Helden des »Romans« von Al Capp zu benennen. So entstand Flin-Flon – und dabei ist es bis heute geblieben.
Es regnete nachhaltig und gleichmäßig, womit sich offenbar eine längere Regenperiode ankündigte. Die Stadt ist auf Fels gebaut, den verläßlichen Fels des Kanadischen Schildes, dieser von den Eiszeiten abgeschliffenen Landschaft, die sich seit ewigen Zeiten nicht gerührt hat; dazu gehört auch, daß in ihrem Weichbild und ihrer Umgebung einige kleine Seen die Straßenzüge unterbrechen. Ich hielt es für richtig, meinen Benzintank wieder vollfüllen zu lassen – darauf muß man auf diesen endlosen Straßen durchs Nichts ständig bedacht sein. Der Tankwart oder Tankstellen-Besitzer war offenbar ein Ire, wie aus seinem weichen Englisch und seiner Mitteilsamkeit mit Sicherheit zu schließen war; er erzählte mir alles, was er über Flin-Flon, die Hudson-Bay-Mining and Smelting-Co., über Creighton und das im Busch gefundene Cartoon-Buch für wissenswert hielt. Er beantwortete mir auch die Frage, warum einige der kleinen Seen bei der Stadt so verdächtig schwarzes, wie öliges Wasser aufwiesen: »Die Company läßt ihren Dreck einfach hineinlaufen; es gibt viele stinkige Abwässer bei der Produktion. Irgendwo müssen sie schließlich hin mit dem üblen Zeug. Und Seen gibt's ja in dieser Gegend genug.«
Der gute Mann hatte sicherlich recht: Seen gibt's auf dem »Schild« genug, abertausende! Ich hätte vielleicht daran gedacht, in Flin-Flon über Nacht zu bleiben. Es werden Führungen durch die Minenwerke angeboten. Vielleicht hörte auch der Regen wieder auf, wenn ich mir Zeit ließ. Aber die alberne Riesenfigur (wie aus Pappmaché geformt kam sie mir vor) und viel mehr noch die sorglos verdreckten Seen in der Stadt (»es gibt ja so viele davon!«) hatten mir das völlig beziehungslos in die Wildnis gepflanzte Nest verleidet. Ich bedankte mich bei dem Tankmann für alle seine Auskünfte, stieg wieder ein und rollte kurz darauf über die deutlich bezeichnete Provinzgrenze nach Saskatchewan hinüber, womit sich die Straßennummer von 10 in 106 verwandelte.

Meine ökologische Entrüstung in allen Ehren – aber es regnete weiter und sah nicht danach aus, als ob es bald aufhören würde. Auch hatte ich bei meiner angeborenen Neigung, Antipathien nachzugeben, ohne Rücksicht darauf, ob sie zu begründen sind, nicht daran gedacht, daß ich sehr wahrscheinlich gut dreihundert Kilometer würde weiterfahren müssen, ehe ich – in La Ronge – einen Platz fände, wo ich einigermaßen ordentlich würde übernachten können. –

Wenn es auch regnete, so daß ich dem Scheibenwischer keine Ruhepause gönnen konnte, so nahm mich doch der sonderbare Zauber dieser Fahrt durch die triefende Einöde bald gefangen. Wieder, so wollte es mir scheinen, hatte sich das Wesen der Landschaft, die ich, als wäre ich ganz allein auf dieser Welt, durchrollte, verändert.

Den dichten, üppigen Wald, der mich am Grass-River entzückt hatte, gab es nicht mehr. Sehr viel lockerer säumten Bäume und Büsche die meist schnurstracks vor mir hinziehende Straße 106. Manchmal blinkte das Wasser eines der unzähligen Seen dieser äußersten Nordwest-Fortsetzung des Kanadischen Schildes abseits der Straße zwischen den Bäumen auf, vollkommen eben, aber wie wollig aufgerauht von den Tropfen des fallenden Regens. Kein Tier zeigte sich auf der scheinbar ins Endlose gedehnten Fahrt, kein Vogel flatterte oder schoß mir über den Weg. Weit in die Einöde hineinzublicken vermochte ich nicht; die gemächlich ziehenden Schwaden des Regens verschleierten jede fernere Sicht. Es drängte sich mir die Erinnerung an die ostafrikanische Busch- und Baumsteppe auf, die ich Jahre zuvor durchfahren hatte, so locker und luftig – jedes ein Individuum! – standen auch hier die Gewächse. Aber ich berichtigte mich natürlich sofort: Giraffen mit langen Hälsen waren hier nicht zu erwarten; doch auch die Hirsche oder Wölfe, die hier zu Hause sein mochten, schienen sich samt und sonders in einen regenfesten Unterschlupf zurückgezogen zu haben.

Welche Leere, welche Einsamkeit, welche seltsam lastende und doch nicht ganz trostlose Melancholie, die ich da durchrollte! Wieder wie hinter Grand Rapids wurde ich von dem Gefühl angerührt, vollkommen allein auf der Welt zu sein. Mit dem Regen hatte ich mich ganz und gar abgefunden; die Straße blieb von leidlicher Qualität, wenn sie auch keine Schnellfahrt erlaubte; doch hatte sie eine feste Decke aus Asphalt oder Zement; die Räder meines wackeren Vehikels fanden also ständig festen, kühlen Untergrund. Ich konnte mich sorglos der überwältigenden Verlassenheit und Eintönigkeit dieser Nordischen Busch- und Baumsteppe überlassen. Hoffentlich setzt der Ausdruck »Steppe« die Landschaft nicht allzusehr herab. Für mich sind Steppen, ob sie nun in den Tropen liegen, wo die Sonne wie mit eisernen Hämmern die Erde schmiedet, oder hier im nördlichen Saskatchewan, wo das Land die beginnenden Herbstregen, ohne auch nur ein Zweiglein zu regen, durstig und glücklich über sich ergehen läßt, eben Steppen. Gleich welcher Art sie sein mögen, Steppen haben mit ihrer Weite, ihrer jedes Ende verleugnenden Leere, ihrer rücksichtslosen, sogar majestätischen Eintönigkeit auf mich von jeher einen tiefen Eindruck gemacht und waren mir gar nicht fremd, sondern befreundet, wenn man die Beziehung so nennen darf.

Wenn ich so zügig weiterfahren konnte, wie hier durch den Regen, würde ich ohne Verspätung am Stillen Ozean eintreffen; die endlosen Strecken bis nach Dawson Creek brauchten mich nicht zu beunruhigen. Jetzt aber hatte ich darauf zu achten, daß ich die Abzweigung der Saskatchewan Nr. 165 zum Lac La Ronge nicht verpaßte. Ich hatte ja im Norden zu bleiben, und die 106 schwenkte allmählich nach Süden; dem durfte ich, wenn irgend möglich, nicht nachgeben.

Ich verpaßte die 165 nicht, schwenkte rechter Hand in sie ein – und wurde sofort aus meiner ein bißchen gelangweilten, aber doch ganz vergnüglichen Selbstzufriedenheit aufgestört. Denn die 165 besaß keine feste Straßendecke mehr, sondern entpuppte sich als bloße Kiesstraße, eine »Gravelled Road«. Diese Gravelled Roads sind gut zu befahren, solange trockenes Wetter herrscht. Mit der Zeit wird indessen der nur lose aufgeschüttete Kies in den Untergrund eingefahren, der dann sozusagen wieder nach oben durchdringt. Ist der Boden sandig, so mag die Straße

bei länger anhaltendem Regen schlammig werden, wird aber nur mit Maßen schleimig oder schlüpfrig. Anders ist es, wenn der Boden lehmig ist. Wenn dann der Kies schon im wesentlichen im Unterboden verschwunden ist, könnte die Straße genau so gut mit Butter oder Öl ausgelegt sein, so gering ist der Widerstand, den die Räder auf der schmierigen Unterlage finden.
Ich war noch keine hundert Meter auf der 165 unterwegs, da brach mein sonst so gehorsames Gefährt, als ich's mit etwas mehr Gas versuchte, mit den Hinterrädern aus; ich hatte alle Hände voll zu tun, nicht in den halb mit Wasser gefüllten Straßengraben auszurutschen. Ich war nachdrücklich gewarnt!
Ich ließ den Wagen sachte auslaufen, sah nach der Karte und stellte fest, daß ich auf dieser nur gekiesten Nr. 165 etwa neunzig Kilometer zurückzulegen hatte, ehe ich mit der CanAm, der Saskatchewan Nr. 2, wieder Straßenpflaster erreichen würde. Auf der CanAm (*Can*ada-*Am*erica-Straße, von der US-Grenze im Süden von Saskatchewan bis in den hohen, menschenleeren Norden der Provinz zu den Otter-Stromschnellen, die schon in den Lauf des völlig ungebändigten Churchill River gehören, der, eigentlich nur eine Kette von kleinen und großen Seen, sich tausend Kilometer weiter im Osten in die Hudson-Bay ergießt) würde ich dann nur noch 35 Kilomter nach La Ronge am großen See gleichen Namens zu bewältigen haben, ehe ich im Motel »Lac-La-Ronge« ein Unterkommen fand – hoffentlich!
Nun, die neunzig Kilometer auf der wie mit Schmierseife präparierten 165 haben mich beinahe vier Stunden gekostet. Der Vierrad-Antrieb meines Wagoneer bewährte sich wieder einmal musterhaft. Ich geriet nicht noch einmal in Gefahr, aber ich mußte fahren »wie auf Eiern« und kam nur beschämend langsam voran. Man wird begreifen, daß ich weder viel Zeit noch viel Lust hatte, mich um die nasse Landschaft zu kümmern, die ich durchfuhr. Und als ich endlich in die CanAm Nr. 2 scharf nach Norden einbog, war es längst stockdunkel. Die Scheinwerfer bohrten sich in ein schwarzes Nichts. Keine menschliche Wohnstatt irgendwo in der vollkommenen Dunkelheit, kein Licht aus einem Fenster oder einer Laterne!

Endlich: La Ronge! Der große See im Osten des Orts war nicht einmal zu ahnen in der triefenden Finsternis. Aber das Motel oder Gasthaus, nach dem ich verlangte, war nicht schwer zu finden. Ich machte mir klar: Wenn ich dem Grundsatz dieser Reise, die jeweils nördlichste Route nach Westen zu benutzen, treu bleiben wollte, dann hatte ich von jetzt ab noch viele Hunderte von Kilometern auf Kiesstraßen, ja nur auf Lehmstraßen ohne Kies abzuhaspeln. Treu bleiben wollte ich, aber es würde mich doppelte, dreifache Zeit kosten, wenn es weiter regnen sollte. Ich hatte also keine weitere Stunde zu verlieren! Die Distanzen auf dem Gebiet von Saskatchewan würden mir zu schaffen machen. In Alberta würde ich wohl wieder auf festes Pflaster und in British-Columbia sogar auf besseres Wetter rechnen können. Die Beschäftigung mit den Problemen der Franko-Kanadier, die sich mir weiter im Osten in den Weg gestellt hatten, waren mir allzu dicht und hinderlich auf den Fersen gewesen.

Um die lange, überaus feuchte Geschichte kurz zu machen: Ich bin dann, ohne mir irgendwo einen Aufenthalt zu gönnen, gefahren, gefahren, gerutscht und geschlittert, immer treu auf den jeweils nördlichsten Straßen und habe mich mit nur kurzen Abweichungen an die »Northern Woods and Water Route« gehalten, auf die ich jenseits der Grenze zwischen Saskatchewan und Alberta unvermeidlich traf. »Northern Woods and Water« – so wird diese viele verschiedene Straßen-Kennzahlen tragende Ost-West-Verbindung auf den kanadischen und amerikanischen Karten genannt, soweit diese genau sind (was sie nicht alle sind). Meine Befürchtung bestätigte sich: die Herbstregen hatten mit all der Nachdrücklichkeit und Beharrlichkeit eingesetzt, die ihnen eigen ist. Ich konnte ihr Ende nicht irgendwo in der Stille abwarten, vielleicht am Ufer eines der auf hundertfach verschiedene Weise in die Wälder gebetteten Seen – hier im Nordwesten waren alle noch glasklar und süß und wimmelten von prächtigen Fischen, waren noch nicht vom »sauren Regen« verdorben wie so viele andere kanadische Seen im Osten des Landes. Ich

hätte es gern getan: Mich ans Fenster meines vielleicht ganz passablen Motels oder Hotels zu setzen und in Ruhe und Lässigkeit zuzuschauen, wie die Regentropfen aus der schwarzgrauen Fläche abertausend kleine Blasen zauberten, bis dann ein leiser Windzug von irgendwoher das Wasser sachte aufrauht, die Blasen vergehen und mit einmal der Regen sichtbar wird in den Schleierschwaden, die er über die Seefläche und zwischen den Uferbüschen und Bäumen dahinwehen läßt.
Das war mir nicht vergönnt. Es regnete weiter, und ich hatte weiter zu reisen, gehetzt von der Angst – wie ich zugeben muß –, die selbstgestellte Aufgabe nicht bewältigen zu können und schließlich verspätet wieder in Toronto einzulaufen, wo ich mein Auto bei dem vertrauten Händler, der es mir beschafft hatte, schnell und lohnend wieder loswerden mußte, wenn ich nicht mehr Geld verlieren wollte, als die Reise einbringen würde. Denn der Knüppel liegt beim Hunde – wie in den sogenannten »freien« Berufen überhaupt – und der ständige Krieg, den man um seinen Unterhalt zu führen hat, muß sich nach mittelalterlicher Regel aus sich selbst ernähren.
Aber trotz der vielen Rutschpartien, trotz des verhaßten Zwanges, nur selten schneller als zwanzig, dreißig Kilometer in der Stunde fahren zu dürfen, wenn ich Auto und Weiterfahrt nicht riskieren wollte, habe ich diese sechs Tage der Reise durch den Regen und das Gespritz der Pfützen genossen, vor allem von dem Augenblick an, an dem ich den wegen seiner einsamen Schönheit gerühmten Meadow-Lake-Provincial-Park durchfahren und über die Grenze das Gebiet der Provinz Alberta – und wieder befestigte Straßen! – erreicht hatte. Wenn ich an die letzten etwa fünfhundert Kilometer von La Ronge in Saskatchewan nach Grand Centre in Alberta zurückdenke, dann stehen mir noch heute die auf meinem Schädel gar nicht mehr vorhandenen Haare zu Berge, so bitterlich hatte ich da mit Dreck, Schlamm und Morast zu kämpfen. Aber trotz aller Ungeduld vergaß ich nicht die Regel, die sich mir in vielen Jahrzehnten Autofahrt in allen Kontinenten eingeprägt hat: Wenn es kritisch wird, hilft nichts anderes, als langsam zu fahren, möglichst noch langsamer!

Die Sonne neigte sich bereits hinter den schwarzen Fichtenwipfeln zum westlichen Horizont, als zu meiner Rechten eine meerhaft grenzenlose Wasserfläche zwischen den Stämmen des kräftiger gewordenen Waldes aufzuspiegeln begann, und ich gleich darauf auf eine lange Straßenbrücke rollte, die einen unerwartet breiten, nach rechts unter der Brücke machtvoll dem See Winnipeg zuwallenden Wasserlauf, einen Strom ganz gewiß, überquerte. Alle Bedrücktheit und Müdigkeit fielen von mir ab: ich hatte das Ziel dieses Tages zu guter Zeit erreicht, Grand Rapids, wo der aus den fernen Rocky Mountains stammende riesige Saskatchewan in den Lake Winnipeg ausmündet.

Es blinkte auf, das Schild mit dem Namen »Grand Rapids«. Ich bog links von der Straße fort und rollte bald durch das ganz überwiegend von Odjibwa-Indianern bewohnte Dorf. In seinem Äußeren machte es nicht kund, daß ihm große historische Bedeutung zukam, die sich heute allerdings zu bloßer, blasser Erinnerung verflüchtigt hat. Nur halb Verrückte wie ich, für die das Studium der alten Pelzhandelstage im unendlich weiträumigen, leeren kanadischen Westen und Nordwesten zu einer Art von Leidenschaft geworden ist, für mich – und sicherlich auch noch für gar nicht wenige weitere Europäer und Kanadier – zaubert der Name Grand Rapids auf die riesengroße Leinwand der Vergangenheit das Bild schlanker Rindenkanus mit hohen Bügen und Hecks; sechs, acht, oder zehn Voyageurs mit roten Troddelmützen auf dem Schädel ziehen in gleichem Takt ihre Paddel durchs Wasser; hoch türmen sich in der Mitte der weiß-silbrigen Kanus die Tauschwaren (wenn die Reise westwärts geht) oder die Pelzballen, (wenn es nach dem Winter ostwärts geht zum Lake-of-the-Woods über den Winnipeg-River und dann über den Tauben-Fluß oder dem Kaministikwia zum Lake Superior, wo die kostbare Fracht aus dem hohen Westen in die größeren Montréal-Kanus umgeladen werden mußte.

Und alle diese Kanu-Flottillen kamen hier im heute weit entlegenen Grand Rapids vorbei, weil hier der große Saskatchewan in den großen Winnipeg-See mündet, und über diesen großen Strom und seine beiden mächtigen Quellflüsse, North- und

Lac La Loche
La Loche
Frobisher Lake
Peter Pond L.
Churchill Lake
Patuanak
Buffalo Narrows
Dillon L.
Vermette L.
Niska L.
Kazan L.
Lac Ile-a-la-Crosse
Ile A la Crosse
Fort Black
Waitabi L.
McCusker R.
Canoe L.
Arsenault L.
Canoe Narrows
Keeley
Primrose Lake
Waterhen L.
Sled L.
MEADOW LAKE
S A S
Breynat
Lac la Biche
Imperial Mills
Grassland
Lac La Biche
Boyle
Rich Lake
Cold Lake
Newbrook
Ardmore
Smoky Lake
Bonnyville
Waskatenau
Vilna
Ashmont
St Paul
Meadow Lake
Andrew
Loon Lake
Meetoos
Lamont
Willingdon
Elk Point
Two Hills
Onion Lake
Chitek L.
Mundare
Frenchman Butte
Turtle L.
St Walburg
Leoville
Myrnam
Vegreville
Marwayne
Helene L.
Birch L.
Ranfurly
Innisfree
Vermilion
Kitscoty
Turtleford
Glaslyn
Ryley
Holden
Mannville
Lloydminster
Bruce
Edam
Viking
Lashburn
Maidstone
Jackfish L.
Camrose
Kinsella
Meota
Maymar
Daysland
Irma
River
Paynton
Norway
Strome
Sedgewick
Neilburg
North Battleford
Killam
Wainwright
Manito L.
Cut Knife
Hafford
Battleford
Donalda
Hardisty
Forestburg
Hughenden
Maymont
Unity
Provost
Wilkie
Halkirk
Castor
Battle
Macklin
Cando
Denzil
Landis
Coronation
Consort
Luseland
Byemoor
Veteran
Biggar
Perdue
Kerrobert
Springwater
Compeer
Fusilier
Superb
Hanna
Stanmore
Youngstown
Zealandia
Drumheller
Flaxcombe
McGee
Rosetown
East Coulee
Cereal
Oyen
Alsask
Kindersley
Milden
Red Deer
Sunnynook
Glidden
Eyre
Wartime
Eston
Gem
Empress
River
Leader
White Bear
Kyle

T C H E W A N
Southend
Kyaska L.
Reindeer R.
Brabant Lake
Nagle L.
Paull L.
Jewett L.
Sandfly L.
Black Bear Island L.
River
Besnard L.
Nemeiben L.
Missinipe
Otter L.
Churchill
Trade Lake
Wood L.
Island Falls
Sandy Bay
Manawan L.
Kipahigan L.
Pelican Narrows
Mirond L.
Pelican L.
Egg L.
La Ronge
Wapawekka L.
Deschambault Lake
Jan L.
Flin Flon
Amisk L.
Denare Beach
Cranberry Portage
Mile 145
Windy L.
Sturgeon Landing
Suggi L.
Namew L.
Cumberland L.
Cumberland House
Montreal L.
Whiteswan L.
Candle L.
NIPAWIN
Tobin Lake
Squaw Rapids
River
Carrot
Choiceland
Smeaton
White Fox
Nipawin
Carrot River
Saskatchewan
Prince Albert
Red Deer Hill
Gronlid
Arborfield
Kinistino
Birch Hills
Duck Lake
Melfort
Tisdale
Crooked River
Mistatim
Hudson Bay
Red Deer
Armit
Baden
Mateking
Domremy
Wakaw
Chelan
Bertwell
Reserve
Lenore L.
Cudworth
Rose Valley
Ponass L.
Vonda
Bruno
Humboldt
Meacham
Watson
Quill Lake
Kelvington
Wadena
Kuroki
Sturgis
Pelly
Lanigan
Wynyard
Dafoe
Elfros
Foam Lake
Sheho
Canora
Kamsack
Young
Watrous
Spirit Lake
Nokomis
Theodore
Raymore
Yorkton
Saltcoats
Imperial
Kelliher
Ituna
Davidson
Last Mountain L.
Strasbourg
Bredenbury
Melville
Craik
Cupar
Lipton
Balcarres
Fort Qu'Appelle
Regina Beach
Langenburg
Russell
Hone
Highrock L.
Pukatawagan
Sisipuk L.
Charles
Flatrock
Kississing L.
Sherridon
Kisseynew L.
Fay Lake
Heming Lake
File
Optic Lake
GRASS RIVER
Cormorant L.
Wanless
Atikameg
The Pas
Westray
Overflowing River
Red Deer L.
Birch River
Swan River
Kenville
Benito
Swan
DUCK MOUNTAIN

Lake vorbei zum Lac-Les-Isles (im Meadow Lake Park) und hinüber nach Grand Centre, schon in Alberta, die allerübelste Strecke übrigens, die ich nur mit knirschenden Zähnen überstand.

In dieser Gegend des westlichen Saskatchewan kam ich mit meiner Uhrzeit völlig durcheinander. Hier beschreibt nämlich die Grenze zwischen der Mountain und Central Time-Zone eine verrückte und unverständliche Zickzack-Linie, so daß man nicht recht weiß, wann und wo man eigentlich seine Uhr um eine Stunde zurückzustellen hat (wenn man westwärts fährt). Aber wenn man die Alberta-Grenze hinter sich hat und die Straße wieder, wenn auch nicht gerade musterhaft, gepflastert ist, dann kann man sich dabei beruhigen, an diesem Tag eine Stunde geschenkt zu bekommen, was mir nach der vermaledeiten Morast-Fahrt auf der 950 sehr willkommen war.
Nun konnte ich leichteren Herzens Kurs auf den Lac-La-Biche (Hirschkuh-See) nehmen.
An den Regen hatte ich mich gewöhnt. Es wurde englischer um mich her, was die Namen der seltenen Orte anbelangt. Gleich hinter Atmore an der »Northern Woods and Water Route« (hier Nr. 55) zweigt nach Norden für 230 Kilometer eine gute Straße nach Fort McMurray ab, die ich Jahre zuvor einmal neugierig unter die Räder genommen hatte. Wenn hier im fernen Nordwesten ein Ortsname mit Fort beginnt, so ist so gut wie stets zu schließen, daß es sich um eine frühe Siedlung aus den Zeiten des Pelzhandels handelt. Das Städtchen liegt an der Mündung des Clearwater- in den Athabasca-River, einem Knotenpunkt alter Kanu-Routen aus indianischer Vorzeit. Der Clearwater weist nach Osten zum gewaltigen Churchill hinüber, und der Athabasca kommt von Süden heran, wo die Prärien nicht mehr weit sind; in seinem Oberlauf steuert er mehr von Westen aus den Rocky Mountains herüber. Nach Norden aber strömt er dem großen See gleichen Namens zu, an dem einer der wichtigsten Umschlagplätze des Pelzhandels gelegen war, Fort Chipewyan. Aus dem Lake Athabasca aber wälzt sich dann der unge-

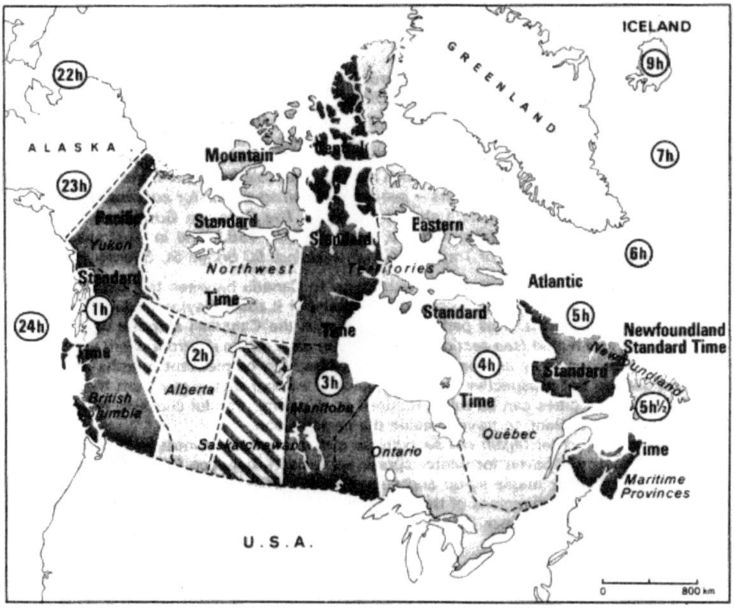

Zeitzonen: Canada dehnt sich über fünfeinhalb Zeitzonen hinweg. Wenn es in Neufundland 5.30 Uhr ist, zeigt die Uhr an der Pazifischen Küste in British Columbia erst die Mitternacht zuvor. Die schraffierten Zonen führen die Sommerzeit nicht ein; alle anderen tun es.

heure Slave nordwärts, empfängt von Westen her den wunderbar großartigen Peace, der den abenteuer- und geschäftshungrigen Agenten der North-West-Company, als erstem dem besonnen-kühnen Alexander Mackenzie, den Weg über die großen Gebirge zum Pazifischen Ozean wies, erreicht durch endlose Sümpfe, schütteren Wald und Tundra den Great Slave Lake und trägt dann für den anderthalbtausend Kilometer langen Rest seines im Winter solide vereisten Laufs den Namen Mackenzie-River. Mackenzie nämlich hat mit seiner Handvoll von frankokanadischen Voyageurs (einem Deutschen darunter) auch diesen Riesenstrom darauf überprüft, ob er ihn wohl zum Pazifischen Ozean brächte. Stattdessen erreichte er den unpassierbaren arktischen Ozean, so daß er unverrichteter Sache wieder nach Fort Chipewyan am Athabasca-See zurückzukehren hatte.

Weder auf dieser, noch auf seiner späteren Reise den Peace-River aufwärts und dann dessen Quellflüsse Parsnip und Crooked, über den Fraser- und Blackwater (oder West Road-) River und dann zu Fuß über die Küstengebirge, bis er dann das Salzwasser des Stillen Ozeans erreichte, auf diesen für uns Heutige fast unvorstellbar anstrengenden und gefährlichen Fahrten durch bis dahin noch nie durchquerte, so gut wie menschenleere Einöden verlor Alexander Mackenzie nicht einen einzigen Mann seiner Voyageurs, brachte sie stets allesamt wieder nach Fort Chipewyan zurück, und das stets innerhalb eines Sommers und Herbstes. Das waren Entdeckungsreisen von gleicher oder noch größerer Kühnheit und Ausdauer als heutige Erdumkreisungen oder die Durchquerung der Antarktis. Und sie wurden vollbracht ohne ein einziges der technischen Hilfsmittel der Moderne und ohne das im Hintergrund die Heutigen begleitende Bewußtsein, daß man im äußersten Notfall einen Hubschrauber oder ein Flugzeug zu Hilfe rufen könnte.
So ziehen sich die Gedanken endlos fort, vom Hundertsten ins Tausendste, wenn man wie ich auf dieser Reise durch den trostlos rieselnden Regen fährt und dann auf der »Northern Woods and Water Route« – wahrlich »Woods and Water« (Wälder und Wasser) auf meiner Fahrt! – gleich hinter Atmore auf den Wegweiser nach McMurray stößt. – Der Ort ist vor wenigen Jahrzehnten aus seiner Vergessenheit als Pelzhandels-Posten von neuem erwacht oder vielmehr ohne Rücksicht auf seine stolze Vorzeit aufgestört worden, als die westliche Welt von der Gefahr aufgeschreckt wurde, nicht mehr genug oder allzu teures Erdöl von der Opec geliefert zu bekommen. Schon die alten Pelzhändler wußten, daß da am Athabasca aus den Uferbänken an verschiedenen Stellen ein dickflüssiger, schwarzer Brei austrat, der brenzlig roch und auch brennbar war: Erdöl, wie wir heute wissen, aber stark vermischt mit dem Sand oder der Erde des Untergrundes. Das Hotel, in dem ich auf einer früheren Fahrt in McMurray eine nicht besonders komfortable Unterkunft fand, trug den Namen »Tar Sands«, was »Teer-Sände« bedeutet – so werden die Erdformationen bezeichnet, in denen

von Fort McMurray am Athabasca abwärts riesige Mengen von Erdöl, jedoch mit dem Erdreich klebrig vermischt, festgestellt worden sind. Mit riesigen Maschinen werden die Teersände abgebaut – wonach die ursprüngliche Landschaft für alle Zeiten zerstört ist; in gewaltigen Industrieanlagen wird dann der Sand vom Öl getrennt und aus dem Öl Benzin für die Autos und manches andere hergestellt. Das vergessene Fort McMurray hatte sich, so erlebte ich es damals, zu einem hübschen und gepflegt wirkenden Städtchen entwickelt, in dem die Leute, die alle von den Tar-Sands lebten, ein Dasein führten, das die ungeheure Leere und Einöde ringsum völlig vergessen machte.
Nun, diesmal fuhr ich, ohne anzuhalten und ohne Herzklopfen an dem Wegweiser nach McMurray vorbei – wo übrigens zur Zeit nicht viel zu sehen sein wird. Denn die Opec hat sich, wie bekannt, auf einen konsequenten Preiskrieg gegen den Westen nicht einigen können; die Ölpreise gaben immer wieder nach – und der Abbau der Tar-Sands im nördlichen Alberta geriet in die roten Zahlen und wurde eingestellt. Das hübsche Städtchen, das ich in voller Blüte erlebt hatte, wird also wohl inzwischen einen ziemlich verwelkten Eindruck machen. Dergleichen ist ja im amerikanisch-kanadischen Westen und Nordwesten nichts Ungewöhnliches. Wenn die Erdschätze ausgebeutet sind oder ihre Preise ins Unrentable absinken, dann werden die Städte oder Städtchen, die sich bei den Fundorten gebildet haben, im Handumdrehen aufgegeben und werden zu »ghost towns«, zu »Geisterstädten« – und in den leeren Fensterhöhlen saust der Wind. Bis dann ein unternehmungslustiger Zeitgenosse auf die Idee kommt, aus der Stadtruine und der Erinnerung an die wilde Minenzeit eine Sehenswürdigkeit zu machen, sie ein bißchen hochzuspielen und gegen Eintrittsgeld zu verkaufen.

Gut fünfzig Kilometer weiter westwärts hatte ich den Athabasca bei einer Ortschaft gleichen Namens zu überschreiten und tat es langsam und achtungsvoll! Ich empfand den machtvoll und klar durch die Wälder heranwallenden Strom, den der seit Tagen rinnende Regen schon hatte schwellen lassen, als einen ersten un-

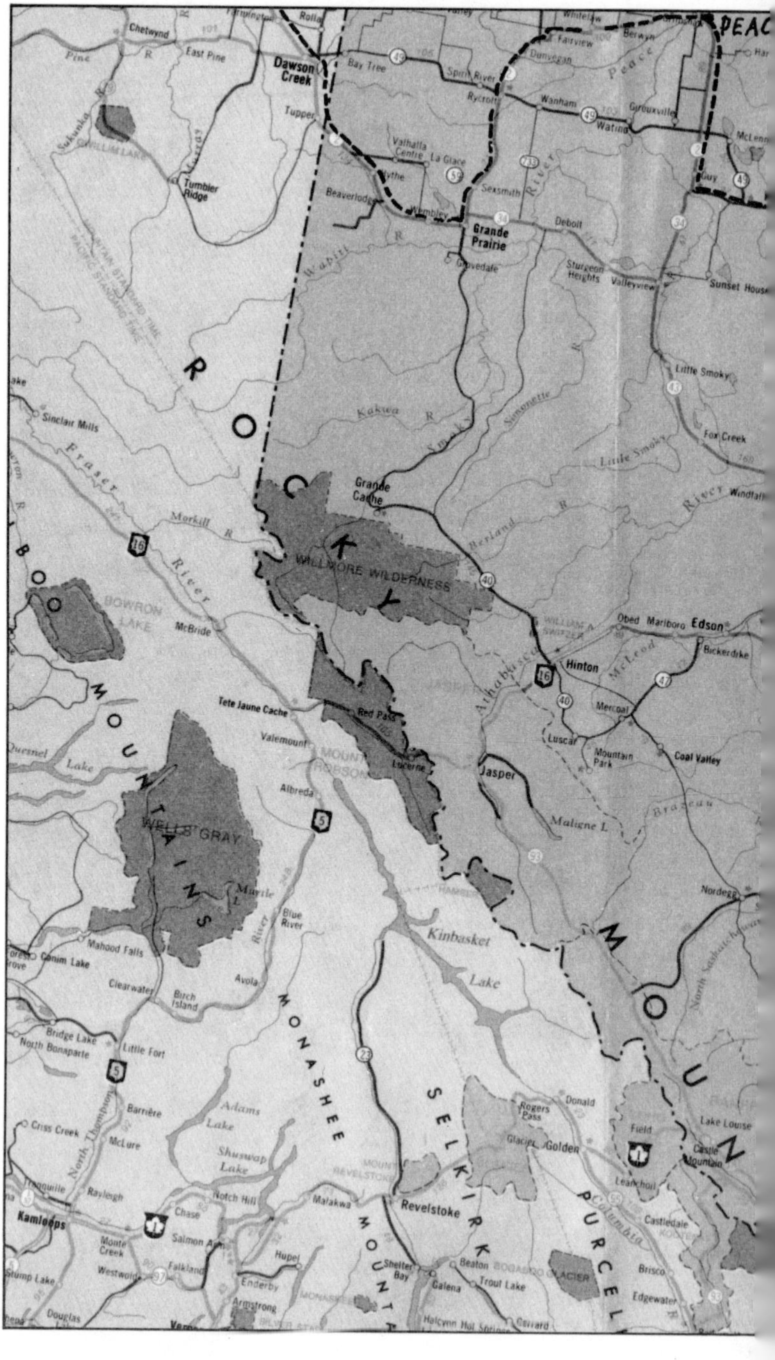

ROCKY MOUNTAINS
CARIBOO MOUNTAINS
MONASHEE MOUNTAINS
SELKIRK MOUNTAINS
PURCELL
WILLMORE WILDERNESS
BOWRON LAKE
WELLS GRAY
MOUNT ROBSON
JASPER
MOUNTAIN STANDARD TIME
PACIFIC STANDARD TIME
Chetwynd
East Pine
Dawson Creek
Tupper
Rolla
Bay Tree
Spirit River
Rycroft
Fairview
Dunvegan
Berwyn
Wanham
Girouxville
Watino
McLennan
Guy
Valhalla Centre
La Glace
Hythe
Beaverlodge
Wembley
Sexsmith
Grande Prairie
Grovedale
Debolt
Sturgeon Heights
Valleyview
Sunset House
Little Smoky
Fox Creek
Windfall
Tumbler Ridge
Grande Cache
Sinclair Mills
McBride
Tete Jaune Cache
Valemount
Red Pass
Lucerne
Albreda
Hinton
Obed
Marlboro
Edson
Bickerdike
Mercoal
Luscar
Mountain Park
Coal Valley
Jasper
Maligne L.
Nordegg
Blue River
Mahood Falls
Canim Lake
Forest Grove
Clearwater
Birch Island
Avola
Bridge Lake
North Bonaparte
Little Fort
Barrière
Criss Creek
McLure
Rayleigh
Tranquille
Kamloops
Chase
Notch Hill
Salmon Arm
Monte Creek
Westwold
Falkland
Stump Lake
Douglas
Enderby
Armstrong
Hupel
Malakwa
Revelstoke
Shelter Bay
Galena
Beaton
Trout Lake
Halcyon Hot Springs
Gerrard
Rogers Pass
Glacier
Golden
Donald
Field
Lake Louise
Castle Mountain
Leanchoil
Castledale
Brisco
Edgewater
Kinbasket Lake
Adams Lake
Shuswap Lake
Quesnel Lake
Fraser River
Peace River
Smoky River
Athabasca
Columbia

nach Ft. Mc Murray
Wabasca
Desmarais
Sandy Lake
LESSER SLAVE LAKE
Slave Lake
Smith
Calling Lake
Athabasca
Breynat
Lac la Biche
Imperial Mills
Grassland
Lac La Biche
Athabasca
Colinton
Fawcett
Boyle
Rich Lake
B E R T A
Neerlandia
Rochester
Cold Lake
Fort Assiniboine
Newbrook
Ardmore
Bonnyville
Barrhead
Westlock
Clyde
Smoky Lake
Waskatenau
Ashmont
St Paul
Rich Valley
Morinville
Redwater
Andrew
Elk Point
Cherhill
Lamont
Willingdon
Alberta Beach
Onoway
Fort Saskatchewan
Two Hills
Onion Lake
St Albert
Mundare
Myrnam
Entwistle
Stony Plain
Spruce Grove
EDMONTON
Vegreville
Devon
Ranfurly
Innisfree
Vermilion
Marwayne
Calmar
Tofield
Ryley
Holden
Mannville
Kitscoty
Leduc
New Sarepta
Lloydminster
Thorsby
Warburg
Bruce
Viking
Lashburn
Camrose
Winfield
Wetaskiwin
Kinsella
Irma
New Norway
Daysland
Bluffton
Strome
Sedgewick
Killam
Wainwright
Neilburg
Carlos
Rimbey
Ponoka
Hardisty
Bashaw
Donalda
Forestburg
Mirror
Bentley
Eckville
Lacombe
Hughenden
Sylvan Lake
Alix
Red Deer
Provost
Macklin
Delburne
Stettler
Halkirk
Castor
Caroline
Coronation
Innisfail
Big Valley
Consort
Veteran
Byemoor
Rumsey
Olds
Trochu
Three Hills
Compeer
Fusilier
Carstairs
Hanna
Madden
Stanmore
Youngstown
Crossfield
Beiseker
Drumheller
East Coulee
Flaxcombe
Cochrane
Rosebud
Cereal
Oyen
Alsask
Sunnynook
Standard
Eyre
Strathmore
Calgary
Hussar
Gleichen
Gem
Empress
Carseland
Turner Valley
Okotoks
Christina R.
Sand R.
Beaver R.
Battle R.
Red Deer R.
Bow R.
Dillon

mittelbaren Gruß aus dem Felsengebirge, dem ich voll Sehnsucht durch nicht endende Nässe entgegenstrebte, und mein Herz ging ein wenig schneller.
Außerdem traf ich hier auf die von Süden, von Albertas Hauptstadt Edmonton, heraufführende Straße Alberta Nr. 2. Ihr würde ich treu bleiben, bis ich eine Tagesreise weiter im Westen nach Dawson Creek, d.h. dem Beginn der Alaska-Straße würde abbiegen müssen. Jetzt brauchte ich meinem Auto und mir keine übermäßigen Strapazen mehr zuzumuten. An den Regen hatte ich mich durchaus gewöhnt, nahm ihn mit dem Gleichmut hin, der sich allen Unbilden der Natur gegenüber empfiehlt, und fand mich damit ab, von dem Land, das ich durchfuhr, nur in grauen Umrissen Notiz nehmen zu können.
Ich glaubte auch, feststellen zu müssen, daß ohnehin auch bei gutem Wetter nicht viel zu sehen gewesen wäre. Vom großen Lesser-Slave-Lake bekam ich sehr wenig zu Gesicht, obgleich die Straße seiner Südkante, allerdings in weitem Abstand, folgt. Der »Große Sklaven See«, der mit dem »Geringeren« (Lesser) den Namen teilt, wird so genannt nach den »Slaves«, einem großen indianischen Stamm, der im wesentlichen weiter nördlich des Lesser Slave Lake beheimatet war und mit seinen Resten auch noch ist. Der Name wurde ursprünglich Slaveys geschrieben, aber Slaves, was ja im Englischen »Sklaven« bedeutet, war viel einfacher zu behalten. So wurden aus den Slaveys »Sklaven«, was diese durchaus wehrhaften Indianer nie gewesen sind.
Jenseits des Lesser-Slave-Lake, der mich mit seinem von Regenschwaden und Nebeln überstäubten Spiegel nur selten aus seinem weiten Bett zwischen den Bäumen herübergegrüßt hatte, geriet ich in landwirtschaftlich immer aufgeschlossenere Gefilde. Die menschenleere Verlassenheit des Nordens von Saskatchewan war hinter mir zurückgeblieben. Ich näherte mich dem im kanadischen Westen wohlbekannten Peace-River-Gebiet. In den zwanziger Jahren des Jahrhunderts, als ich mich zum ersten Mal im kanadischen Westen umhertrieb, habe ich noch miterlebt, wie dies Gebiet in den Mund der Leute geriet. Es galt damals noch als eine Gegend, die schon allzuweit im Norden des

Landes liegt, die schrecklich harte Winter zu ertragen hat und wo die Wachstumsperiode im Sommer viel zu kurz dauert, als daß dort noch Weizen (mit dem allein damals Geld zu machen war) angebaut werden konnte. Doch dann hatten sich dort vor allem deutsche Einwanderer aus den schon nach dem Ersten Weltkrieg verlorenen deutschen Ostprovinzen niedergelassen, hatten den Wald gerodet und Weizen angebaut – und Weizen von solcher Qualität geerntet, daß sie die jeweils höchsten Preise an der Weizenbörse in Winnipeg erzielten. Damit war dann das Gebiet am oberen Peace zwischen den heute blühenden Städten Peace-River im Norden, Grande-Prairie im Südwesten und High-Prairie im Südosten als ein Ziel für weitere Aufsiedlung empfohlen und ist es bis heute geblieben.

Diesmal fiel mir auf, daß auch hier inselhaft Franko-Kanadier wahrscheinlich schon seit früher Zeit am Werk gewesen sind. Die Namen mancher Ortschaften und die Ladenschilder auch in anderen mit englischen Namen sprachen eine unbezweifelbare Sprache. Noch am Westende des Kleinen Sklaven-Sees begegnete ich einerseits »Faust«, andererseits aber Joussard, Grouard, Giroxville und Jean Coté; man hätte meinen können, plötzlich wieder in West-Ontario oder in Nord-New Brunswick zu sein.

Die hübsche und ansehnliche Stadt Peace-River (etwa 6000 Einwohner, eine Großstadt also für diese reichlich entlegenen Gefilde) liegt dort, wo der Heart-River und der Smoky River in den dort schon gewaltigen Peace einmünden, am Knotenpunkt also weit verzweigter Wasserstraßen. Das läßt vermuten, daß es schon zu Zeiten der den ganzen kanadischen Norden und Nordwesten zusammenbindenden Kanuzeit eine Rolle gespielt hat, damals, als noch niemand ahnte, daß auf dem Boden unter den allgegenwärtigen Wäldern einmal der beste Hartweizen der Welt wachsen würde. Diese Vermutung trifft in ganzem Umfang zu. Die Indianer nannten den Ort »Sagitawa«, was etwa »Treffpunkt der Gewässer« bedeutet. Die Trapper, Pelzhändler, Voyageurs sprachen einfach von »The forks« (die Gabelungen) und schufen sich hier Unterkünfte. Auch Alexander Mackenzie hat hier überwintert. Zu seiner Zeit, das heißt im Jahre 1790, trug die befestigte Siedlung den Namen Fort MacLeod. An etwas anderer Stelle entstand Fort Fork, da Fort MacLeod ungünstig gelegen war, wie sich herausstellte, und zwar zwischen Peace und Smoky River, etwa zehn Kilometer von der heutigen Stadt Peace-River entfernt. Den Winter 1792/93 verbrachte Alexander Mackenzie hier und bereitete seine Fahrt westwärts vor, die ihn schließlich ans Ufer des Pazifik führte. Mit neun Gefährten, erprobten Voyageurs, machte er sich von hier aus auf den Weg Peace-aufwärts und traf dann jenseits der schroffen Hänge der Coast Range, des Küstengebirges, den Bella-Coola-River, der ihn am North-Bentinck-Arm des Duke Channel ans Salzwasser führte, eines vom Stillen Ozean her tief ins Land einschneidenden Fjords. Schon im September des gleichen Jahres 1793 lief er mit seinen getreuen Paddlern und Entdeckungs-Gefährten wieder in Fort Fork ein.

Ein anderer bis zum heutigen Tag unvergessener Bürger von Peace River-Stadt – man hat ihm ein überlebensgroßes Standbild in der Stadt errichtet – ist unter dem Spitznamen »Zwölf-Fuß-Davis« in die Annalen der Stadt eingegangen. In Wahrheit war er nur von mittlerer Größe und hörte auf den höchst zivilen Namen Henry Fuller Davis. Er stammte aus dem US-amerikanischen Staate Vermont und war wie viele Männer aus vieler Herren Länder nach British Columbia gewandert (1862), um sein Glück als Goldsucher zu probieren. Er versuchte es in dem vielgerühmten Ort Baskerville in den Cariboo-Mountains im zentralen British Columbia, mußte aber feststellen, daß alle Schürfplätze schon vergeben waren. Davis fand jedoch heraus, daß zwei Konzessionen anstelle der von regierungswegen erlaubten hundert Fuß an den Bachrändern nebeneinander um je zwölf Fuß zu breit bemessen worden waren. Er beschwerte sich bei der zuständigen Behörde (die Kanadier haben auch während der Jahrzehnte des Goldrauschs von der US- bis zur Alaska-Grenze auf ihrem Gebiet stets für Ordnung und gerechte Aufteilung der – vielleicht! – goldführenden Sände gesorgt). Davis erhielt in der Tat die beanstandeten, zu reichlich vergebenen 24 Fuß zugesprochen und begann zu graben. Der »Glückliche

Zwölf Fuß Davis« holte aus seinem winzigen »claim« (acht Meter breit) schon im ersten Jahr Gold im Wert von 15 000 Dollar heraus, für die damaligen Verhältnisse ein Vermögen!
Dieser Davis muß ein sehr besonnener Mann gewesen sein. Er dachte nicht daran, dies Vermögen zu verjubeln, sondern zog sich damit nach Peace-River zurück und etablierte sich dort als Pelzhändler, womit in jenen Jahren noch einiges Geld zu verdienen war. –
Ich blieb in Peace River über Nacht. Das »Traveller's Motor Hotel« an der 100ten Straße kann ich nur loben. Trotz des Regens, den ich schon kaum noch zur Kenntnis nahm, fuhr ich zu dem Hügel hinauf, der sich bescheiden über der Stadt erhebt, dem »Judah-Hügel«. Verschleiert vom Regen konnte ich von der Höhe her den Ort erkennen, wo sich der Smoky- mit dem Peace-River vereint, wahrlich einen Ort, an dem sich die frühe Zeit des kanadischen Westens darstellt. Dort oben liegt »Zwölf-Fuß-Davis« begraben. Auf seinem Grabstein steht zu lesen: »Er war jedermanns Freund und seine Haustür war nie verschlossen.« Erzählt wird von Davis, daß er, ehe er 1900 das Zeitliche segnete, sein Gewissen mit dem Bekenntnis beruhigte:
»Ich habe nie jemand umgebracht, ich habe nie jemand bestohlen und habe mein Leben lang mein Haus für Freunde offengehalten!«
Was waren das noch für glücklich simple Zeiten, da man sein Gewissen auf so einfache Weise ruhig stellen konnte.

Auf der Weiterfahrt überquerte ich den Peace noch einmal bei Dunvegan und bog dann vor Spirit River wieder auf die schon vertraute Northern Woods and Water Route (hier Straße Nr. 49) ein, die ich, um Peace-River-Stadt nicht zu versäumen, zwei Tage zuvor verlassen hatte.
Irgendwie hatte sich in meinem schon sehr verregneten Hirn die Vorstellung festgesetzt, daß ich den Regenwolken davongefahren sein würde, wenn ich in British Columbia, der großartigsten der kanadischen Provinzen, angelangt wäre.
Für viele Europäer, insbesondere deutsche Schwärmer, besteht

ja Canada nur aus British Columbia, aus Vancouver, den Rokkies und der großen Insel vor der Küste – eine Vorstellung, die ich mit diesem Buch ein wenig zu berichtigen hoffe. Aber in der Tat ist die kanadische Gebirgsprovinz von unvergleichlicher Großartigkeit, atemberaubender landschaftlicher Schönheit und Vielfalt. Dieser Tatsache habe auch ich mich nie ganz entziehen können. Deshalb wohl hatte ich gemeint: In B. C. wird mir wieder die Sonne scheinen und der goldene Herbst leuchten.
Doch als ich nun hinter Bay-Tree die ordentlich bezeichnete B. C.-Grenze überquerte, regnete es dahinter genau so wie davor. Das verdarb mir die Laune. Lange genug hatte ich Geduld bewiesen. Ich erreichte Dawson Creek, sah mich aber gar nicht um und machte auch nicht Station.
Mißmutig nahm ich im Vorbeifahren das steinerne Monument zur Kenntnis, das den Beginn der »Meile Eins« der Alaska-Straße bezeichnet. Im letzten Weltkrieg, als die Alaskastraße von den Amerikanern und Kanadiern gebaut wurde, rechnete man in Canada noch nach Meilen; also heißt die Säule in der Mitte der Stadt auf der Hauptstraße immer noch Mile-Zero-Cairn (Meile-Null-Steinmal). Es regte mich nicht auf. Ich würdigte es kaum eines Blickes. Also gut, wenn es denn sein mußte: auf die Alaska-Straße hinauf im Regen! Ich kam auf ihr – sie ist hier noch gepflastert – bis nach Fort St. John, wo ich für 42 Dollar im Pioneer Inn abstieg. Das Quartier machte der schnell wachsenden Stadt (heute etwa 14 000 Einwohner) alle Ehre.
Es regnete weiter, ohne jede Rücksicht auf meine Hoffnungen. Es blieb mir nichts übrig, als mit mir einen Kompromiß zu schließen: Wenn schon der Regen keinen Respekt vor der Provinzgrenze von British Columbia hatte, so schreckte ihn vielleicht das Gebirge. Ich befand mich ja vor den Ost-Abhängen des Felsengebirges. In Fort St. John war ich zum dritten Mal am Peace-River angekommen und hatte ihn zu überqueren, und der Peace kommt über seine beiden großen Quellflüsse Finlay (von Norden) und Parsnip (von Süden) von den Osthängen des großen Gebirges. Wenn ich nicht von geradezu monumentalem Pech verfolgt wurde, mußte auf der anderen Seite des Gebirges

besseres Wetter zu finden sein. Aber bis dahin war es noch weit. Ich hatte die Alaska-Straße bis Watson Lake im Yukon-Territorium hinaufzufahren, ehe ich nach Süden auf die 37 einbiegen und die Wasserscheide zwischen Atlantik und Pazifik überschreiten konnte. Und die Alaska-Straße ist, wenn man erst Fort St. John nordwärts verlassen hat, nicht mehr lange gepflastert, sondern wird zur »All Weather Gravelled Road«, einer Allwetter-Kiesstraße. Nach den vielen Regentagen mußte sie wunderbar aufgeweicht und lehmig, gelb, schmutzig sein – wovor mir graute. Zwar würde ich nicht steckenbleiben, selbst nicht in knöcheltiefem Morast; auf den Vierrad-Antrieb war Verlaß. Aber ich wollte endlich wieder etwas sehen, war ja endlich in Canadas hinterster Provinz angekommen, der schönsten und sehenswertesten. Ich war unschlüssig, wie ich mich verhalten sollte.
Immerhin, der Regen hatte mich pausenlos vorangetrieben, als könnte ich ihm entfliehen. Ich war schneller auf dem »Alcan«, der *Al*aska-*Can*ada-Straße, angekommen, als ich gerechnet hatte. Ich konnte hier in Fort St. John am großen Peace einen Ruhetag einlegen und dem Regen eine Chance geben, aufzuhören – und der großen Straße etwas Zeit, abzutrocknen.
Im Dining Room der vorzüglichen Herberge fand ich nur eine geringe Zahl von Gästen vor, als ich mich dort zu einem verspäteten Essen einfand.
Als ich mich an einem Tisch für vier Personen niederließ, bemerkte ich, daß auf dem nächsten Stuhl halb unter dem Tisch versteckt eine Zeitung lag, die offenbar von einem Gast vergessen worden war: ein sehr erwünschter Fund, denn ich hatte schon seit Tagen keine Gelegenheit mehr gehabt, nachzulesen, ob die Welt in Nah und Fern noch einigermaßen funktionierte; es war eine »Vancouver Sun« vom Tag zuvor. Erstaunlich, wie schnell sie nach Fort St. John gelangt war; es war ganz offensichtlich, daß ich mich wieder im Bereich der Zivilisation befand!
Es schien nicht viel Aufregendes passiert zu sein in den Tagen zuvor. Doch fand ich in der Zeitung einen längeren Bericht über

die Wetter-Aussichten, den ich begierig studierte. Ich las, daß die Regen auf der Ostseite der Gebirge wahrscheinlich in ein, zwei Tagen aufhören würden und auch nach Norden hin mit trockenerem Wetter zu rechnen wäre. Das war langatmig begründet, wovon ich nicht viel verstand. Meine Stimmung besserte sich mit einem Schlage: es empfahl sich wirklich, einen Ruhetag einzulegen. Dann hatten die Straßen Zeit, wieder in einen autowürdigen Zustand hineinzutrocknen; aber der Staub wäre noch feucht und gebunden. Kiesstraßen sind dann in idealem Zustand für zügiges Vorwärtskommen! Beschlossen also!
Ich ließ mir das Abendessen schmecken. Ich war schon beim leidlich genießbaren Nachtisch (Eiskrem natürlich) angekommen, als sich quer durch den Speisesaal ein hochgewachsener Gentleman meinem Tisch näherte:
»Entschuldigen Sie bitte! Ich hatte hier gesessen und meine noch nicht ausgelesene Zeitung liegen lassen. Ich sehe, Sie haben sie gefunden. Falls es Ihnen nichts ausmacht, würde ich sie gern wieder mitnehmen!«
»Selbstverständlich! Mir kam es vor allen Dingen auf die Wetter-Voraussage an; sie ist sehr ausführlich und verspricht für heute oder morgen auch für diese Gegend ein Ende der Regenperiode. Ich bin seit einer Woche von Manitoba her im Regen unterwegs. Vielen Dank für die vergessene Vancouver Sun! Vielleicht laufe ich jetzt in besseres Wetter, wenn man den Straßen 24 oder 36 Stunden Zeit läßt, etwas abzutrocknen.«
»Ja, schön wär's! Meine Frau besteht darauf, hier einen Tag zu bleiben; sie glaubt daran, daß der Regen aufhört, und fürchtet sich vor dem ungepflasterten Hauptteil der Alaska-Straße, der nördlich von hier beginnt. Wir wollen nach White-Horse im Yukon, haben die Route noch nie befahren, obgleich wir beide geborene British Columbianer sind. Sie kommen aus Manitoba? Ein weites Ende! Da würde ich lieber fliegen!«
»Fliegen nutzt mir gar nichts! Ich will etwas sehen und das kann ich nur, wenn ich am Boden bleibe. Aber ich komme nicht nur aus Manitoba. Da habe ich mich nicht lange aufgehalten. Ich komme aus Newfoundland!«

»Was? Das ist aber verdammt interessant! Wieso? Darf ich ein bißchen Platz nehmen? Von so weiten Fahrten hört man nicht alle Tage. Darauf sollte man einen Cocktail trinken! Ich lade Sie ein. Hier werden gute Manhattans serviert.«
Ich hatte nichts dagegen! Der Mann gefiel mir! Und wie in Amerika einschließlich Canada üblich, hatten wir aus unserem Woher und Wohin schon in den ersten zehn Minuten kein Geheimnis gemacht.
Wir plauderten über die letzten Tage unserer Fahrt. Dieser Mr. Norton und seine Frau (die sich eine Viertelstunde später zu uns beiden an den Tisch gesellte; sie wollte wissen, warum und wohin ihr Mann abhanden geraten war) waren beide in der Verwaltung des Hafens von Vancouver tätig, nach meinem Eindruck in irgendwie leitender Position. Sie hatten keine Kinder, jedoch weitgespannte Interessen historischer und kultureller Art, und waren beide sehr stolz auf ihre Heimat British Columbia, in der ihre Familien schon seit Generationen ansässig waren. Sie kamen mir beide urkanadisch vor, anglo-kanadisch: aufgeschlossen, freimütig, freundlich und auch ein wenig leichtlebig; Fanny trank genau so gerne Cocktails wie ihr Mann ...
Zwischen uns hatte sich im Handumdrehen eine jener ganz unverbindlichen, aber beinahe freundschaftlich gestimmten Beziehungen ergeben, die nach meiner Erfahrung so nur in Nordamerika entstehen, ein Weilchen blühen und schnell wieder vergehen und vergessen werden, wenn die Wege sich wieder trennen. Amerika – Canada ist immer noch ein Land, in dem die Leute wie in noch nicht allzu lange vergangenen Pionierzeiten vielfach auf Wanderschaft sind, beruflich oder aus privaten Gründen oder einfach aus Neugier, wie es anderswo aussieht – und sich deshalb gern mit unverbindlichen, aber herzlichen Bekanntschaften begnügen. Manchmal kommen sie über die Grenzen ihrer riesengroßen Staaten oder Provinzen hinaus, manchmal auch nicht.
Und ich behauptete nun, in einem Zug von Neufundland her nach B. C. gefahren zu sein. Dem mußte nach Fannys und auch Jamies Wunsch auf den Grund gegangen werden. Und Zeit

hatten wir ja, denn die beiden wollten ebenfalls einen Tag in Fort St. John verweilen, genau wie ich in der Hoffnung, daß der Regen nachlassen und die Alaskastraße abtrocken würde.
Ich fand die beiden sehr angenehm. Wir waren gerade im besten Zuge, uns zu erzählen, was wir auf unserer Fahrt hierher erlebt hatten, als wir unterbrochen wurden. Die sehr adrette kleine Kellnerin des Restaurants war an unseren Tisch getreten – tatsächlich, unser Tisch war der letzte im weiten Speisesaal, der noch belegt war, und in Amerika gibt's die Scheu nicht, die das in Europa verhindert hätte:
»Wir schließen um zehn, Ladies and Gentlemen! Und zehn ist schon vorbei. Feierabend also! Ich bringe Ihnen gern noch einen Drink aufs Zimmer, wenn Sie wollen. Hier muß ich leider Schluß machen!«
Sie sagte das so liebenswürdig, daß man ihr durchaus nicht böse sein konnte. Mr. Norton erhob sich auch sofort:
»Oh, ja, gewiß, Waitress! Entschuldigen Sie, daß wir die Uhr vergessen haben.«
Und zu mir:
»Wir sind ja morgen noch gemeinsam hier und geben dem verdammten Regen Gelegenheit aufzuhören. Dann reden wir ein bißchen weiter, Mr. Johann. Übrigens: wenn Québec eine ganz besondere Provinz ist unter unseren zehn, dann ist British Columbia auch eine; es war schon eine eigenständige britische Kolonie, als es Canada noch gar nicht gab. Wir haben unsere Bedingungen für den Beitritt zur Confederation der Kolonien weit im Osten des Kontinents gestellt, deren Erfüllung Gesamt-Canada überhaupt erst möglich gemacht hat. Für heute also ›Gute Nacht‹! Morgen mehr!«
Ich war ganz und gar einverstanden. Spät schlafen zu gehen, ist mir verhaßt, besonders nach einem langen, verregneten Fahrtag durch aberhundert Pfützen.
Am Tag darauf, ob man es glaubt oder nicht – und fast war es nicht zu glauben – regnete es nicht mehr. Zwar hing der Himmel noch voll schwarzgrauer Wolken. Die aber waren in Bewegung geraten. Ein frischer Wind war aufgekommen. Ein Wetterum-

schlag kündigte sich an. Auch das Zeigerchen auf meinem Taschenbarometer hatte sich entschlossen, sich wieder zu rühren und sich von »Regen« nach »Veränderlich« auf den Weg zu machen. Mit den Nortons war die Bekanntschaft geschlossen. Wir kamen um die gleiche Zeit zum Frühstück, ohne es verabredet zu haben und redeten sofort weiter dort, wo wir am Abend zuvor aufgehört hatten. Das meiste von den Gesprächen dieses Tages wäre nicht wert, vermerkt zu werden, wie es die Regel ist bei solchen überwiegend zur Unterhaltung geführten Plaudereien. Aber einiges von dem, was die beiden klugen Leute, die offenbar über Nacht ebenfalls nachgedacht hatten, von sich gaben, prägte sich mir ein und wurde nicht von mir vergessen:
Die Anglo-Kanadier sind in ihrer überwältigenden Mehrzahl nicht darauf versessen, den fünf oder sechs Millionen Franko-Kanadiern in Québec, wo diese seit Jahrhunderten geschlossen wohnen und ihre Besonderheit bewahren, für ihre große, die größte kanadische Provinz, eine Sonderstellung zu verweigern. Nach der klugen Fanny Norton Meinung gibt es nur in zwei canadischen Provinzen ein bedenklich ins Gewicht fallendes Vorurteil gegen Franko-Canada, in Newfoundland und – auch nur vielleicht! – in Manitoba. In Neufundland, weil es erst sehr viel später als alle anderen Landesteile und dann auch nur notgedrungen der Confederation beigetreten ist und sich in der großen Mehrheit seiner Bevölkerung als »stockbritisch« empfindet (obgleich es auch auf Newfoundland französische Volksinseln gibt); in Manitoba, weil da – vielleicht ! – die Erinnerung an den »Rebellen« Louis Riel und die aufsässigen, indianisch/französischen ›Bois Brûlés‹ nicht erloschen ist.
Fanny Norton erklärte es mir noch einmal:
Die Indianer können als Primitive, die sich wie die Eskimos mit der westlichen Zivilisation schwer tun und deshalb unterstützt werden müssen, keineswegs mit den Franko-Kanadiern, wie es manche Indianer verlangen, auf eine Stufe gestellt werden; sie sprechen nicht wie die Franko-Kanadier eine Sprache mit großer literarischer und kultureller Tradition, sondern über fünfzig verschiedene Sprachen, sind weithin über das ganze Land verstreut

und gehören als Wald-, Prärie- und Küsten-Indianer (am Pazifischen Ozean) ganz verschiedenen Primitiv-Kulturen an.

Vielleicht ist die kanadische Verfassung falsch, die 1982 beschlossen und 1987 nach Québecker Protesten um das (Québec als »distinct society« feststellende) Meech Lake Abkommen erweitert wurde. Als konstituierende Elemente der kanadischen Innenpolitik treten stets, gleichberechtigt, die zehn Provinzen Canadas auf, obgleich diese, was ihre Einwohnerschaft anbelangt, ganz verschiedenes Gewicht haben. Das strikt anglo-kanadische Neufundland beherbergt nur zwei Prozent der kanadischen Bevölkerung. Und mit Manitoba wären es auch nicht viel mehr als fünf Prozent. Und neunzig Prozent – so James Norton und seine Frau Frances – der englisch-sprechenden Leute in den übrigen Provinzen hätten nichts dagegen einzuwenden, den Franko-Kanadiern in Québec, wo sie seit alters geschlossen siedeln, einen besonderen Status zuzubilligen. Warum nicht – Canada ist nun einmal so! Die Québecker haben im Ernstfall, wenn Anglo-Canada oder England sich bedroht fühlen mußten, stets treu zu der englischen Herrschaft gestanden und auf ihrer Seite gefochten, waren stets bestrebt, zum Ruhm Gesamt-Canadas beizutragen, sich in die gesamtkanadische Wirtschaft einzufügen und haben auch in der gesamtkanadischen Politik ihren Anteil an bedeutenden Persönlichkeiten zum Wohle Gesamtcanadas gestellt, wofür als letztes Beispiel Pierre Elliot Trudeau, der vorletzte Premier-Minister des Landes, zu nennen wäre.

Außerdem – und noch immer zitiere ich die beiden Nortons – seien die Québecker trotz all ihrer französischen Aufgeregtheit im Grunde besonnene Leute, die schließlich einsehen würden, daß ihre materiellen Interessen am besten gewahrt bleiben, wenn sie im Verband der kanadischen Provinzen verblieben. Wenn von den neun anglo-kanadischen Provinzen nur zwei – und diese unbedeutend an Menschenzahl und wirtschaftlichem Gewicht – sich einem Sonderstatus für das seit vierhundert Jahren konzentriert französische Québec widersetzten (was für Manitoba wahrscheinlich nicht einmal stimmt), dann sollte man demokratisch verfahren und sich nach der Meinung der

übergroßen anglo-kanadischen Mehrheit richten und die Kernzelle Canadas, das nun eben französische Québec, zufriedenstellen. Und wenn das nach dem Papier der Verfassung nicht ginge, dann sollte man nicht das längst bewährte und im Grunde völlig gesunde und auch glückliche Canada in Frage stellen, sondern die Verfassung ändern, man sollte nicht nur den Québeckern, sondern allen Provinzen, die ja alle sehr verschieden voneinander wären, viel mehr institutionelle Freiheiten und Selbständigkeiten gewähren. Canada könnte – nachdem das Britische Imperium als Vorbild und Vormacht nicht mehr vorhanden ist – nur als eine multikulturelle Einheit weiterbestehen. Es genügte, wenn sich die einzelnen, höchst verschiedenartigen Landesteile durch eine gemeinsame Währung, gemeinsame Armee und gemeinsame Außenpolitik der übrigen Welt, vor allem den USA gegenüber als ein zusammengehöriger Staatskörper präsentierten. Und den vielen Franko-Kanadiern außerhalb der Provinz Québec sollte man dann das Leben nicht schwerer machen als etwa den vielen Chinesen in Vancouver, den russischen Duchoborzen im weiteren B. C., den Polen und Ukrainern, die alle noch an ihrer alten Muttersprache hingen.
So etwa haben sich die beiden Nortons mir gegenüber an jenem erfreulichen Tag geäußert, an dem es nicht mehr regnete. British Columbia, auf das ich meine unvernünftigen Hoffnungen gesetzt hatte, wollte mich offenbar doch nicht enttäuschen. Wir hatten soviel Gefallen aneinander gefunden, daß wir beschlossen, ein Stück gemeinsam zu fahren – solange wir gemeinsam die Alaskastraße benutzten. Denn die beiden Nortons wollten ja nach Whitehorse, während ich in Watson Lake nach Süden abbiegen würde. Die anfängliche Gemeinsamkeit unseres Weges bedeutete allerdings in der Praxis nicht viel, denn wir fuhren ja in zwei Automobilen, die Nortons in einem großen Ford und ich in meinem Four-Wheel-Drive von American Motors, einer Firma, die es nicht mehr gibt, seit Chrysler sie geschluckt hat.
James Norton, zu dem ich bereits Jamie sagte, nachdem er mich heiter dazu ermuntert hatte, meinte, als wir uns fürs Frühstück am nächsten Morgen früh verabredeten:

»Wenn ich doch noch irgendwo stecken bleiben sollte, vielleicht bei Summit Lake (Scheitel-See oder Gipfel-See; dort erreicht die Alaska-Straße ihren höchsten Punkt mit 1295 Metern), dann holst du mich raus, A.-E. Dein großer Vierrad-Antrieb kann alles!«

Kapitel 7

B. C., Indian Summer und das Meer!

Fort St. John ist mir sehr deutlich im Gedächtnis geblieben, denn dort begann für mich auf dieser Reise erst die Alaskastraße – und weil es dort zum ersten Mal seit sieben oder zehn Tagen (ich weiß es nicht mehr genau) nicht mehr regnete, die Luft keine Feuchte mehr ausschwitzte und man zur eigenen Verwunderung Lust bekam, ein wenig durch das Städtchen zu schlendern.
Fort St. John ist eine der ältesten nicht-indianischen Siedlungen in British Columbia (das auch bei mir nach kanadischer Sitte stets abgekürzt B. C. heißt). Es ist schon 1793 als ein weit vorgeschobener Handelsposten des Pelzhandels gegründet worden, am Peace River, der großen Wasserstraße von den flachen Waldländern südlich und westlich des Lake Athabasca ins Gebirge. Ursprünglich trug die Niederlassung den Namen Rocky-Mountains-Fort. 1806 verlegte der zweite große Erforscher des kanadischen Hochgebirges, auch er wie Alexander Mackenzie ein Agent der North-West-Company, Simon Fraser, das Fort an die Stelle, an der die Stadt entstand. 1823 überfielen die Indianer (die sich hier in den beginnenden Gebirgen den Weißen weniger freundlich zeigten als in den Waldländern weiter im Osten) die sorglos gewordene Besatzung des nun schon Fort St. John heißenden Handelspostens und machten sie nieder. Erst 1860 wagten die Pelzhändler an dieser Stelle abermals eine Niederlassung und ließen sich diesmal am Südufer nieder, nahe der Einmündung des Pine-River in den Peace. Sechs Jahre danach erschienen dann die ersten Oblaten-Missionare, begannen, die umwohnenden Biber-Indianer zum Christentum zu bekehren, bauten 1890 auch ein Kirchlein, das noch vorhanden ist, aber, wie mir schien, etwas sorgfältiger gepflegt sein sollte. In der Umgebung der

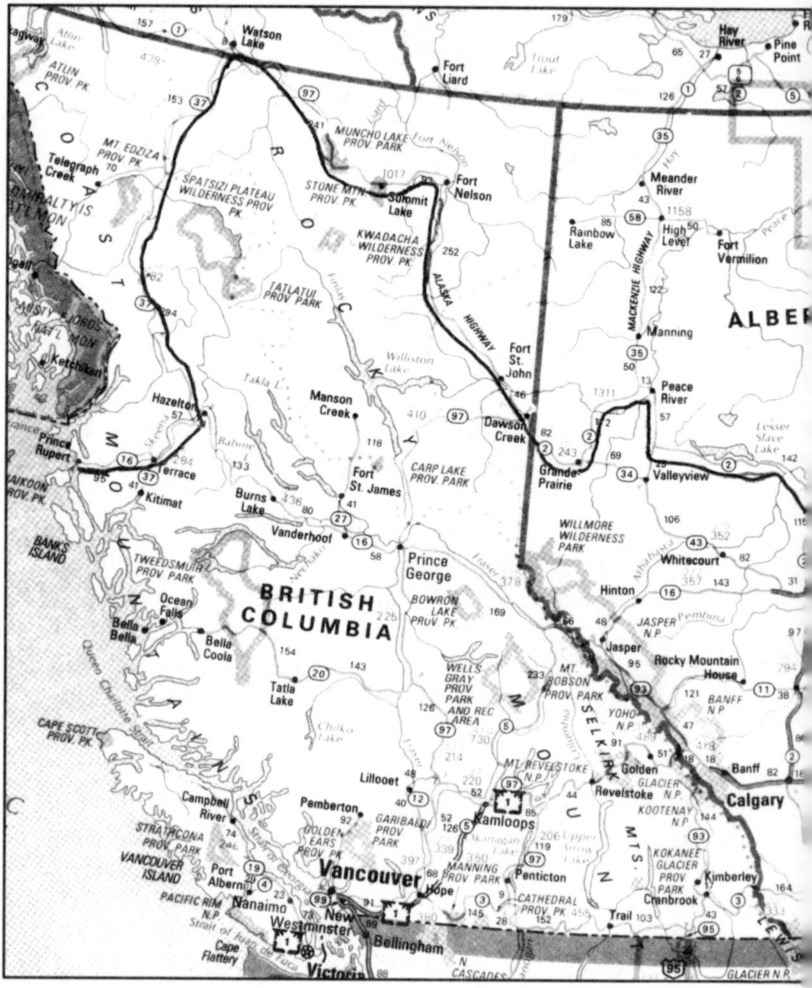

Provinz British Columbia

Stadt wurde Erdgas und Öl entdeckt. Kohle-Vorkommen im Süden und Westen der Stadt kamen später hinzu. Der Tourismus nahm ebenfalls den großen Reiz dieser Gegend in den Vorbergen der Rockies zur Kenntnis, an dem urgewaltigen Peace, der jetzt weiter oberhalb von Fort St. John hinter Hudson's Hope durch den W.A.C. Bennett-Damm dreihundertundfünfzig Kilometer ins Gebirge hinein zu langgestreckten Seen aufgestaut ist.

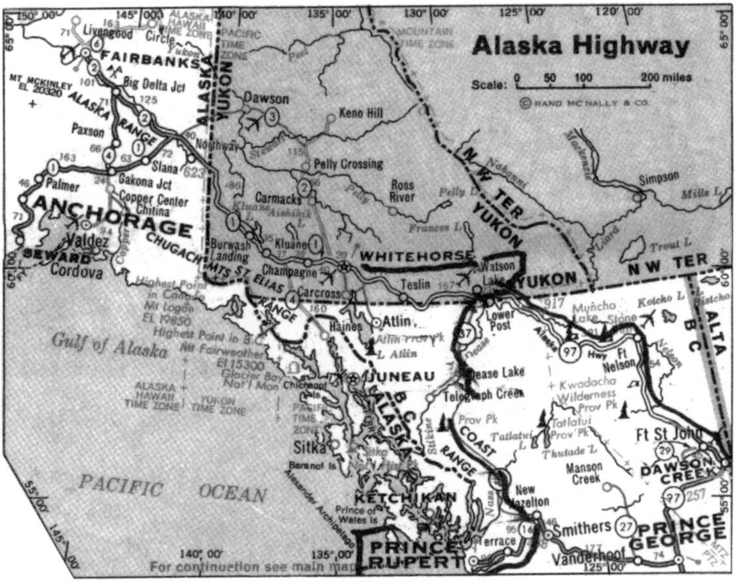

Die Alaska-Autobahn.

Nahe der Stadt im glasklaren Charlie Lake ist die Arktische Äsche und die Graue Forelle zu erangeln, und in den Wäldern ringsum kann man, falls man auf dergleichen aus ist, Cariboo jagen, Schwarzbären oder Bergziegen. Von hier ab nordwärts ist nur hier und da an der Straße bestenfalls noch in entlegenen Erdöl-Gegenden, menschliche Betriebsamkeit am Werke. Im übrigen regiert die Wildnis ungebrochen, herrlich und hinreißend. Und die etwa zweihundert Biber-Indianer oder – indianisch – Tsattines von der großen Stammesgruppe der Athapasken, die in der Reservation bei der Stadt leben, haben längst vergessen, daß ihre Vorfahren einst die weißen Eindringlinge straflos erschlagen haben. Denn gegen die »weiße Flut« war auf die Dauer kein Kraut gewachsen. Und wenn heute ein einödsüchtiger Tourist aus Cincinnati oder Gelsenkirchen einen Tsattine als Jagdführer anheuert, so kann die Rothaut, die gar nicht rot ist, sondern braun, zufrieden sein und bedankt sich ernsthaft für die Handvoll Dollars.

Am nächsten Morgen waren wir schon früh unterwegs. Ich kam mir vor wie ein neuer Mensch, denn vom Himmel im Osten leuchtete die Sonne, stieg auf in ein allerreinstes Blau, eine neue Welt empfing uns, die Nortons und mich. Wir konnten dicht beieinander bleiben auf der Fahrt, denn die Straße war noch feucht und staubte nicht, auch nicht, als eine halbe Stunde hinter Fort St. John der Asphalt dem Kies weichen mußte.
Wir fuhren an Wonowon vorbei mit seiner großen Sägemühle und seiner Erdgas-Quelle. Über weite Strecken hier und später schwang die Straße, auf der von Zeit zu Zeit rasende Riesenlaster vorbeitobten, die die Erdgas- und Ölfelder versorgen, über und um runde Hügel hinweg, die mit verbranntem Wald bedeckt waren, so weit das Auge reichte. Unzählige ehemalige Kiefern und Fichten stehen als lauter in die Erde gesteckte spitze weiße Speere über dem schon hüft- oder mannshohen grünen Neuwuchs und bilden für halbe Stunden eine ganz eigenartige, befremdlich anmutende Landschaft. Nach dem Feuer fällt die verkohlte Rinde von den toten Stämmen ab, so daß diese dann, die bald den Rest ihrer Kronen ebenfalls verlieren, als schlanke, weißliche Säulen, übrigbleiben. Und da das Feuer die Wurzeln nicht erreichen konnte, bleiben diese hellen Säulen noch lange aufrecht stehen, bis sie schließlich vom üppig nachwachsenden Jungwald überwunden werden. Die riesigen Waldbrände entstehen, wenn der Blitz in trockene Bestände schlägt; die ameri-

kanischen Forstleute behaupten, daß die Feuer den Wald, der ja noch ein echter Urwald ist, zwar vernichten, aber zugleich verjüngen und reinigen und gar nicht zu entbehren sind.
Und dann kam, gut hundert Kilometer vielleicht hinter Fort St. John, der Augenblick, auf den ich schon gewartet hatte: Vor mir senkte sich die Straße, in der Ferne zu einem schmalen, hellen Strich vergehend, in ein weit geschwungenes Tal. Auf seiner anderen Seite staffelten sich, blau und dunkler blauend, Hügel hintereinander, über welche die Straße sich als ein haardünner Faden verflüchtigte. Aber noch jenseits der Hügel, wie ein Traum so zart, gar nicht recht zu glauben – vielleicht doch nur ein Wolkenband? Nein, das Hochgebirge, die Rockies, mit feinstem Griffel in den Horizont gezeichnet, wie nur hingehaucht!
Ich hatte vor lauter Bewunderung das Fahren vergessen; die Nortons, die vielleicht weniger zu Ergriffenheit neigten als ich, außerdem in diesem Land der hohen Berge daheim waren, hatten mich weit hinter sich gelassen. Ich sah ihr Auto unter mir spielzeugklein in der Senke auftauchen. Verlieren wollte ich sie nicht. Ich gab wieder Gas.
Die große Straße schien nicht nur ihre Wunder, sondern auch ihre Tücken zu haben. Hier und auch weiterhin tauchten gelegentlich Schilder am Wegrand auf, die manchmal neben einfache Holzkreuze gestellt waren. Auf ihnen wurde in wenigen dürren Worten den Vorbeifahrenden kund und zu wissen getan, daß an dieser Stelle sich jemand oder gleich auch mehrere Leute zu Tode gefahren hätten. Die breite, gut gehaltene Straße verführt natürlich in ihrer Endlosigkeit zum Schnellfahren. Ich hatte auf zwei früheren Reisen in der Gegenrichtung erlebt – bei trockenem, heißen Wetter ohne Wind –, daß die Staubwolken, die besonders von den wie irre dahinfegenden Schwerlastern aufgewirbelt werden, lange über der Trasse liegen bleiben und die Sicht verhängen, schlimmer als der dichteste Nebel! Ich hatte mich dann mehr als einmal gezwungen gefühlt, wenn wieder so ein wild gewordenes Ungetüm – sie fahren alle auf Akkord! – mich in eine völlig undurchsichtige gelbe Wolke gehüllt hatte, weit auf den breiten Straßenrand auszuweichen und anzuhalten,

bis ich wenigstens wieder dreißig oder fünfzig Meter weit sehen konnte.
Aber glücklicherweise sind in diesen ungeheuer großräumigen, leeren Wald-Gefilden die Mineralien- oder Ölfunde so weit verstreut und auch selten, daß die Zahl der Schwerlaster, welche die Alaskastraße unsicher machen, sich in erträglichen Grenzen hält. Manchmal sah man, besonders bei meiner ersten Reise über diese Strecke, die Riesen-Staubfahnen schon lange im voraus über die Hügel wehen und konnte sich mit entsprechender Vorsicht wappnen.
Auf dieser vom Wetterglück begünstigten Reise hinter den Nortons her brauchte ich solche Vorsicht nicht. Das verdankte ich dem Dauerregen aus den Tagen zuvor. –
Die Berge schoben sich sachte näher heran. Die Gipfel und Kämme leuchteten in reinstem Weiß. Dort war der Regen als Schnee niedergegangen.
Bei Pink Mountain (dem »Lachsfarbenen Berg«) wird der Beatton-River überschritten, der seinen Namen einem Frank Beatton verdankt, auch einem Agenten der Hudson-Bay-Company (in der seit 1821 die kühne North-West-Company aufgegangen ist). Als sich 1823, wie schon erwähnt, eine Horde von Beaver-Indianern aufgemacht hatte, Fort St. John anzugreifen und die Besatzung vom Leben zum Tode unter dem Tomahawk zu bringen, überraschte sie hier Beatton und vier weitere Voyageurs und brachte sie, die sich keiner ernsthaften Gefahr versahen, sozusagen im Vorübergehen um. Der Pelzhandel war keine ganz ungefährliche Sache, schon gar nicht mehr, seit er am Anfang des vorigen Jahrhunderts westwärts ins Gebirge vorzudringen unternahm.
Ich vergaß beinahe das Fahren, während sich die Straße allmählich ins Tal niedersenkte. Herrlich prunkte die weitgespannte Landschaft, in der als farbige Tupfen schon herbstlich gefärbte Laubbäume auftauchten – ich bewegte mich ja dauernd nach Norden. Auch schien das Gelände im Ganzen anzusteigen. In der Tiefe des Tals aber, wo nur wenige Kilometer hinter der Brücke über den Beatton der Sikanni-Chief-River zu überschrei-

ten ist, säumten hohe, senkrechte Klippen den Weg. Ein Schwarm großer Vögel kreiste über dem Tal. Wildgänse auf dem Wege nach Süden? Ich wußte es nicht und will keine Märchen erzählen.

Auch hier am Sikanni – so geht die Sage – haben die Beaver-Indians ihre blutdürstige Wildheit bewiesen und unter den Sikanni-Indianern ein böses Massacre angerichtet – alte, dunkle Geschichten, deren Wahrheit nicht immer gesichert ist, die aber im Kern wahrscheinlich doch stimmen.

Die Rocky Mountains tauchen nun immer wieder zur linken Hand auf, scheinen näher zu rücken. Man gerät in Gefahr, die Straße allzu oft aus den Augen zu lassen.

Zwischen Beatton und Sikanni hat man übrigens abermals die Grenze zwischen zwei Zeitzonen überschritten: Die Brücke über den Beatton lag noch in der »Mountain Time«-Zone, die über den Sikanni schon in der »Pacific Time«. Das Herz hob sich mir, als ich das zur Kenntnis nahm, Pacific Time – das war die letzte der Zeitzonen, die ich auf dieser Reise noch zu überqueren hatte, um endlich an meinem Ziel, dem Pazifischen Ozean, anzukommen. Die Tag- und Nacht-Gleiche war schon vorüber. Ich war müde, auch wenn ich immer lange genug geschlafen hatte. Canadas »ganze Breite« ist sehr breit!

Weiter über den Buckinghorse (Scheuendes Pferd)-River und nach einem Dutzend von Kilometern ins Tal des Minaker-River. Das Hochgebirge zur Linken der Straße strahlte mit überwältigender Großartigkeit in immer wieder neuen Formen und auch Farben herüber. Es fiel mir schwer, bei der Sache zu bleiben, der Straße nämlich. Sie begann deutlich zu steigen. Annähernd 295 Kilometer hinter Dawson Creek, wo die Alaskastraße anfängt, ist ein erster Paß, der Trutch-Mountain-Summit, zu überwinden, der zweithöchste der Straße mit 1260 Metern. Ich merkte nicht allzu viel von der Steigung, denn die Straße zeigte sich immer noch fest und feucht, also staublos, und mein Fahrzeug hatte Murr in den Knochen. Ich fuhr wieder in Sichtweite hinter dem Wagen der Nortons her. Was sie mir in lockerem Gespräch am Tag zuvor zu beachten empfohlen haben, Canadas Zukunft betreffend, hatte mir viel zu denken gegeben; ich bin den beiden klugen Leuten dankbar. Es war die Meinung stockenglischer Kanadier. Ihre Besonnenheit und Zuversicht hat mich sehr berührt. Die Politiker zanken sich und bauen Hürden auf mit großem Trara zwischen den Völkern; der einfache Bürger will Frieden und Eintracht auch um den Preis eines dürftigen Kompromisses, denn nur, wenn Frieden herrscht, kann er sein und seiner Familie Brot verdienen.

Aber das gehört nicht hierher. –

Trutch Mountain – Mr. Trutch war der erste Vize-Gouverneur von British Columbia. Ihm also setzen Berg und Paß ein Denkmal. Ob er sich besonders verdient gemacht hat? Ich habe nichts Zuverlässiges darüber erfahren können. Aber englische Gouverneure sind natürlich schon von Berufs wegen immer verdienstvolle Leute.

An schäumenden, glasigen Flüssen, in denen die Forellen flitzen, ist in diesen wilden Gefilden kein Mangel. Für gut hundert Kilometer nordwärts folgt dann die Straße dem Tal des Prophet-River. Ein paar Indianer zu Pferde – schöne, blanke, sehnige Pferde! – tauchten unvermutet auf. Ihre dunklen Gesichter blickten unter großen Hüten zu mir herüber; sie legten grüßend zwei Finger an den Hutrand. Ich hob die Hand vom Steuer und grüßte zurück. Sie trugen Lassos am Sattel; Cowboys also. Es mußte Cattle Ranches (Vieh-Farmen) geben im Tal des Propheten-Flusses – sicherlich sehr riskante Unternehmen, denn die Winter sind hier lang und grimmig. Meine Route wies ja ständig weiter nach Norden.

Jackfish-Creek blieb zurück; es wollte mir vorkommen, als würde das Land mit seinen vielen steilen Hügeln – die Straße hatte sich unwahrscheinlich zu winden – immer wilder um mich her. Wald, Wald, dichter, prachtvoller Wald, der, so empfand ich's, sich die Straße, die ihn zerschneidet und verletzt, sofort wieder zurückerobern würde, wenn man den Autoweg nicht ständig verteidigte und freihielte. Wenn nicht der Zweite Weltkrieg den Bau der Alaska-Straße zu einer strategischen Notwendigkeit gemacht hätte – die USA wollten über Land und nicht nur über See mit ihrem weit gegen Asien und Japan vorgestreckten Alaska sicher verknüpft sein –, wäre die große Straße, die inzwischen weitere Zweige nach Norden bis ans Eismeer vorgestreckt hat, wohl bis heute nicht gebaut. Womit sich wieder einmal der uralte griechische Sinnspruch »polemos pater panton«, daß der »Krieg der Vater aller Dinge« sei, zu bewahrheiten scheint.

Die Straße senkt sich; der Prophet-Fluß vereint sich mit dem von links heranströmenden Muskwa (was »Bär« bedeutet), der dann auf einer gut dreihundert Meter langen Brücke überquert wird. Die Brücke bezeichnet den tiefstgelegenen Punkt der Alaskastraße und liegt nur etwa dreihundert Meter über Meereshöhe. Wenig später lief ich dann in Fort Nelson ein, einer richtigen kleinen Stadt mit etwa viertausend Einwohnern.

Die Bezeichnung »Fort« verriet mir, daß die Siedlung aus einem befestigten Handelsposten aus der Zeit des Pelzhandels entstanden war. Denn wenig unterhalb von Fort Nelson mündet der Muskwa in den Fort-Nelson-River, der sich dann mit dem gewaltigen Liard zusammentut, um weit im Osten den riesigen Sammler aller Gewässer des kanadischen Nordwestens, den Mackenzie, zu treffen und darin zu vergehen. Über den Mackenzie aufwärts konnten die Kanus das ganze hundertfach verzweigte Netz der Wasserwege in die Mitte und den Osten Canadas gewinnen.

Fort Nelson ist also schon 1806 als ein Handelsposten der Hudson-Bay-Company gegründet worden und erhielt den Namen des Siegers von Trafalgar; bei Trafalgar schlug Nelson die französisch-spanische Flotte vernichtend und fand dabei den Tod. Das geschah am 21. Oktober 1805. Ein Jahr später war die Nachricht von diesem »glorious victory« (ruhmreichen Sieg) gerade bei den Leuten der Hudson-Bay in den wilden Wäldern des fernsten Pelzhandelsgebiets angekommen, als sie sich einen Namen für den entstehenden Handelsposten einfallen lassen mußten. Es lag nahe, den Namen des gefallenen Admirals auf das Fort zu übertragen.

Die Herrlichkeit dauerte nicht allzu lange. Zwar war die Qualität der Pelze, die man hier in den nördlichen Wäldern von den

Indianern einhandelte, ganz ausgezeichnet, auch hatten die Indianer noch keine Vorstellung von ihrem echten Wert, aber es gelang hier nicht, wirklich das Vertrauen der Eingeborenen zu gewinnen. Im Winter 1812/13 überfielen die Indianer das Fort und machten die Belegschaft, fünf Männer mit ihren Frauen und Kindern nieder, ohne auch nur ein einziges Leben zu sparen. Slaveys vom großen Stamm der Athapasken waren es diesmal, denen das Blutbad zugeschrieben wird. Ihre Nachkommen leben noch heute überaus friedlich in einer kleinen Indianer-Reservation bei Fort Nelson. Das Fort wurde wieder besetzt, aber 1829 freiwillig aufgegeben, weil sich der Handel am Treffpunkt der drei Ströme, Fort Nelson-River, Muskwa- und Prophet-River nicht mehr lohnte. Erst 1865 wurde das inzwischen verfallene Fort wieder aufgebaut; die Indianer hatten sich mit den unvermeidlichen Weißen abgefunden, aber der Pelzhandel vermochte seine frühere Bedeutung nicht wieder zu gewinnen. Als jedoch im Zweiten Weltkrieg der Alaska-Highway mit hektischem Eifer und ohne Rücksicht auf die Kosten durch die grenzenlosen Wildnisse des Nordwestens vorangetrieben wurde, erwachte Fort Nelson von neuem und wurde zur Versorgungsbasis für den südlichen Abschnitt der Straße, die hier in einem scharfen Knie nach Westen abbiegt, ehe sie sich wieder am Summit-Lake nach Norden wendet. Zu einer richtigen Stadt aber wuchs Fort Nelson erst heran, als 1947 in der Umgebung ergiebige Erdgasquellen entdeckt und erschlossen wurden. Von der alten Zeit ist heute nichts mehr zu sehen; die Ruinen des Forts liegen ohnehin auf dem jenseitigen Ufer des Muskwa-River und sind nur mit dem Boot von der Stadt erreichbar: Die Stadt selbst verrät nichts mehr von ihrer Geschichte; sie bietet den Arbeitern und Angestellten »im Erdgas« den Unterschlupf, den sie in den harten, langen Wintern nicht entbehren können, und kümmert sich im übrigen um die Fahrenden beruflicher und touristischer Natur, welche diesen auf der Welt einmaligen Weg durch die Wildnis in ständig wachsender Zahl benutzen.

Am Eingang der Stadt gleich hinter der Brücke hatten die Nortons einen Parkplatz am Weg gefunden und erwarteten mich.

Beide waren ausgestiegen. Ich fand neben ihrem Wagen Platz und stieg ebenfalls aus.
»Wir haben genug für heute, A.E.! Und nach dem Merkbuch der AAA (American Automobile Association) kann man hier im »Coachhouse Inn« recht gut unterkommen. Wir nutzen die Gelegenheit und bleiben hier. Möchten dich überreden, gleichfalls hier zu bleiben. Wie wär's?«
Das paßte mir gar nicht. Ich war innerlich nach dem Ruhetag in Fort St. John darauf vorbereitet, die neunhundert Kilometer nach Watson Lake im Yukon Territorium auf einen Sitz zu bewältigen. Dort würde ich den bei weitem nördlichsten Punkt meiner langen Reise von Ost nach West erreichen. Watson Lake – wie ich längst festgestellt hatte – liegt wenige Kilometer nördlich des 60. Breitengrades. Das kommt der Südspitze von Grönland gleich und der Nordspitze von Labrador. Das war wahrlich genug nördlich für mich und brachte mich dem stets ungewissen Beginn des Winters bereits näher, als mir lieb war.
In Watson Lake würde ich dann auf den Cassiar-Highway (Nr. 37) nach Süden abbiegen, der mich ca. 750 Kilometer weiter südwärts in bewohntere, gemäßigtere Gebiete zurückführen sollte – wenn alles gut ging! Die neunhundert Kilometer nach Watson Lake von Fort St. John würden mich sicherlich zwei, drei Stunden weit in die Nacht hineinbringen. Aber das schreckte mich wenig. Die Nacht würde klar sein, und das Wetter würde sich halten; es würde ersten Frost geben, was der Straße nach dem regenlosen Tag nur gut bekommen sollte.
Ich gab also den beiden, nun schon freundschaftlich nahen Menschen zur Antwort:
»Kinder, ihr habt mehr Zeit als ich. Ich habe mich noch bis Prince Rupert durchzuschlagen und muß danach viele tausend Kilometer nach Toronto in Ontario zurückkehren, um den Absprung nach Europa zu schaffen, mein Auto loszuwerden, und auch, ganz offen gesagt, noch einmal auf kanadischem Boden etwas geruhsam Atem zu schöpfen. Ich werde erst wieder mit mir einigermaßen zufrieden sein, wenn ich morgen von der 97 auf die 37 nach Süden abbiegen kann. Ihr wollt ja noch ein Stück

weiter auf der AlCan nach Whitehorse. Am besten, wir verabschieden uns gleich hier, denn ich werde mich in Fort Nelson außer zum Volltanken nicht länger aufhalten.«
So ist es eben unterwegs: Man lernt sich kennen im Vorbeigehen oder Fahren, wird miteinander vertraut, als wäre man schon jahrelang befreundet und trennt sich wieder ohne Tränen – und ist um eine menschliche Erfahrung und Entdeckung reicher! So auch hier an der Brücke über den Muskwa vor der Stadt Fort Nelson.
Sie ließen mich zuerst abfahren; sie hatten ja noch den ganzen Nachmittag Zeit. Ich winkte noch einmal mit der Hand aus dem Fenster zurück. Dann waren sie fort, als hätte es sie gar nicht gegeben. Wir haben nie wieder danach etwas voneinander gehört. Wozu auch! Aber ich bewahre ihnen ein warmes Eckchen der Erinnerung in meinem Gedächtnis.
Die Nummer 97 führte mich schnell durch Fort Nelson hindurch und wieder ins Freie, das heißt in die Wälder. Ich hatte noch über fünfhundert Kilometer vor mir. Wenn alles gut ging und die Straße – die Alaska-Straße trägt die Nummer 97 unter den Straßen British Columbias – so gut befahrbar blieb wie bisher an diesem goldenen Tag, würde ich zwischen neun und zehn Uhr in Watson Lake einlaufen, einer durchaus menschlichen Zeit, und vielleicht sogar noch auf ein Abendessen rechnen können.
Die Straße 97 ist übrigens ein Unikum unter den Straßen in Amerika/Canada. Sie trägt nämlich weiter die Nummer 97, wenn sie vom Südende der Alaska-Straße nach Süden weiterzieht zur Grenze zwischen der kanadischen Provinz British Columbia und dem US-Staat Washington, dann durch Washington den Staat Oregon ansteuert, auch ihn südwärts quert, um erst in California in die Autobahn 5 überzugehen, die bis zur mexikanischen Grenze hinunterleitet. Watson Lake bezeichnet das Nordende der Nummer 97. Im Yukon Territorium trägt dann die Alaska-Straße mit Recht und Stolz die Nummer Eins.
Ganz so glatt, wie ich gehofft hatte, gestaltete sich die Weiterfahrt nicht. Jenseits von Fort Nelson, etwa vierzig Kilometer

weiter, kam die Straße dem tiefen, breiten Tal des Muskwa noch einmal ganz nahe, verblieb aber auf seinem steilen nördlichen Rand. Man hat einen großartigen Ausblick auf den Steamboat Mountain, der in der Tat in seinen Umrissen einem großen Dampfer ähnelt. Die Rockies jenseits des Tals rollen in der Ferne ihre Grate und Gipfel ab. Geradeaus vor mir schob sich der Indian Head Mountain herauf, der Indianerkopf-Berg. Wenn man ein Weilchen hinschaut, vermag man bei einiger Phantasie in den Umrissen des Berges in der Tat das Profil eines indianischen Kopfes zu erkennen.

Die Straße begann zu steigen. Ich spürte, daß es draußen kälter wurde. Ich näherte mich dem Summit-Lake-Paß, der, wie schon erwähnt, höchsten Erhebung der Alaska-Straße mit 1295 Metern über Meereshöhe. Doch bevor ich den Paß erreichte, in der kleinen Siedlung namens Summit Lake, wurde das Weiterkommen plötzlich höchst schwierig:

Die feste Straßendecke war verschwunden. Anscheinend sollte der Unterbau der Straße aus irgendeinem dringenden Grund erneuert werden. Für eine feste Umgehung der einige hundert Meter langen Schadstelle war nicht gesorgt (dergleichen geschieht nach meiner Erfahrung nur verzweifelt selten in ganz Nordamerika!). Hier in Summit-Lake wäre wohl auch gar kein Platz dafür gewesen, wenn man nicht gleich den ganzen Ort umgehen wollte. Der reparaturbedürftige Teil der Straße, dem die feste Decke genommen war, hatte sich in den vergangenen Tagen mit Feuchte vollgesogen und war noch weit entfernt davon, abgetrocknet zu sein. Er bildete vielmehr einen Abschnitt mit tiefgründigem, nassen, glucksenden Schlamm. Ich sah zwei große Laster halb zur Seite gekippt am Straßenrand liegen; sie hatten es nicht geschafft, den Morast zu queren, waren seitwärts gerutscht und in den offenbar noch vorhandenen Graben gesackt. Gearbeitet wurde an der Straße in dem grundlosen Zustand, in dem sie sich nach der Regenperiode befand, natürlich nicht. Die Straßenverwaltung hatte aber – ich täuschte mich sicherlich nicht! – einen Raupenschlepper bereit gestellt, der steckengebliebene Personenwagen auf festen Untergrund zog. Ich dachte

an die Nortons. Sie würden sich hinüberziehen lassen und mit ihrem Ford den fürchterlichen Schlamm gar nicht erst angehen.
Ich zögerte nur kurz, meinte aber dann, meinem starken Jeep-Wagoneer vertrauen zu können, das heißt, seinen vier gleichmäßig angetriebenen Rädern. Vorsichtig, sachte, probierend zuerst, rückte ich in den gelben Morast vor, hielt mich an eine tiefe Spur, die offenbar von einem Laster gezogen war. Und siehe da, mein wackeres Gefährt enttäuschte mich nicht. Sehr langsam, möglichst ohne zu rucken, bewegte ich mich vorwärts. Nicht ein einziges Mal brauchte ich innezuhalten, konnte sogar die Spur wechseln, da der große Wagen, der sie mir für die erste Hälfte der Schlammstrecke vorgebahnt hatte, dann doch seitwärts ausgerutscht war und wild gewühlt haben mußte.
Nach einer Viertelstunde war alles vorbei. Ich war zwar in meinem Gefährt mit gelbem Schlamm bespritzt bis an mein Seitenfenster, aber ich fühlte wieder festes Pflaster unter den Rädern! Es hätte schief gehen können; ich hätte viel Zeit, vielleicht Stunden versäumt, doch nach der alten Soldatenregel ist »dicht daneben auch vorbei!«. Aber das war mir erspart geblieben. Ich sah mich nicht um, als der Dreck hinter mir lag – und dann auch der Summit Lake-Paß.
Was ich aber sehr wohl wahrnahm – und keineswegs zu meiner Freude: Das felsige, überbuschte, nur mager bewaldete Land ringsum war weiß überpudert mit erstem Schnee. Es sah sehr schön aus, aber es gefiel mir gar nicht! Ich machte, daß ich weiter kam; abwärts, ins Tal, in die felsige Schlucht, die sich der McDonald-River im Lauf der Jahrtausende gegraben hat. Hier war kein Schnee mehr liegen geblieben, was mich tröstete. McDonald-River oder -Creek (Bach), ein eiskaltes, kristallen klares Gewässer, das seinen Namen einem Schotten der Hudson-Bay-Company verdankt – wie sollte es anders sein! –, der auf den urschottischen Namen Duncan McDonald gehört hatte.
Über den McDonald Creek hinweg und dann über den Toad-River! Toad heißt Kröte. Die für meinen Geschmack unappetitlichen Froschlurche mögen an den Ufern dieses eiligen, glasklaren Gewässers so zahlreich umher gekrochen sein, daß dem Agenten

der Pelzhandels-Company – wem sonst? – nichts weiter übrig blieb, als den Bach oder Fluß danach zu benennen.
Wenige Kilometer hinter der kleinen Siedlung Toad River verkündete mir ein leicht zu übersehendes Schild am Straßenrand, daß ich in den Muncho-Lake Provincial Park eingefahren war – und ich wurde hellwach!
Denn auf zwei früheren Fahrten hatte die Gegend am und um den Muncho-Lake auf mich einen tiefen Eindruck gemacht, so als wollte sich dies wilde, beinahe unheimlich grandiose Bergland über seinen eigenen Höhepunkt hinaus steigern. Doch hatte ich damals nicht viel Glück mit dem Wetter gehabt; es war wolkig und sehr dunstig gewesen, so daß ich die Großartigkeit des lang in die Berge gesenkten Sees und der Gebirge, die ihn kränzen, zwar ahnen, aber nicht klar erkennen konnte.
Diesmal hatte ich Glück. Der Tag war klar und fast wolkenlos geblieben; etwas wie Frost lag in der Luft. Die Sonne senkte sich bereits den Bergen im Westen zu; sie würde bald dahinter verschwunden sein; das Ende des etwa fünfzig Kilometer langen Park-Gebiets konnte ich dann noch nicht erreicht haben.
Vom Muncho-Paß am Eingang des Schutzgebiets (1100 Meter hoch gelegen) merkte ich wenig und stieg dann in die Senke hinab, durchfuhr die kleine Ansiedlung Muncho Lake, in der ich hätte übernachten können, und erreichte schließlich das Ostufer des langgestreckten Sees, welchem die Straße in der Enge zwischen Wasser und Berg folgt. Muncho ist ein Wort indianischer Herkunft und bedeutet etwa »großer, tiefer See« – und das trifft zu: der See mißt etwa dreizehn Kilometer in der Länge – und an die zweihundertfünfzig Meter in der Tiefe. Das klingt einigermaßen eindrucksvoll, aber unendlich viel eindrucksvoller ist die wunderbar ernste Schönheit des Sees.
Zwischen den Hängen und dem felsigen Seeufer ist so wenig Platz, daß man längs der Straße lieber nicht anhält oder gar parkt. Aber hier und da sind an geeigneten Stellen über dem Wasser Plätze vorbereitet, auf denen man sein Auto gefahrlos abstellen kann. Ein solches Angebot nahm ich an und stieg aus.
Welch eine Landschaft! Kein noch so genialer Regisseur oder

Bühnengestalter könnte sie sich großartiger ausdenken! Die Rockies über dem Westufer des Sees standen als schwarze, hart umrissene Wände gegen die sinkende Sonne; die aber lockte hier und da aus den fernen Firnen und Gletschern gleißende Blitze, die dem Auge beinahe weh taten. Der Himmel über dem Kranz der Gebirge im Westen, auf dem jenseitigen Ufer hatte sein in der Höhe noch tiefes Blau schon in Purpur und Gold verwandelt. Unmittelbar vor mir aber, einen knappen Steinwurf weit unter meinem Parkplatz, dehnte sich der See, ein blauschwarzer Spiegel, von keinem kleinsten Wellchen getrübt an diesem windstillen, kühlen Tage. Ich vermochte die Vorstellung nicht abzuwehren, daß der See gegen seine Mitte hin ganz zart und flach aufgewölbt wäre, als wollte er verraten, daß die Erde eine Kugel ist. Ob die Seefläche groß und weit genug war, diese Kurvatur der Erdoberfläche sichtbar zu machen? Ich weiß es nicht. Doch vermochte ich den Eindruck nicht abzuleugnen, und noch heute in der Erinnerung meine ich, deutlich wahrgenommen zu haben, daß der Spiegel des von Märchen, Wildheit und Geheimnis umwitterten Sees sich mir an jenem Abend ganz leise entgegenwölbte.

Ein Laster aus der Gegenrichtung hatte neben meinem Wagen Station gemacht. Zwei grobschlächtige Männer stiegen heraus, packten aus einem Blechkoffer Proviant aus, fingen hungrig an zu schmausen und tranken aus Büchsen Bier dazu. Den See, die schwarzen, kahlen Gebirge gegenüber, das versinkende Gestirn des Tages würdigten sie keines Blickes. Ich fühlte mich für den wunderbaren See und die machtvollen Rockies gegenüber wie beleidigt, wünschte den beiden Gesellen:

»Enjoy your meal, fellows!« – »Lassen Sie sich's gut schmecken, Leute!«

stieg ein und rollte nordwärts davon.

Der See entläßt sein überschüssiges Wasser in den Trout-River, den »Forellen-Fluß«, und der mündet einige Kilomter jenseits der Park-Grenze in den Liard-River, den gewaltigen, der hier noch einen langen, langen Lauf durch pfadlose, ungebändigte Einöden vor sich hat, in denen die Grizzlies, die Elche, die Bären und Bergziegen wie seit abertausend Jahren ungestört ihr lautloses Wesen treiben, ehe er in den Mackenzie, den Vater aller nordischen Ströme im Norden des Kontinents einmündet – ich sagte es schon.

Dem Lauf des Liard hatte ich nun zu folgen und den Strom von West nach Ost zu queren, ehe ich den Ort Liard-River erreichte. Dort gab es wieder einmal Benzin, Unterkunft und Kost – denn dort entwickelt sich um einige heiße Quellen die Vorstufe eines Badeortes. Nichts davon vermochte mich aufzuhalten. Ich hatte noch über zweihundert Kilometer zu fahren, ehe mein Ziel für diesen Abend, das Städtchen Watson-Lake, in bescheidener Beleuchtung vor mir auftauchen würde. Ich fühlte mich noch sehr munter. Der kleine Aufenhalt am Muncho-Lake, dem dunklen, sagenhaften, umfangen von seinen erschreckend schroffen Bergen, die alle schon weit über die Baumgrenze hinausragen und ihre Felsenwände kahl in die Höhe recken, diese kurze Pause am makellos glatten, wie polierten See hatte mich erstaunlich erfrischt.

Einmal bin ich noch ausgestiegen, kurz vor Watson Lake, als die Straße sich zum zweiten Mal ins Yukon-Territory hinüber schlängelte. Ich meinte, am Nordhimmel zu meiner Rechten einen grünlichen Schimmer auftauchen zu sehen. Ich hatte mich nicht geirrt. Die kalte Nacht bot mir am Ende dieses reichen, neunhundert Kilometer langen Tages auch noch ein Nordlicht, damit ich auch dieses lautlose Wunder des Nordlands einheimsen und in meine hier sehr ferne Heimat mitnehmen konnte.

Die Sterne erblaßten, als die Geistervorhänge aus grünlichem Licht über den Himmel zu wallen begannen, waberten und wehten und blitzschnell wieder verloschen, um nach einem Dutzend von Sekunden erneut aufzuflammen und den Nordhimmel mit ihren Traumspielen und ihrem unwirklichen Licht zu erhellen.

Vielen Dank, himmlischer Zeremonienmeister, für die berükkende und völlig kostenlose Darbietung! Doch knurrt mir der Magen – und wenn ich in Watson-Lake noch etwas zu essen auftreiben und ein Nachtlager finden will, dann muß ich mich jetzt verabschieden, auch wenn die smaragd-grünlichen Strahlen-

Vorhänge noch so verführerisch über die Himmelskuppel im Norden wallen, wo sonst nur die Sterne regieren.
Ich hatte in der windlosen, mondlosen Dunkelheit zuvor kaum wahrgenommen, daß ich an der Yukon-Grenze Contact-Creek passiert hatte, das seinen Namen davon herleitet, daß hier beim Bau der Alaskastraße die beiden Bautrupps von Norden und Süden miteinander Kontakt aufnehmen konnten, das große Unternehmen des Baus dieser Straße durchs abweisende Nichts sich also seiner Vollendung näherte.
Ich hatte auch nicht wahrgenommen, daß bei Lower Post der Dease sich mit dem Liard vereinigte, der Dease, von dem ich noch mehr zu sehen bekommen würde.
Und schon der Liard, der ungeheure, hatte mich – zum wievielten Male? – daran erinnert, daß auch in diesen weltenfernen Ödnissen die Franko-Kanadier schon am allerfrühesten Anfang der Durchdringung des Landes durch die Europäer wesentlich eine Rolle gespielt haben, denn das so gut auf englische Manier auszusprechende Wort Liard ist in Wahrheit französisch und bedeutet »Schwarzpappel«. Es waren Bestände von Pappeln, die den Voyageurs bei ihrem ersten Lager am Strom als besonders zahlreich aufgefallen sein mögen.
Endlich: Sachte rollte ich in Watson-Lake ein. Ich sah nach der Uhr; es war erst halb zehn. Ich mußte stramm gefahren sein! Ich bekam noch etwas zu essen, wenn auch die Küche im »Gateway Motor Inn« offenbar nicht sehr begeistert war über den verspäteten Gast. Um diese schon unsichere Jahreszeit sind nicht mehr viele Reisende unterwegs. Also wurde ich in ein sehr aufwendig dekoriertes und möbliertes Doppelzimmer eingewiesen, für das ich fünfundsiebzig Dollar zu berappen hatte. Dafür schlief ich dann, wie ein noch nicht revolutionierter König nicht besser schlafen könnte. –
Watson-Lake erhielt seinen Namen nach einem Mr. Watson, der um die letzte Jahrhundertwende hier mitten in der Wildnis zwischen dem See, der heute nach ihm heißt, und dem Liard River einen »General Store« eröffnete, einen Laden für alles und jedes. Das Geschäft florierte, denn der Ort lag an einer der Gold-

sucher-Wege östlich der Pelly-Gebirge zum Klondike, auch am Liard, der zum Mackenzie leitete; die Indianer ringsum hatten im Lauf der Jahrzehnte die Gewohnheit aufgegeben, ab und zu einen »weißen« Handelsposten zu überfallen und die Bewohner totzuschlagen, hatten auch eingesehen, daß ihnen ein toter Händler keinen vernünftigen Preis für ihre Pelze und Pelzchen anbieten konnte und obendrein gelernt, daß die Vergeltung für Überfälle oder Morde in Gestalt der Royal Canadian Mounted Police nie lange auf sich warten ließ, denn die inzwischen zu beinahe legendenhafter Tüchtigkeit aufgestiegene R.C.M.P. blieb ihrem Leitspruch, »always to get their man« – »stets ihren Kerl zu kriegen« unverbrüchlich treu. (Von der R.C.M.P. ließe sich ein ganzes Buch voller aufregender und abenteuerlicher Geschichten erzählen; aber das muß einer anderen Gelegenheit vorbehalten bleiben.)

Heute ist Watson-Lake, nachdem der weltverlorene in die nordische Einöde gepflanzte Posten das Glück hatte, von der Alaska-Straße angesteuert zu werden, zu einem wichtigen Verkehrs-, Verteilungs- und Verwaltungspunkt geworden, und die Fahrenden laufen aus West, Ost, Nord und Süd hier ein wie in einen ersehnten Hafen.

So war es mir ja auch ergangen, und es tat mir ein wenig leid, daß ich mich nicht darauf vorbereitet hatte, auch meinerseits zu dem einmaligen Mahnmal beizutragen, durch das Watson Lake berühmter geworden ist als durch all seine anderen, allerdings sehr nüchternen Verdienste:

Als die AlCan gebaut wurde, hat 1942 irgend ein heimwehkranker Soldat – man weiß nicht mehr genau, wer es war – an einem Pfosten ein Autonummernschild aus seinem fernen Herkunftsstaat, etwa Alabama oder Connecticut, aufgehängt, um der namenlosen Wälderwildnis ringsum den Namen der Heimat entgegenzustellen. Der längst verschollene Erfinder des Denkmals aus Nummernschildern ist vergessen; aber die Sammlung von Autokennzeichen ist unwahrscheinlich gewachsen, füllt mehrere große Tafeln im Halbkreis und wächst immer noch weiter.

Ich bin am nächsten Morgen nach meiner verspäteten Ankunft

in Watson-Lake eigens noch einmal hinausgefahren, um mir die riesige Sammlung von Auto- und ähnlichen Stadt- und Staatenschildern anzusehen – und fand Grund genug, darüber zu staunen, aus wieviel fernen Winkeln Amerikas, Europas – und natürlich aus Japan – die Schilder stammten, die da im Morgenlicht ihre vielerlei Farben schimmern ließen; manche waren schon vom Rost angefressen und verfärbt; aber alle bezeugten den Stolz der Leute aus vieler Herren Länder, die grandiose Straße nach Alaska befahren zu haben. Schade, ein deutsches Schild mit einer GF-Nummer würde sich gut auf dem berühmten Signpost von Watson Lake ausnehmen.
Ich hätte daran denken sollen, hatte es aber nicht getan. Mir blieb nur übrig zu wenden und mich wieder für letzte zweiundzwanzig Kilometer dem Alaska-Highway anzuvertrauen. Ich überquerte den Liard, den ich am Abend zuvor bei den heißen Quellen von links nach rechts überquert hatte, um seinem Lauf dann zu folgen, zum zweiten Mal von Ost nach West, traf dann bald danach auf die Abzweigung der 37, der Cassiar-Straße, atmete erleichtert auf, denn in sie einzubiegen, brachte mich eindeutig wieder auf Südrichtung – und im Süden am äußersten Südzipfel des US-Staates Alaska lag ja mein – kanadisches – Ziel, Prince Rupert; die letzten tausend Kilometer! Warum sollte jetzt noch etwas schief gehen! Das Wetter zeigte sich gnädig! Es hatte über Nacht leicht gefroren. Der Frühnebel war bereits vergangen; der Motor summte sanft und gut gelaunt. Vor mir lag der letzte Abschnitt vollendeter Leere und Einsamkeit, den ich auf dieser Reise zu bewältigen hatte. Wenn ich siebenhundertundfünfzig Kilometer weiter im Süden die große Ost-West-Route des Yellowhead-Highway erreicht haben würde, dann brauchte ich mich für den Rest der Fahrt und Rückfahrt nicht mehr aus dem Bereich der Zivilisation und des noch einigermaßen zuverlässigen Wetters in südlicheren Breiten hinauszubewegen.
Die Alaska-Straße verblieb im Yukon-Territorium; ich trat auf der 37 wieder nach British Columbia hinüber. Weit öffnete sich das Land, überstrahlt von einer links von mir im Osten prächtig aufsteigenden Sonne. Anders als auf der Alaska-Straße, auf der

ich laufend in verhältnismäßig kurzen Abständen anderen Fahrzeugen begegnet oder auch von rasenden Schwerlastern überholt worden war (die schienen die Geschwindigkeits-Beschränkungen für einen bloßen Jux zu halten), durfte ich auf dem Cassiar-Highway, der Nummer 37, mich wieder in dem Glauben wiegen, allein auf der Welt zu sein. Die Straße lief für lange Zeit auf einer hohen Geländekante entlang. In der Tiefe rechts neben mir vermochte ich eine Gruppe von Gebäuden zu erkennen, winzig klein; sie wären mir kaum aufgefallen, wenn ich nicht danach gesucht hätte – denn ich befuhr diese Straße schon zum zweiten Mal:

Da lag also, an die fünfzehn Kilometer westlich der Straße, die ihren Namen trägt, die große und für die amerikanische Industrie bedeutsame Asbest-Mine Cassiar, die der Anlaß gewesen ist, in diese weit entlegene Landschaft überhaupt eine Straße zu bauen. Heute wird nun die Straße nach Süden ständig verbessert, ist schon etwa zur Hälfte von Norden und Süden her mit einer festen Decke versehen und sorgt dafür, daß die bis dahin völlig unerreichbaren Einöden zwischen dem Liard im Norden und dem Skeena im Süden langsam aus dem Nebel der Unzugänglichkeit auftauchen und von unternehmungslustigen Geistern erschlossen werden.

Cassiar blieb hinter mir in der Tiefe liegen, ich senkte mich mit der Straße in die Einsamkeit am Cottonwood hinunter – kein Auto vor oder hinter mir, keine Hütte, kein Haus, keine Menschenseele, nur grenzenlose Einöde, die schon herbstlich zu leuchten begann. Es ging über den Dease-River hinweg (der bei Watson-Lake in den Liard mündet) und schließlich entlang des Ostufers des viele Kilometer langen Dease-Lake. Mächtige Berge begleiteten die immer noch problemlos befahrbare Straße. Das da im Osten mußte der Pyramid-Berg sein, das, bald danach, der Dark Mountain, der »dunkle Berg«. Die winzige Siedlung Dease Lake zog vorüber, wohl überwiegend von Indianern bewohnt, und es wanderte die Abzweigung der Straße nach Telegraph-Creek vorbei – ich sah kaum hin. Aber ich wußte, denn ich hatte es in der Vergangenheit bereits einmal unternommen: Diese schmale, nur sehr unzulänglich befestigte Straße führt zum Lauf des großen Stroms dieser Gebiete, des Stikine-River hinüber, der sich weiter meerwärts einen phantastisch tiefen Canyon ins Gebirge gegraben hat, ehe er bei Telegraph Creek die letzte flache Stufe der zerklüfteten Kette der Küstengebirge vor den Fjorden und Inseln im Südzipfel Alaskas erreicht. Der Straße nach Telegraph Creek vom Südende des Dease Lake aus bleibt keine andere Wahl, als sich in der Nordwand des Stikine-Canyon abwärts zu tasten, ein abenteuerliches und die Haare sträubendes Unternehmen, das einmal hinunter und wieder herauf bewältigt zu haben mir vollauf genügte.

Telegraph-Creek erinnert mit seinem Namen an die Telegraphenlinie, die zu Beginn des Jahrhunderts von Canada her über Alaska nach Sibirien (und Europa) gebaut werden sollte. Aber dann war das Kabel über den Atlantik verlegt und funktionierte; die Telegraphenlinie behielt nur lokale Bedeutung – und auch das dauerte nur einige Jahre!

Ohne es recht zu merken oder ihr gar die gebührende Aufmerksamkeit zu schenken, überschritt ich dann mit dem Gnat-Pass-Summit die Wasserscheide zwischen Eismeer und Atlantik im Osten und Pazifik im Westen und den höchsten Punkt der Cassiar-Straße mit 1241 Metern. Ich wollte das trocken sonnige Wetter nutzen. Schon vom Dease Lake her war die Straße nur noch geschottert und erlaubte keine großen Geschwindigkeiten mehr. Aber bis Meziadin/Junction wollte ich noch kommen an diesem Tag – etwa 600 Kilometer weit von Watson-Lake. Dort, oder im nicht weit entfernten Städtchen Stewart, schon am Salzwasser, am Portland Canal gelegen, würde ich einigermaßen leidlich übernachten können – und hätte von dort ab wieder Pflaster unter den Rädern – bis zum Ziel Prince Rupert!

Zwar begegnete ich, nachdem ich den bis zum heutigen Tage noch völlig ungebändigten Stikine jenseits des Gnat-Passes überschritten hatte (gnat bezeichnet eine kleinere Mücke, eine Gnitze oder Kribbelmücke, und im Frühling und Sommer mag es am Gnat-Paß wirklich von Moskitos, den wahren Bestien des Nordens, wimmeln!), nachdem ich die beiden winzigen Indianer-

Dörfchen Iskut und das unaussprechbare Eddontenajon durchfahren hatte, keiner Menschenseele mehr – für 250 Kilometer! Ich war wieder einmal der einzige Mensch. Aber keineswegs das einzige lebende Wesen. Adler kreisten im Blau, Elche weideten am Ufer des Kinaskan-Sees die Wasserpflanzen ab, hoben nicht einmal das stangenbewehrte Haupt nach mir. Ein sonderbar winzig wirkender Braunbär, vielleicht ein noch nicht ausgewachsenes Jungtier, trudelte vor mir über die Straße, schien das herannahende Auto gar nicht zu bemerken. Ich drückte, ich glaube zum ersten und einzigen Mal während der ganzen langen Reise auf die Hupe, die übermäßig laut und so mißtönend reagierte, daß ich beinahe selbst erschrak. Das Bärlein erschrak noch viel mehr und überkugelte sich vor Entsetzen in den Straßengraben. Im Rückspiegel war nicht zu erkennen, ob das schwarzbraune Waldgeschöpf sich weh getan hatte.
Die Straße verlief hier, wie ich wohl wußte, ohne diesem Wissen (wie einige Jahre zuvor) nachgeben zu können, zwischen zwei Wildnis-Gebieten, die selbst in diesen jedem Tourismus (noch?) weltfernen Gebieten ganz einzigartig sind, dem Mount-Edziza-Park im Westen auf der anderen Seite des lang gedehnten Kinaskan-Sees – und dem Spatsizi-Plateau-Wilderness-Park im Osten, dessen Nordkante durch den Oberlauf des Stikine bis zur Continental Divide, der kontinentalen Wasserscheide, bezeichnet wird. Den Edziza-Bezirk habe ich vor Jahren von Telegraph-Creek aus erwandert und mit ungläubigem Staunen vor den kahlen Hängen des erloschenen Vulkans Edziza und den grün, grau und rot schillernden Flanken der Spectrum Range gestanden. Alle tausend Jahre, so heißt es aus dem Munde der Geologen, soll der Edziza-Vulkan mindestens einmal ausbrechen; riesige Lava- und Aschenfelder bezeugen es, von Schneefeldern und Gletscherzungen strahlend weiß gesprenkelt. Ich bin damals nur einen Tagesmarsch weit in das Edziza-Gebiet vorgedrungen. Dann verlor der Tahltan-Indianer aus Telegraph-Creek, den ich als Führer angeheuert hatte, die Lust an dem Unternehmen, und wir mußten umkehren. Bis heute habe ich nicht begriffen, warum der riesige Mann, mit dem ich mich gut ver-

stand, mit einmal wieder nach Hause drängte. Doch hat sich mir die vollkommene Verlassenheit und beinahe unheimliche Leere des Gebiets mit seiner Wirrnis von Bergen, Klüften, Tälern und eintönig murmelnden oder brausenden Wildbächen unauslöschlich eingeprägt. Edziza wird noch für viele Jahre unberührte, kaum erreichbare Wildnis bleiben – und Spatsizi auch oder erst recht!

Je weiter ich nach Süden vorrückte, desto üppiger und dichter erschienen mir die Wälder, die die Straße begleiteten. An einigen Stellen wurde an der Straße gearbeitet. Dort hatte man sich dann durch Schlamm oder losen Sand zu wühlen. Aber so eklig, wie ich solche Hindernisse im Norden auf der Alaskastraße erlebt hatte, bewiesen sie sich hier nicht. Der Vierrad-Antrieb zog mich durch die Schlammstrecken verhalten und gleichmäßig hindurch. Es gab keine Probleme.

Die gab es albernerweise erst wieder auf dem riesigen Parkplatz vor dem Motel bei Meziadin-Junction. Junction bedeutet Kreuzung, Zusammenlauf, Knotenpunkt. Hier zweigt die Straße nach Stewart ab. Man fährt über die 37 A ins Tal des Bear River (Bären-Fluß) hinunter, eine der erstaunlichsten Straßen, die ich je befahren habe. Ich hatte sie vor Jahren schon kennengelernt und auch – unzulänglich – beschrieben, was ich noch einmal wiederholen darf:

»Unerwartet schwingt die Straße – von Meziadin her – in weiter Kurve in eine Gebirgsmulde hinein. Dort stößt von Süden her ein jadegrüner See zur Straße vor, hinter dem sich breit und hoch eine Eiswand aufrichtet, die Front des Bären-Gletschers, der zwischen zwei dunklen Bergwänden vom unsichtbaren Cambria-Eisfeld her zu Tal drängt. Wo sonst noch kann man mit dem Auto auf normaler Straße an der Zunge eines mächtigen Gletschers entlangfahren? Grün und blau, geisterhaft gedämpft, glimmt es in den Fugen und Spalten der haushohen Gletscherwand. Wenn man Glück hat, mag es sich ereignen, daß riesige Brocken aus der sich unmerklich vorschiebenden Eiswand herausbrechen, ins Schmelzwasser des Gletschers stürzen und turmhohe Wasserschwälle aufwerfen. Die Oberfläche des Sees

ist dann mit kleinen und großen Eisschollen in allen Stadien des Zerschmelzens bedeckt.
Mit dem aus dem Gletschersee meerwärts über große Felsblöcke hastenden Bären-Fluß zwängt sich auch die Straße durch einen engen Canyon, eine vom Fluß ins Gebirge gegrabene Schlucht. Man hat sie hier und da gewaltsam erweitern müssen, um neben dem rauschenden eiskalten Gewässer auch noch der Straße Platz zu verschaffen. Der Bear Canyon wird von der Frische des strömenden Wassers, von würziger und reiner Luft wunderbar durchflutet: Es ist eine Lust zu atmen. Man fühlt sich geradezu genötigt, an irgendeiner breiteren Stelle zwischen Felswand und Fluß anzuhalten, auszusteigen und einfach dazustehen, zu schauen und zu atmen. Das allein lohnt die Mühe und den Ärger einer weiten Reise.«
An Ärgernis nämlich ist niemals – und nirgendwo – Mangel. Nein, wahrlich nicht! Auch diesmal nicht! Zwar fehlte mir die Zeit und – offen gestanden – auch die Lust, mir jetzt wie damals wiederum einen Abstecher nach Stewart am Salzwasser zu erlauben. Ich hatte das großmaulig sich »Meziadin Lake Resort Motel« nennende Gasthaus zwar in schlechter Erinnerung; ich hatte es naßkalt, ringsum verschlammt und unfreundlich erlebt. Aber es lag passend an der Straße und bot Benzin und – jämmerliches! – Abendbrot an. Ob man es nun glaubt oder nicht: nicht ein einziges Mal habe ich festgesessen auf dem weiten Wege vom Atlantik zum Pazifik, aber hier, auf dem Parkplatz des unerfreulichen Motels bei Meziadin Junction, fuhr ich mich dann morgens in einem von oben nicht zu erkennenden Schlammloch fest, wollte meinen Motor nicht sinnlos überanstrengen und mußte wutentbrannt die Hilfe des Motel-Traktors in Anspruch nehmen, um wieder auf festen Grund zu gelangen. Anscheinend war der Parkplatz so ungünstig ausgelegt, daß sich bei langdauerndem Regen – wie er auch hier vorausgegangen war – das Wasser in der Mulde sammelte und hielt wie in einem Pfuhl.
Von Meziadin Junction zum Ende meiner Reise nach Prince Rupert am Ozean hatte ich noch etwa vierhundert Kilometer zurückzulegen. Das war gerade genug für die allerletzte Etappe –

und ließ mir noch Zeit, mich am Ziel umzuziehen, zu baden, stadtfein zu machen und das vollbrachte Werk mit einem, allerdings einsamen, Drink und hoffentlich vorzüglichen Abendessen zu feiern.

Der letzte Tag zeigte mildes, klares Herbstwetter – das ungastliche Gasthaus »Meziadin Lake Resort« hatte ich sehr früh schon verlassen, ohne das geringste Bedauern. Resort ist ja wohl am passendsten mit der deutschen Bezeichnung »Bad« zu übersetzen wie z.B. in »Bad Pyrmont«. Hier an der Abzweigung der 37A von der 38 war »Resort« nichts weiter als ein schlechter Witz.

Aber die wunderbaren Wälder – sie waren immer wunderbarer und prachtvoller geworden, je weiter mich die Straße nach Süden leitete! – entschädigten mich bald für die ungeheizte Nacht in dem elenden Gasthaus.

Dies war der letzte Tag der großen Reise – und endlich tauchte er vor mir auf, der lang erwartete, gewaltige Skeena-River, der wenige Meilen oberhalb den fast ebenso mächtigen Bulkley-River in sich aufgenommen hat, der Skeena, der weit von Norden her vom Spatsizi-Plateau herniederströmt in weit ausschwingenden Schleifen, um sich dann dort – bei Hazelton, wo etwa ich auf ihn stoßen würde – nach Westen zu wenden, durch das Küstengebirge zu brechen und schließlich das Meer zu erreichen.

Ich war nun in das Land der pazifischen, der Küsten-Indianer, eingetreten, hoch entwickelter Stämme, deren Organisation, Sitten und handwerkliche Künste immer wieder Staunen erregen. Hier allein ist die Heimat der Totempfähle, der haushohen, aus einem Zedernstamm herausgeschnitzten Symbole und kultischen Zeichen für eine Sippe oder auch einen berühmten und verdienstvollen Häuptling.

Auf der guten Straße 16, einer der drei transkanadischen Straßen von Manitoba her, entlang zu rollen, den meilenbreiten Skeena zur Linken, die Berge jenseits des Stroms, die steilen, dicht übergrünten Hänge neben mir zur Rechten, die der Straße nur widerwillig Raum gewährten, wahrlich, dieser Schlußakkord meiner Reise umfing, umschwang mich so einmalig und großartig, wie ich es auf der ganzen Fahrt zuvor kaum je erlebt hatte. Die 37 von Watson Lake und Meziadin her war hinter Kitwanga ausgelaufen, nachdem sie den Skeena überquert und auf das linke Skeena-Ufer zum Yellowhead Highway, der Nr. 16, eingeschwenkt war.

Vor dem Städtchen Terrace wurde der Skeena auf schöner Brükke abermals gequert. Auf dem Nordufer allein war Prince Rupert anzusteuern.

Doch ehe ich die Stadtgrenze von Prince Rupert erreichte, hatte die Straße den breiten Gürtel des dichten Urwalds zu durchdringen, der sich an den steilen Hängen der Küstenkette auf den dem Meer zugewandten Flanken seit Jahrhunderten oder Jahrtausenden gebildet hat. Es wäre am einfachsten gewesen, die Straße an ihr Ziel Prince Rupert zu führen, wenn man, wie von Terrace her, die Trasse auf dem Nordufer des zu einem riesigen Mündungstrichter sich erweiternden Skeena hätte weiterbauen können. Aber hier war schon das letzte Ende der Eisenbahn, der Canadian National, in die gefährlich schmale Enge zwischen den mit den Gezeiten auf- und abschwellenden Wassern des Skeena und den schroff und hoch abfallenden Hängen des Gebirges eingeklemmt worden; für eine Straße, die ja wesentlich mehr Platz beansprucht als ein Bahndamm, war einfach kein Platz mehr vorhanden gewesen. Die Straßenbauer hatten also wohl oder übel in die Berge – und in die Wälder! – ausweichen müssen.

Ich hatte auf meiner frühesten Fahrt nach Prince Rupert noch miterlebt, welche Mühe es gekostet hatte, durch dieses tief zerklüftete, vor allem aber durch einen Regenwald von – für Europäer – kaum vorstellbarer Dichte und Verwachsenheit eine Trasse zu bahnen. Die Riesenzedern waren zwar zu fällen gewesen, aber dann mußten auch noch die riesigen, viele Tonnen schweren Wurzelstöcke aus dem Boden gesprengt werden, um der Trasse Platz zu machen. Die Riesenzedern erreichen in dieser Gegend, wo die ständigen Westwinde vom Weltmeer her sich abregnen, über den Wurzeln Durchmesser von zwei, drei Metern, wachsen oft dicht an dicht und lassen trotzdem noch einem

Unterholz Raum, das nur – zu Fuß – mit größter Mühe zu durchdringen ist.
Jetzt allerdings war die Straße längst fertig und prunkte in hundert perfekt ausgelegten Kurven mit den Fähigkeiten kanadischer Wegebaumeister. So konnte ich des nordischen Regenwaldes in seiner schier märchenhaften Großartigkeit, Artenfülle und Lebensdichte ohne Mühe inne werden und genoß diesen allerletzten Akt meiner Reise mit großer Dankbarkeit, ja, sogar einer gewissen Rührung.
Denn ich entsann mich noch sehr jener ersten Fahrt nach Prince Rupert; damals waren hier endlose Schlammstrecken zu überwinden gewesen. Vor den wild durchs feuchte Berg-Gelände tobenden riesigen Straßenbau-Maschinen hatte sich jeder, der sich in dies schmierige Tohuwabohu hineinwagte, nach gut amerikanisch/kanadischer Sitte auf eigene Verantwortung in acht zu nehmen!
Damals hatte ich Stunden gebraucht, von der Stadt her schließlich das Skeena-Ufer und eine glatte, gute Fahrbahn zu erreichen. Diesmal hatte ich – es kam mir beinahe unglaubhaft vor – den Regenwald-Streifen in einer guten halben Stunde durchquert.
Und rollte mit sonderbar gehobenem Herzen in die helle, gut geplante und blitzblanke Stadt Prince Rupert hinein, deren Einwohnerzahl sich jetzt den Zwanzigtausend nähert, was für diese Gebiete eine Großstadt darstellt, auch von den höchst tüchtigen und umtriebigen Einwohnern so empfunden wird.
Es war noch ziemlich früh am Tage, hatte ich doch am Morgen das ungastliche Meziadin so zeitig wie möglich verlassen.
Ich entsann mich, daß es in Prince Rupert, das erst 1907 als End- und Stützpunkt für den Bau der Eisenbahn entstanden ist, einen steilen, aber für Autos erklimmbaren Hügel geben mußte, von dem aus die Stadt, der Hafen, die weite Meeresbucht bis zu den Inseln hinaus, die ihn gegen die offene See hin abschirmen, zu überblicken ist. Roosevelt-Park, so fiel mir ein, das war der Name der Gegend um den Aussichts-Hügel.
Ich fand ihn ohne Schwierigkeiten, stellte auf der Höhe mein

Auto ab, bewunderte den hohen, sorgsam gepflegten Totem-Pfahl der Tsimshian, die in dieser Küstenregion seit alters heimisch sind, und ließ dann meine Blicke aufs Meer hinausschweifen.
Es wird mir niemand verdenken, daß ich lange dort oben stand und nach Westen blickte – ich hatte es also geschafft, vom östlichsten Punkt des großen Landes zum westlichsten durchzudringen, a mari usque ad mare, wie es im kanadischen Wappen heißt, vom Weltmeer zum Weltmeer!

Schon am Tag darauf machte ich mich auf die Rückreise nach Toronto – und Frankfurt am Main. Yellowhead Highway, Nr. 16 übers Gebirge am höchsten Berg von B. C., dem Mount Robson vorbei, über den Tête-Jaune-(Yellowhead, Blondkopf)-Paß nach Edmonton, über Saskatoon nach Winnipeg, wo die 16 sich mit dem Transkanada vereinigt. Und dann weiter ostwärts und auch südwärts nach Thunderbay am Lake Superior, um diesen herum am Nordufer nach Sault Ste. Marie und schließlich zur großen Georgian-Bay des Huronen-Sees. Um die Bay herum dann zu der an die hundert Kilometer weit in den Lake Huron hinausragenden Bruce-Halbinsel, an deren äußerstem Außenende bei Kap Hurd ich ein geräumiges Blockhaus mein eigen nenne.
Man schrieb zwar schon Oktober. Aber ich war ja nun der Zivilisation zurückgegeben. Und wenn ich schon irgendwo, etwa auf dem Tête-Jaune-Paß oder auf der kalten Nordkante des Lake Superior in den ersten Schneefall geraten wäre – die Straßen würden allesamt mit der in Canada üblichen Eile und Gründlichkeit geräumt gewesen sein.
In der grenzenlosen Stille in meinem Haus am Huronensee wollte ich mir ein paar Tage Ruhe gönnen und noch einmal über das Schicksal des großen, geliebten Landes Canada nachdenken.
Es stand damals – obgleich an beängstigenden Zeichen kein Mangel war – und es steht heute für mich fest, daß es dem Lande Canada *nicht* bestimmt ist, durch einen Austritt der französischen Provinz Québec gesprengt zu werden. Québec ist die

älteste, größte, geschlossenste und sozusagen fundamentale Einheit in der kanadischen Confederation, und die weit überwiegende Mehrheit der englisch-bestimmten Kanadier denkt im Grunde gar nicht daran, ihm den Status einer »distinct society«, einer deutlichen Besonderheit, abzusprechen. Und die Québekker werden den Staat, der sich aus den französischen Siedlungen am unteren St. Lorenz und in Akadien herausentwickelte, nicht im Stich lassen wollen und können.

Man wird sich noch 1990 oder 1991 auf eine neue Verfassung, eine neue Confederation einigen, in welcher nicht nur der Provinz Québec, sondern auch den anderen neun Provinzen (richtiger wäre »Ländern«) größere Selb- und Eigenständigkeit eingeräumt wird. –

Mit dieser trostreichen Überzeugung fuhr ich schließlich nach wenigen Tagen vom Kap Hurd und der großen Stille ringsumher in knapp vier Stunden zum Flughafen Toronto, sah wenig später die Lichter der großen Stadt unter mir entschwinden, erfuhr durch eine Durchsage des Piloten eine Stunde später, daß wir Neufundland überquerten, von dem ich aus der großen Höhe nichts mehr wahrnehmen konnte. Wahrscheinlich hatten wir eine Wolkenschicht unter uns.

Neufundland! Dort am Kap Speer hatte die Reise begonnen. Jetzt schrieb man längst Oktober. So hatte sich also die Reise gerundet. Mein treuer Gefährte, der standhafte Jeep-Wagoneer, war mir, wie verabredet, auf dem Flughafen abgenommen worden; der Abschied war mir gar nicht leicht gefallen.

Und noch viel weniger leicht fiel mir der Abschied vom großen, herrlich weiten, freien Canada, das ich, wenn ich mein Alter bedenke, wohl nicht mehr wiedersehen werde – und mein »Haus am Huronen-See« auch nicht!

YUKON TIME ZONE
Whitehorse
Carcross
Teslin
Teslin L.
Ross River
Haines
Skagway
Glacier Bay Natl. Mon.
Cross Sound
Chichagof Island
Baranof Island
Sitka
Juneau
Admiralty I.
Chatham Strait
Atlin L.
MOUNTAINS
Frances L.
Watson Lake
MTS.
Fort Simpson
Telegraph Creek
Fort Liard
Trout L.
Liard
ALASKA
Summit Lake
Fort Nelson
HIGHWAY
Mt. Edziza Prov. Pk.
Finlay
Wrangell
Prince of Wales Island
Ketchikan
Cape Knox
Dixon Entrance
Queen Charlotte Islands
Prince Rupert
Skeena
Hazelton
Williston Lake
Terrace
Kitimat
Banks Island
BRITISH
Manson Creek
Fort St. John
Dawson Creek
MACKENZIE
Fort Vermilion
Peace River
Grande-Prairie
Valleyview
Cape St. James
Burns Lake
Fort St. James
Vanderhoof
Nechako
Prince George
COLUMBIA
TWEEDSMUIR PROV. PARK
Bella Bella
Ocean Falls
Bella Coola
Queen Charlotte Strait
Bowron Lake Prov. Park
Fraser
ALBERTA
Hinton
Athabasca
Whitecourt
Tatla Lake
Chilko L.
Wells Gray Prov. Park
Robson Park Prov.
Jasper
JASPER NATL. PARK
Pembina
Campbell River
Strathcona Prov. Park
Vancouver Island
Lillooet
Rocky Mountain House
Pemberton
Kamloops
Revelstoke
Golden
Yoho Natl. Park
Glacier Natl. Park
Mt. Revelstoke Natl. Park
Banff National Park
Red Deer
Port Alberni
VANCOUVER
Nanaimo
Cape Flattery
Strait of Juan de Fuca
VICTORIA
New Westminster
Hope
Manning Prov. Park
Okanagan L.
Upper Arrow L.
Banff
Kootenay Natl. Park
Duncan Lake
CALGARY
Penticton
Bellingham
N. Cascades Natl. Park
Olympic Natl. Park
Aberdeen
Olympia
SEATTLE
TACOMA
Mt. Rainier Natl. Park
Okanogan
Trail
Cranbrook
Kimberley
Waterton Lakes Natl. Park
Lethbridge
Astoria
SPOKANE
WASHINGTON
Yakima
Glacier Natl. Park
Kalispell
Waterton Glacier International Peace Park
Shelby
Newport
PORTLAND
Salem
Columbia
Snake
Lewiston
Flathead L.
Eugene
Pendleton
Missoula
Bend
Helena